Lothar Fritze

Die Moral des Bombenterrors

Lothar Fritze

Die Moral des Bombenterrors

Alliierte Flächenbombardements
im Zweiten Weltkrieg

OLZOG

Bibliographische Information der Deutschen Nationalbibliothek

Die Deutsche Nationalbibliothek verzeichnet diese Publikation in der
Deutschen Nationalbibliographie; detaillierte bibliographische Daten sind
im Internet über http://dnb.d-nb.de abrufbar.

ISBN 978-3-7892-8191-4
© 2007 Olzog Verlag GmbH, München
Internet: http://www.olzog.de

Alle Rechte, insbesondere das Recht der Vervielfältigung und
Verbreitung sowie der Übersetzung, vorbehalten. Kein Teil des Werkes darf in
irgendeiner Form (durch Fotokopie, Mikrofilm oder ein anderes Verfahren) ohne
schriftliche Genehmigung des Verlages reproduziert oder unter Verwendung
elektronischer Systeme gespeichert, verarbeitet, vervielfältigt
oder verbreitet werden.

Umschlagentwurf: Atelier Versen, Bad Aibling
Satz: EDV-Fotosatz Huber / Verlagsservice G. Pfeifer, Germering
Druck- und Bindearbeiten: Himmer, Augsburg
Printed in Germany

„Schließlich scheinen viele, wenn nicht die meisten Staatsmänner, die in den Geschichtsbüchern oder unseren eigenen Erinnerungen der Geschichte des 20. Jahrhunderts figurieren, keine Probleme mit dem Töten Unschuldiger gehabt zu haben. Sie hatten kein Bewußtsein der damit verbundenen Schuld, sie waren einfach Verbrecher."*

---

* Walzer, Erklärte Kriege – Kriegserklärungen, S. 74 f.

Inhalt

Vorwort 11

Einleitung 15

1. Völkerrecht und Luftkriegsdoktrinen 25
Das Prinzip der Immunität der Nichtkombattanten 25 – Bombertechnologie und die Theorie des Krieges 26 – Die Doktrin vom militärischen Objekt 30

2. Das Kriegsvölkerrecht zu Beginn des Zweiten Weltkrieges 33
Kein rechtliches Vakuum 33 – Terrorangriffe und Kollateraltötungen 34 – Übereinstimmende Rechtsüberzeugungen 35

3. Regeln der Kriegführung und die Bereitschaft zur Eskalation 37
Das Prinzip der Gegenseitigkeit 37 – Fehldeutungen und beabsichtigte Missinterpretationen 38 – Die Lehre vom gerechten Krieg 41 – Bereitschaft und Wille zur Eskalation des Luftkrieges 42

4. Die Strategie der Flächenbombardements 47
Der strategische Bombenkrieg 47 – Der Übergang zum unterschiedslosen Bombenkrieg 49 – Präzisionsangriffe und die amerikanische Militärdoktrin 52

5. Die Doktrin des *moral bombing* 55
Angriff auf die Moral der Zivilbevölkerung 55 – Vorsätzliche, direkt angestrebte Massentötungen 56 – Töten, um zu demoralisieren 61 – Inhumane Folgen eines falschen Denkens 63 – Stalin als Mittäter 66

6. Völkerrechtliche Beurteilung 69
Rechtswidrigkeit unterschiedsloser Bombardements 69 – Unschuldsvermutung zugunsten der feindlichen Zivilbevölkerung 71 – Untaugliche Rechtfertigungsversuche 73

7. Völkerrecht und Moral 79
Grenzen einer legitimen Verteidigung 79 – Völkerrechtliche und moralische Bewertungen 80 – Kriterien einer moralisch akzeptablen Kriegführung 82

8. Waren Flächenbombardements eine taugliche Strategie? 85
Die prognostizierten Wirkungen blieben aus 85 – Kombinierte Bomberoffensive 86 – Illusionäres Wunschdenken 87 – Harris' Scheitern 92 – Eine begriffliche Konsequenz 93 – Die tatsächlichen Wirkungen 94

9. Waren Flächenbombardements erforderlich? 97
Militärische Notwendigkeit 97 – Alternativen zum Flächenbombardement 99 – Die Ineffektivität von Flächenbombardements 101 – Moralische Grundsätze und Kriegführung 103 – Aus einer Position der Stärke 108

10. **Die Einäscherung Dresdens** 111
   Militärisch notwendig? 111 – Die Angriffe und ihre Folgen 113

11. **Waren die Flächenbombardements verhältnismäßig?** 117
   Folgenabschätzung 117 – Kriegsziele und Verhältnismäßigkeitsüberlegungen 118 – Die Verantwortung des Verteidigers 120 – Die Forderung nach bedingungsloser Kapitulation 122

12. **Waren die Kriegsziele legitim?** 125
   Eine folgenträchtige Entscheidung 125 – Kontroverse Sichtweisen 127 – Akteure, Handlungen, Folgen 130 – Plan oder Handlungsbereitschaft? 131 – Vorspiel zum Völkermord? 133 – Zum Kampf berechtigt? 135 – Britische Motive 138

13. **Warum „Sieg um jeden Preis"? (Churchill)** 143
   Vorbildlichkeit? 143 – Über legitime Kriegsziele 144 – Implikationen einer Zielsetzung 146 – Die britische Gefahrenanalyse 149 – Hitlers Versuche, den Krieg zu beenden 152 – Der Wille Churchills und die Fortsetzung des Krieges 154 – Der Ausschluss eines Verhandlungsfriedens 160 – Haupt- und Nebenzwecke 163

14. **Warum „*Unconditional Surrender*"? (Roosevelt)** 167
   Weltführungsanspruch und missionarischer Impuls 167 – Propagandistische Darstellung des Gegners 169 – Amerikanische Interessen 171

15. **Fortbestehen der Verteidigungssituation?** 177
   Legitimationsbedarf 177 – Realpolitisch erzwungen? 180

16. **Präventive Selbstverteidigung?** 183
   Gegenwärtige und potentielle Bedrohungen 183 – Die Nationale Sicherheitsstrategie der Vereinigten Staaten 185 – Das Rechtfertigungspotential einer Doktrin präventiver Selbstverteidigung 186 – Die Nichtuniversalisierbarkeit eines Rechts auf präventive Selbstverteidigung 190 – Begründungslasten und Missbrauchsmöglichkeiten 193

17. **Wurde ein äußerster Notfall angenommen?** 195
   Die Idee eines erweiterten Rechts auf Selbstverteidigung 195 – Hitlers außenpolitische Ziele 197 – Der Kenntnisstand der Alliierten 202 – Nationale Interessenpolitik und britische Luftkriegsstrategie 206 – Geistige Grundlegung des Bombenkrieges 209

18. **Warum eine Allianz mit Stalin?** 215
   Bolschewistische Schreckensherrschaft 215 – Sowjetrussland als Kriegspartei 218 – Expansionistische Außenpolitik 223 – Export des sowjetischen Gesellschaftsmodells 228 – Illusionen und Ressentiments 230

19. **Die Feststellung eines äußersten Notfalls** 235

20. **Ist die Doktrin vom äußersten Notfall akzeptabel?** 241

21. **Die Bombardements der letzten Kriegsmonate** 245
   Intensivierung des Terrors 245 – Die Illegitimität der späten Flächenbombardements 249 – Moralische Bedenken? 250 – Eine Frage der Mode? 253

22. **Atombomben auf japanische Städte** 257
   Machtpolitik in Fernost 257 – Die Entscheidung zum Abwurf 259 – Trumans Rechtfertigungsversuche 261

23. Rechtfertigung und Entschuldigung 267
Das moralisch Gebotene 267 – Ungültige Rechtfertigungsgründe 270

24. Wehrpflichtige und Berufssoldaten 275

25. Befreiung durch Kriegsverbrechen? 277
Hass und Rache 277 – Eine Lektion erteilen 280 – Alte Rechnungen begleichen 284

26. Vom Nutzen der Aufarbeitung 289
Aufklärung und Nachsorge 289 – Gegenwartsorientierung 291 – Vergegenwärtigung und Begründung von Maßstäben 295

Schluss 299

ANHANG 303

Literaturverzeichnis 305

Personenverzeichnis 329

Ortsverzeichnis 337

Sachregister 341

Vorwort

Dieses Buch bietet keine chronologische und in sich geschlossene geschichtliche Darstellung. In ihm finden sich keine neuen historischen Tatsachen und auch keine neue Interpretation des betrachteten Abschnitts der Geschichte. Es ist das Buch eines Nicht-Historikers, der zudem nicht den Anspruch erheben kann, das gesamte einschlägige historische Material zu überblicken.

Das Buch stellt vor allem Fragen. Es möchte für eine Problematik sensibilisieren, deren Bedeutung für die zwischenstaatlichen Beziehungen verkannt zu werden scheint. Es sind zwei Beobachtungen, die zum Nachdenken anregen sollten. Als erstes ist dies die Beobachtung, dass gegenwärtiges politisches Handeln sehr häufig unter Bezugnahme auf geschichtliche Erfahrungen gerechtfertigt wird. Mitunter sind es einflussreiche politische Kommentatoren und Berater, die ihre Empfehlungen, oder selbst hochrangige Politiker, die ihre Entscheidungen als Ergebnisse eines Lernens aus der Geschichte, vorzugsweise der Geschichte des Nationalsozialismus und des Zweiten Weltkrieges, präsentieren. So etwa sprach sich John Podhoretz, bekannter neokonservativer Denker im geistigen Umfeld der Bush-Regierung, in einem Artikel mit dem Titel *Too nice to win?* in der *New York Post* vom 28. Juli 2006 dafür aus, die von ihm wohl so empfundene westliche Zurückhaltung im Anti-Terror-Krieg aufzugeben, und illustrierte seine Auffassung unter Zuhilfenahme einer geschichtlichen Analogie: „Hätte der Zweite Weltkrieg von Großbritannien und den USA gewonnen werden können", so fragte er suggestiv, „wenn diese zwei Länder nicht den Schneid gehabt hätten, Dresden mit Brandbomben und Hiroshima und Nagasaki mit Atombomben zu attackieren?"

Mit derlei Bezugnahmen wird das Argumentationsziel verfolgt, Strategien, die man im Kampf gegen das Unrecht einzuschlagen, oder Vorgehensweisen, die man im Zuge der Abwehr einer identifizierten Gefahr zu verfolgen gedenkt, gleichsam aus historischer Erfahrung zu legitimieren, indem man zeigt, dass gerade diese Strategien oder Vorgehensweisen im Kampf gegen Hitler-Deutschland oder auch das imperialistische Japan notwendig waren, um bestimmte geschichtliche Tatsachen zu schaffen oder zu vermeiden. In besagtem Artikel überlegt Podhoretz, ob die Bereitschaft der britischen und amerikanischen Führer, Opfer unter der Zivilbevölkerung hinzunehmen, nicht auf eine „kaltblütige Zielstrebigkeit" hinweist, die half, „den Willen und das Rückgrat ihrer Feinde zu brechen", um anschließend zu fragen: „Was wäre, wenn der taktische Fehler, den wir im Irak machten, der war, nicht gleich am Anfang genügend Sunniten getötet zu haben, um sie einzuschüchtern und ihnen so viel Angst vor uns einzuflößen, dass sie alles mitmachen? War nicht das Überleben von sunnitischen Männern im Alter zwischen 15 und 35 Jahren der Grund dafür, dass es einen Aufstand gab, und die primäre Ursache für die gegenwärtige Gewalt zwischen den verfeindeten Bevölkerungsgruppen?"

Nun ist diese Art des Umgangs mit Geschichte, nämlich der Versuch, aus ihr zu lernen, nicht unbedingt problematisch. Allerdings ist es für das Gelingen derartiger Legitimationsversuche wichtig zu wissen, auf welche Handlungsweisen man sich zu Recht berufen kann. Als legitimationstauglich werden wir vernünftigerweise nur solche befinden, die selbst durch das Feuer der Kritik gegangen sind. Bereits von daher verbietet sich jeder unkritische Umgang mit geschichtlichen Ereignissen, aus denen man zu lernen versucht.

Aus dieser Einsicht heraus sollte eine zweite Beobachtung Aufmerksamkeit finden. Der Zweite Weltkrieg, der in den Jahren 1939 bis 1945 einen großen Teil der Welt erfasste und in dessen Verlauf 50 Millionen Menschenleben ausgelöscht wurden, war eine im Grunde genommen unvorstellbare Katastrophe der Menschheitsgeschichte. Gleichwohl gilt der Kampf der Alliierten, insbesondere ihr Kampf gegen das nationalsozialistische Deutschland, einer verbreiteten Auffassung zufolge als der Prototyp eines gerechten Krieges. Sowohl humanitäre Interventionen als auch Präventivkriege wurden in den letzten Jahren unter Berufung auf das Wirken der Anti-Hitler-Koalition und die mutmaßlichen Lehren des Krieges gegen Hitler gerechtfertigt. Um den Einsatz kriegerischer Mittel zu legitimieren, werden Diktatoren in ihrer Gefährlichkeit mit Hitler verglichen, oder es werden für nicht akzeptabel befundene Regime als „Reiche des Bösen" identifiziert – womöglich vergleichbar mit dem Reiche Hitlers. Kritiker des Bellizismus werden nicht selten unter Hinweis auf die angeblich verderblichen Folgen der britischen Beschwichtigungspolitik vor 1939 mundtot gemacht, weil man suggerieren möchte, dass nur durch Kompromisslosigkeit oder gar ein frühes Losschlagen das Schlimmste zu verhindern sei. Im 20. Jahrhundert, so führte George W. Bush in seiner Kriegsrede *Leave Iraq within 48 hours* vom 17. März 2003 aus, hätten es einige der freien Nationen „vorgezogen, mörderische Diktatoren zu beschwichtigen, deren Bedrohungen sich dadurch zum Genozid und Weltkrieg auswachsen konnten"; in diesem Jahrhundert aber, in dem „böse Männer chemische, biologische und nukleare Terroranschläge planen können, könnte eine Appeasement-Politik eine Art der Zerstörung heraufbeschwören, wie sie nie zuvor auf dieser Erde gesehen wurde". Niemand wird Bush widersprechen wollen, wenn er fordert, sich den „neuen und unbestreitbaren Realitäten" zu stellen. Dass aber in Anbetracht der apokalyptischen Schadensbilanz des Zweiten Weltkrieges gerade auch die Befürworter einer kompromisslosen militärischen Gewaltanwendung eine enorme Begründungslast zu tragen haben, bleibt – erstaunlicherweise – häufig unerkannt.

Hieß die Konsequenz, die man in den ersten Jahren nach 1945 zog, „Nie wieder Krieg!", zieht man heute unter der Parole „Nie wieder Auschwitz!" (so der damalige Außenminister Joseph Fischer) zur Bekämpfung von Menschenrechtsverletzungen gerade in den Krieg. Eine betont günstige Darstellung des alliierten Kriegshandelns im Zweiten Weltkrieg könnte eine Legitimationsressource schaffen, die sich bei Bedarf scheinbar problemlos anzapfen lässt. Wäre ein solches Vorgehen akzeptabel?

Wer aus den Entscheidungen der Alliierten Legitimationsgründe für eigene Entscheidungen in der Gegenwart beziehen will, muss sich zunächst der Frage nach einer möglichen Verantwortung aller am Krieg beteiligten Mächte für den entstandenen Gesamtschaden stellen. Es ist ein unbestrittener Grundsatz des völkerrechtlichen und moralischen Denkens, auch das Handeln eines Verteidigers auf den Prüfstand zu stellen. Zwar trägt der illegitime Angreifer die Verantwortung für die Schäden, die durch eine legitime Verteidigung entstehen; aber wie Privatpersonen haben auch sich verteidigende Nationen Regeln zu befolgen, wenn ihre Verteidigung insgesamt als legitim gelten soll. Diese Regeln sind teils völkerrechtlicher, teils moralischer Natur.

Ausgehend von diesen Überlegungen unternimmt das Buch den Versuch, die moralische Legitimität einer ganz bestimmten Art von Kriegshandlungen zu prüfen. Am Beispiel der alliierten Flächenbombardements auf deutsche – aber auch auf japanische – Städte, bei denen während des Zweiten Weltkrieges Hunderttausende Zivilisten getötet wurden, soll gezeigt werden, auf welchem Weg man zu einer moralischen Bewertung derartiger Flächenbombardements gelangen kann. Dabei ist die Überzeugung von zentraler Bedeutung, dass sich allein durch den Hinweis auf die Logik einer rationalen, an nationalen Interessen ausgerichteten Machtpolitik kein moralischer Rechtfertigungsgrund für die Tötung unschuldiger Menschen gewinnen lässt.

Gegenstand dieses Buches ist also nicht der gesamte Zweite Weltkrieg, und Gegenstand ist auch nicht das Handeln Hitlers. Hitler-Deutschland hat einen völkerrechtlich und moralisch illegitimen Angriffskrieg geführt. Gegenstand sind vielmehr die Entscheidungen und Handlungen insbesondere von Briten und Amerikanern, soweit sie den Bombenkrieg gegen Deutschland und Japan betreffen. Dazu gehören allerdings auch die Entscheidungen zum Eintritt in den Krieg, Entscheidungen, ihn fortzusetzen, und ihn auf eine bestimmte Art zu beenden. Deshalb werden die geschichtlichen Daten nicht in chronologischer Reihenfolge ausgebreitet, sondern an den Stellen eingeführt, an denen von ihnen argumentativ Gebrauch gemacht werden muss. Die Darstellung der geschichtlichen Ereignisse folgt der Logik der Argumente.

Die enorme Komplexität und die politische Brisanz des Themas halten Fallgruben bereit. Schon am Beginn der Beschäftigung mit der alliierten Kriegführung wurde zudem deutlich, dass verschiedene Facetten des Zweiten Weltkrieges einer noch eingehenderen Beleuchtung bedürfen, als dies in einem moralphilosophisch angelegten Essay zu leisten war. Deshalb habe ich mich in einer Reihe von Fragen darauf beschränkt, Bewertungsgrundsätze zu formulieren, ohne sie selbst anzuwenden und Urteile autoritativ zu verkünden. Urteilszurückhaltung ist überall dort ein Gebot, wo sich die Handlungssituation, wie sie den Entscheidungsträgern erscheinen musste, in ihrer Komplexität nicht hinreichend rekonstruieren lässt. Das eigentliche Anliegen des Buches ist es, die Begründungslast aufzuzeigen, die zu tragen hat, wer die alliierte Kriegführung pauschal als vorbildlich betrachtet. Dabei habe ich versucht, die Argumentation auf weithin anerkannte Grundsätze zu stützen und von umstrittenen moralphilosophischen Positionen möglichst freizuhalten.

Tatsächlich glaube ich, dass wir mit den Diskussionen noch nicht am Ende sind. Die Verbrechen des Nationalsozialismus sind evident und müssen nicht mehr bewiesen werden. Die Aufmerksamkeit kann sich jetzt verstärkt und vielleicht auch vorurteilsloser der Verantwortung der Alliierten am Zustandekommen des Gesamtereignisses „Zweiter Weltkrieg", dieser – zumindest seit dem Dreißigjährigen Krieg – größten von Menschen verursachten Katastrophe der Weltgeschichte, zuwenden. Doch insoweit ist vor der Moralphilosophie zunächst einmal die Geschichtswissenschaft gefragt.

Das Manuskript haben eine Reihe von Freunden und Kollegen in verschiedenen Phasen seiner Entstehung gelesen. Für wertvolle Hinweise und kritische Diskussionen danke ich Norbert Hoerster und Manfred Zeidler. Anregungen habe ich erhalten von Christian Fritze, Christian Junghans und Jürgen Richter.

Dresden, im Januar 2007 L. F.

Einleitung

Die politische und moralphilosophische Problematik einer Bewertung alliierter Kriegführung resultiert nicht zuletzt aus dem Umstand, dass die Alliierten gegen ein diktatorisches Regime kämpften, das sich bereits vor Ausbruch des Krieges eklatanter Menschenrechtsverletzungen schuldig gemacht hatte, den Krieg gegen Polen begann, im Verlaufe des Zweiten Weltkrieges eine Vielzahl von Kriegsverbrechen verübte und insbesondere durch seine rassistische Ideologie, die Rassen vermeintlich niederer Art mit Vernichtung bedrohte, als eine Gefahr für die ganze Menschheit wahrgenommen werden konnte. Die Politik der Nationalsozialisten gipfelte schließlich in der fabrikmäßigen Vernichtung eines Großteils des europäischen Judentums – einem in der Menschheitsgeschichte einzigartigen Verbrechen.

Angesichts dieser Umstände erscheint ein kritisches Hinterfragen des alliierten, insbesondere des britisch-amerikanischen Kriegshandelns nur dann verständlich, wenn man die Prämisse akzeptiert, dass auch ein Verteidiger bei seinem der Selbstverteidigung oder der Nothilfe dienenden Vorgehen Regeln zu beachten hat, die seine Handlungsmöglichkeiten unter Gesichtspunkten rechtlicher und moralischer Legitimität begrenzen. Dieser Standpunkt entspringt nicht einer unbilligen Forderung von Nachgeborenen; er entspricht vielmehr einer universalistischen Menschenrechtsethik und deckt sich insofern mit dem westlichen Selbstverständnis.

Unbestritten ist: Die politische und moralische Hauptverantwortung für die europäische Komponente des Ereignisses „Zweiter Weltkrieg" und seine Folgen trägt die nationalsozialistische Führung Deutschlands. Der große Verantwortungsanteil des Hitler-Regimes ist in den 60 Jahren seit Kriegsende hinreichend herausgearbeitet worden; er ist vernünftigerweise nicht zu bestreiten. Die Entfesselung eines Angriffskrieges ist, wie das Nürnberger Kriegsverbrechertribunal feststellte, das „größte internationale Verbrechen"[1]. Daraus folgt jedoch nicht, dass Verstöße gegen die Regeln der Kriegführung unbeachtet bleiben könnten. Vielmehr wurden in Nürnberg auch (deutsche) „Kriegsverbrechen: nämlich Verletzungen des Kriegsrechts und der Kriegsbräuche"[2] angeklagt. Zu diesen zählte unter anderem „jede durch militärische Notwendigkeit nicht gerechtfertigte Verwüstung"[3]. Die Regeln der Kriegführung gelten jedoch nicht nur für den Aggressor, sondern ebenso für

---
1 IMT, Bd. 22, S. 484.
2 Statut für den Internationalen Militärgerichtshof, Art. 6, S. 11.
3 Ebd., S. 12.

den Verteidiger. Auch er kann folglich Kriegsverbrechen begehen. „Das Kriegsrecht gilt nicht nur", wie auch Telford Taylor, einer der amerikanischen Ankläger in den Nürnberger Prozessen, klarstellte, „für mutmaßliche Verbrecher besiegter Länder". Vielmehr gibt es „keinen moralischen oder rechtlichen Grund, siegreichen Ländern Immunität gegenüber einer gerichtlichen Untersuchung zu gewähren".[4] Mögliche Kriegsverbrechen der alliierten Gegner Deutschlands wurden in Nürnberg allerdings nicht untersucht, ja es wurden, von einer Ausnahme abgesehen, sämtliche Beweisanträge der Verteidigung zu Völkerrechtsbrüchen der Alliierten als unerheblich abgewiesen.[5] Dabei hatte Hans Kelsen schon 1944 ein unabhängiges und unparteiisches internationales Strafgericht für Sieger und Besiegte gefordert, das durch einen völkerrechtlichen Vertrag zwischen *allen* Beteiligten einzurichten sei – denn, so Kelsen, nur „wenn sich die Sieger demselben Recht unterwerfen, das sie auf die Besiegten anwenden wollen, wird die Idee der Gerechtigkeit unversehrt bleiben".[6]

Die Ereignisse des Zweiten Weltkrieges aus dieser Sicht zu betrachten ist von größter Wichtigkeit, weil die Erfahrung lehrt, dass Unrecht häufig im Kampf gegen Unrecht geschieht. Viele Kriege – auch nach 1945 – wurden in der Absicht geführt, ein größeres Übel, als es dieser Krieg selbst darstellt, zu vermeiden. Dabei wurde massenhaft menschliches Leid verursacht; und bei Weitem war nicht immer klar, ob zumindest die Gewinn-und-Verlust-Rechnung letztlich positiv ausfiel. Aber unabhängig von der jeweiligen Schadensbilanz: Die Verursachung menschlichen Leides, insbesondere die Tötung Unschuldiger, wirft auch dann moralische Probleme auf, wenn die Akteure zum Kriegführen moralisch legitimiert sind.

Der Bombenkrieg gegen deutsche Städte kostete rund 600.000 Menschen, darunter fast 80.000 Kindern, das Leben. Andere Schätzungen gehen von bis zu 465.000 Luftkriegstoten auf dem Gebiet des Deutschen Reiches in den Grenzen vom 31. Dezember 1937 aus. Allein in den letzten drei Monaten des Krieges starben in Deutschland bei Luftangriffen ca. 120.000 Menschen. Die britische *Royal Air Force* (RAF) büßte bei Angriffen auf deutsche Städte 55.500 Besatzungsmitglieder von Kampfflugzeugen (von rund 125.000) ein; bei der *US Army Air Force* (USAAF) verloren 26.000 (von etwa 100.000) Besatzungsmitgliedern das Leben. Über dem europäischen Kriegsschauplatz gingen rund 9.000 Bomber des britischen *Bomber Command* und rund 6.500 US-Bomber verloren. Die Zahl der von deutschen Bombern und sogenannten V(ergeltungs)-Waffen Getöteten belief sich in Großbritannien auf 60.595 Menschen. Darüber hinaus hat die deutsche Luftwaffe in vielen weiteren Ländern Europas Zivilisten getötet. Die Schätzungen gehen von mehreren Zehntausend aus.

---

4 Taylor, Die Nürnberger Prozesse, S. 741.
5 Vgl. Merkel, Der Nürnberger Prozeß, S. 128.
6 Zit. nach: Ebd., S. 130.

Auf mehrere Zehntausend wird auch die Anzahl der Menschen geschätzt, die durch Bombenangriffe der Alliierten in den von Deutschland zeitweilig besetzten Ländern getötet wurden. Die Zahl dieser, heute fast vergessenen, Opfer soll an die Zahl der englischen Opfer deutscher Bombardements fast heranreichen. Die Gesamtzahl der während des Zweiten Weltkrieges im Bombenkrieg Getöteten wird auf 1,5 Millionen veranschlagt.

Die Bewertung der alliierten Flächenbombardements ist nach wie vor umstritten. Flächendeckende Bombardements aus der Luft sind ein Novum des modernen Krieges. Es handelt sich dabei um Bombardierungen, bei denen militärische Objekte nicht eigens anvisiert, sondern ganze Stadtgebiete unterschiedslos mit einem „Bombenteppich" überzogen werden. Der Abscheu, den diese Art der Kriegführung bei vielen Menschen hervorruft, kommt in der Kennzeichnung „Bombenterror" treffend zum Ausdruck.

Dieser Begriff polarisiert die öffentlichen Debatten. Wenn man die alliierten Flächenbombardements generell oder einzelne dieser Bombardements mit dem Ausdruck „Bombenterror" belegt, so kommt darin die Auffassung zum Ausdruck, dass diese Angriffe nicht gerechtfertigt waren. Daraus folgt aber noch nicht, dass Angriffe auf die Zivilbevölkerung, insbesondere in der Form von Flächenbombardements, unter allen Umständen moralisch inakzeptabel sein müssen. Eine der zu erörternden Fragen ist deshalb, ob Umstände denkbar sind, die Angriffe auf die Zivilbevölkerung moralisch rechtfertigen können. Nur wenn die Akzeptanz solcher rechtfertigenden Umstände überhaupt in Erwägung gezogen wird, lässt sich sinnvoll fragen, ob derartige Umstände im hier zu diskutierenden Fall vorlagen.

Zunächst werden einige Grundsätze, insbesondere das Prinzip der Immunität der Nichtkombattanten, genannt, die sowohl in der Lehre vom gerechten Krieg als auch im Kriegsvölkerrecht und im moralischen Denken der zivilisierten Menschheit allgemeine Geltung besaßen und bis heute besitzen. Ausgehend von den Möglichkeiten der modernen Bombertechnologie werden Vorstellungen über den Einsatz der Luftwaffe, die zwischen den beiden Weltkriegen von Militärs und Politikern entwickelt wurden, skizzenhaft nachgezeichnet. Dabei finden die unterschiedlichen Militärdoktrinen der verschiedenen Länder Erwähnung (Kapitel 1).

Zwischen den Kriegen kam es zu keinem Vertragsabschluss über Bombardements aus der Luft. Das Kriegsvölkerrecht am Beginn des Zweiten Weltkrieges war daher im Wesentlichen Völkergewohnheitsrecht. Obwohl dieses Kriegsrecht nicht in allen Punkten klar und präzise war, bestand doch in allen Nationen Konsens darüber, dass unterschiedslose Bombardierungen (auch) aus der Luft verboten sind und die Zivilbevölkerung möglichst zu schonen ist (Kapitel 2).

Die Anwendung der Begriffe und Grundsätze des Kriegsvölkerrechts ist mit einigen Schwierigkeiten verbunden, die lediglich genannt, aber nicht ausführlich thematisiert werden. Diese Schwierigkeiten sind sowohl begrifflicher als auch empirischer Natur. Zu Letzteren gehört, dass angesichts der technisch bedingten Ungenauigkeit des Bombenabwurfs eine rein militärische Absicht nicht oder nur schwer erkennbar war. Daraus resultierende Fehldeutungen des Charakters deutscher Städteangriffe aus der Luft mögen zur wechselseitigen Radikalisierung und schließlich zur Eskalation des Bombenkrieges beigetragen haben (Kapitel 3). Des Weiteren wird in diesem dritten Kapitel die Relevanz mehrerer Grundsätze der Lehre vom gerechten Krieg betont.

Anschließend werden die Strategie der Flächenbombardements (Kapitel 4) und speziell die Doktrin des *moral bombing* (Kapitel 5) in ihrer Theorie und Praxis dargestellt. Eine genauere Analyse von Planungen und militärischen Vorgehensweisen soll zeigen, ob und inwieweit die britischen Strategen Tötungen von Zivilisten nicht nur im Zuge unbeabsichtigter und nicht vermeidbarer Nebenwirkungen hinnahmen, sondern auch die Absicht hatten, deutsche Zivilisten massenhaft zu töten.

Wie gesagt: Unterschiedslose Bombardements von Städten und der in ihnen lebenden Zivilbevölkerung waren nach dem zu Beginn des Zweiten Weltkrieges geltenden Völkerrecht rechtswidrig. Flächenbombardements auf bewohnte Gebiete stellen nämlich keine gezielten Angriffe auf militärische Objekte dar – obgleich bei solchen Angriffen militärische Objekte mitgetroffen werden können. Flächendeckende Städteangriffe schließen eine möglichst weitgehende Schonung von Nichtkombattanten aus. Von daher versteht sich von selbst, dass die Beurteilung als rechtswidrig erst recht für militärische Operationen gilt, die der Doktrin des *moral bombing*, einer *spezifischen* Form der Strategie der Flächenbombardements, folgten. Solche Flächenbombardements werden mit der Zielstellung ausgeführt, auch Zivilisten zu töten und zu verletzen, um entweder das Regime selbst zum Einlenken zu veranlassen oder die Bevölkerung zum Entzug der Loyalität gegenüber der Regierung beziehungsweise zum Aufruhr zu bewegen. Die genannten völkerrechtlichen Beurteilungen wurden in Großbritannien geteilt, und man war sich der Völkerrechtswidrigkeit des eigenen Vorgehens bewusst. Obwohl die Berechtigung, Flächenbombardements als „Terrorangriffe" zu bezeichnen, mitunter bestritten wird, lässt sich zeigen, dass der Begriff des Terrorbombardements zu Recht verwendet wird (Kapitel 6).

Völkerrechtliche und moralische Beurteilungen sind zu unterscheiden; sie können voneinander abweichen. Was rechtlich erlaubt ist, kann manchen moralisch verboten erscheinen; und wiederum andere glauben Dinge tun zu dürfen, von denen sie wissen, dass sie völkerrechtlich verboten sind. Sowohl das Völkerrecht als auch weithin geteilte Moralvorstellungen enthalten jedoch die Idee, dass auch das Führen eines Krieges Regeln folgen sollte – dass gleichsam nicht alles erlaubt ist. Zu den *Mindestanforderungen*, die an eine gerechte beziehungsweise moralisch akzeptable Kriegführung zu stellen sind, gehört die Tauglichkeit, die Erforderlichkeit und die Verhältnismäßigkeit der eingesetzten Mittel beziehungsweise der taktischen und strategischen Vorgehensweisen (Kapitel 7).

Die Prüfung der *Tauglichkeit* der Strategie des *moral bombing* gelangt zu dem Ergebnis, dass bereits sehr früh die Unerreichbarkeit des gesteckten Zieles der vorzeitigen Kapitulation erkennbar wurde und schon deshalb die Verfolgung dieser Strategie hätte aufgegeben werden müssen (Kapitel 8). Aus der Tatsache, dass Flächenbombardements in der spezifischen Form des *moral bombing* ihren Zweck verfehlten, folgt freilich nicht, dass flächendeckende Bombardierungen in jeder Hinsicht ein militärisch zweckloses Mittel waren. Denn auch wenn das Ziel der Demoralisierung nicht erreicht wurde, können die angerichteten Schäden doch militärisch bedeutungsvoll sein.

Die Prüfung der *Erforderlichkeit* eines Mitteleinsatzes orientiert sich zunächst am vorgegebenen Zweck. Zu prüfen ist daher, ob Flächenbombardements das mildeste verfügbare beziehungsweise verfügbar zu machende Mittel waren, um die vom nationalsozialistischen Regime ausgehende Gefahr zu beseitigen (Kapitel 9). Die Prüfung, ob ein Mittel das mildeste Gegenmittel ist, wirft jedoch weitere moralische und moralphilosophische Fragen auf, die nicht in jedem Fall eine von allen geteilte Antwort finden werden. Ungeachtet diesbezüglicher Unschärfen wird jedoch deutlich, dass vor allem die britischen Strategen die Lebensinteressen der gegnerischen Zivilbevölkerung in inakzeptabler Weise ignorierten. Dies zeigt sich exemplarisch an der Einäscherung Dresdens (Kapitel 10).

Taugliche und erforderliche Strategien sind nur dann moralisch legitim, wenn sie auch dem Kriterium der *Verhältnismäßigkeit* genügen – wenn also die zur Erreichung des Nutzens hinzunehmenden Verluste als angemessen gelten können. Eine Verhältnismäßigkeitsprüfung der Flächenbombardements führt allerdings dazu, das formulierte Kriegsziel der bedingungslosen Kapitulation auf seine Angemessenheit unter Gesichtspunkten der Schadensbilanz zu untersuchen. Eine Strategie kann durchaus notwendig sein, um ein bestimmtes Ziel zu erreichen; sie ist aber gleichwohl als moralisch inakzeptabel zu beurteilen, wenn sich ihre Verfolgung angesichts der damit verbundenen „Kosten" – dazu zählen der materielle und personelle Aufwand und die entsprechenden Schäden – nicht legitimieren lässt. Die Fixierung auf das alliierte Kriegsziel der bedingungslosen Kapitulation Deutschlands, Italiens und Japans hatte auf die Opferbilanz des Zweiten Weltkrieges maßgeblichen Einfluss. Ein nicht undenkbarer Kompromissfrieden wurde als Option ausgeschlossen und stattdessen ein totaler Sieg insbesondere über Deutschland und Japan angestrebt. Angesichts dessen ist die Frage der Rechtfertigbarkeit der Fortsetzung des Krieges bis zur bedingungslosen Kapitulation der Achsenmächte unter dem Gesichtspunkt der Verhältnismäßigkeit zu stellen (Kapitel 11).

Das Kriegsziel der bedingungslosen Kapitulation ist aber auch ganz unabhängig von Verhältnismäßigkeitsprüfungen auf seine Rechtmäßigkeit hin zu befragen. Denn auch wenn ein Verteidigungsfall zu Beginn einer kriegerischen Auseinandersetzung zu Recht festgestellt worden ist, muss doch die Berechtigung zur fortgesetzten militärischen Gewaltanwendung in jeder Phase eines Krieges von Neuem begründet werden. Das heißt, dass sich die formulierten Kriegsziele selbst legitimieren lassen müssen. Für die Berechtigung, im Zuge von Selbstverteidigungs- oder auch Nothilfemaßnahmen Menschen zu verletzen, zu verstümmeln oder zu töten, gibt es im moralischen Denken der zivilisierten Welt aber nur einen Rechtfertigungsgrund, nämlich die unaufschiebbare Notwendigkeit, einen illegitimen Angriff abzuwehren, der sich mit weniger scharfen Mitteln nicht abwenden lässt (Kapitel 12).

In diesem Zusammenhang sind zwei Punkte wesentlich: Zum einen ist zu fragen, ob die Fixierung der Alliierten auf die vollständige Niederwerfung Deutschlands und Japans auch und durchaus wesentlich Motiven entsprang – zum Beispiel der nachhaltigen Schwächung der Gegner –, die eine massenhafte Inkaufnahme unschuldiger Opfer nicht oder nur bedingt rechtfertigen (Kapitel 13 bis 15). Hier ist insbesondere zu berücksichtigen, dass eine Kriegführung im Sinne einer *präventiven* Verteidigung nach überwiegender Auffassung politisch und moralisch inakzeptabel ist (Kapitel 16). Zum anderen ist zu prüfen, ob Briten und Amerikaner wesentliche Entscheidungen trafen, ohne vom Vorliegen eines *äußersten Notfalls*, einer spezifischen Extremsituation auszugehen, die zum Beispiel die Weiterführung des Krieges bis zur bedingungslosen Kapitulation und den Einsatz des Mittels der Flächenbombardements möglicherweise hätte rechtfertigen können. Zu fragen ist, ob die Annahme, es bestünde eine solche Extremsituation, für die Entscheidungen, gemeinsam mit dem stalinistischen Sowjetregime bis zur bedingungslosen Kapitulation Deutschlands und Japans zu kämpfen und Flächenbombardements auszuführen, ausschlaggebend war (Kapitel 17 und 18).

Unabhängig davon kann ein äußerster Notfall, also eine Situation, in der die Grenzen einer legitimen Selbstverteidigung oder Nothilfe nach den Vorstellungen mancher Theoretiker weiter zu ziehen sind, natürlich bestanden haben – etwa während der Zeit der organisierten Vernichtung von Juden oder solange ein deutscher Sieg in Osteuropa noch nicht als ausgeschlossen galt. Aber auch in einer Extremsituation müssen die eingesetzten Mittel zumindest tauglich und erforderlich sein (Kapitel 19). Dabei ist es umstritten, ob die Doktrin vom äußersten Notfall rational begründet werden kann (Kapitel 20).

Ungeachtet dessen wie man die bis zu diesem Punkt der Argumentation vorgebrachten Bedenken gegen die Flächenbombardements bewertet, bleibt es in jedem Fall unklar, wie sich die Bombardements deutscher Städte in den letzten Kriegsmonaten (Kapitel 21) und die Atombombenabwürfe auf Hiroshima und Nagasaki (Kapitel 22) moralisch rechtfertigen lassen sollen. Alle Überlegungen deuten darauf hin, dass sie dem Verhältnismäßigkeitsgebot widersprachen und im Sinne einer legitimen Verteidigung noch nicht einmal erforderlich waren.

Nicht zu rechtfertigende Handlungen begründen noch nicht automatisch einen Schuldvorwurf. Unsere Rechts- und Moralpraxis kennt Gründe und Umstände, die sowohl Schuld ausschließen als auch mindern. Daher ist in den historischen und politischen Wissenschaften und ebenso in öffentlichen Debatten zwischen Rechtfertigungs- und Entschuldigungsargumenten zu unterscheiden (Kapitel 23). Schuldausschließungs- beziehungsweise Schuldminderungsgründe sind gesondert zu prüfen.

Nachdem auf die Relevanz und Problematik der Unterscheidung zwischen Kombattanten und Nichtkombattanten sowie zwischen Wehrpflichtigen und Berufssoldaten eingegangen worden ist (Kapitel 24), wird in aller Kürze der Vormarsch der Sowjetarmee auf deutschem Boden sowie das sowjetische Besatzungsregime nach Beendigung des Krieges und noch einmal die Kriegführung der Westalliierten beleuchtet. Dabei zeigt sich, dass auf beiden Seiten der Alliierten der moralisch zu fordernde Gedanke einer möglichst weitgehenden Schonung der Zivilbevölkerung weithin missachtet wurde (Kapitel 25).

Den Abschluss bilden Betrachtungen zum erhofften Nutzen von Aufarbeitungsbemühungen, wie sie in diesem Essay vorgeführt und vorgeschlagen werden (Kapitel 26). Die Urteile, die wir heute über das Handeln der am Zweiten Weltkrieg beteiligten Mächte fällen, entscheiden wesentlich darüber, welche Rechtfertigungsargumente für das Kriegführen von Politikern in Anspruch genommen und von der Öffentlichkeit, insbesondere auch der Bevölkerung demokratischer Länder, akzeptiert werden.

Das Ziel der vorliegenden Entscheidungs- und Handlungsanalyse ist es, am Beispiel eines historischen Geschehens die Geltung bestimmter moralischer Maßstäbe ins Gedächtnis zu rufen sowie Probleme ihrer praktischen Anwendung zu diskutieren. Schuldzuweisungen sind insofern nicht das Anliegen; und schon gar nicht geht es um eine „Relativierung" deutscher Verbrechen. Die Frage nach der Schuld ergibt sich nur im Zusammenhang mit der allein entscheidenden, vorgelagerten Frage, was die handelnden Menschen hätten anders machen sollen.

Der strategische Bombenkrieg wurde von verschiedenen Theoretikern in der Zwischenkriegszeit vorausgedacht.[7] Bereits in den zwanziger Jahren hatte der italienische Kriegstheoretiker General Giulio Douhet vorausgesagt, dass auch im nächsten Krieg alle vorhandenen und wirksamen Kriegsmittel eingesetzt werden würden, gleichgültig wie barbarisch oder verbrecherisch sie seien.[8] General J. F. C. Fuller meinte Mitte der dreißiger Jahre, die „neue Technik des Krieges" sei „auf der Idee des Terrors aufgebaut"; ihr Ziel bestehe darin, „Schrecken zu erregen".[9] Beide hatten den Zukunftskrieg als „totalen Krieg" konzipiert, und sie haben recht behalten.[10]

Die Tatsache, dass es so kam, wie von ihnen vermutet, nötigt uns jedoch nicht, Douhets radikalen Pessimismus hinsichtlich des Nutzens internationaler Vereinbarungen zu teilen, und sie sollte uns auch nicht davon abhalten, auf der Geltung völkerrechtlicher und moralischer Normen zu bestehen. Wer sich stattdessen im eigenen Handeln oder in der Bewertung von Handlungen auf die nur zu häufig dazu in Widerspruch stehende „machtpolitische Realität" berufen sollte, die zu missachten unzumutbar sei, hätte in letzter Konsequenz die für die Koexistenz von Staaten fundamentale moralische Überzeugung für unbeachtlich zu erklären, die in der Haager Landkriegsordnung bereits 1907 völkerrechtlichen Status gewann. Dort nämlich wurde festgestellt, dass die Kriegführenden „kein unbeschränktes Recht in der Wahl der Mittel zur Schädigung des Feindes"[11] haben. Dieser allgemeine Grundsatz des Völkerrechts, der bewaffnete Schädigungshandlungen unter dem Gesichtspunkt der Humanität Einschränkungen unterwirft, wurde im Jahre 1977 in Art. 35 Abs. 1 des I. Zusatzprotokolls zu den Genfer Abkommen vom 12. August 1949 (ZP I) erneut kodifiziert.[12] Er ist in seiner universalen Geltung unbestritten.[13] Bewaffnete Schädigungshandlungen sind dabei sowohl hinsichtlich der Methoden der Anwendung von Waffengewalt als auch der eingesetzten Mittel sowie ihrer Objekte zu beschränken.

Das humanitäre Kriegsvölkerrecht beruht auf der Überzeugung, dass eine Beschränkung des im Krieg zulässigen Handelns im langfristigen allseitigen Interesse liegt. Dabei ist freilich immer unterstellt, dass es sich um Kriege handelt, bei denen Unschuldige oder Nicht-freiwillig-Beteiligte getötet werden (können). Die Vernich-

---

7 Siehe etwa Ludendorff, Der totale Krieg, S. 82 f.
8 Vgl. Douhet, Luftherrschaft, insbes. S. 67.
9 Fuller, Der erste der Völkerbundskriege, S. 204.
10 Zur Lehre vom totalen Krieg und ihrer Kritik vgl. Spetzler, Luftkrieg und Menschlichkeit, S. 195-204. Siehe des Weiteren Messerschmidt, Der verbrecherische Befehl im Kontext der „Kriegsnotwendigkeit", S. 65 f.
11 Haager Abkommen IV, Anlage: [Haager Landkriegsordnung], Art. 22, S. 717.
12 Zusatzprotokoll zu den Genfer Abkommen vom 12. August 1949 über den Schutz der Opfer internationaler bewaffneter Konflikte (Protokoll I), S. 740.
13 Vgl. Ipsen, Bewaffneter Konflikt und Neutralität, S. 1240.

tung menschlichen Lebens, die Grausamkeiten des Krieges sollen auf ein Mindestmaß reduziert werden – solange und sofern Kriege nicht gänzlich abgeschafft worden sind. Immanuel Kant hatte sich in seiner Schrift *Zum ewigen Frieden* verwundert gezeigt, dass bei „der Bösartigkeit der menschlichen Natur, die sich im freien Verhältnis der Völker unverhohlen blicken läßt, [...] das Wort *Recht* aus der Kriegspolitik noch nicht als pedantisch ganz hat verwiesen werden können"[14]. Trotz mitunter eklatanter Missachtung rechtlicher und moralischer Grundsätze hat seine Feststellung, dass „sich noch kein Staat erkühnt hat, sich für die letztere Meinung öffentlich zu erklären"[15], bis heute Gültigkeit.

---

14 Kant, Zum ewigen Frieden, BA 31, 32.
15 Ebd.

1. Kapitel
Völkerrecht und Luftkriegsdoktrinen

Das Prinzip der Immunität der Nichtkombattanten

Als der amerikanische Präsident Franklin Delano Roosevelt am 1. September 1939 anlässlich der „soeben ausgebrochenen Feindseligkeiten" an alle Regierungen appellierte, „auf keinen Fall und unter keinen Umständen Bombenangriffe aus der Luft auf Zivilbevölkerungen oder unbefestigte Städte" zu richten,[16] entsprach diese Vorstellung nicht nur dem geltenden Völkerrecht, sondern auch dem moralischen Denken der zivilisierten Menschheit. Das Prinzip der Immunität der Nichtkombattanten gehört zum Kernbereich der traditionellen Lehre vom gerechten Krieg. Gewalt sollte sich nur gegen diejenigen richten, die in das Kampfgeschehen als Befehlsgeber oder Soldaten verwickelt sind. Unbeteiligte hingegen, alle, die an den Kampfhandlungen nicht direkt teilnehmen, galten unabhängig von ihren Überzeugungen als Unschuldige. Und Unschuldige sollten möglichst geschont und niemals mit Absicht getötet werden.

Dieses moralische Prinzip hat eine lange Tradition. Bereits im Jahre 1539 hatte der spanische Spätscholastiker Francisco de Victoria ganz in diesem Sinne erklärt, dass es „niemals" erlaubt sei, „Unschuldige als solche und absichtlich zu töten"[17].[18] Dieses Prinzip galt aber auch im modernen Kriegsvölkerrecht als unaufgebbar und wurde mit Roosevelts Appell in Erinnerung gerufen. Danach konnten *gezielte* Angriffe auf Zivilisten aus der Luft selbst durch „Kriegsnotwendigkeit" niemals gerechtfertigt sein. Diesem Prinzip war nach herrschender Vorstellung allerdings auch dann Genüge getan, wenn bei einem Angriff auf Kombattanten (Kriegführende) einige Nichtkombattanten (Nichtkriegführende) verletzt oder getötet werden konnten. Die Tötung von Nichtkombattanten durfte im Rahmen eines ansonsten rechtmäßigen Angriffs auf ein militärisches Ziel als eine indirekte Nebenwirkung („Kollateralschaden") in Kauf genommen werden.[19] Ausgeschlossen waren lediglich direkte und absichtliche Tötungen von Nichtkombattanten.[20] Als verboten gal-

---

16 Roosevelt, The Public Papers and Addresses, S. 454.
17 de Victoria, Vorlesungen über die kürzlich entdeckten Inder und das Recht der Spanier zum Kriege gegen die Barbaren, S. 149 (De Jure Belli, Nr. 35).
18 Zur philosophischen Begründung dieses Prinzips siehe Primoratz, Civilian immunity in war, S. 45 ff., sowie Hinsch/Janssen, Menschenrechte militärisch schützen, S. 100-109.
19 So auch de Victoria, Vorlesungen über die kürzlich entdeckten Inder und das Recht der Spanier zum Kriege gegen die Barbaren, S. 151 (De Jure Belli, Nr. 37).
20 Die Formulierung „direkte und absichtliche", die W. Hays Parks gebraucht (vgl. Parks, Luftkrieg und Kriegsvölkerrecht, S. 365 ff.), ist nicht ganz präzise oder zumindest erläuterungsbedürftig

ten damit auch wahllose beziehungsweise unterschiedslose Bombardierungen von offenen, unverteidigten Städten.

Allerdings waren die Regelungen des Völker*vertrags*rechts am Beginn des Zweiten Weltkrieges dürftig. Einschlägig war allein der Artikel 25 der Haager Landkriegsordnung (HLKO). In der noch heute geltenden Fassung aus dem Jahre 1907 lautet dieser:

„Es ist untersagt, unverteidigte Städte, Dörfer, Wohnstätten oder Gebäude, mit welchen Mitteln es auch sei, anzugreifen oder zu beschießen."[21]

Ortschaften, die sich ihrer Einnahme kämpfend widersetzen, können danach als Ganze Objekte militärischer Operationen sein. Kriterium für die Anwendbarkeit des Artikels 25 HLKO ist ein gegen die Besetzung gerichteter aktiver Widerstand. Da Städte nur von Landstreitkräften besetzt werden können, bleibt der Geltungsbereich dieser Regelung auf das unmittelbare Operationsgebiet von Landstreitkräften beschränkt und erfasst nicht Bombardements fernab der eigentlichen Frontlinie. Damit bot das Völkerrecht, soweit es vertraglich gesatzt und nicht nur Gewohnheitsrecht war, keine effektive Regelung des Luftbombardements.[22]

Die Bemühungen, eine den Luftkriegsbedingungen angemessene und auf dem Artikel 25 HLKO aufbauende Regelung zu finden, scheiterten bereits vor und während des Ersten Weltkrieges an einer Definition des Kriteriums „verteidigt". Fraglich war, ob Ortschaften, die über Fliegerabwehrgeschütze verfügen oder durch Jagdflugzeuge geschützt werden können, als verteidigt angesehen werden sollen.

Bombertechnologie und die Theorie des Krieges

Wer als Politiker oder militärischer Befehlshaber allgemeine Grundsätze des Völkerrechts oder auch der Moral einhalten oder als Historiker, Völkerrechtler oder Philosoph über deren Einhaltung im Nachhinein urteilen will, hat es mit Abgren-

---

(siehe Kapitel 5). – Die Haager Luftkriegsregeln aus dem Jahre 1923 nahmen diese Abgrenzung anders vor. Danach sollten Angriffe auf militärische Objekte nur dann nicht als rechtswidrig betrachtet werden, wenn der Angreifer zwar die Möglichkeit einer Schädigung der Zivilbevölkerung erkennt, aber dennoch hofft, dass seine Vorkehrungen ausreichen, um den Angriff auf das legitime Ziel zu beschränken, er also statt mit bedingtem Vorsatz nur mit bewusster Fahrlässigkeit handelt (vgl. Hanke, Luftkrieg und Zivilbevölkerung, S. 77, 212).

21 Haager Abkommen IV, Anlage: [Haager Landkriegsordnung], Art. 25, S. 717.
22 Ich stütze mich in der Darstellung der Geschichte des kriegsvölkerrechtlichen Schutzes der Zivilbevölkerung gegen Luftbombardements auf: Hanke, Luftkrieg und Zivilbevölkerung (vgl. hier S. 35 f., 102).

zungs- beziehungsweise Interpretationsproblemen zu tun. Im vorliegenden Fall der Führung eines Krieges muss er sich nicht nur klar werden, was es heißt, jemanden direkt und absichtlich zu töten, sondern er muss wissen, was als eine „offene" Stadt gilt, wer als ein „Nichtkombattant" betrachtet wird und was mit dem Begriff „unterschiedslos" gemeint ist.

Die damit verbundenen definitorischen Schwierigkeiten waren nun allerdings mit den neuen technischen Möglichkeiten der Kriegführung, hier speziell der Luftwaffe, und der kriegsentscheidenden Bedeutung, welche der industriellen Kapazität und der Infrastruktur der kriegführenden Parteien zukommt, enorm gewachsen. Strategische Bomberflotten erlauben es, die Industrie und die wirtschaftliche Infrastruktur des Feindes zu attackieren und ganze Städte einzuäschern, ohne das Territorium des Feindes zu betreten; ja mit dieser modernen Waffe wurde sogar die Hoffnung verbunden, durch Einbeziehung der gesamten Gesellschaft in den Krieg den Widerstandswillen der feindlichen Nation zu brechen und verlustreiche Stellungskriege, wie sie für den Ersten Weltkrieg charakteristisch waren, zu vermeiden. Theoretiker wie Douhet gingen von einer kriegsentscheidenden Wirkung des Luftkriegs aus und propagierten gar den hemmungslosen Angriff auf die Zivilbevölkerung – denn es wäre „Wahnsinn", so Douhet, nicht „alle vorhandenen Mittel zu benutzen" und sich stattdessen „in den Untergang des eigenen Volkes zu schicken, um nicht gegen irgendwelche papierenen Konventionen zu verstoßen". Er war überzeugt, dass „niemand darauf verzichten wird, sich dieser vernichtenden Kampfmittel zu bedienen, so grausam und unmenschlich sie auch erscheinen mögen"[23]. Douhet führte aus:

> „Auch verursacht die vollständige Zerstörung des gewählten Zieles außer einer materiellen auch eine moralische Wirkung, die von ausschlaggebender Tragweite sein kann. Letzteres gilt im besonderen Maße für Wohngebiete der Zivilbevölkerung." Und: „Die Zerschmetterung der Widerstandskräfte des Feindes ist Endziel der kriegerischen Aktionen. Dieses Ziel erreicht man leichter, schneller, wirtschaftlicher, kurzum mit geringeren Opfern, wenn man dort angreift, wo die feindlichen Widerstandskräfte am schwächsten und verwundbarsten sind. Je schwerer die entscheidenden Schläge die Gesamtheit der Nation treffen können, desto seltener werden Kriege, desto ‚menschlicher' werden sie sein, weil die Verluste im Rahmen der Gesamtheit verringert werden."[24]

Mit der technischen Möglichkeit einer offensiven Luftwaffe – das Bombenflugzeug wurde weithin als „der Inbegriff des neuen Zeitalters des Massenkrieges" verstanden – entwickelte sich nach 1918 vornehmlich in England und mit deutlichen Abweichungen auch in den USA[25] eine Militärdoktrin, der zufolge der moderne Krieg

---

23 Douhet, Luftherrschaft, S. 67, 69 f.
24 Ebd., S. 22, 79 f.
25 Vgl. Pommerin, Zur Einsicht bomben?, S. 229 f.

„unausweichlich ein Kampf ums nationale Überleben" sei.²⁶ Dieser Vorstellung entsprechend richtete sich der Bombenkrieg „gegen Nationen und gegen gesamtnationale wirtschaftliche, industrielle, finanzielle, moralische und militärische Kriegsanstrengungen und Ressourcen, nicht nur gegen die Streitkräfte einer Feindnation"²⁷. Ein Krieg, geführt nach diesen Vorstellungen, gewinnt einen im Vergleich zu herkömmlichen Kriegen anderen Charakter. Mit der Mobilisierung aller materiellen und personellen Ressourcen ist er nicht nur ein Test der militärischen Durchschlagskraft auf dem Gefechtsfeld, sondern der nationalen wirtschaftlichen Stärke, der gesellschaftlichen Bindungskräfte und der mentalen Widerstandsfähigkeit von Gemeinschaften.

Die deutschen Auffassungen über die Aufgaben der Luftwaffe standen dazu in deutlichem Gegensatz.²⁸ Wie der amerikanische Historiker James S. Corum feststellt, „war das Terrorbombardement von Zivilisten vor dem Zweiten Weltkrieg kein Bestandteil der deutschen Luftkriegsdoktrin"²⁹. Horst Boog zufolge entsprach die deutsche Luftwaffe weder „nach ihrer Doktrin noch ihrer Ausbildung und materiellen Ausstattung" dem Image einer Terrorwaffe. Die Angriffsdoktrin der Luftwaffe hielt sich vielmehr „an die traditionell-kontinentalen Grundsätze, unterschied zwischen Kombattanten und Nichtkombattanten und folgte den – allerdings sehr lückenhaften – Grundsätzen des Kriegsvölkerrechts, die verbindliche Grundlage der deutschen Luftkriegsdoktrin waren".³⁰ Diese Doktrin hatte Konsequenzen für die Entwicklung von Flugzeugtypen sowie für Funknavigations- und Zielverfahren zum genauen Bombenabwurf.

Eng verbunden mit den britisch-amerikanischen Vorstellungen war die Auffassung, in einem modernen Krieg ginge es wesentlich darum, den Widerstandswillen eines Volkes zu brechen, sodass die Zersetzung der „Moral" der Zivilbevölkerung der feindlichen Nation selbst zu einem strategischen Ziel wurde. Man glaubte, dass der Kriegsverlauf nicht nur vom Durchhaltevermögen der Armee, sondern ebenso von dem der Bevölkerung abhinge und in diesem Zusammenhang der Luftwaffe eine zentrale Bedeutung zukomme. Hugh Trenchard, bis 1930 Generalstabschef

---

26 Overy, Die alliierte Bombenstrategie als Ausdruck des „totalen Krieges", S. 27. Siehe auch ders., Luftmacht im Zweiten Weltkrieg, S. 23-47.
27 Boog, Der strategische Bombenkrieg der Alliierten gegen Deutschland 1939-1945, S. 15.
28 Vgl. Boog, Luftwaffe und unterschiedsloser Bombenkrieg bis 1942, S. 439-447. Zu den unterschiedlichen Luftkriegsdoktrinen siehe auch Spaight, Bombing vindicated, S. 30 ff.; Liddell Hart, The Revolution in Warfare, S. 86 ff.; Veale, Der Barbarei entgegen, S. 146 f.; Murray, Der Luftkrieg von 1914 bis 1945, S. 86-106, sowie Keegan, Der Zweite Weltkrieg, S. 612 f.
29 Corum, The Luftwaffe, S. 7.
30 Boog, Bombenkrieg, Völkerrecht und Menschlichkeit im Luftkrieg, S. 273, 276. – Zum Unterschied zwischen dem Einsatz der Luftstreitkräfte durch die Alliierten und die Achsenmächte siehe auch Overy, Luftmacht im Zweiten Weltkrieg, S. 36 f.

der *Royal Air Force*, verbreitete 1919 die Ansicht, dass die moralischen Folgen von Bombardierungen zu den materiellen in einem Verhältnis von 20 zu 1 stünden.[31] Er war damit einer der Vorkämpfer der Auffassung, dass vor allem das Absinken der Moral durch Bombardierungen letztlich zum Sieg führe. Entsprechende Erfahrungen aus dem Ersten Weltkrieg schienen diese Annahme zu bestätigen. Die eiskalte Logik dieses Denkens hat später der japanische Kriegsminister Yukio Ozuki in seinem Buch *Japan at the cross-roads* aus dem Jahre 1933 zum Ausdruck gebracht:

> „Der Sieg kann viel schneller errungen werden, wenn man anstatt langwieriger Operationen und Angriffe auf Festungen die Flugzeuge dazu benutzt, im Innern des feindlichen Landes Munitionsfabriken, Banken und Regierungsgebäude zu vernichten. Durch Luftangriffe kann man viel leichter Millionen von Zivilisten in großen Städten erschlagen als tausend Soldaten, welche in Festungen oder Schützengräben in Deckung sind. Der Sieg läßt sich rasch erreichen, wenn man den Feind demoralisiert und vernichtet, indem man rücksichtslos alle Zivilisten tötet und zerschmettert, alt oder jung, Mann oder Frau, Greis oder Kind."[32]

Auf der Basis eines solchen Denkens sowie dem gegebenen Stand der Bombertechnologie (relativ große Zerstörungskraft bei relativ unpräziser, während des Krieges aber deutlich verbesserter, Treffgenauigkeit)[33] musste das bis dahin übliche Verständnis von einem gerecht geführten Krieg zweifelhaft werden, weil es sich scheinbar nur schwer auf die modernen Verhältnisse anwenden ließ. Wer jedoch für die Aufhebung des für Zivilisten bestehenden Sonderschutzes plädierte, würde das traditionelle Verständnis des Krieges als einer Auseinandersetzung zwischen Kämpfenden aufgeben. Mit einer Preisgabe des Unterschieds zwischen Kombattanten und Nichtkombattanten wäre auch der Unterschied zwischen einer gerechten Kriegführung und einem Morden im Krieg aufgehoben. Dazu haben sich Völkerrechtler trotz aller Schwierigkeiten, angemessene definitorische Abgrenzungen zu finden, nie verstanden. Auch das moderne Völkerrecht hat am Prinzip der Immunität der Nichtkombattanten – moralisch völlig zu Recht – festgehalten. Alles andere hieße zu akzeptieren, dass es keinen moralischen Unterschied gibt zwischen der Tötung eines kämpfenden Soldaten und der Tötung etwa einer wehrlosen Greisin oder eines Säuglings.

---

31 „Despatch of Major-General Sir H. M. Trenchard" vom 1. Januar 1919. Abgedruckt in: Jones, The War in the Air, Bd. VI, S. 136.
32 Zit. nach: Groehler, Geschichte des Luftkriegs 1910 bis 1980, S. 117 f.
33 Ein Überblick findet sich bei Friedrich, Der Brand, S. 13-59.

Die Doktrin vom militärischen Objekt

Die Lösung für die Frage nach der völkerrechtlichen Erlaubtheit von Luftbombardements hinter der Front bot erst die Doktrin vom militärischen Objekt. Danach konnten auch in unverteidigten Orten gelegene militärische beziehungsweise militärisch bedeutsame Objekte angegriffen werden, wenn dies die einzige Möglichkeit war, sie zu neutralisieren. Mit dem Übergang zu dieser Rechtsanschauung waren noch während des Ersten Weltkrieges neben „Eroberungsbombardements" an der Front nunmehr auch „Zerstörungsbombardements" hinter der Front sowohl von der Völkerrechtswissenschaft als auch, wie die offiziellen Anweisungen an die Luftstreitkräfte zeigen, von den Militärs akzeptiert.

Nach der Ächtung des Angriffskrieges durch den Briand-Kellogg-Pakt[34] vom 27. August 1928 war die Meinung vorherrschend, es sei nunmehr, nachdem ein Krieg rechtlich unmöglich geworden sei, auch unnötig, Regeln für seine Führung aufzustellen. Die daraus folgende Vernachlässigung des Kriegsaktionsrechts, also desjenigen Teils des Kriegsvölkerrechts, der sich mit der Begrenzung der Kriegshandlungen und der Humanisierung der Kriegführung befasst, ist vermutlich mitverantwortlich dafür, dass die völkerrechtlichen Regelungen den neuen militärtechnischen Gegebenheiten trotz verschiedener vorausgegangener Bemühungen letztlich nicht angepasst wurden. Zu nennen sind an dieser Stelle insbesondere die Abrüstungskonferenz von Washington in den Jahren 1921/22, die Haager Juristenkommission, die von Dezember 1922 bis Februar 1923 tagte, sowie verschiedene Tagungen der International Law Association.

---

34 In dem auch von Deutschland unterschriebenen Pakt verpflichteten sich die Vertragspartner, auf Krieg als Instrument der nationalen Politik in ihren gegenseitigen Beziehungen zu verzichten und stattdessen Streitigkeiten zwischen ihnen ausschließlich mit friedlichen Mitteln zu lösen. Allerdings fixierte der Vertrag keine kollektiven Zwangsmaßnahmen bei Verstoß gegen die Vertragsvorschriften (vgl. Fischer, Friedenssicherung und friedliche Streitbeilegung, S. 1071 f.). Zum Briand-Kellogg-Pakt siehe auch Merkel, Der Nürnberger Prozeß, S. 126; zu dessen Geschichte siehe Post, Die Ursachen des Zweiten Weltkrieges, S. 61-63. Noch auf der Londoner Konferenz vom 26. Juni bis 2. August 1945, auf der die Rechtssachverständigen der Alliierten die Rechtsgrundlagen für das geplante Verfahren gegen die Hauptkriegsverbrecher diskutierten, vertraten die Vertreter der französischen Delegation die Ansicht, dass die Einleitung eines Angriffskrieges kein strafbares Vergehen sei, für das eine Einzelperson belangt werden könne; die Naziführer seien vielmehr Verbrecher, weil sie Gräueltaten begangen und auf andere Weise gegen das Kriegsrecht verstoßen hätten. Der Vertreter der sowjetischen Delegation lehnte eine Anklage wegen Einleitung eines Angriffskrieges ebenfalls ab, was vermutlich, so der amerikanische Ankläger Taylor, mit den Umständen zusammenhing, „unter denen sich der sowjetische Staat an der Aufteilung Polens beteiligt und Finnland angegriffen hatte" (Taylor, Die Nürnberger Prozesse, S. 88 f.). Zur Frage, ob mit der Verurteilung wegen Einleitung eines Angriffskrieges Recht rückwirkend angewandt wurde, siehe ebd., S. 71 ff., 732 ff.

In allen Diskussionen hatte sich gezeigt, dass nach der Ersetzung des Kriteriums eines verteidigten Ortes durch das des militärischen Objektes nunmehr eine neue Schwierigkeit auftrat, nämlich den Begriff „militärisches Objekt" angemessen zu definieren. Letztlich waren auch die jahrelangen Bemühungen auf der Genfer Abrüstungskonferenz des Völkerbundes von 1932-1934 gescheitert, Bombardierungen aus der Luft oder gar die Militärluftfahrt kategorisch zu verbieten. Die britische Regierung, unterstützt vom *Air Ministry*, hatte ein totales Verbot von Luftbombardements – wie von einer Reihe von Staaten, darunter Deutschland, gefordert – torpediert, indem sie auf der Ausnahmeklausel „ausgenommen für polizeiliche Erfordernisse in gewissen entfernten Gebieten"[35] beharrte. Als Kolonialmacht war Großbritannien daran interessiert, auch weiterhin seine verwalteten Gebiete im Fall von Unruhen oder Aufständen mittels Luftbombardements effektiv zu „befrieden".[36]

---

35 Der britische Formulierungsvorschlag ist abgedruckt in: Auswärtiges Amt, Dokumente über die Alleinschuld Englands am Bombenkrieg gegen die Zivilbevölkerung, S. 24. Vgl. auch Hanke, Luftkrieg und Zivilbevölkerung, S. 96-99.

36 Heinz Marcus Hanke meint jedoch, dass die „plötzliche, nahezu einstimmige Empörung", mit der der britische Vorbehalt von den anderen Nationen quittiert wurde, zu der Annahme führe, „daß diese Klausel nicht nur erwartet, sondern sogar erhofft wurde, um die ungeliebte Abrüstung daran scheitern zu lassen" (Hanke, Luftkrieg und Zivilbevölkerung, S. 98).

2. Kapitel
Das Kriegsvölkerrecht zu Beginn des Zweiten Weltkrieges

Kein rechtliches Vakuum

Zwischen den Kriegen war es zu keinem Abschluss eines Vertrages über die Luftkriegführung gekommen. Trotzdem hatten sich in der Frage, was als ein militärisches Objekt gelten soll, und in anderen Fragen allgemeine Grundüberzeugungen herauskristallisiert. Als militärische Ziele galten etwa Kommunikations- und Transportverbindungen, die für militärische Zwecke genutzt werden. Allerdings ließ die Völkerrechtswissenschaft in dieser Situation etliche Fragen offen, sodass ein Politiker oder Militär weder eine „umfassende Auflistung" von rechtmäßigen militärischen Objekten noch „angemessene Formulierungen gefunden [hätte], die den Unterschied zwischen Kombattanten und Nichtkombattanten in zeitgenössischen Begriffen erklärt hätten"[37]. Man mag deshalb durchaus zu dem Ergebnis gelangen, dass das Kriegsrecht in Bezug auf Bombardierungen aus der Luft im Zeitraum zwischen den Kriegen und während des Zweiten Weltkrieges unterbestimmt war und es jedem Luftkriegsplaner unmöglich gewesen wäre, „klare, gut definierte und präzise Formulierungen zu finden, die die Aktionen verboten, über die er nachdachte". Nichtsdestoweniger, so resümiert der Völkerrechtler W. Hays Parks, bestand doch ungeachtet dieser Schwierigkeiten „kein totales [rechtliches – L.F.] Vakuum":

„Alle Nationen stimmten aus humanitären und utilitaristischen Gründen überein, daß unterschiedslose Bombardierungen, ob durch Land-, See- oder Luftstreitkräfte, verboten seien."[38]

Viele Äußerungen von Politikern, Historikern und Völkerrechtlern bestätigen diese Auffassung. Somit verurteilte das Völker*gewohnheits*recht unterschiedslose Bombardierungen im strategischen Luftkrieg. Ein rechtmäßiges Luftbombardement fernab von der eigentlichen Front konnte sich niemals ganz oder teilweise gegen die Zivilbevölkerung richten – und zwar unabhängig davon, ob ihm ein Terrorisierungsvorsatz zugrunde lag oder nicht. Die Tötung von Nichtkombattanten konnte danach im Rahmen eines ansonsten rechtmäßigen Angriffs auf ein militärisches Ziel nur als eine indirekte Nebenwirkung in Kauf genommen werden.

Dabei hatte der Angreifer im Rahmen des ihm Möglichen und des Zumutbaren Vorsorge zu tragen, sogenannte Kollateralschäden zu minimieren. Generell galt der

---
37 Parks, Luftkrieg und Kriegsvölkerrecht, S. 410 f.
38 Ebd., S. 410, 412.

Grundsatz, Leib und Leben Unschuldiger möglichst zu schonen. Ausgeschlossen waren hingegen absichtliche Tötungen von Nichtkombattanten. Dass bei unterschiedslosen Angriffen hinter der Front einzelne militärische Objekte immer mitgetroffen werden, machte diese nicht zu rechtmäßigen Operationen. Nur wenn der Angriff direkt militärischen Objekten galt, konnten die dabei – als Nebenwirkungen – hingenommenen Schädigungen unschuldiger Zivilisten rechtlich (und möglicherweise auch moralisch) toleriert werden.

Zu beachten ist, dass die Unterscheidung zwischen Kombattanten und Nichtkombattanten keineswegs mit der zwischen Uniformierten/Waffenträgern und Zivilisten zusammenfällt. Auch Nicht-Uniformierte und Nicht-Waffenträger – etwa Regierungsmitglieder, Angehörige von Sicherheitsdiensten oder Amtsinhaber, die in kriegsrelevante Entscheidungen unmittelbar einbezogen sind – können als Kombattanten gelten. Die Unterscheidung zwischen Kombattanten und Nichtkombattanten lässt sich auch nicht an Kriterien der Mitgliedschaft bei den Streitkräften festmachen. Denn auch Mitglieder der Streitkräfte – wie etwa Sanitäter und Seelsorger – können als Nichtkombattanten gelten. Allgemein gilt: Kombattanten sind berechtigt, an Kampfhandlungen unmittelbar teilzunehmen; Nichtkombattanten, darunter auch Zivilisten,[39] sind zu bewaffneten Schädigungshandlungen nicht ermächtigt. Wenn im Weiteren von „Zivilisten" die Rede sein wird, so werde ich darunter stets an den unmittelbaren Kampfhandlungen „Unbeteiligte" oder auch in Bezug auf die Kriegsereignisse „Unschuldige" verstehen.

Terrorangriffe und Kollateraltötungen

Nach allgemeiner Rechtsüberzeugung[40], an deren Fundierung die (nicht unterzeichneten) Haager Luftkriegsregeln aus dem Jahre 1923 wesentlichen Anteil hatten, waren vorsätzliche Angriffe, die sich direkt gegen die Zivilbevölkerung richten, verboten. Als grundsätzlich verboten galten dieser Auffassung zufolge sämtliche „Terrorangriffe". Telford Taylors Behauptung, „daß es kein anerkanntes Kriegsrecht gab, das auf die Luftangriffe im Zweiten Weltkrieg anwendbar war"[41], ist daher in dieser absoluten Form unzutreffend.

„Terrorangriffe" im *moralischen* Sinne des Begriffs sind Angriffe, bei denen es ein wesentliches Ziel ist, durch die Verletzung oder Tötung Wehrloser Angst und Schre-

---

39 Mitunter wird der Begriff des Nichtkombattanten auch enger aufgefasst. Man versteht dann darunter Angehörige der Streitkräfte, etwa Sanitäts- und Seelsorgepersonal, die nicht berechtigt sind, an den Feindseligkeiten direkt teilzunehmen.
40 Vgl. dazu Hanke, Luftkrieg und Zivilbevölkerung, S. 102-119.
41 Taylor, Die Nürnberger Prozesse, S. 739.

cken zu verbreiten. Im *Völkerrecht* hingegen scheint sogar ein *weiterer* Begriff des Terrorangriffs verwendet worden zu sein. Nach den Haager Luftkriegsregeln jedenfalls, so Marcus Hanke, galten als „Terrorangriffe" nicht nur Bombardements mit dem Vorsatz, die Zivilbevölkerung zu terrorisieren, sondern all jene, die gesamte Stadtgebiete zum Ziel hatten, wodurch die dort lebenden Menschen unausweichlich mit zum Ziel des Angriffs wurden. Diese Begriffsfassung zeigte an, dass Angriffe auf Städte oder Wohngebiete nicht mit dem Argument zu rechtfertigen waren, man habe nur die Häuser oder die Infrastruktur zerstören wollen.[42]

Aus dem Verbot vorsätzlicher Angriffe gegen die Zivilbevölkerung folgt freilich nicht, dass sich militärische Objekte durch den Einsatz von Zivilpersonen als Arbeitskräfte „immunisieren" ließen. Allerdings war klar, dass sich der Zerstörungsvorsatz des Angreifers ausschließlich auf das militärische Objekt richten und demzufolge ein Angriff auf ein legitimes Ziel auch nicht in ein generelles, unterschiedsloses Bombardement einer Ortschaft ausarten darf. Falls also ein militärisches Objekt so gelegen ist, dass es nicht bombardiert werden kann, ohne dass es dadurch zu einer unterschiedslosen Bombardierung der Zivilbevölkerung kommt, musste von der Bombardierung abgesehen werden. Die Arbeiter einer Rüstungsfabrik standen außerhalb der Fabrik unter demselben Schutz wie sonstige Zivilisten, und selbst innerhalb der Fabrik hätte ein Arbeiter nicht direkt angegriffen werden dürfen. Hingegen hätte das sichere Wissen, dass bei einem Angriff auf ein rechtmäßiges Ziel auch eine nicht außer jedem Verhältnis stehende Anzahl von Nichtkombattanten getötet wird, diesen Angriff nicht unstatthaft gemacht. Danach waren selbst Kollateraltötungen mit direktem Vorsatz (Kapitel 5) nicht notwendigerweise illegitim. Grundsätzlich galt, dass auf die Vermeidung ziviler Opfer zu achten ist. Des Weiteren war – nach der Formulierung der Haager Luftkriegsregeln – klar, dass ein militärisches Objekt nicht jedes Objekt sein konnte, dessen Neutralisierung sich irgendwann oder irgendwie militärisch auswirkt. Militärisch bedeutsam ist ein Objekt vielmehr nur dann, wenn seine Zerstörung einen *klaren militärischen Vorteil* realistischerweise in Aussicht stellt.[43]

Übereinstimmende Rechtsüberzeugungen

Diese Grundsätze, die als Mindeststandards betrachtet wurden, waren zwar kein bindendes Vertragsrecht, wurden aber doch als „von der Menschlichkeit und dem Rechtsbewußtsein gefordert" angesehen[44]. Sie waren durch die in den Staaten herrschenden Rechtsüberzeugungen sowie durch die völkerrechtlich relevante Staaten-

---

42 Vgl. Hanke, Die Bombardierung Dresdens und die Entwicklung des Kriegsvölkerrechts, S. 282.
43 Vgl. Spetzler, Luftkrieg und Menschlichkeit, S. 180.
44 Hanke, Luftkrieg und Zivilbevölkerung, S. 115.

praxis Völkergewohnheitsrecht geworden. Trotz einer teilweise gegenläufigen militärischen Praxis in der Zwischenkriegszeit und während des Zweiten Weltkrieges änderte sich an dieser Rechtslage nichts. Denn indem man selbst während des totalen Bombenkrieges Bombardements gegen die Zivilbevölkerung „als legale Sanktionen (Repressalie) oder als völkerrechtsgemäß dahingehend darstellt[e], daß niemals die Zivilbevölkerung allein oder als Teil das Ziel der Angriffe gewesen sei"[45], bekräftigte man diese Normen stets aufs Neue (Kapitel 5). In verschiedenen Dokumenten haben Briten und Amerikaner noch im Sommer 1942 auf die Völkerrechtswidrigkeit einer absichtlichen Bombardierung der Zivilbevölkerung und das Erfordernis, zivile Opfer möglichst zu vermeiden, hingewiesen.[46]

Diese völkerrechtlichen Grundsätze verkörperten die übereinstimmende Rechtsüberzeugung zum Beginn des Zweiten Weltkrieges. Sie galten für den *strategischen* Luftkrieg, also für Bombardements hinter der eigentlichen Front. Im *taktischen* Luftkrieg, also im Fall von Lufteinsätzen zur Unterstützung von Bodentruppen (auch bei der Eroberung verteidigter Orte an der Front), war – zumindest nach den Haager Luftkriegsregeln – die Bombardierung von Städten und Wohngebieten bei Beachtung des Verhältnismäßigkeitsgrundsatzes nicht verboten.

Das gewohnheitsrechtliche Verbot der Waffenanwendung gegen die Zivilbevölkerung als solche wurde in einer von der UN-Generalversammlung einstimmig angenommenen Resolution vom 19. Dezember 1968 als geltendes Recht bestätigt und bekräftigt und ist in Art. 51 ZP I kodifiziert worden. Dort heißt es in Abs. 2:

„Weder die Zivilbevölkerung als solche noch einzelne Zivilpersonen dürfen das Ziel von Angriffen sein. Die Anwendung oder Androhung von Gewalt mit dem hauptsächlichen Ziel, Schrecken unter der Zivilbevölkerung zu verbreiten, ist verboten."[47]

Diese Regel verbietet nicht nur direkte Angriffe gegen Zivilisten, sondern belegt darüber hinaus Terroraktionen gegen die Zivilbevölkerung mit einem absoluten Verbot.

---

45 Ebd., S. 119.
46 Vgl. dazu Neillands, Der Krieg der Bomber, S. 217.
47 Zusatzprotokoll zu den Genfer Abkommen vom 12. August 1949 über den Schutz der Opfer internationaler bewaffneter Konflikte (Protokoll I), S. 746.

3. Kapitel
Regeln der Kriegführung und die Bereitschaft zur Eskalation

Das Prinzip der Gegenseitigkeit

Sowohl Briten und Franzosen als auch Hitler verpflichteten sich, dem Appell Roosevelts an die Konfliktparteien zu folgen. Damit bekräftigten sie, das gewohnheitsmäßig ohnehin geltende Kriegsvölkerrecht zu achten. Briten und Franzosen gaben in ihrer gemeinsamen Deklaration sogar das über die Standards der Haager Luftkriegsregeln hinausgehende Versprechen, ausschließlich „strikt militärische Objekte im engsten Sinne des Wortes" als legitime Angriffsziele zu betrachten.[48] Damit haben sie nicht einmal Luftangriffe etwa gegen Hochöfen oder Raffinerien als erlaubt angesehen.

Eine Zustimmung dürfte den beteiligten Mächten auch deshalb nicht schwer gefallen sein, weil Roosevelt seine Forderung, die Zivilbevölkerung zu schonen, an eine Bedingung gebunden hatte – die Voraussetzung, dass sich alle der jeweiligen Gegner streng an diese Regeln für die Kriegführung halten. Dieses, in der Theorie starke und geradezu selbstverständliche *Prinzip der Gegenseitigkeit* musste sich allerdings in der Praxis als eine (voraussehbare) Schwachstelle erweisen. Da es bereits in der Natur eines kriegerischen Konflikts liegt, dass es keine unabhängige, von den kriegführenden Parteien akzeptierte Instanz der Konfliktregulierung gibt, kann die Feststellung gegnerischer Regelverletzungen nur im Ermessen der jeweiligen Parteien selbst liegen. Das von Hitler in seiner Antwort[49] an Roosevelt ausdrücklich bestätigte Prinzip der Gegenseitigkeit stellt damit einen Anknüpfungspunkt für die Rechtfertigung von gezielten Regelverletzungen dar – es kann sowohl der psychologisch-moralischen Selbstlegitimierung als auch der öffentlichen Bemäntelung des eigenen rechtsbrecherischen Wollens dienen.

Die hier liegenden Schwierigkeiten wurden durch zwei, bereits genannte objektive Faktoren verstärkt: zum einen durch die Ungenauigkeit des Begriffs des militärischen

---

48 Vgl. Hanke, Luftkrieg und Zivilbevölkerung, S. 189-194.
49 Vgl. Auswärtiges Amt, Dokumente über die Alleinschuld Englands am Bombenkrieg gegen die Zivilbevölkerung, S. 68 (Dok. Nr. 37: Der Reichsminister des Auswärtigen an den Geschäftsträger der Vereinigten Staaten in Berlin, Schreiben vom 1. September 1939). Hitler hatte bereits in seiner Reichstagsrede am 1. September 1939 ausgeführt, den Kampf nicht gegen Frauen und Kinder führen zu wollen, und seiner Luftwaffe den Auftrag gegeben zu haben, „sich bei den Angriffen auf militärische Objekte zu beschränken". Außerdem hatte er die Einhaltung dieser Grundsätze von ihrer Beachtung durch den Gegner abhängig gemacht (Hitler, [Reichstagsrede am 1. September 1939], S. 1315).

Zieles, zum anderen durch die technisch bedingte Ungenauigkeit des Bombenabwurfs vor allem bei Kriegsbeginn. Mit der Ungenauigkeit des Begriffs „militärisches Ziel" war auch der Begriff des rein militärischen Angriffs nicht hinreichend geklärt. Und die mangelhafte Treffgenauigkeit zwang ihrerseits dazu, unbeabsichtigte Schäden in Kauf zu nehmen, wodurch selbst eine rein militärische Absicht nicht oder nur schwer als solche erkennbar sein konnte. Wenngleich vereinzelte Rechtsverletzungen durch den Gegner einen Staat nicht legitimieren, sich einseitig aus dem Kriegsrecht zu lösen,[50] so mögen doch diese Schwierigkeiten zur wechselseitigen Radikalisierung und schließlich zur Eskalation des Bombenkrieges faktisch beigetragen haben.[51]

Fehldeutungen und beabsichtigte Missinterpretationen

Wie der Luftkriegshistoriker Horst Boog ausgeführt hat, unterlag bereits der deutsche Luftangriff auf Guernica (Spanien) am 26. April 1937 einer Fehldeutung. Dieser Angriff war *der Intention nach* im Rahmen einer militärischen Gefechtsfeldabschnürung durchgeführt worden; er war aber der Wirkung nach ein Terrorangriff und wurde auch als ein solcher wahrgenommen.[52] Ebenso waren – nach Auffassung Boogs – die frühen deutschen Bombenangriffe auf Warschau, Rotterdam, Coventry und Belgrad (jedenfalls soweit dieser Angriff aufgeklärt ist) auf militärisch relevante Ziele gerichtet und entsprachen *zumindest in diesem Punkt* den völkerrechtlichen Regeln der Kriegführung.[53] Schon in seinem 1944 veröffentlichten Werk *Bombing*

---

50 Vgl. Hanke, Luftkrieg und Zivilbevölkerung, S. 193.
51 Vgl. Boog, Luftwaffe und unterschiedsloser Bombenkrieg bis 1942, S. 437, 461.
52 Vgl. Boog, Der strategische Bombenkrieg der Alliierten gegen Deutschland 1939-1945, S. 18 ff.; ders., Strategischer Luftkrieg in Europa und Reichsluftverteidigung 1943-1944, S. 321 f. Kontrovers dazu Hinrichs, Test für den Terror, S. 66 f.
53 Vgl. Boog, Luftwaffe und unterschiedsloser Bombenkrieg bis 1942, S. 438, sowie ders., Strategischer Luftkrieg in Europa und Reichsluftverteidigung 1943 bis 1944; S. 323 ff. So auch Müller, Der Bombenkrieg 1939-1945, S. 38 f., 56, 78, 80, 86. Eine zu Boog kontroverse Beurteilung unterbreitet Olaf Groehler, der in Bezug auf Coventry von einem Angriff mit „Terrorabsicht" spricht, bei dem es darum gegangen sei, das Stadtzentrum zu vernichten (Groehler, Geschichte des Luftkriegs 1910 bis 1980, S. 284). Vgl. auch ders., Der strategische Luftkrieg und seine Auswirkungen auf die deutsche Zivilbevölkerung, S. 332 f. Gerhard L. Weinberg stellt kategorisch fest: „Auch die deutschen Luftangriffe auf polnische Städte, besonders auf Warschau, zielten in Wirklichkeit auf die Zivilbevölkerung ab, was immer dazu auch behauptet wird" (Weinberg, Eine Welt in Waffen, S. 617). Hans-Ulrich Wehler erklärt: „Jedenfalls hat Hitler dementsprechend den totalen Krieg initiiert, indem er beispielsweise die Wohnviertel von Warschau, Rotterdam und zwei Dutzend englischen Städten bombardieren ließ – und nicht die Industrieanlagen. Das schlug dann zurück" ([Wehler], „Vergleichen – nicht moralisieren", S. 44 f.). Siehe des Weiteren Pommerin, Zur Einsicht bomben?, S. 236. Und Marcus Hanke: „Den eigentlichen Beginn des strategischen Luftkrieges gegen die Zivilbevölkerung stellten sicher die deutschen Angriffe auf London und Coventry 1940 dar" (Hanke, Die Bombardierung Dresdens und die Entwicklung des Kriegsvölkerrechts, S. 284).

vindicated beschreibt James M. Spaight die deutschen Luftangriffe auf Warschau und Rotterdam als Teil einer taktischen Offensive.⁵⁴ A. J. P. Taylor stellt in seiner *English History 1914-1945* fest, dass die deutsche Bombardierung von Warschau und Rotterdam „Teil eines militärischen Feldzugs, eine Ausweitung eines vorausgegangenen Artilleriebeschusses verteidigter Städte" war.⁵⁵ Auch wurde später von englischer Seite eingeräumt, dass die Deutschen bei der Bombardierung Coventrys am 14. November 1940 tatsächlich auf Fabriken gezielt und diese mit erheblicher Genauigkeit getroffen hatten.⁵⁶ Daraus folgt nicht, dass die besagten Angriffe sämtlichen Regeln, wie ein Krieg nach seinem Ausbruch zu führen ist, genügten (vgl. auch Kapitel 7). Diese Angriffe waren aber keine Flächenbombardements.

Obwohl im Fall Coventrys kaum eine der im Stadtgebiet verstreuten Rüstungsfirmen unbeschädigt blieb, konnte dieses Bombardement wie auch die anderen von den Betroffenen aufgrund der von den Tätern in Kauf genommenen (und als Nebenwirkungen wohl auch begrüßten) Verluste unter der Zivilbevölkerung leicht als unterschiedslose Bombardierung missinterpretiert oder in propagandistischer Absicht so gedeutet werden.⁵⁷ Zudem war es die deutsche Propaganda, die den Eindruck erweckte, mit einer terroristischen Luftkriegführung moralische und politische Wirkungen erzielen zu wollen, und damit der britischen Propaganda eine willkommene Vorlage gab.⁵⁸ So war es die deutsche Führung selbst, die sich mit dem „Coventrieren" englischer Städte brüstete. Doch auch dies ändert an der Erkenntnis nichts, dass es sich bei dem Angriff auf Coventry nicht um einen Terrorangriff im hier gemeinten Sinne handelte. Goebbels' Propaganda war bemüht, den Gegner zu beeindrucken und im eigenen Volk Siegeszuversicht zu wecken.⁵⁹ Es wäre jedenfalls falsch, propagandistische Selbstzuschreibungen mit den Tatsachen zu verwechseln.

Ein Beispiel für – teils bis heute fortbestehende – Missinterpretationen liefert die Bombardierung Rotterdams am 14. Mai 1940. Die Hafenstadt Rotterdam sollte zunächst trotz wiederholter Übergabeforderungen als Teil des inneren Verteidigungsgürtels gehalten werden und stellte insofern ein militärisches Ziel dar, das nicht hinter der Front lag, sondern in einem unmittelbar umkämpften Gebiet. Nachdem sich der deutsche Befehlshaber daraufhin zu einem Luftschlag gegen „das verteidigte Dreieck von etwa 1 Kilometer Seitenlänge unmittelbar nördlich der Brücke"⁶⁰ entschlossen und der niederländische Kommandant schließlich doch in die Kapitu-

---

54 Vgl. Spaight, Bombing vindicated, S. 43.
55 Taylor, English History 1914-1945, S. 534.
56 Vgl. Boog, Bombenkrieg, Völkerrecht und Menschlichkeit im Luftkrieg, S. 299.
57 Vgl. Boog, Luftwaffe und unterschiedsloser Bombenkrieg bis 1942, S. 449-458.
58 Vgl. Groehler, Der strategische Luftkrieg und seine Auswirkungen auf die deutsche Zivilbevölkerung, S. 332.
59 Vgl. Boog, Bombenkrieg, Völkerrecht und Menschlichkeit im Luftkrieg, S. 259.
60 Ebd., S. 294.

lation eingewilligt hatte, gelang es den deutschen Fronttruppen nur noch, 43 der hundert anfliegenden Maschinen durch Leuchtsignale zum Abdrehen zu veranlassen. Die anderen 57 Bomber töteten fast 1.000 Menschen. Die britische Propaganda – feindliche Kriegspropaganda ist nach britischer Militärdoktrin ein legitimes Kriegsmittel[61] – machte daraus 30.000 Opfer eines deutschen Terrorangriffs.[62] Um möglichst genaues Zielen zu gewährleisten, war die Flughöhe trotz erhöhter Beschussgefahr auf nur 750 Meter festgelegt worden.[63]

Ähnlich zu beurteilen ist der Angriff auf Warschau Ende September 1939, das trotz fünfmaliger Aufforderung zur Übergabe von den polnischen Streitkräften verteidigt wurde. Obwohl die Bombardements teilweise mit zum gezielten Bombenwurf ungeeigneten Transportflugzeugen durchgeführt wurden und daher „stellenweise den Charakter der Unterschiedslosigkeit" annahmen, dienten sie der „Vorbereitung der Eroberung der Stadt" und werden *insoweit*, das heißt sofern es um die Art und Weise der Ausführung dieses Angriffs geht, als völkerrechtlich zulässig bewertet (siehe aber auch Kapitel 7).[64] Dazu Horst Boog, der bedeutendste deutsche Luftkriegshistoriker:

„Diese Klarstellung der Fakten ist nötig, nachdem sich in Deutschland die irrige Meinung eingebürgert hat, die deutsche Luftwaffe hätte mit dem von Erdoperationen unabhängigen strategischen und unterschiedslosen Bombenkrieg begonnen und die Engländer hätten lediglich mit gleichen Mitteln reagiert. Diese falsche Version wird immer wieder popularisiert [...]."[65]

---

61 Ebd., S. 259.
62 Vgl. Müller, Der Bombenkrieg 1939-1945, S. 60.
63 Boog, Bombenkrieg, Völkerrecht und Menschlichkeit im Luftkrieg, S. 294.
64 Ebd., S. 293.
65 Ebd., S. 287. – Für die Behauptung Boogs sei ein Beispiel aus der DDR-Literatur angeführt: „Wenn die Bombardierung von Rüstungsindustrieanlagen völkerrechtlich und moralisch im Kriegsfall zu vertreten war und dabei die gelegentliche Mitbeeinträchtigung ziviler Einrichtungen nicht ganz zu vermeiden, so bedeutete der Luftterror eine barbarische und inhumane Eskalation der Kriegsführung, die Hitlerdeutschland als erster anwandte und daher moralisch zu verantworten hat. [Absatz] Die Menschenverachtung der Nazis hatte sich in ihrer ersten Aktion solcher Art schon viel früher gezeigt, nämlich beim Einsatz der ‚Legion Condor' im spanischen Bürgerkrieg, als am 26. April 1937 die baskische Stadt Guernica durch Fliegerbomben barbarisch zerstört wurde. [...] Das erste und zur Legende gewordene Opfer des faschistischen Luftterrors gegen zivile Ziele wurde die mittelenglische, östlich von Birmingham gelegene Stadt Coventry [...]. [...] Großbritannien beantwortete die deutschen Terrorangriffe bald mit den gleichen Mitteln. [...] Damit war das Deutschland Hitlers den Geistern, die es selbst einst rief, in grausamster Weise ausgeliefert. Wer den Wind säte, erntete nun den Sturm! [...] Es muß noch einmal betont werden, daß Hitlerdeutschland auch auf dem Gebiet der Luftkriegsführung vor der Erstanwendung grausamster Methoden nicht zurückschreckte, um seine völkerrechtsfeindlichen Kriegsziele um jeden Preis zu erreichen. Der deutsche Imperialismus, Hitler und sein Generalstab tragen nicht nur die Hauptschuld am Kriege selbst, sondern auch die Schuld an der sich stufenweise steigernden Brutalisierung der Kriegsführung" (Schröter, Die Zerstörung Nordhausens, S. 53 f.). Die von Boog kritisierte Version vertritt auch Keegan, Der Zweite Weltkrieg, S. 617.

Im Gegensatz dazu hält der britische Historiker Michael Burleigh die Frage nach der taktischen Funktion und der Legalität der deutschen Bombereinsätze in Spanien, Warschau oder Holland für eine „rein akademische" – und damit wohl für überflüssig oder belanglos. Angesichts der eigenen Verluste infolge der Luftangriffe auf britische Städte habe sich darum schon im England der Kriegsjahre niemand gekümmert.[66] Auch wenn Letzteres zutreffend gewesen sein sollte, kommt doch in dieser Einstellung gerade eine Verkennung der moralischen Problematik der gezielten Tötung unschuldiger Menschen zum Ausdruck, die durch die abwertende Formulierung Burleighs nachträglich gerechtfertigt wird.

Die Lehre vom gerechten Krieg

Die Feststellung, dass bestimmte Luftangriffe des NS-Regimes den geltenden Regeln des Kriegsvölkerrechts genügten, bezieht sich natürlich ausschließlich auf die Art und Weise der Ausführung dieser militärischen Operationen; es ist damit nicht gesagt, die Angriffe und die damit verbundenen Tötungen seien rechtmäßig gewesen. Ein unrechtmäßiger Angreifer ist selbstverständlich verpflichtet, seinen Angriff abzubrechen. Tut er dies nicht, setzt er, auch wenn er die Regeln der Kriegführung beachtet, seinen illegitimen Angriff fort. Daher trägt er die Verantwortung für die von ihm verursachten Schäden.

Die Lehre vom gerechten Krieg[67] unterscheidet zwischen dem „Recht zum Krieg" (*ius ad bellum*) und dem „Recht im Krieg" (*ius in bello*). Nach der Ius-ad-bellum-Bedingung muss, wenn der Krieg ein „gerechter Krieg" sein soll, ein zur Kriegführung und zur Fortsetzung des Krieges berechtigender Grund (*causa iusta*) vorliegen. Ist ein Krieg einmal ausgebrochen, dann müssen militärische Operationen den *Ius-in-bello*-Regeln genügen, um als völkerrechtlich und moralisch legitim zu gelten. Diese Regeln beschreiben die zulässige Art der Kriegführung. Ihr Sinn ist es, Kriege – nicht zuletzt unter humanitärem Gesichtspunkt – zu begrenzen, sie insbesondere nicht zu „totalen Kriegen" entarten zu lassen. An diese letzteren Regeln haben sich alle kriegführenden Parteien zu halten. Daraus folgt, dass sowohl ein ungerechtfertigter Angriff nach den geltenden Regeln des Kriegsvölkerrechts und der

---

66 Burleigh, Die Zeit des Nationalsozialismus, S. 862 f.
67 Zur Geschichte und Problematik dieser Lehre vgl. etwa Clemens, Der Begriff des Angriffskrieges und die Funktion seiner Strafbarkeit, S. 20-31; Hinsch/Janssen, Menschenrechte militärisch schützen, S. 52-117; Hösle, Moral und Politik, S. 1022-1055; Kimminich, Der gerechte Krieg im Spiegel des Völkerrechts; Kleemeier, Krieg, Recht, Gerechtigkeit; Merker, Die Theorie des gerechten Krieges und das Problem der Rechtfertigung von Gewalt; Pauer-Studer, Ethik des gerechten Krieges; Schmücker, Gibt es einen gerechten Krieg?, bes. S. 325-336; Steinhoff, Moralisch korrektes Töten; Sutor, Vom gerechten Krieg zum gerechten Frieden?; Uhle-Wettler, Der Krieg; Walzer, Gibt es den gerechten Krieg?; Wohlrapp, Sind Menschenrechte aufrechenbar?, S. 187 f.

Moral vorgetragen werden als auch die zu Recht kriegführende Partei diese Regeln verletzen kann. Des Weiteren ergibt sich daraus: Obwohl der Angriffskrieg ein Verbrechen ist, begehen Soldaten, die zwar auf der nichtgerechtfertigten Seite, aber mit erlaubten Mitteln kämpfen, keine Kriegsverbrechen. Trotzdem fallen sie als Kombattanten nicht unter den Begriff des Unschuldigen. Dies wiederum macht deutlich, dass der Ausdruck „Unschuldiger" als ein *Terminus technicus* verwendet wird, also nicht unbedingt die Bedeutung hat, die ihm im Alltagsgebrauch zukommt. Unschuldige in diesem Fachwort-Sinne sind grundsätzlich Nichtkombattanten. Dieser Sprachgebrauch ist damit vereinbar, dass nicht sämtliche Kombattanten in einem rechtlichen oder moralischen Sinne schuldig sind. Denn ein Soldat, der sich an die (völker-)rechtlichen und moralischen Regeln der Kriegführung hält, hat nicht notwendigerweise Schuld auf sich geladen (siehe allerdings Kapitel 24) – er ist aber nach dieser sprachlichen Festsetzung, weil ein Kämpfender, kein Unschuldiger. Ob die deutschen Luftangriffe auf Warschau und die anderen genannten Städte in jeder Hinsicht den *Ius-in-bello*-Regeln entsprachen, wäre eigens zu prüfen.

Bereitschaft und Wille zur Eskalation des Luftkrieges

Genauer betrachtet erwies sich nicht das Prinzip der Gegenseitigkeit als das eigentliche Problem. Vieles spricht für die Annahme, dass beide Seiten von Anfang an zumindest die Bereitschaft hatten, den Luftkrieg notfalls eskalieren zu lassen. Schon wenige Tage nach Ausbruch des Krieges – die deutsche Wehrmacht kämpfte noch in Polen – verlangte der Planungschef des britischen Bomberkommandos sofortige Aktionen gegen Deutschland, wobei es, wie er ausführte, „von höchster Bedeutung" sei, „dass wir, wenn wir Luftoperationen in größerem Maßstabe vornehmen, die Erlaubnis haben, sie auf die wirksamste Weise und gegen jene Ziele durchzuführen, die Deutschland nach unserer Auffassung am empfindlichsten treffen, unbeeinträchtigt von der unvermeidlichen Tatsache, dass es auch unbeabsichtigte Verluste und möglicherweise schwere Verluste in der Zivilbevölkerung geben wird"[68].

Angesichts dieser Einstellung ist es nicht überraschend, dass die anfängliche Zurückhaltung beider Seiten – offenbar wollte niemand „die Handschuhe zuerst ausziehen" – nicht durchgehalten wurde. Nachdem die Briten mit dem Kabinettsbeschluss vom 15. Mai 1940 „als erste Kriegspartei zu einem Luftkrieg" übergegangen waren, „der nicht unmittelbar im Zusammenhang mit Land- oder Seeoperationen stand",[69] und bereits seit einigen Monaten Ziele im deutschen Hinterland bombar-

---

68 Zit. nach: Overy, Die alliierte Bombenstrategie als Ausdruck des „totalen Krieges", S. 36 (Hervorhebung getilgt).
69 Boog, Der anglo-amerikanische strategische Luftkrieg über Europa und die deutsche Luftverteidigung, S. 457.

diert hatten, begannen die Deutschen im August 1940, Ziele auf dem britischen Mutterland aus der Luft anzugreifen.[70] Spaight, Hauptabteilungsleiter im britischen Luftfahrtministerium, schrieb 1944:

„Wir haben begonnen, Ziele auf dem deutschen Festland zu bombardieren, bevor die Deutschen begannen, Ziele auf dem britischen Festland zu bombardieren. Das ist eine historische Tatsache, die öffentlich zugegeben worden ist."[71]

Während sich allerdings auf britischer Seite „schon ab Juli 1940 die Absicht zum Übergang zur permanenten Terrorstrategie abzuzeichnen begann"[72], war die deutsche Führung – vornehmlich aus rationalem Kalkül – noch bis in den Anfang des Jahres 1942 hinein bemüht, den Luftkrieg nach Völkerrechtsregeln zu führen. Dass der Bombenkrieg gegen England 1940/41 kein intendierter Terrorkrieg war, wurde vom Autor der amtlichen britischen Geschichte der Luftverteidigung Englands, Sir Basil Collier, 1957 bestätigt:

„Obwohl der von der Luftwaffe Anfang September festgelegte Plan Angriffe auf die Bevölkerung in den großen Städten in Betracht gezogen hatte, deuten detaillierte Aufzeichnungen über die Luftangriffe, die im Herbst und Winter 1940-1941 erfolgten, nicht darauf hin, dass unterschiedslose Bombardements der Zivilbevölkerung beabsichtigt waren."[73]

Wie Boog unterstellt, hatte Lord Archibald Sinclair, der britische Luftfahrtminister, den von Collier beschriebenen Eindruck bereits im April 1941 gewonnen.[74] Zu sehen ist allerdings, dass, obwohl die deutsche Luftwaffe – abgesehen von Vergeltungsschlägen – noch keinen Terrorbombenkrieg zu führen beabsichtigte, „die deutschen Bombenangriffe auf England in der praktischen Durchführung [...] den Charakter der Unterschiedslosigkeit hatten" und „die Terrorisierung der Zivilbevölkerung als Nebenwirkung nicht unwillkommen war"[75]. England hatte jedoch bis zum Juni 1941 bereits 41.987 zivile Luftkriegstote zu beklagen, sodass „die Absicht der deutschen Führung, sich an die völkerrechtlichen Luftkriegsregeln halten zu wollen, in Zweifel gezogen werden [muß], da auch ihr deutlich geworden sein muß, daß unter den gegebenen technischen Bedingungen eine Trennung zwischen ‚zulässigem' und ‚unzulässigem' Bombenkrieg praktisch nicht möglich war und der Unterschied zwischen ‚erlaubten' militärischen Angriffen und Vergeltungsangriffen im Rahmen des

---

70   Vgl. Taylor, English History 1914-1945, S. 534.
71   Spaight, Bombing vindicated, S. 68.
72   Boog, Luftwaffe und unterschiedsloser Bombenkrieg bis 1942, S. 458.
73   Collier, The Defence of the United Kingdom, S. 261.
74   Vgl. Boog, Bombenkrieg, Völkerrecht und Menschlichkeit im Luftkrieg, S. 307.
75   Boog, Luftwaffe und unterschiedsloser Bombenkrieg bis 1942, S. 456.

Rechts der Repressalie hinsichtlich der Auswirkungen bei Nacht immer geringer wurde"[76]. Trotzdem dürfte kein Zweifel bestehen, dass es hinsichtlich der Opferbilanz einen wesentlichen Unterschied machen konnte, ob ein Angriff absichtlich gegen Wohnviertel geflogen wurde oder ob er sich auf militärische Ziele richtete und dabei auch Wohnhäuser mitgetroffen wurden. Die Auswirkungen auf die Zivilbevölkerung waren zumindest in diesem Punkt nicht rein akademischer Natur – und zwar auch dann nicht, wenn die Betroffenen selbst nicht in der Lage waren, beide Angriffsarten zu unterscheiden.

Jedenfalls: Zunächst in dem Bewusstsein, dass der Krieg im Osten bevorstand, später, weil man an der Ostfront gebunden war, wollte es Hitler in der Auseinandersetzung mit den Briten nicht zum Äußersten kommen lassen, da ihm die erforderlichen Mittel nicht in ausreichendem Maße zur Verfügung standen.[77] Dass aber auch Hitler von Anfang an bereit war, den Luftkrieg notfalls „mit *allen* Mitteln" und unter Bruch internationaler Bestimmungen zu führen, kann nach seiner Geheimrede vor Reichs- und Gauleitern am 21. Oktober 1939 kaum bezweifelt werden. In dieser Rede habe Hitler – so Helmuth Groscurth unter Bezugnahme auf eine „sichere Quelle" – ausgeführt, er werde der Welt bekannt geben, dass er sich an internationale Bestimmungen halte und keine verbotenen Kampfstoffe und Waffen gebrauche, gleichzeitig denke er aber nicht daran, noch irgendwelche Rücksichten zu nehmen, und werde demgemäß auch offene Städte angreifen.[78] Noch dramatischer äußerte er sich in einer Rede zur Eröffnung des Kriegswinterhilfswerks am 4. September 1940, in der er eine „Antwort" auf die britischen „Nachtflugangriffe" ankündigte:

> „Und wenn die britische Luftwaffe zwei- oder drei- oder viertausend Kilogramm Bomben wirft, dann werfen wir jetzt in einer Nacht 150 000, 180 000, 230 000, 300 000, 400 000, 1 Million Kilogramm. Wenn sie erklären, sie werden unsere Städte in großem Ausmaß angreifen – wir werden ihre Städte ausradieren!"[79]

Aber noch am 14. September 1940 hielt er, entgegen einem Vorschlag des Generalstabschefs der Luftwaffe, Hans Jeschonnek, der englische Wohnviertel zur Erzeugung einer Massenpanik bombardieren lassen wollte, an der Überzeugung fest, solange man „noch ein kriegswichtiges Ziel" habe, müsse man „auf diesem bleiben".[80] Und selbst in einer Hitler-Weisung vom 6. Februar 1941 heißt es, von „planmäßi-

---

76 Ebd., S. 458 f.
77 Vgl. Boog, Luftwaffe und unterschiedsloser Bombenkrieg bis 1942, S. 458-461, sowie ders., Der strategische Bombenkrieg der Alliierten gegen Deutschland 1939-1945, S. 23 f.
78 Vgl. Hitler, [Geheimrede vor Reichs- und Gauleitern am 21. Oktober 1939], S. 385.
79 Hitler, [Rede am 4. September 1940 im Berliner Sportpalast], S. 1580.
80 Halder, Kriegstagebuch, Bd. II, S. 99 f.

gen Terrorangriffen auf Wohnviertel" sei „kein kriegsentscheidender Erfolg zu erwarten".[81] Dies alles bedeutet nicht, dass Hitler vor Terrorangriffen gegen die Zivilbevölkerung aus prinzipiellen Gründen zurückgeschreckt wäre. In seinen „Erinnerungen" berichtet Albert Speer über die folgende Auslassung Hitlers, der sich bei einem Abendessen in der Reichskanzlei in einen „Zerstörungsrausch" hineingeredet hatte:

> „Haben Sie einmal eine Karte von London angesehen? Es ist so eng gebaut, daß ein Brandherd allein ausreichen würde, die ganze Stadt zu zerstören, wie schon einmal vor über 200 Jahren. Göring will durch zahllose Brandbomben mit einer ganz neuen Wirkung in den verschiedensten Stadtteilen von London Brandherde schaffen. Überall Brandherde. Tausende davon. Die werden sich dann zu einem riesigen Flächenbrand vereinigen. Göring hat dazu die einzig richtige Idee: Die Sprengbomben wirken nicht, aber mit den Brandbomben kann man das machen: London total zerstören! Was wollen die noch mit ihrer Feuerwehr ausrichten, wenn das erst einmal losgeht?"[82]

Einen der verheerendsten Angriffe auf eine – allerdings massiv verteidigte und zum Kampfgebiet gewordene – Stadt flogen Hitlers Bomberverbände am 23. August 1942 auf Stalingrad. Dabei wurden „die zentralen Stadtviertel zerstört und der Zivilbevölkerung große Verluste zugefügt"[83]. Obwohl auch heute noch eine vollständige Statistik fehlt, sollen die Angriffe dieses Tages rund 40.000 Tote und 150.000 Verletzte unter der Bevölkerung gefordert haben.[84]

---

81 Hubatsch, Hitlers Weisungen für die Kriegführung 1939-1945, S. 102.
82 Speer, Erinnerungen, S. 296 f.
83 Geschichte des Zweiten Weltkrieges 1939-1945 in zwölf Bänden. Fünfter Band, S. 213.
84 Vgl. [Besymenski], „Bürger, Luftalarm", S. 63.

4. Kapitel
Die Strategie der Flächenbombardements

Der strategische Bombenkrieg

Luftangriffe, die gegen das Hinterland des Feindes geführt werden und daher in keiner unmittelbaren Beziehung zu militärischen Operationen auf der Erde stehen, bezeichnet man als „strategische Angriffe". Ein strategischer Luftkrieg ist weder notwendigerweise „unbeschränkt" oder „unterschiedslos", noch impliziert er automatisch Flächenbombardements. Solange er sich auf gezielte Angriffe gegen militärische Objekte beschränkt, konnte er mit dem damals geltenden Kriegsrecht in Einklang stehen.

Der strategische Bombenkrieg wurde seitens der *Royal Air Force* am 15./16. Mai 1940 eröffnet.[85] Noch bevor die deutsche Luftwaffe das englische Mutterland angegriffen hatte, begannen die Briten, Ziele auf dem deutschen Festland zu bombardieren. Da man selbst im Zweifel war, welcher psychologische Effekt von einer propagandistischen Vermarktung dieser Wahrheit zu erwarten ist, schreckten die Briten, so Spaight, davor zurück, diesem „großartigen Entschluss" die ihm gebührende Publizität zu teil werden zu lassen.[86] Für Spaight jedenfalls stellte die Entscheidung zur strategischen Bombenoffensive eine Selbstaufopferung für die Sache der Freiheit und Zivilisation dar. Zwar habe keine Sicherheit, aber doch eine begründete Wahrscheinlichkeit bestanden, dass die englische Hauptstadt und die Industriezentren nicht angegriffen worden wären, wenn die Briten ihrerseits weiterhin davon Abstand genommen hätten, die entsprechenden Ziele in Deutschland anzugreifen; man habe sich aber keine Immunität – Immunität zumindest für eine kurze Zeit – erkaufen wollen, während die Städte der eigenen Freunde in Flammen standen.[87]

Die britischen Angriffe galten zunächst militärisch-industriellen Zielen. Da man solche Ziele vornehmlich im Raum ziviler Siedlungen suchte,[88] die Abwürfe aber – wie man wusste – eine gewaltige Streubreite aufwiesen, wurden diese Angriffe als planlos angesehen und als Terrorbombardements wahrgenommen. Zugleich konnten sie von Goebbels entsprechend propagandistisch ausgeschlachtet werden. Zu dieser Zeit waren die Besatzungen noch angewiesen, für den Fall, dass die Ziele

---

85 Vgl. Boog, Der anglo-amerikanische strategische Luftkrieg über Europa und die deutsche Luftverteidigung, S. 452 ff.
86 Spaight, Bombing vindicated, S. 73.
87 Vgl. ebd., S. 73 f.
88 Vgl. Spetzler, Luftkrieg und Menschlichkeit, S. 256.

nicht gefunden wurden, ohne Bombenabwurf zurückzufliegen.⁸⁹ Vor allem am 26. und 27. Mai 1940 besprach das britische Kabinett die Möglichkeit, ob ein eventuelles Friedensangebot Hitlers denkbar sei, auf das sich das Vereinigte Königreich einlassen könnte. In den folgenden Tagen wurde allerdings „selbst die Vorstellung, irgendeinen deutschen Vorschlag überhaupt ernsthaft in Betracht zu ziehen", fallengelassen.⁹⁰ „Die Briten ihrerseits waren entschlossen weiterzukämpfen – lange bevor Hitler ihre Absicht begriff."⁹¹

Deutschland hatte bis Ende Juli 1940 keine selbständigen Luftangriffe gegen das englische Hinterland geflogen. Noch in einer Reichstagsrede am 19. Juli wendete sich Hitler gegen die Bombardements auf das deutsche Hinterland und drohte eine „Antwort" für den Fall an, dass dieser Kampf fortgesetzt wird.⁹² Anfang/Mitte August begann die deutsche Luftwaffe, militärische und industrielle Ziele auf dem britischen Festland bei Tage zu bombardieren. Die sogenannte Luftschlacht um England war eröffnet.

In dieser Phase des Luftkriegs gegen England hatte Hitler ausdrücklich jeden Angriff auf London und auf zivile Ziele verboten. Angriffe sollten nur bei einwandfreier Sicht und auf befohlene Ziele durchgeführt werden. Eigenmächtigkeiten der Besatzungen wurden strengstens geahndet. So wurden Bomberbesatzungen, die entgegen den Weisungen ein Wohngebiet in Liverpool bombardiert hatten, vor ein Kriegsgericht gestellt. Horst Boog führt diese Praxis auf Opportunitätserwägungen zurück, ohne humanitäre Erwägungen ausschließen zu wollen.⁹³ Zum einen sollten unerwünschte feindliche Gegenmaßnahmen nicht provoziert werden; zum anderen ging es Hitler, der in dieser Zeit immer noch auf ein Einlenken der Briten hoffte, wohl darum, seinerseits den Krieg nicht eskalieren zu lassen. Terrorangriffe gegen die Bevölkerung sollten als letztes Druckmittel vorbehalten bleiben.⁹⁴

Indes begann der strategische Bombenkrieg mit der gegenseitigen Bombardierung der Hauptstädte im August/September 1940 eine, so Boog, „neue Qualität" anzunehmen.⁹⁵ Nachdem am 24./25. August einige deutsche Flugzeuge – wie die amtliche britische Geschichtsschreibung später bestätigte – versehentlich Bomben über dem Stadtgebiet Londons abgeworfen hatten, befahl Churchill, der auf eine solche

---

89 Vgl. Boog, Bombenkrieg, Völkerrecht und Menschlichkeit im Luftkrieg, S. 286-288.
90 Weinberg, Eine Welt in Waffen, S. 162.
91 Ebd., S. 167.
92 Vgl. Hitler, [Rede am 19. Juli 1940], S. 1558.
93 Vgl. Boog, Bombenkrieg, Völkerrecht und Menschlichkeit im Luftkrieg, S. 295 f.
94 Vgl. ebd., S. 297.
95 Boog, Der anglo-amerikanische strategische Luftkrieg über Europa und die deutsche Luftverteidigung, S. 459.

Gelegenheit gewartet hatte[96], für die folgende Nacht einen Angriff auf Berlin. Daraufhin ließ Hitler am 7. September 1940, wie von Churchill erwartet und erhofft[97], Ziele in London angreifen. Obwohl beide Seiten der Absicht nach noch immer keine unterschiedslosen Angriffe flogen, konnten diese jedoch aufgrund von Zielungenauigkeiten so erscheinen oder auch absichtsvoll so aufgefasst werden. Am 10. September jedenfalls wurde, nachdem deutsche Angriffe auf London vom britischen Kabinett als „unterschiedslos" gewertet worden waren, der Luftfahrtminister angewiesen, den Bomberbesatzungen das Zurückbringen von Bomben zu untersagen. Am 30. Oktober beschloss das Kabinett, Angriffe auf militärische Ziele, die die Regel sein sollten, so ausführen zu lassen, dass die deutsche Zivilbevölkerung in ihrer Umgebung die Schwere des Krieges spürt.[98] Damit war man gedanklich bereits zur Strategie der Flächenbombardements übergegangen.

Strategische Angriffe hinter der Front können sowohl gegen ausgewählte militärische oder militärisch relevante Ziele gerichtet sein; sie können aber auch als Flächenangriffe vorgetragen werden. Von einem „Flächenbombardement" spricht man, wenn es sich um die *unterschiedslose* Bombardierung von Städten, insbesondere von Wohngebieten, handelt – von Bombardierungen also, bei denen zwischen militärischen und nicht-militärischen Zielen nicht unterschieden wird. Bei einem flächendeckenden Bombardement können zwar auch militärische Objekte getroffen werden, diese werden aber nicht eigens anvisiert. Die Schäden unter den Zivilisten können daher auch nicht als Nebenwirkungen angesehen werden. Vielmehr sind Flächenangriffe auf Städte direkte Angriffe gegen Zivilisten.

Der Übergang zum unterschiedslosen Bombenkrieg

Der erste auch der Absicht nach unterschiedslose Angriff erfolgte durch die *Royal Air Force* am 16. Dezember 1940. Ziel war die Stadtmitte Mannheims. Im Unterschied zu den Absichten und der Zielplanung bei allen früheren britischen Luftangriffen, war in dieser Nacht die Stadt selbst das Ziel.[99] Dieser erste Flächenangriff

---

96 Vgl. Boog, Strategischer Luftkrieg in Europa und Reichsluftverteidigung 1943-1944, S. 325. – Charles de Gaulle beschreibt in seinen Memoiren folgende Szene: „Ich sehe ihn [Churchill – L.F.] heute noch, wie er eines Tages im August [1940 – L.F.] in Chequers die Faust gegen den Himmel hob und rief: ‚Sie kommen also nicht!' – ‚Haben Sie es so eilig', sagte ich, ‚Ihre Städte in Trümmer liegen zu sehen?' -‚Begreifen Sie', erwiderte er, ‚daß die Bombardierung von Oxford, Coventry und Canterbury in den Vereinigten Staaten eine solche Woge der Entrüstung aufpeitschen wird, daß sie in den Krieg eintreten werden!'" (de Gaulle, Memoiren, S. 94 f.).
97 Vgl. Boog, Der anglo-amerikanische strategische Luftkrieg über Europa und die deutsche Luftverteidigung, S. 459.
98 Vgl. ebd., S. 459, 461 f.
99 Vgl. Neillands, Der Krieg der Bomber, S. 61.

war gedacht als einmaliger Vergeltungsangriff für den deutschen Bombenangriff gegen die Rüstungsindustrie Coventrys.[100] Bis zum Frühjahr 1942 wurden wahlweise militärisch-industrielle als auch Flächenziele, also Städte und ihre Bevölkerung, angegriffen. Den systematischen Übergang zum unterschiedslosen Bombenkrieg (*indiscriminate bombing*), die „Wende zum Terrorbombenkrieg als Regel und nicht mehr nur als Ausnahme"[101], haben die Briten dann am 14. Februar 1942 vollzogen – und zwar mit der Entscheidung des *Air Staff*[102], „vorübergehend bis zur Verfügbarkeit entsprechenden Zielgeräts unterschiedslose Angriffe gegen die Moral der Deutschen zu fliegen, wobei der Zielpunkt immer die Mitte einer Stadt sein sollte"[103]. Es sei beschlossen worden, so hieß es in der vom britischen Kabinett nachträglich gebilligten Direktive, dass „das Hauptziel" der Operationen nunmehr „die Moral der feindlichen Zivilbevölkerung, vor allem der Industriearbeiterschaft" sein soll.[104]

Diese von Winston Churchill auf den Weg gebrachte Entscheidung hatte zweifellos auch militärtechnische Hintergründe. Zum einen ließ die Treffgenauigkeit der Bomberwaffe zu wünschen übrig;[105] zum anderen wurden die britischen Verluste, die bei Tagangriffen zu verzeichnen waren, als zu hoch eingeschätzt. Neben dem Wunsch, Vergeltung für deutsche Angriffe zu üben, waren also die zu erwartende geringere Verlustrate sowie die verbesserten Möglichkeiten, anvisierte Ziele effektiv zu treffen, Gründe für den Strategiewechsel. Die britischen Verluste waren natürlich primär das Resultat der deutschen Verteidigung. Dies muss bei der Beurteilung des Strategiewechsels bedacht werden. Hinzu kam jedoch wesentlich die insbesondere von Charles Portal und Arthur Harris geteilte Erwartung, den Krieg allein auf die nunmehr bevorzugte Art und Weise beenden zu können.

Mit den Flächenbombardements verlegte man sich auf eine Offensivstrategie, die ihrer Intention entsprechend, die „Moral" der Bevölkerung des Feindes zu zerset-

---

100 Vgl. Boog, Der anglo-amerikanische strategische Luftkrieg über Europa und die deutsche Luftverteidigung, S. 462 f.
101 Boog, Strategischer Luftkrieg in Europa und Reichsluftverteidigung 1943 bis 1944, S. 330. Siehe auch Müller, Der Bombenkrieg 1939-1945, S. 115.
102 Die Direktive ist abgedruckt in: Webster/Frankland, The Strategic Air Offensive Against Germany 1939-1945, Vol. IV, S. 143-145.
103 Boog, Der strategische Bombenkrieg der Alliierten gegen Deutschland 1939-1945, S. 24.
104 Webster/Frankland, The Strategic Air Offensive Against Germany 1939-1945, Vol. IV, S. 144.
105 Vgl. Boog, Der anglo-amerikanische strategische Luftkrieg über Europa und die deutsche Luftverteidigung, S. 473. England hatte schon in den zwanziger und dreißiger Jahren in verschiedenen Kolonialkriegen zur „Befriedung" aufständischer Stämme Bombardements durchgeführt. Wie Horst Boog vermutet, hat sich die *Royal Air Force* aufgrund der großen moralischen Wirkung, welche diese reichlich ungezielten Bombardements bei den Eingeborenen hinterließen, keine Mühe gegeben, den gezielten Bombenabwurf zu üben (vgl. Boog, Der strategische Bombenkrieg der Alliierten gegen Deutschland 1939-1945, S. 14 f.).

zen, als *moral bombing* bezeichnet wird. Zwar muss nicht jedes flächendeckende Bombardement mit dieser Intention verknüpft sein, faktisch jedoch wurden diese Bombardements als eine Praxis etabliert, weil man genau dieses Ziel verfolgte. Der hohe Stellenwert, den die englische Bombenkriegsdoktrin dem „moralischen Faktor" zubilligte, war hierfür von großer Bedeutung.[106] Die Möglichkeit hingegen, die Rüstungskapazitäten statt auf den weiteren Ausbau des Bomberkommandos auf eine Verstärkung der mit Heer und Marine kooperierenden Luftstreitkräfte zu konzentrieren, wurde offenbar nicht erwogen.[107]

Die ersten Angriffe auf Lübeck am 28./29. März und auf Rostock am 26./27. April 1942, „Städte ohne besondere militärische Bedeutung, die wegen der leichten Brennbarkeit der Holzfachwerkhäuser in den Stadtzentren ausgewählt wurden"[108], beantwortete Hitler mit unterschiedslosen Angriffen auf eine Reihe historischer, militärisch und industriell unbedeutender und unverteidigter englischer Städte[109] („Baedeker-Angriffe").

Luftmarschall Arthur T. Harris, eine Woche nach der Entscheidung des *Air Staff* zum Befehlshaber des *Bomber Command* ernannt, verfolgte schließlich die Strategie des unterschiedslosen Städtebombardements mit äußerster Konsequenz und Härte. Der militärtechnische Hintergrund der ursprünglichen Entscheidung vom 14. Februar 1942, der diese als unausweichlich rechtfertigen sollte, geriet, nach dem diese Praxis einmal etabliert war, zunehmend aus dem Blickfeld. Die Strategie der Flächenangriffe verfolgte man „auch dann noch, als längst präzisere Navigations- und Zielverfahren zur Verfügung standen".[110] Nachdem das Bomberkommando mit elektronischen Hilfsmitteln ausgerüstet worden war, hatte es seine Fähigkeit zu effektiven Angriffen auf Einzelziele – so etwa als man bei den Invasionsvorbereitungen das französische Eisenbahnnetz im Hinterland „fast metergenau in Trümmer" legte[111], aber auch bei Angriffen auf einzelne Fabriken und Brücken[112] – unter Beweis gestellt. Harris aber zog „das Flächenbombardement von Städten dem gezielten Bombenabwurf auf bestimmte Industrie- und Ölanlagen" generell vor[113], und obwohl er dafür wiederholt Kritik von seinen Vorgesetzten erntete – Charles Portal

---

106 Vgl. Boog, Der anglo-amerikanische strategische Luftkrieg über Europa und die deutsche Luftverteidigung, S. 473.
107 Vgl. ebd., S. 472.
108 Boog, Der strategische Bombenkrieg der Alliierten gegen Deutschland 1939-1945, S. 25.
109 Boog, Der anglo-amerikanische strategische Luftkrieg über Europa und die deutsche Luftverteidigung, S. 560. Vgl. auch ders., Der strategische Bombenkrieg der Alliierten gegen Deutschland 1939-1945, S. 25.
110 Boog, Der strategische Bombenkrieg der Alliierten gegen Deutschland 1939-1945, S. 25.
111 Bergander, Dresden im Luftkrieg, S. 328.
112 Vgl. Boog, Strategischer Luftkrieg in Europa und Reichsluftverteidigung 1943-1944, S. 122 f.
113 Taylor, Dresden, S. 205 f., 174.

hatte Anfang 1945 gar den Eindruck, dass Harris seine Befehle kaum beachtete[114] –, konnte er aufgrund seiner mittlerweile gewonnenen Stellung nicht mehr gebremst werden. Allerdings wäre es falsch zu glauben, Harris wäre mit seiner Präferierung von Flächenbombardements ausschließlich einer persönlichen Vorliebe gefolgt. Vielmehr kann an der Zustimmung der britischen Regierung kein Zweifel bestehen; ja nie zuvor, so urteilten Webster und Frankland, habe ein derart wichtiger Oberbefehlshaber permanent in einem so engen Kontakt zum Zentrum der Regierungsgewalt gestanden wie Sir Arthur Harris zu Churchill.[115] Völlig zu Recht hatte daher Harris in seinen 1947 erschienenen Memoiren auf entsprechende Vorhaltungen mit dem Hinweis reagiert, dass die Entscheidung zum Angriff auf große Industriegebiete gefallen war, bevor man ihn zum Oberbefehlshaber des Bomberkommandos ernannt hatte.[116]

Für die Strategen des „Flächenbombardements" (area bombing) waren Bevölkerungs- und Bebauungsdichte der Städte die entscheidenden Faktoren der Zielauswahl.[117] Munitionsentwicklung und -einsatz folgten dem Ziel einer möglichst großflächigen, umfassenden und unterschiedslosen Zerstörung. Zu diesem Zweck wurde von Amerikanern die Verletzlichkeit deutscher und japanischer Städte, insbesondere die Ausbreitungsfähigkeit von Bränden, in eigens errichteten Versuchsstädten modellhaft erforscht.[118] Nach Vorgaben des Architekten Erich Mendelsohn hatte man in der Wüste von Utah einige typische Arbeiterwohnhäuser, wie sie im Wedding oder in Kreuzberg standen, rekonstruiert und diese mit deutschen Textilien ausgestattet, um deren Brandeigenschaften zu studieren.[119] Orientiert an der Vernichtungswirkung, musste die zweckmäßige Mischung und Abwurffolge von Splitter-, Minen- und Brandmunition gefunden werden. Der undifferenzierten Zerstörungsintention adäquat war schließlich ein von der *Royal Air Force* bevorzugter Brandbombenanteil[120] von über 60 Prozent.

Präzisionsangriffe und die amerikanische Militärdoktrin

Im Unterschied zu den nächtlichen Städteangriffen der Engländer waren die Amerikaner mit ihren sogenannten Tagespräzisionsangriffen in der Regel bemüht, militärische Ziele, Verkehrsobjekte und die zumeist in Vororten gelegenen Fabriken zu

---

114 Vgl. Bergander, Dresden im Luftkrieg, S. 333.
115 Vgl. Webster/Frankland, The Strategic Air Offensive Against Germany 1939-1945, Vol. III, S. 79 f.) – Zur Rolle von Churchill siehe auch Bergander, Dresden im Luftkrieg, S. 335 f., 338.
116 Vgl. Harris, Bomber Offensive, S. 89.
117 Vgl. Taylor, Dresden, S. 249.
118 Vgl. Friedrich, Der Brand, S. 28.
119 Vgl. Davis, Angriff auf „German Village", S. 85-88.
120 Vgl. Boog, Luftwaffe und unterschiedsloser Bombenkrieg bis 1942, S. 447 f.

treffen.[121] Zwar war auch deren Treffgenauigkeit unter Kampfbedingungen und in Abhängigkeit von den Wetterverhältnissen gering, sodass die Bomben oftmals weit über städtisches Gebiet gestreut wurden.[122] Allerdings enthielt der von ihnen gewählte Munitions-Mix sehr viel weniger Brandbomben als der des *Bomber Command*. Dieser anderen Strategie entsprechend war die Zahl der zivilen Opfer bei amerikanischen Angriffen weit geringer.[123] Dafür nahmen die Amerikaner bewusst hohe Verlustraten – bis zu zehn Prozent und mehr – in Kauf. In der RAF hingegen galt eine durchschnittliche Verlustrate von etwa 4 Prozent noch als akzeptabel.[124]

Die Abneigung der *US Army Air Force* gegen Flächenbombardements hatte sowohl moralische als auch militärisch-taktische Gründe.[125] „Wir sollten nie zulassen", soll General Ira C. Eaker gesagt haben, „dass uns die Geschichte dieses Krieges für schuldig erklärt, den strategischen Bomber gegen den Mann auf der Straße eingesetzt zu haben."[126] Daraus folgt aber nicht, dass die Entscheidungen der amerikanischen Luftwaffenführer primär durch moralische Überlegungen bestimmt gewesen wären.[127] Dagegen spricht schon ihr späteres Vorgehen gegen Japan. Die führenden Männer in den US-Luftstreitkräften waren vor allem Pragmatiker; sie waren nicht überzeugt, dass sich mit Flächen- und Nachtbombardements die Kampffähigkeit des Feindes entscheidend schwächen lässt. Daher setzte die strategische Doktrin der USAAF vor allem auf Tagespräzisionsangriffe.

Ihren ersten intendierten Terrorangriff – die Auffassungen hatten sich mittlerweile geändert – flogen die Amerikaner am 10. Oktober 1943 bei klarem Wetter gegen

---

121 Vgl. Taylor, Dresden, S. 205 f., 174, sowie Boog, Der strategische Bombenkrieg der Alliierten gegen Deutschland 1939-1945, S. 28-30.
122 Vgl. Overy, Die alliierte Bombenstrategie als Ausdruck des „totalen Krieges", S. 43. – „Die Unterschiede zwischen britischer und amerikanischer Bombardierungspolitik werden häufig übertrieben. [...] Tatsächlich waren beide Luftwaffen für großflächige und wahllose Zerstörungen der städtischen Zentren und hohe Verluste in der Zivilbevölkerung verantwortlich. Als im Fortgang des Krieges die technischen Schwierigkeiten – und hohen Verlustraten – anhielten und sich daher die Zielgenauigkeit nicht verbesserte, wurde die amerikanische Luftwaffe angewiesen, Einsätze zu fliegen, die sich kaum von denen des Bomber Command unterschieden" (ebd., S. 42-44). Dazu auch: Schaffer, American Military Ethics in World War II, S. 321 ff.; Boog, Strategischer Luftkrieg in Europa und Reichsluftverteidigung 1943-1944, S. 93-96, sowie Neillands, Der Krieg der Bomber, S. 361 f., 379. Zu den Unterschieden in den Militärdoktrinen von Briten und Amerikanern vgl. auch Boog, Bombenkrieg, Völkerrecht und Menschlichkeit im Luftkrieg, S. 262-271.
123 Taylor, Dresden, S. 174.
124 Vgl. Neillands, Der Krieg der Bomber, S. 157, 281.
125 Vgl. ebd., S. 182 f.
126 Zit. nach: Ebd., S. 361.
127 Vgl. dazu Boog, Strategischer Luftkrieg in Europa und Reichsluftverteidigung 1943-1944, S. 58 f. – Eaker sorgte sich wohl mehr um das Ansehen der amerikanischen Luftstreitkräfte in der Öffentlichkeit seines Landes (vgl. dazu Schaffer, American Military Ethics in World War II, S. 318, 324, 333).

Münster.[128] Weitere Flächenangriffe gegen Städte folgten. Bei dem Angriff auf Berlin am 3. Februar 1945, dem 25.000 Menschen zum Opfer fielen,[129] und ihren Vernichtungsangriffen auf japanische Städte im Frühjahr und Sommer 1945 ließen dann auch sie jede Rücksichtnahme fahren. Trotzdem verfolgten Briten und Amerikaner über weite Strecken verschiedene Strategien:

„Während sich die amerikanischen Bombenplaner mit Produktionsziffern deutscher Rüstungsbetriebe und wirtschaftlichen Verflechtungen beschäftigten, berechneten die Techniker bei Harris kühl die mögliche Steigerung der Vernichtungskapazitäten. Ihre fiktiven Hochrechnungen zielten nicht auf den Stillstand von Produktion, sondern auf das Auslöschen von Städten."[130]

Die Briten beabsichtigten mit ihren Flächenbombardements zweierlei: Sie wollten zum einen materielle Voraussetzungen der Kriegführung zerstören, und sie wollten zum anderen, und dies war der Hauptzweck, den Durchhaltewillen des Feindes, speziell der feindlichen Zivilbevölkerung, brechen. Diese Absicht wurde mit großer Präzision und Kaltblütigkeit in die Tat umgesetzt.

---

128 Vgl. Schaffer, American Military Ethics in World War II, S. 321 f.; Boog, Bombenkrieg, Völkerrecht und Menschlichkeit im Luftkrieg, S. 291.
129 Vgl. Neillands, Der Krieg der Bomber, S. 361.
130 Müller, Der Bombenkrieg 1939-1945, S. 186.

5. Kapitel
Die Doktrin des *moral bombing*

Angriff auf die Moral der Zivilbevölkerung

Es ist häufig betont worden, dass der strategische Bombenkrieg gegen Deutschland zur damaligen Zeit die für die Briten einzig verfügbare militärische Option war. Dies mag sein, sofern man überhaupt offensiv vorgehen wollte; es gilt aber sicherlich nicht für den Bombenkrieg in der speziellen Form des *moral bombing*.

Die unterschiedslose, flächendeckende Zerstörung von Städten zielte auf den Durchhaltewillen und die Durchhaltefähigkeit der Feindnation. Bereits in einer Direktive vom 9. Juli 1941 an das *Bomber Command* wurde die Weisung erteilt, die „Hauptanstrengungen der Bomberstreitkräfte" gegen „das deutsche Transportsystem und auf die Zerstörung der Moral der Zivilbevölkerung insgesamt sowie die der Industriearbeiter im besonderen zu richten".[131] In der Direktive heißt es weiter, dass die meisten der genannten Eisenbahnzentren „in industriellen Ballungsgebieten und in Nachbarschaft von dicht besiedelten Arbeiterwohngebieten" lägen und deshalb als „günstig lokalisiert" zu betrachten seien, um „Nebenwirkungen auf die Moral der Industriearbeiterschaft" zu erreichen. Dabei versprach man sich durch die Zerstörung des Eisenbahnsystems und die dadurch eintretenden Behinderungen des normalen Lebens „indirekte Auswirkungen auf die Moral der Bevölkerung", „selbst wenn sie nicht direkt angegriffen wird".[132]

Diese Strategie beabsichtigte, die Widerstandskraft des Gegners zu brechen und ihn durch die unter der Zivilbevölkerung und deren Lebensgrundlagen angerichteten Schäden zur Kapitulation zu zwingen. Die Stabschefs der *Royal Air Force*, so schreibt Alan J. P. Taylor, „zielten wesentlich auf die Zerstörung des Kampfwillens des Feindes, und das bedeutete unterschiedslose Angriffe gegen die Zivilbevölkerung"[133]. Natürlich galt die Zerstörung von Städten immer auch der materiellen, insbesondere der industriellen und infrastrukturellen Basis des Feindes. Während aber in der Direktive vom 9. Juli 1941 die Moral der Zivilbevölkerung als nur ein Ziel, gleichberechtigt neben dem Transportsystem, genannt wird, heißt es in der schon erwähnten *Area Bombing Directive* des Luftfahrtministeriums vom 14. Februar 1942, das „Hauptziel" der Operationen des *Bomber Command* solle „jetzt die

---
131 Webster/Frankland, The Strategic Air Offensive Against Germany 1939-1945, Vol. IV, S. 136.
132 Ebd.
133 Taylor, English History 1914-1945, S. 517.

Moral der gegnerischen Zivilbevölkerung" sein.[134] Am Tag darauf wies der *Chief of the Air Staff*, Portal, ausdrücklich darauf hin, dass „die dicht bebauten Wohngegenden die Zielpunkte seien und nicht etwa Hafenanlagen oder Flugzeugfabriken".[135] Dieser Direktive zufolge ging es jetzt um vorsätzliche, direkt angestrebte und erwünschte Massentötungen. Obwohl offenbar weiterhin in britischen Führungskreisen die Absicht bestand, für den Fall, dass sich ein in Erprobung befindliches Navigationshilfsmittel bewährte, auf Präzisionsangriffe innerhalb seines Wirkungsbereiches überzugehen, war bei Harris, so Boog, dieser Vorsatz „im Prinzip sicher nie vorhanden"[136].

Es kann kein Zweifel bestehen, dass die Briten selbst zwischen den Strategien, die Moral der Deutschen durch Bombardierung der Wohnviertel zu treffen, und Fabrikzentren in den Industriestädten zu zerstören, klar unterschieden. Am 20. Mai 1942 hatte Justice Singleton, Richter des *High Court*, einen von der Regierung in Auftrag gegebenen Bericht vorgelegt, in dem er seiner Überzeugung Ausdruck gab, dass entgegen des von Professor Frederick Lindemann, einem wissenschaftlichen Berater des Kabinetts, favorisierten *De-housing*-Plans, nach dem die Einwohner von rund 60 Industriestädten obdachlos gemacht werden sollten, die Moral der Deutschen kein lohnendes Ziel sei; vielmehr hätte die RAF bei ihren letzten Operationen deutlich gezeigt, dass sie „Fabrikzentren" zielgenau bombardieren könne.[137] Singleton betonte die Notwendigkeit, die Arbeiten an der Verbesserung der Zielgenauigkeit zu beschleunigen. Sein Bericht blieb jedoch letztlich ohne Wirkung. Die Strategie der Flächenbombardements gegen die Zivilbevölkerung war beschlossene Sache.

Im November 1942 konfrontierte Charles Portal die Stabschefs mit der Möglichkeit, 1943 und 1944 1,25 Millionen Tonnen Bomben auf Deutschland zu werfen, und prognostizierte die Folgen. Er erwartete, dass 900.000 Deutsche umkämen, eine Million schwer verwundet und 25 Millionen obdachlos würden.[138]

Vorsätzliche, direkt angestrebte Massentötungen

Mit dem Strategiewechsel hin zu Angriffen auf Stadtzentren und Wohnviertel – John Terraine kommentiert ihn als „Rezept für ein Massaker"[139] – war die klassische Auffassung vom Krieg als einer militärischen Auseinandersetzung unter Kombat-

---

134 Webster/Frankland, The Strategic Air Offensive Against Germany 1939-1945, Vol. IV, S. 144.
135 Portal an Deputy Chief of Air Staff, 15.2.1942. Zit. nach: Boog, Der anglo-amerikanische strategische Luftkrieg über Europa und die deutsche Luftverteidigung, S. 509.
136 Boog, Strategischer Luftkrieg in Europa und Reichsluftverteidigung 1943 bis 1944, S. 23.
137 Vgl. Neillands, Der Krieg der Bomber, S. 141 f.
138 Vgl. Terraine, Theorie und Praxis des Luftkrieges: die Royal Air Force, S. 562.
139 Ebd.

tanten aufgegeben. Zwar wurde die Tötung, Verletzung oder sonstige Schädigung der unschuldigen Zivilisten letztlich als ein nur sekundärer Zweck betrachtet, denn die Gewalt, die sie erleiden würden, sollte sie selbst (sofern sie überlebten) und andere abschrecken und einschüchtern; sie sollte Verwirrung und Chaos anrichten, Angst auslösen und Verzweiflung säen; sie sollte die Moral innerhalb ihrer Gruppe brechen. Gleichwohl wurde die massenhafte Tötung von Zivilpersonen nicht nur als eine (mehr oder weniger wahrscheinliche) Möglichkeit vorausgesehen und billigend in Kauf genommen.

Wenn wir eine im deutschen Strafrecht verbreitete Terminologie zugrunde legen (wobei im angelsächsischen Recht in der Sache ganz ähnliche Unterscheidungen existieren), so handelten die Strategen des *Bomber Command* und der britischen Führung keineswegs nur mit *bedingtem Vorsatz* (*dolus eventualis*). Mit bedingtem Vorsatz handelt, wer den Handlungserfolg ernstlich für möglich hält und sich – etwa nach dem Motto „Na wenn schon!" – damit abfindet. Anders jedoch bei den Flächenbombardements! Hier lag nicht nur ein ernstliches Für-möglich-Halten vor: Indem man Siedlungsgebiete zu strategischen Angriffszielen erklärte, wurden die angegriffenen Nichtkombattanten zu direkt anvisierten Zielen. Damit war klar, dass eine große Anzahl von Zivilisten getroffen und von den Betroffenen viele verletzt oder getötet würden. Wer jedoch *mit Sicherheit weiß*, dass die Methode seines Vorgehens massenhaft tötet, darin aber fortfährt, hat auch den *direkten Vorsatz* (*dolus directus*), massenhaft zu töten. Die starke Ausprägung der Wissenskomponente erfüllt den subjektiven Tatbestand des direkten Vorsatzes. Auch wenn im Vorsatz *Wollen* und *Wissen* stets vereint sind, so würde doch hochwahrscheinliches oder sicheres Wissen auch dann zum direkten Vorsatz führen, wenn die Tötungen nicht das eigentliche Ziel und insofern als solche nicht gewollt waren. Aber hatten Harris und die verantwortlichen Politiker nicht auch die *Absicht*, Zivilisten massenhaft zu töten? Wollten sie diese Menschen töten?

Absichtlich tötet, wer will, dass der Handlungserfolg, der Tod seines Opfers, eintritt. Ein Beispiel mag dies verdeutlichen: Wer seiner Tante ein letal wirkendes Gift in den Kaffee mischt, um an deren Erbe zu gelangen, tötet die Tante mit Absicht; er hat deren Tod gewollt, obwohl der Tod der Tante nicht der letzte Zweck der Handlung ist (nämlich sich zum Erben zu machen). Wenn er dabei die beim Kaffeekränzchen zufällig anwesende Freundin der Tante bewusst mitvergiftet (weil er von seinem Plan, die Tante zu vergiften, nicht ablassen will), so hat er, obwohl er den Tod der Freundin nicht eigentlich wollte, ihn aber mit Sicherheit voraussah, auch diese mit direktem Vorsatz, wenngleich nicht mit Absicht getötet.[140]

---

140 In einer anderen – aber ihrem sachlichen Gehalt nach identischen – Terminologie wird die absichtliche Verwirklichung der objektiven Tatbestandsmerkmale als ein Handeln mit direktem Vorsatz ersten Grades (*dolus directus* 1. Grades) und der direkte Vorsatz im genannten Sinne als

Wer die Industrieanlagen, die Infrastruktur und die Wohnquartiere des Feindes zerstören will, muss deshalb noch nicht die Menschen töten wollen. Er kann es lediglich darauf angelegt haben, all diese Dinge zu zerstören, um den Krieg vorzeitig zu seinen Konditionen zu beenden, ohne die vorausgesehenen massenhaften Tötungen eigens anzustreben. Flächenbombardements als solche töten zwar stets mit direktem Vorsatz, aber nicht notwendigerweise mit Absicht.

Um über das Vorliegen von Absicht entscheiden zu können, muss der Wille beziehungsweise die Intention des Handelnden identifiziert werden. Welche Intention die Verantwortlichen der *Royal Air Force* verfolgten, kann jedoch aus den Angriffshandlungen nur indirekt erschlossen werden. Selbst der hohe Anteil von Brandbomben, der bei der Entfachung der verheerenden Feuerstürme wesentlich war, oder die Verwendung von Zeitzünderbomben, die Menschen zerfetzten, die sich zu zeitig aus den Luftschutzkellern wagten, oder die britische Angriffsgestaltung mit zeitlich versetzten Angriffswellen, die darauf abzielte, Rettungs- und Löscharbeiten zu erschweren, liefern für die Beantwortung dieser Frage nur Indizien. Überdies kamen alle diese Elemente der Angriffsgestaltung bereits bei dem deutschen Angriff auf Coventry (554 getötete Zivilisten) zur Anwendung und wurden von den Briten sorgfältig ausgewertet. Damals jedoch lag der Brandbombenanteil unter 20 Prozent, und die deutschen Angreifer hatten, wie britische und andere ausländische Historiker einräumen, sehr genau auf die im Stadtzentrum befindlichen Rüstungsfabriken gezielt und alle wichtigen erheblich zerstört.[141] Am Tag nach dem Angriff hatte der *President of the Council* im britischen Kriegskabinett erklärt, es habe sich um den bislang schwersten deutschen Luftangriff auf ein „Rüstungszentrum" gehandelt.[142] Aufschlussreicher für die Beurteilung des Denkens der britischen Ver-

---

direkter Vorsatz zweiten Grades (*dolus directus* 2. Grades) bezeichnet (vgl. Fritze, Der Zweite Weltkrieg als Legitimationsressource?, S. 142 f.). Wichtig ist, dass bei dieser Terminologie die Absicht nicht mit dem Endziel identisch sein muss. Wer sein Haus anzündet (Zwischenziel), um die Versicherungssumme zu kassieren (Endziel), begeht eine absichtliche Brandstiftung. Eine andere Terminologie habe ich verwendet in: Die Tötung Unschuldiger, S. 150-154.
Ob der Unterschied zwischen einer absichtlichen Tötung (*dolus directus* 1. Grades) und einer Tötung mit direktem Vorsatz (*dolus directus* 2. Grades) grundsätzlich moralisch relevant ist, lasse ich offen. In unserem Beispiel ist es immerhin schwer einsehbar, warum die Tötung der einen Frau verwerflicher sein sollte als die der anderen. Hier ist zu bedenken, dass die Unterscheidung von Bedingungen abhängt, von denen nicht zu sehen ist, wie sie die moralische Qualität der Handlung beeinflussen sollten. Im Beispielfall wird die Freundin nur deshalb nicht mit Absicht getötet, weil ihr Tod keine Voraussetzung ist, um an das Erbe zu gelangen. Angenommen, die Freundin wäre eine Miterbin und es wäre dem Täter darum gegangen, an das gesamte Erbe der Tante zu kommen, so hätte er auch die Freundin absichtlich getötet. Es sind durch den Handelnden nicht beeinflussbare reale Verhältnisse beziehungsweise in der Realität obwaltende Kausalitäten, die mitentscheiden, ob einer mit Absicht oder „nur" mit direktem Vorsatz tötete.
141 Vgl. Boog, Strategischer Luftkrieg in Europa und Reichsluftverteidigung 1943 bis 1944, S. 326 f.
142 Vgl. ebd., S. 326.

antwortlichen sind vielmehr Äußerungen und Planungen. Diese allerdings lassen an Deutlichkeit nichts zu wünschen übrig.

So war für Harris' Strategie die Überlegung entscheidend, „dass jeder Zivilist, der mehr produziert, als er für den eigenen Lebensunterhalt braucht, einen positiven Beitrag zu den deutschen Kriegsanstrengungen leistet und daher ein geeignetes, wenn auch nicht unbedingt lohnendes Angriffsziel ist"[143]. Wenn es darum geht, die gegnerische Kriegsfähigkeit zu untergraben, so ist die Tötung der Menschen, die diese bewirken, ein folgerichtiger Gedanke. In einer Korrespondenz mit dem *Air Ministry* im Laufe des Jahres 1943 hatte Harris Gelegenheit, seine Auffassung, dass sich die Bombardements auch auf „die Tötung deutscher Arbeiter" richten und richten sollten, in aller Schonungslosigkeit zu erläutern.[144] In Auseinandersetzung mit unklaren, beschwichtigenden öffentlichen Bekundungen des Luftfahrtministeriums verlangte er im Oktober 1943 „das offene Eingeständnis, dass seine Streitkräfte die Aufgabe hätten, ‚die deutschen Städte und ihre Einwohner auszulöschen'"[145]. Er selbst wollte die Strategie des *Bomber Command* wie folgt beschrieben wissen:

„(a) Das Ziel der Combined Bomber Offensive und der Rolle, welche die britischen Bomberverbände dabei übernehmen sollen [...] ist die Zerstörung deutscher Städte, *die Tötung deutscher Arbeiter* und die Zerschlagung des zivilisierten sozialen Lebens in ganz Deutschland.
(b) Es sollte unterstrichen werden, dass die Zerstörung von Gebäuden, öffentlichen Einrichtungen, Transportmitteln *und Leben*, die Schaffung eines Flüchtlingsproblems von bislang unbekanntem Ausmaß und der Zusammenbruch der Moral an der Heimat- wie der Kriegsfront durch die Furcht vor noch umfassenderen und heftigeren Bombenangriffen akzeptierte und *beabsichtigte* Ziele unserer Bombardierungsstrategie sind. *Keinesfalls sind sie Nebenwirkungen von Versuchen, Fabriken zu treffen.*"[146]

Harris drang mit seiner Forderung nach klaren Formulierungen nicht durch. Im *Air Ministry* hielt man die Offenbarung der wirklichen Absichten „aus Rücksicht auf die sentimentalen und humanitären Skrupel einer unbedeutenden Minderheit"[147], wie Harris anmerkte, für nicht zweckmäßig und verbreitete weiterhin die verharmlosenden und irreführenden Propagandaformeln. Dies ändert jedoch nichts daran, dass Harris selbst und seine politischen Auftraggeber eine klare und

---

143 Harris an Air Commodore Baker, 11. April 1942. Zit. nach: Overy, Die alliierte Bombenstrategie als Ausdruck des „totalen Krieges", S. 31.
144 Vgl. Overy, Die alliierte Bombenstrategie als Ausdruck des „totalen Krieges", S. 40.
145 Ebd.
146 Harris an Air Commodore Baker, 11. April 1942. Zit. nach: Overy, Die alliierte Bombenstrategie als Ausdruck des „totalen Krieges", S. 40 (Hervorhebungen von mir).
147 Zit. nach: Ebd., S. 41.

zutreffende Vorstellung davon hatten, was man faktisch tat und weiterhin zu tun gedachte. Insbesondere zeigen die Beteuerungen aus dem britischen Luftfahrtministerium, man greife die gegnerische Zivilbevölkerung nicht vorsätzlich an, dass die britischen Verantwortlichen von der (gewohnheitsrechtlichen) Geltung der entsprechenden Grundsätze ausgingen und sie (im Unterschied zu Harris) als nach wie vor völkerrechtlich und moralisch bindend betrachteten.

Als ein Indiz dafür können auch die Einsatzbesprechungen des *Bomber Command* gewertet werden, bei denen es offenbar vermieden wurde, den wahren Charakter der Angriffe offenzulegen. So gab RAF-Navigator Freddy Fish folgenden Bericht:

„Ich kann Ihnen versichern, dass uns bei jeder Einsatzbesprechung, an der ich teilnahm – es waren über dreißig –, gesagt wurde, dass wir militärische Ziele bombardieren. Mein Bordbuch enthält Eintragungen wie ‚Industriezentrum', ‚Rüstungsfabrik', ‚Ölraffinerie', ‚Rangierbahnhöfe', ‚Industrieanlagen' usw. Nur einmal in meiner Erinnerung ließ der Nachrichtenoffizier die Bemerkung fallen (oder machte eine Andeutung): ‚Heute Nacht bombardiert ihr die Wohnviertel der Arbeiter, die in den Fabriken arbeiten.' Ich erinnere mich, dass er das mit einem verlegenen Lächeln sagte, daher glaubten wir ihm damals entweder nicht oder dachten, es sei ein Versprecher. Die Besatzungen, die ich kannte, waren sich also die ganze Zeit sicher, dass wir nur ausgewählte militärische Ziele bombardierten; zu behaupten, wir seien eine Art von Schlächtern gewesen, die absichtlich unschuldige Zivilisten töten, ist blanker Unsinn. Wir hielten uns gewiss nicht für ‚Terrorflieger'."[148]

Wenn die Mitteilungen Fishs einigermaßen repräsentativ sein sollten, zeigt dies zudem, dass man selbst die Bomberbesatzungen über den wahren Charakter ihrer Mission im Unklaren ließ.

Als reine Propagandaaktion müssen wohl auch gelegentliche Flugblatt-Aufrufe an die deutsche Bevölkerung verstanden werden, die Städte zu verlassen oder die Nazis zu stürzen, denn diese „verkannten die fehlenden Handlungsspielräume der Bürger"[149]. Im *Bomber Command* wusste man, dass diese Aufrufe wenig fruchteten und auch nicht wirklich fruchten konnten. Interessant ist zudem, dass Harris, von seinen Untergebenen „Schlächter" (*butcher*) genannt, dieselbe klare und offenherzige Sprache an anderer Stelle vermissen ließ. In einem Flugblatt, in dem er sich im Herbst 1942 persönlich an die deutsche Bevölkerung wandte, war von absichtlichen Tötungen von Arbeitern jedenfalls nicht die Rede. Dort hieß es:

„Ich möchte ganz offen darüber sprechen, ob wir einzelne militärische Ziele angreifen oder ganze Städte. Selbstverständlich bomben wir lieber eure Fabriken, Docks und Ei-

---

148 Zit. nach: Neillands, Der Krieg der Bomber, S. 406.
149 Mommsen, Moralisch, strategisch, zerstörerisch, S. 149.

senbahnen: Das trifft Hitlers Kriegsmaschine am schwersten. Aber die Arbeiter, die in diesen Werken beschäftigt sind, wohnen dicht um sie herum. Deshalb fallen unsere Bomben auf eure Wohnhäuser und – auf euch."[150]

Dass die letzte Behauptung eine Propagandalüge war, die Bomben nicht nur deshalb auf Wohnhäuser fielen, weil die Arbeiter dicht neben Fabriken wohnten, lässt sich an der Auswahl einzelner Städte sowie aus einer genaueren Analyse einzelner Städtebombardements unzweifelhaft ersehen. Ab dem 14. Februar 1942 wurde Harris freie Hand gelassen, die Zivilbevölkerung nunmehr direkt anzugreifen. Seine erste Wahl fiel, wie schon erwähnt, auf Lübeck – eine Stadt, die keine kriegswichtige Industrie beheimatete, deshalb nur eine schwache Verteidigung hatte, dafür aber aufgrund ihrer Lage an der Lübecker Bucht sicher anzufliegen war und wegen ihres aus Fachwerkhäusern bestehenden Altstadtkerns einen großen Vernichtungserfolg garantierte.[151] Ein anderes Beispiel ist Kiel – eine Stadt, in der militärische und vorwiegend zivile Ziele eine klare, erkennbare geographische Trennung aufwiesen. Während man ab Frühsommer 1940 und in weiteren achtundzwanzig Operationen des Jahres 1941 das Ostufer der Kieler Förde mit seiner dichten Zusammenballung von Rüstungsfabriken bombardierte, wurde am 13. Dezember 1943 zum ersten Mal die Kieler Innenstadt auf dem Westufer das Ziel eines amerikanischen Flächenangriffs.[152]

Töten, um zu demoralisieren

Die Zentren von Städten waren Zielpunkte, weil man Stadtzentren bombardieren wollte. Und Stadtzentren sollten bombardiert werden, weil man Wohnquartiere verwüsten, Industriegebäude und Infrastruktur zerstören, zumindest auch Arbeiter töten und eine allgemeine Demoralisierung erreichen wollte. Die Behauptung, die Zielpunkte seien aus einem bombenabwurftechnischen Gesichtspunkt in das Zentrum einer Stadt (statt in die industriellen Randbezirke) verlegt worden, nämlich weil man vermeiden wollte, dass Bomben infolge des sogenannten *Creep-back*-Effekts[153], über freiem Gelände niedergehen,[154] muss daher wohl als Versuch betrachtet werden, den Charakter der Flächenbombardements zu verschleiern.

---

150 Zit. nach: Müller, Der Bombenkrieg 1939-1945, S. 122.
151 Vgl. Friedrich, Der Brand, S. 86.
152 Vgl. ebd., S. 190 f.
153 Der *Creep-back*-Effekt („Zurückkriechen") trat durch die Neigung der Bombenschützen ein, ihre Bomben zu früh abzuwerfen – nämlich sobald die Brände in ihren Bombenzielgeräten sichtbar wurden (vgl. Neillands, Der Krieg der Bomber, S. 152).
154 So Neillands, Der Krieg der Bomber, S. 407.

Am 30. Mai 1942 folgte der erste „Tausend-Bomber-Angriff" auf Köln. Die Zahl der Toten betrug 480, die Briten sprachen von 6.000.[155] Zwei weitere Tausend-Bomber-Angriffe widmete Harris in der Nacht vom 1. zum 2. Juni Essen und Ende Juni Bremen.

Betrachtet man Harris' Absicht, deutsche Arbeiter zu töten und mithin diejenigen anzugreifen, die einen positiven Beitrag zu den deutschen Kriegsanstrengungen leisten, so mag man auf den ersten Blick meinen, es habe sich lediglich um eine Erweiterung oder Neufassung des Begriffs eines militärischen Zieles gehandelt. Tatsächlich galt der Begriff des militärischen Zieles unter Völkerrechtlern als nur unzureichend definiert, und die Schwierigkeiten einer allseits akzeptablen Definition zeigten sich schon auf der letztlich gescheiterten Konferenz in Den Haag, auf der man sich 1923 um die Formulierung von Regeln für den Luftkrieg bemühte. Der moderne Krieg unter Industriestaaten warf in der Tat neuartige Probleme auf. So fragte man durchaus nachvollziehbar, warum etwa ein Panzer erst auf dem Gefechtsfeld und nicht bereits auf dem Montageband ein rechtmäßig anzugreifendes militärisches Objekt sei. Ein allgemeines Verbot, militärisch relevante Ziele innerhalb von Bevölkerungszentren zu bombardieren, würde es erlauben, kriegswichtige Industrien durch ihre Verlagerung in Städte zu schützen. Gerade darauf hatte man sich aber vor dem Krieg nicht einigen können, weshalb Angriffe auf derartige Ziele innerhalb von Städten nach herrschender Meinung nicht von vornherein völkerrechtlich unstatthaft waren.[156]

Eine genauere Betrachtung der (oben angeführten) Harrisschen Formulierungen zeigt jedoch, dass seine Vorstellungen, wie der Krieg zu führen sei, sich auch durch neue Definitionen weder mit geltenden völkerrechtlichen Grundsätzen noch mit moralischen Grundüberzeugungen in Übereinstimmung bringen lassen. Seine Vorstellungen gingen vielmehr über das hinaus, was man bis dahin zu denken, geschweige denn offen zu formulieren wagte. Er forderte von seiner vorgesetzten Behörde das ausdrückliche Eingeständnis, dass es um die umfassende Demoralisierung der Bevölkerung, ja letztlich um die Zerschlagung des zivilisierten Lebens ginge. Die von ihm geplanten Flächenbombardements griffen nicht nur Fabriken, Wohngebäude und Verkehrsanlagen, sondern auch die Zivilbevölkerung direkt an und folgten der Intention, auch Zivilisten zu töten. Wer aber auf den möglichst schnellen und totalen Sieg abzielt und dieses Ziel möglichst effektiv erreichen will – und wie könnte man zweifeln, dass Harris auch auf Effektivität anlegte –, der wird seine Tötungsabsicht womöglich nicht (wie es in der zitierten Harrisschen Stellungnahme heißt) auf Arbeiter beschränken; er wird, weil er generell das Erzeugen von Furcht, Leid und Verzweiflung als nützlich für die Realisierung des Kriegszieles erachtet, alles, was dem förderlich ist, auch wollen.

---

155 Vgl. Friedrich, Der Brand, S. 89.
156 Vgl. hierzu Parks, Luftkrieg und Kriegsvölkerrecht, S. 398-400, 411-415, 429, Anm. 97.

Aus Harris' Formulierungen folgt freilich nicht, dass es in seiner Strategie schlechthin darum gegangen wäre, möglichst viele Deutsche zu töten – weil er etwa die Tötung von Deutschen als einen Selbstzweck betrachtet hätte oder auch eine Dezimierung des deutschen Volkes hätte betreiben wollen. Er mag durchaus davon überzeugt gewesen sein, dass seine Strategie der Flächenbombardements und der Massenvernichtung von Mensch und Material militärisch wirkungsvoll sei und den Krieg beenden werde. Im Sinne der Strategie des *moral bombing* hielt er es allerdings zur Erreichung dieses Zieles für zweckmäßig, für unvermeidbar und auch für legitim, Zivilisten direkt anzugreifen und massenhaft zu töten. Diese Tötungen erfolgten – zumindest was die Tötungen derjenigen anlangt, die einen positiven Beitrag zu den deutschen Kriegsanstrengungen leisteten – mit *Absicht*. Natürlich sollten wir deshalb nicht sagen, dass es der eigentliche Zweck des britischen Vorgehens gewesen sei, unschuldige Menschen massenhaft zu töten. Der eigentliche Zweck war die Realisierung der formulierten Kriegsziele. Die Tötungen waren vielmehr in dem Sinne beabsichtigt, als es darum ging, möglichst tiefgreifende demoralisierende Wirkungen unter der deutschen Bevölkerung zu erzielen, die Kriegführungsfähigkeit Deutschlands zu schwächen und damit den NS-Staat umso eher in die Knie zu zwingen. In Verfolgung dieses Zweckes war die Tötung deutscher Zivilisten (und wahrscheinlich nicht nur derjenigen, die einen positiven Beitrag zum Krieg leisteten) rational und auch beabsichtigt. Hätten die Briten einen Weg gesehen, ihr Kriegsziel ohne die absichtliche Tötung von Zivilisten zu erreichen, hätten sie – so möchte ich unterstellen – auf die Tötungen verzichtet. Allein, so wie die Dinge nach britischer Beurteilung lagen, war der Tod deutscher Zivilisten eine Voraussetzung der Zielerreichung und wurde demgemäß als ein Zwischenziel (Mittel) beabsichtigt. Dass man keine bestimmten Individuen töten wollte, sondern nur ein *genereller* Vorsatz bestand, der sich gegen eine *Gruppe* von Menschen richtete, ändert nichts am Ergebnis: Es handelte sich um vollendete direkt-vorsätzliche, ja zum Teil um absichtliche Tötungen.

Inhumane Folgen eines falschen Denkens

Dass die Intention der absichtlichen Tötung von Zivilisten tatsächlich bestand, dafür gibt es in der Tat – außer den tatsächlich ausgeführten Flächenangriffen – viele Hinweise. Zu nennen sind hier etwa die Tieffliegerangriffe auf Zivilisten, die aus Jagdbombern unter MG-Beschuss genommen wurden. Bei dieser, als *strafing* bezeichneten, ab Herbst 1944 bis Kriegsende verfolgten Praxis „gingen Tiefflieger gezielt auf Menschenjagd".[157] Dazu gehören neben Äußerungen und Handlungen aber auch

---
157 Vgl. Friedrich, Der Brand, S. 149, 174, 274. Siehe auch Boog, Strategischer Luftkrieg in Europa und Reichsluftverteidigung 1943-1944, S. 105 f., 298-300. Zur Frage von Tieffliegerangriffen vgl. auch Bergander, Dresden im Luftkrieg, S. 192-209; ders., Der Luftkrieg über Deutschland, S. 610 ff., sowie Schröter, Die Zerstörung Nordhausens, S. 26 f.

überlieferte strategische Überlegungen. Allein die von Verantwortlichen angestellten Planspiele – etwa über ein „Plattmachen" Berlins im Rahmen der im Sommer 1944 angedachten Operation „Donnerschlag", bei der man mit 220.000 Opfern, darunter 110.000 Toten, rechnete[158], oder über den Einsatz von Milzbrandbomben oder über großangelegte Gasangriffe[159] – offenbaren ein Denken, für welches das Leben eines Feindes, ob schuldig oder unschuldig, nicht nur irrelevant, sondern geradezu vernichtenswert zu sein schien. Es war ein Denken, das sich von dem Hitlers, der ebenfalls über Gas- und Bakterienangriffe nachdachte[160], in diesem Punkt nicht unterschied. Auf die Deutschen gemünzt, meinte denn auch Churchill im April des Jahres 1941, also noch vor dem deutschen Einmarsch in die Sowjetunion, es gäbe „knapp 70 Millionen bösartige Hunnen", von denen „einige heilbar" seien und „andere zum Schlachten (*some of whom are curable and others killable*)"[161].

Mit dieser Äußerung knüpfte Churchill an ein propagandistisches Denken an, das seit dem Ersten Weltkrieg bekannt ist. Bereits damals versuchte man in Frankreich, Großbritannien und Amerika erfolgreich, den Deutschen eine grausame und hassenswerte, eben eine „Hunnen"-Natur anzudichten.[162] Wenn Queen Mum, die 1992 zum 50. Jahrestag des ersten *Tausend-Bomber-Angriffs* auf Köln die überlebensgroße Bronzestatue für „Bomber-Harris" im Zentrum Londons enthüllte, Zeit ihres Lebens Deutsche gern als „Hunnen" titulierte, spricht dies ebenso für sich wie die Feststellung eines Kolumnisten des *Guardian*, antideutsche Gefühle seien das letzte in Großbritannien akzeptierte Vorurteil.[163]

Natürlich ging es im strategischen Bombenkrieg nicht, worauf Richard Overy völlig zu Recht insistiert, um „Terror als Selbstzweck". Das rechtfertigt aber nicht seine Schlussfolgerung, dass es „weder vorsätzlicher Massenmord noch ein Massaker"[164] war. Die Angriffe richteten sich direkt gegen die Zivilbevölkerung; man beabsichtigte eben auch, Menschen zu töten. In seinen Memoiren bekannte Harris:

> „Aber es muß betont werden, dass wir während der Schlacht an der Ruhr in keinem Fall, mit Ausnahme von Essen, auf irgendeine Fabrik besonders gezielt haben; die Zerstörung von Industrieanlagen [...] konnte als eine Sonderprämie betrachtet werden. Der Zielpunkt lag gewöhnlich genau im Zentrum der Stadt [...]."[165]

---

158 Vgl. Bönitz, Feindliche Bomberverbände im Anflug, S. 109 ff.; Taylor, Dresden, S. 211 f.
159 Vgl. Friedrich, Der Brand, S. 105, 132; vgl. auch Kurowski, Dresden, S. 16-23.
160 Vgl. Müller, Der Bombenkrieg 1939-1945, S. 147, 161 f.
161 Churchill, Westward, look, the land is bright, S. 6384.
162 Siehe dazu Schultze-Rhonhof, 1939 – Der Krieg, der viele Väter hatte, S. 55-58.
163 Zit. nach: Sontheimer, „Sind wir Bestien?", S. 123.
164 Overy, Barbarisch, aber sinnvoll, S. 186.
165 Harris, Bomber Offensive, S. 147.

Dementsprechend fielen die Ergebnisse aus: Während in einer Vielzahl von Städten ein hoher Prozentsatz des Wohnraumes zerstört wurde, blieben die großen Industrieanlagen, die sich in den Außenbezirken der Städte konzentrierten, relativ unversehrt. Der „Lebensnerv der Rüstungsindustrie" wurde durch die Flächenangriffe nicht getroffen.[166] Werner Wolf schätzt, dass die Industrieschäden infolge von Demontagen nach dem Krieg größer waren als die Luftkriegsverluste.[167] Gleichzeitig bewirkten die Bomberangriffe in den deutschen Innenstädten ein Massenschlachten sondergleichen.

Auch englische Historiker haben nach dem Krieg die Inhumanität der britischen Terrorbombardements kritisch kommentiert. Im Band XV der *Oxford History of England* heißt es:

„Was die Luftstrategie betrifft, so übertraf der britische den deutschen Terror erst in der Theorie, später in der Praxis, und eine Nation, die den Anspruch erhob, für eine moralische Sache zu kämpfen, sonnte sich [*gloried*] im Ausmaß ihres unmoralischen Handelns."[168]

Und hatte sich nicht Churchill selbst in seinem – mit dem Literatur-Nobelpreis ausgezeichneten – Memoirenwerk über den Zweiten Weltkrieg damit gebrüstet, dass „die Alliierten mit ihrer ständig zunehmenden Schlagkraft *zwanzigfache Vergeltung*" übten und „mit den neuartigen, in ihrer Wirkung so furchtbaren Atombomben, die Hiroshima und Nagasaki von der Erde auslöschten", „den Höhepunkt" erreichten?[169]

Sucht man die Hintergründe dieses inhumanen Denkens, so gerät eine uns allen vertraute, jedoch gefährliche Auffassung in den Blick: die Illusion einer unter moralischem Gesichtspunkt relevanten Art von Identität der feindlichen Regierung und der von ihr beherrschten Bevölkerung. Diese Ineinssetzung verführt dazu, das Kollektivwesen „feindliche Nation" als ein homogenes Ganzes, ja als eine selbständig agierende Entität und in Analogie zu Privatrechtsverhältnissen als „den Feind" oder „den Aggressor" zu betrachten. Nationen sind jedoch keine Individuen, die Handlungen auszuführen in der Lage wären oder denen Schuld sinnvoll zugeschrieben werden könnte. Die Feinde Großbritanniens waren nicht die Millionen „einfachen" Bürger, die das deutsche Volk konstituierten, sondern Hitler, seine Führungsmannschaft, eine große Zahl von freiwilligen aktiven, sich in herausgehobenen Stellungen befindlichen Unterstützern und natürlich die deutschen Truppen. Die Verkennung dieser einfachen Tatsache nährt Rachegelüste und Vergeltungsabsichten. Nur wer

---

166 Wolf, Luftangriffe auf die deutsche Industrie 1942-1945, S. 102.
167 Vgl. ebd., S. 136.
168 Taylor, English History 1914-1945, S. 518.
169 Churchill, Der Zweite Weltkrieg, S. 26 (Hervorhebung von mir).

sich gegen alle „emotionale Evidenz" ins Bewusstsein ruft, dass die Normalbevölkerung der Feindnation für die Handlungen ihrer Regierung nicht verantwortlich ist und daher, selbst wenn sie von diesen Handlungen profitieren sollte, als unschuldig begriffen werden muss, wird den Krieg nach humanitären Regeln führen wollen. Dieser Wille war Churchill, Harris und vielen anderen fremd. Für sie waren „die Deutschen" Feinde – und durften getötet werden. Wer jedoch die Unterscheidung zwischen einem menschlichen Aggressor und einem militärisch angreifenden Staat aufgibt und die gesamte Bevölkerung des Aggressorstaates wie einen angreifenden Menschen behandelt, macht den Krieg zum totalen Krieg.

Kaum jemand dürfte den unsäglichen Gedanken, Nationen wie Kollektivwesen zu betrachten, die man einer Bestrafung unterziehen darf, so klar zum Ausdruck gebracht haben wie Thomas Mann. In seinem sicheren kalifornischen Exil hatte er anlässlich der Zerstörung seiner Heimatstadt Lübeck im Mai 1942 seinem Tagebuch anvertraut, er habe „nichts einzuwenden gegen die Lehre, daß alles bezahlt werden muß"[170]. Wer so denkt, akzeptiert, dass gänzlich unschuldige Menschen für die Verbrechen ihrer Regierung in Haftung genommen und im Zuge von Vergeltung verstümmelt oder vom Leben zum Tode befördert werden dürfen. Mann hielt dies für eine Frage der „Gerechtigkeit". Es überrascht, dass diese Idee, deren Rechtfertigung im Rahmen einer rationalen Ethik noch ausstehen dürfte, auch heute noch von vielen für weise gehalten wird.

Wir wissen natürlich, dass Gefühle der Rache und das Streben nach Vergeltung nur allzu menschlich sind und gerade im Krieg mit einem brutalen und zum Äußersten bereiten Feind mit Nachsicht beurteilt werden müssen – selbst wenn sie sich auf die Feindgruppe als Ganzes beziehen. Doch Nachsicht kann nur demjenigen entgegengebracht werden, der gefehlt hat. Daher steht am Anfang die Benennung der Verfehlung. Erst wenn geklärt ist, welches Verhalten geboten war, und inwieweit das tatsächliche Verhalten dem gerecht wurde, kann überhaupt über Gründe und Bedingungen nachgedacht werden, die uns nachsichtig urteilen lassen (siehe Kapitel 22). Es wäre nicht nur unlogisch, sondern letztlich auch fatal, den ersten Schritt dieser Abfolge von gedanklichen Operationen, nämlich die Feststellung des Unrechts, unter den Tisch fallen zu lassen. Denn dies verhinderte eben, das moralisch Gebotene zu sehen.

Stalin als Mittäter

Nach dem Ende des Krieges hatte sich die Sowjetunion von der strategischen Luftkriegführung ihrer westlichen Alliierten distanziert. Diese Distanzierung kann aber, wie Götz Bergander gezeigt hat, nur als verlogen bezeichnet werden. Stalin wurde

---

170 Mann, Zeit und Werk, S. 655.

von Churchill seit 1942 über die britische Bomberoffensive und deren Resultate detailliert, teilweise mit Bildmaterial, in Kenntnis gesetzt. Stalin fand dafür nur lobende Worte, ja forderte die Verstärkung der Angriffe. Bei einem Treffen mit Churchill im August 1942 in Moskau sagte er, es sollten außer den Fabriken auch Wohnhäuser zerstört werden. Und noch im selben Monat ließ er mit einigen seiner Fernkampfbomber Wohngebiete in Berlin angreifen.[171] Die sowjetische Militärtheorie mag eine Terrorisierung der Zivilbevölkerung verworfen haben,[172] Stalins Vorstellungen jedoch standen nicht im Widerspruch zur Strategie des Bomberkommandos. Nach Stalins Einwurf in besagtem Gespräch und der Bestätigung durch den Premierminister löste sich die Spannung zwischen beiden Männern, die nunmehr begannen, gemeinsam über Ziele nachzudenken. Der anwesende Diplomat Averell Harriman kommentierte die Szene später mit den Worten: „Bald hatten die beiden – jedenfalls auf dem Papier – die meisten bedeutenden Industriestädte Deutschlands zerstört."[173] Im weiteren Verlauf des Krieges gratulierte Stalin dem britischen Premier und den Besatzungen des *Bomber Command* wiederholt zu ihren Erfolgen. Churchill bedankte sich auf seine Weise. Am 9. Januar 1944 telegraphierte er an Stalin:

„Wenn wir wieder in Teheran wären, würde ich Sie über den Tisch fragen, wann wir mit der Zerstörung Berlins aufhören sollten, damit noch genügend Unterkünfte für die Sowjetarmee übrig bleiben."[174]

Die Eskalation des Bombenkrieges war den beteiligten Mächten nicht unterlaufen; sie wurde bewusst herbeigeführt. Ungeachtet aller Probleme, scharfe begriffliche Abgrenzungen zu finden für das, was erlaubt und unerlaubt ist, muss doch gesehen werden, dass auch unscharfe Definitionen in aller Regel zur praktischen Orientierung ausreichen. Die Berufung auf begriffliche Unschärfen sowie – regelmäßig scheiternde – Versuche, sämtliche Unschärfen zu tilgen, werden häufig als Vehikel missbraucht, um allgemein anerkannte moralische Standards aufzuweichen. Eberhard Spetzler hat daher den – wissenschaftlich förderlichen – Hang zur Untersuchung von Grenzfragen als „für die Praxis gefährlich" beurteilt, weil dieser verkennt, dass scharfe Abgrenzungen bei fließenden Übergängen unmöglich sind:

„Da jeder Versuch zur Aufrichtung einer scharfen Grenze in der Praxis deshalb scheitern muß, führt er nur zwangsläufig zur Mißachtung sämtlicher Schranken. Das Ende ist dann der unterschiedslose Luftkrieg, wie er auch tatsächlich in Übereinstimmung mit

---

171 Vgl. Bergander, Dresden im Luftkrieg, S. 289 ff. Zum sowjetischen strategischen Bombenkrieg vgl. Boog, Strategischer Luftkrieg in Europa und Reichsluftverteidigung 1943-1944, S. 133-137.
172 Vgl. Groehler, Bombenkrieg gegen Deutschland, S. 164.
173 Harriman/Abel, In geheimer Mission, S. 131.
174 Zit. nach: Boog, Strategischer Luftkrieg in Europa und Reichsluftverteidigung 1943-1944, S. 80.

der ‚Lehre vom totalen Krieg' seit den zwanziger Jahren von verschiedenen Seiten vertreten worden ist. Zu ihm entwickelte sich folgerichtig dann auch die Praxis seit der Eröffnung des ‚Gebietsbombens' der RAF im Zweiten Weltkrieg, und dies Ergebnis wird, scheinbar voll zwingender Logik, als Attribut des modernen Krieges zwar beklagt, aber als angeblich unvermeidbare Frucht einer verhängnisvollen Entwicklung hingenommen."[175]

Tatsächlich war, so ließe sich hinzufügen, jedermann klar, dass mit den Flächenbombardements traditionelle Grenzen überschritten wurden. Dazu Liddell Hart:

„Als sich [...] herausstellte, daß die Bombardierung von Fabriken sehr häufig weit das Ziel verfehlte, faßte er [Churchill – L.F.] den Entschluß, sich auf rücksichtslose Zerstörung von Wohngebieten zu konzentrieren. Diese unbarmherzige Entscheidung wurde am 14. Februar 1942 dem Bomberkommando zugestellt, mit der Richtlinie, den Brennpunkt der Bombardierung gegen ‚die Moral der feindlichen Zivilbevölkerung, besonders gegen die der Industriearbeiter' zu richten. Dieser Wechsel des strategischen Verfahrens, den man euphemistisch ‚Flächenbombardement' nannte, verfehlte zwar den angestrebten Zweck, stellte aber in der Bestimmtheit der Weisung die eindeutigste Abweichung von den Regeln des Krieges und von menschlichen Rücksichten dar."[176]

Dieser Einschätzung eines international anerkannten Militärfachmanns ist nichts hinzuzufügen.

---

175 Spetzler, Luftkrieg und Menschlichkeit, S. 182 f.
176 Liddell Hart, Lebenserinnerungen, S. 145.

6. Kapitel
Völkerrechtliche Beurteilung

Rechtswidrigkeit unterschiedsloser Bombardements

Britische Politiker und Militärs hatten die Absicht, durch umfangreiche Zerstörungen materieller Ressourcen, durch die großangelegte Vernichtung menschlichen Lebens und durch die Verbreitung von Schrecken die deutsche Regierung – ob direkt oder ob indirekt durch den Aufstand der Überlebenden – zu einer Veränderung ihrer Politik zu veranlassen.

Militärische Operationen dieser Art, das heißt Operationen, die der Doktrin des *moral bombing* folgen, waren nach dem (auch zur damaligen Zeit) geltenden Kriegsvölkerrecht (Kapitel 2) rechtswidrig. Bereits der Terrorisierungskalkül verstieß zudem gegen den in der *Martens'schen Klausel* formulierten Grundgedanken des IV. Haager „Abkommens, betreffend die Gesetze und Gebräuche des Landkriegs" vom 18. Oktober 1907,[177] dass auch in den von dieser Ordnung nicht geregelten Fällen Bevölkerung und Kriegführende „unter dem Schutze und der Herrschaft der Grundsätze des Völkerrechts bleiben, wie sie sich ergeben aus den unter gesitteten Völkern feststehenden Gebräuchen, aus den Gesetzen der Menschlichkeit und aus den Forderungen des öffentlichen Gewissens"[178]. Führende Völkerrechtslehrer Großbritanniens stützen die Verurteilung von Terrorangriffen. Hersch Lauterpacht beispielsweise, Professor in Cambridge und in den fünfziger Jahren Richter am Internationalen Gerichtshof in Den Haag, nannte die „Bombardierung der Zivilbevölkerung zum bloßen Zweck der Terrorisierung" „rechtswidrig" (*unlawful*), denn in diesem Fall werde „die Zivilbevölkerung direktes Angriffsobjekt ohne Beziehung zu einem militärischen Ziel".[179] Die Einräumung eines Rechts, unter der Zivilbevölkerung Terror zu verbreiten, würde unvermeidlich, so Lauterpacht, das Ende des Rechts der Kriegführung bedeuten.[180] Und auch im deutschen Schrifttum dürfte die Ablehnung einhellig sein.[181]

---

177 Vgl. Messerschmidt, Strategischer Luftkrieg und Völkerrecht, S. 354. Siehe aber auch Parks, Luftkrieg und Kriegsvölkerrecht, S. 379, wonach der Vertrag im Ersten und Zweiten Weltkrieg juristisch bedeutungslos war, sowie die Einschätzung von Boog, Schlußbemerkungen, S. 821, der auf den Unterschied zwischen der angloamerikanischen und der „kontinentalen" Auffassung über das Luftkriegsvölkerrecht hinweist.
178 Haager Abkommen IV, [Präambel], S. 714.
179 Lauterpacht, The Problem of the Revision of the Law of War, S. 368.
180 Vgl. ebd., S. 369.
181 Spetzler, Luftkrieg und Menschlichkeit, S. 191-195; Verdross/Simma, Völkerrecht, S. 293; Ipsen, Völkerrecht, S. 1246 f., 1251 ff.

Völkerrechtswidrig waren zudem unterschiedslose Bombardements von Städten und der in ihnen lebenden Zivilbevölkerung auch dann, wenn die Tötung von Zivilisten *nicht* – wie es nach der Doktrin des *moral bombing* gleichwohl faktisch der Fall war – *beabsichtigt* worden wäre. Ein rechtmäßiger Angriff auf ein militärisches oder militärisch relevantes Objekt kann nur vorliegen, wenn der Angriff *gezielt* erfolgt. Flächenbombardements auf bewohnte Gebiete hinter der Front – mögen dabei auch militärische oder industrielle Objekte mitgetroffen werden – verstoßen gegen den Grundsatz einer möglichsten Schonung von Nichtkombattanten. Tötungen von Zivilisten können, *völkerrechtlich* gesehen, lediglich als (wie man heute sagt) *Kollateralschäden* hingenommen werden – Schäden, die bei einem notwendigen Angriff auf militärische Ziele nicht vermieden werden konnten, obwohl man sich um ihre Vermeidung ernsthaft bemüht hat. Solche Schäden an Zivilisten werden entweder billigend in Kauf genommen (*dolus eventualis*) oder gar – weil ein Wissen um den sicheren Schadenseintritt besteht – mit *direktem* Vorsatz herbeigeführt. Tötungen mit direktem Vorsatz können allerdings nur als Kollateraltötungen bei einem Angriff auf ein militärisches Ziel, also dann, wenn sie als Nebenwirkung auftreten, statthaft sein – niemals, wenn sie im Zuge eines Flächenangriffs erfolgen.

Ob Kollateralschäden, die – weil man um den sicheren Schadenseintritt weiß – mit direktem Vorsatz verursacht werden, in einem Krieg *moralisch* akzeptabel sind, dürfte umstritten sein (siehe Kapitel 9). Nach deutschem (vgl. Kapitel 5) und angelsächsischem Strafrecht[182] sind unbeabsichtigte, aber wissentliche Tötungen verboten und werden wie vorsätzliche Tötungen behandelt. Völkergewohnheitsrechtlich scheinen wissentliche Kollateraltötungen hingen, wie ausgeführt (Kapitel 1 und 2), erlaubt zu sein, wenn sie sich bei einem Angriff auf ein rechtmäßiges Ziel trotz des Versuchs, sie zu vermeiden, nicht vermeiden lassen und zudem dem Proportionalitätsgrundsatz genügen, also nicht außer jedem vernünftigen Verhältnis zum Nutzen des Angriffs stehen. Das heißt: Die Tötung von Nichtkombattanten ist *nicht* schon dann akzeptabel, wenn sie in Übereinstimmung mit dem aus der Scholastik überkommenen *Prinzip der Doppelwirkung*[183] steht – nämlich mit dem Grundsatz, dass nur die Hauptwirkung, die Zerstörung des militärischen Zieles, beabsichtigt sein darf, die Nebenwirkung, die Schädigung der Zivilbevölkerung, aber unbeabsichtigt (und zum Zweck verhältnismäßig) sein muss. Darüber hinaus gilt, wie gesagt, eine weitere Forderung als unverzichtbar: Der Verteidiger muss aktiv darauf hinwirken, Kollateraltötungen möglichst ganz zu vermeiden oder zumindest so weit als möglich zu minimieren. Dies schließt ein, Risiken selbst zu tragen, wenn dadurch Risiken für die Zivilbevölkerung vermieden werden können.[184]

---

182 Vgl. Mandel, Pax Pentagon, S. 82-97.
183 Thomas von Aquino, Summe der Theologie, Bd. 3, S. 309 f. (III 64, 7).
184 Vgl. dazu Walzer, Gibt es den gerechten Krieg?, S. 229 f., sowie ders., Was ist falsch am Terrorismus?, S. 83.

Flächenbombardements sind jedoch ein anderer Fall. Bei Flächenangriffen ist nicht nur ein Wille zur Schonung der Zivilbevölkerung nicht erkennbar und von vornherein abwesend; vielmehr gilt: Da sie gar nicht auf militärische oder militärisch relevante Objekte, sondern auf Innenstädte zielen, ist schon ihr primärer Zerstörungsvorsatz nicht ausschließlich auf rechtmäßige Ziele gerichtet. Es geht also bei der Beurteilung von Flächenbombardements nicht nur um die subjektive Einstellung zum Töten der Zivilisten; schon die Zielauswahl dieser Angriffe wird völkerrechtlich nicht akzeptiert.

Wenn wir unter „Terrorismus" (von staatlichen oder nicht-staatlichen Akteuren ausgehende) Gewaltanwendungen oder -androhungen verstehen, die, obwohl sie sich direkt gegen Unschuldige richten, einen darüber hinausgehenden Zweck verfolgen: nämlich bei den direkt Betroffenen (den überlebenden Opfern) oder den indirekt Betroffenen (etwa Regierungen) bestimmte Handlungen zu veranlassen,[185] dann waren viele Angriffe auf deutsche Städte terroristische Angriffe und erfüllten die Merkmale des Begriffs „Bombenterror". Mit dem Ziel, Furcht und Schrecken zu erzeugen, und in der Hoffnung, durch den ausgelösten Horror politischen Zwecken zu dienen, wurden beliebige unschuldige Menschen getötet. Diese Bombardements waren nach herkömmlichem Sprachgebrauch[186] in der Tat Terrorakte.

Unschuldsvermutung zugunsten der feindlichen Zivilbevölkerung

Obwohl ein Großteil der deutschen Zivilbevölkerung dem NS-System weitgehend zugestimmt haben mag, es jedenfalls nicht aktiv bekämpfte, durfte sie nicht als Komplize Hitlers behandelt werden. Die Loyalität einer feindlichen Bevölkerung gegenüber ihrer eigenen Regierung macht sie weder zu Schuldigen noch zu Kombattanten. Zwar gilt das Prinzip, dass jedem zur Last gelegt werden kann, was er nicht verhinderte, obwohl er es hätte verhindern sollen und dazu auch in der Lage war.[187] Vom Durchschnittsbürger kann aber in der Regel weder erwartet werden, dass er die Ungerechtigkeit des Krieges, der auf Befehl seiner Regierung geführt wird, erkennt, noch, dass er sich selbst einer solchen Erkenntnis für fähig hält. Selbst wenn alle für die Erkenntnis der Rechtswidrigkeit des Krieges notwendigen Informationen öffentlich zugänglich wären und der einzelne Bürger es schaffte, sich

---

185 Zum Begriff „Terrorismus" vgl. Primoratz, Staats-Terrorismus und Gegen-Terrorismus, S. 53-55.
186 Zur Geschichte des Begriffs „Terrorismus" siehe Hoffmann, Terrorismus – der unerklärte Krieg, S. 13-56. Siehe des Weiteren Backes, Auf der Suche nach einer international konsensfähigen Terrorismusdefinition, S. 153-165, sowie Meggle, Terror & Gegen-Terror, S. 33 f., und Walzer, Was ist falsch am Terrorismus?, S. 73.
187 Vgl. de Victoria, Vorlesungen über die kürzlich entdeckten Inder und das Recht der Spanier zum Kriege gegen die Barbaren, S. 139 (De Jure Belli, Nr. 24).

gegen Propaganda zu immunisieren und sich ein zutreffendes Urteil zu bilden, blieben doch gerade deshalb Zweifel, weil der Einzelne sich nie sicher sein kann, über sämtliches für die Urteilsbildung relevante Wissen zu verfügen. Abgesehen davon, dass zudem immer noch offen bleibt, ob der Einzelne auch eine realistische Möglichkeit hat, Unrecht zu verhindern oder zu beenden oder sich wenigstens nicht daran zu beteiligen: Jedenfalls für den Durchschnittsbürger an der „Heimatfront" darf angenommen werden, dass er kein exklusives Wissen hat, von Verbrechen nur gerüchteweise hört und sich stets sagen muss, dass es für alle seine Fragen womöglich eine einfache Erklärung gibt. Von ihm kann und darf nicht umstandslos erwartet werden, dass er sich gegen seinen Staat aktiv zur Wehr setzt. Damit ist nicht gesagt, Unwissenheit und Gutgläubigkeit würden in jedem Einzelfalle entschuldigen. Sicherlich kann ein Unrecht derart evident sein, dass man durch fortgesetzte Duldung mitschuldig wird. Eine solche Schuld kann aber niemals für eine gesamte Bevölkerung unterstellt werden. Schon für die Theoretiker des gerechten Krieges war daher klar, dass Angehörige der Zivilbevölkerung des Kriegsgegners als unschuldig zu gelten haben, wenn nicht das Gegenteil feststeht, nämlich „daß sie wirklich mitgekämpft"[188] oder, wie man hinzufügen kann, sich an dem Unrecht direkt und aktiv beteiligt haben. Es gilt der schon von Rousseau formulierte Grundsatz, dass nur die Soldaten des gegnerischen Staates „Feinde" sein können, nicht aber die Menschen – auch nicht als Staatsbürger.[189]

Selbst wenn man die scharfe Trennung zwischen Kombattanten und Nichtkombattanten aufgibt und innerhalb der Gruppe der Nichtkombattanten etwa zwischen (um hier eine Terminologie von Ted Honderich aufzugreifen) „Klar Unschuldigen" und „Halb Unschuldigen" unterscheidet – und unter letzteren diejenigen versteht, die „aus freien Stücken oder in stillschweigender Duldung von verwerflichen Tötungen durch ihren Staat oder ihr Volk [profitieren]"[190] –, so durften diese halb (Un)-Schuldigen doch nicht wie kämpfende Soldaten behandelt werden. Eine differenziertere Typologie führt, was die Bewertung der Art der Kriegführung anlangt, qualitativ zu keinem anderen Ergebnis. Denn die Terrorangriffe haben faktisch das gesamte deutsche Volk vom Kleinkind bis zur Greisin zum Feind erklärt – unabhängig von individuellen Handlungen oder persönlicher Schuld. Schon deshalb sind Versuche – wie etwa der von Hans Magnus Enzensberger[191] –, den Begriff der unschuldigen Zivilbevölkerung auszuhöhlen, letztlich irrelevant. Außerdem: Auch wer 1933 Hitler gewählt oder bei den Reichstagswahlen am 5. März 1933 der NSDAP seine Stimme gegeben hatte, war damit nicht automatisch für eine Kriegspolitik oder gar die Vernichtung des europäischen Judentums eingetreten. Und

---

188 Ebd., S. 151 (De Jure Belli, Nr. 36).
189 Rousseau, Der Gesellschaftsvertrag, S. 46 (1. Buch/4. Kapitel).
190 Honderich, Nach dem Terror, S. 243.
191 Siehe Enzensberger, Aussichten auf den Bürgerkrieg, S. 63-65.

selbst wer ein irregeleiteter Anhänger des Nationalsozialismus war, hatte doch allein aufgrund seiner der Indoktrination geschuldeten Gesinnung weder eine Handlung noch eine Unterlassung begangen, die einen anderen in eine Selbstverteidigungssituation ihm gegenüber versetzte.[192] Gerade in einem totalitären Staat kann nicht unterstellt werden, dass die Bevölkerung an der Etablierung und Organisation des Staatsgebildes oder an der Entscheidung zum Kriegführen in verantwortlicher Weise beteiligt war. Auch wenn die NS-Führung dadurch, dass der britische Angreifer – wenigstens zunächst – einen gerechten Krieg führte, für die erforderlichen Maßnahmen zur Verteidigung der eigenen Zivilbevölkerung Sorge zu tragen hatte, so war doch – was die Flächenbombardements anlangt – diese Kriegführung völkerrechtlich nicht zu rechtfertigen.

Selbst in Großbritannien hatten viele Menschen das Gefühl, dass diese Art der Kriegführung einer totalitären Diktatur, aber nicht einem demokratischen Rechtsstaat ansteht. Ganz in diesem Sinne erklärte am 11. Februar 1943 George Bell, Bischof von Chichester,[193] im britischen Oberhaus, es hieße „die Barbarei voranzutreiben", wenn man „die Nazimörder in die gleiche Reihe mit dem deutschen Volk stellte, an dem sie sich verbrecherisch vergangen haben".[194]

Untaugliche Rechtfertigungsversuche

Terrorangriffe waren – wenn überhaupt – nur unter bestimmten Bedingungen, nämlich in der Form der „Repressalie"[195] völkerrechtlich gedeckt. So bestand während des Zweiten Weltkrieges kein allgemein anerkanntes Verbot, Völkerrechtsverstöße des Feindes mit gezielten Gegenmaßnahmen gegen die Zivilbevölkerung zu beantworten. Eine legitime Repressalie konnte allerdings nach schon im Ersten Weltkrieg geltendem Gewohnheitsrecht nur das Ziel haben, den Gegner von einem fortgesetzten völkerrechtswidrigen Verhalten abzubringen; sie durfte nur nach Ausschöpfung aller anderen Mittel angewendet werden, und sie musste in ihrem Umfang begrenzt und verhältnismäßig sein.[196] Sie konnte daher niemals die Form des von den Briten praktizierten Flächenbombardements annehmen. Daher können beispielsweise auch die wiederholten britischen Bombenangriffe auf Berlin als Ant-

---

192 Nebenbei bemerkt: Die gegenteilige Auffassung entspräche der Logik Osama bin Ladens. Für ihn waren die Menschen in den *Twin Towers* des *World Trade Centers* offenbar keine Unschuldigen.
193 Zur Würdigung von George Bell siehe Garrett, Ethics and Airpower in World War II, S. 110-115. Unterstützung erhielt Bell vom früheren Erzbischof von Canterbury Cosmo Lang (vgl. ebd., S. 112).
194 Bell, [Rede am 11. Februar 1943 im Oberhaus], Sp. 1082.
195 Siehe Verdross/Simma, Universelles Völkerrecht, § 1337, S. 903. Vgl. hierzu auch Heeck, Der Einfluß der Kriegsverbrecherprozesse auf die Genfer Abkommen, S. 455-476.
196 Vgl. Hanke, Luftkrieg und Zivilbevölkerung, S. 46-48.

wort auf eine versehentliche Bombardierung des Stadtgebiets von London durch einige wenige deutsche Bomber in der Nacht vom 24. August 1940[197] nicht als eine solche – erlaubte – Repressalie betrachtet werden.

Ebenso wäre es falsch, die Strategie der Flächenbombardements als eine unausweichliche Konsequenz des modernen Krieges zu betrachten. In Kriegen zwischen Industrienationen gilt zwar die materielle Basis der militärischen Produktion unvermeidlicherweise – so wird man einräumen müssen – als ein legitimes Kriegsziel. Daraus folgt aber nicht, dass man gewohnheitsrechtlich oder gar moralisch berechtigt wäre, das Destruktionspotential der jeweils neuesten Waffen unterschiedslos zum Einsatz zu bringen und die Zivilbevölkerung in beliebiger Weise in Mitleidenschaft zu ziehen. Neue Waffen schaffen weder neues Recht noch setzen sie moralische Normen außer Geltung; allerdings können sie einen diesbezüglichen Wandel anregen, indem sie die sachlichen Bedingungen verändern, die bei einer rationalen Begründung von Rechts- und Moralnormen künftig zu beachten sind. Dabei ist es für die völkerrechtliche Beurteilung irrelevant, welche Kriegspartei sich als erste auf die Strategie des Flächenbombardements verlegt hat. Im Verlaufe des Zweiten Weltkrieges haben sowohl Großbritannien und die USA als auch Deutschland und vereinzelt auch die Sowjetunion bewohnte Städte unterschiedslos bombardiert.

Ein Indiz dafür, dass sich die britische Regierung der mit ihrer Strategie vollzogenen Grenzüberschreitung bewusst war, ist ihr verbales changieren. Einerseits bestritt sie, zivile Ziele anzugreifen, andererseits versicherte sie – so Vizepremier Clement Attlee am 27. Mai 1943 – die Bombardierungen fänden „gegen solche Ziele statt, die vom militärischen Standpunkt aus die wirksamsten sind"; es handle sich aber nicht um unterschiedslose Bombardements.[198] Die Unterscheidung zwischen militärischen und nicht-militärischen Zielen ist jedoch mit der Unterscheidung zwischen Zielen, die sich vom militärischen Standpunkt aus lohnen oder nicht lohnen, nicht identisch. Wie wir gesehen haben, war Arthur Harris der Meinung, dass es in Verfolgung der Kriegsziele am wirksamsten sei, neben militärischen und industriellen Objekten auch „die deutschen Städte und ihre Einwohner auszulöschen". Es zeigt sich: Die britischen Entscheidungsträger waren zu diesem Zeitpunkt längst zu Protagonisten des totalen Krieges geworden – einer Ratio, die völkerrechtliche oder moralische Gesichtspunkte zugunsten eines rein zweckrationalen Kalküls vollständig ausschließt.

Dabei hatte der frühere britische Premierminister Neville Chamberlain noch am 21. Juni 1938 in einer Erklärung im Unterhaus drei völkerrechtliche Grundsätze auch für den Luftkrieg anerkannt:

---

197 Vgl. Boog, Luftwaffe und unterschiedsloser Bombenkrieg bis 1942, S. 452 f.
198 Zit. nach: Hastings, Bomber Command, S. 171.

„1. Es verstößt gegen das Völkerrecht, Zivilisten als solche zu bombardieren und absichtlich Angriffe gegen die Zivilbevölkerung durchzuführen.
2. Ziele, die aus der Luft anvisiert werden, müssen rechtmäßige militärische Ziele und identifizierbar sein.
3. Bei einem Angriff auf diese Ziele muß mit angemessener Sorgfalt vorgegangen werden, damit es nicht durch Nachlässigkeit zu einer Bombardierung der in der Nähe befindlichen Zivilbevölkerung kommt."[199]

Ausdrücklich fügte Chamberlain hinzu, dass eine Politik, die darauf abzielt, durch Demoralisierung der Zivilbevölkerung mit Bombenangriffen aus der Luft einen Krieg zu gewinnen, nicht nur falsch, weil untauglich sei, sondern von der britischen Regierung gar nicht scharf genug verurteilt werden könne.[200] Der britische Premier hatte mit dieser Erklärung die Rechtsüberzeugung seiner Regierung zum Ausdruck gebracht, dass es nicht nur verboten ist, vorsätzliche Angriffe gegen die Zivilbevölkerung zu fliegen, sondern bei der Bekämpfung identifizierbarer militärischer Objekte alles getan werden muss, damit es nicht zu einer Bombardierung der benachbarten Zivilbevölkerung kommt. Mit der Formulierung dieser Sorgfaltspflicht war eine Verpflichtung zur Minimierung sogenannter Kollateralschäden anerkannt.

Auf seiner Versammlung am 30. September 1938 nahm der Völkerbund auf Vorschlag der britischen Delegation eine Resolution an, die im Wesentlichen die Erklärung Chamberlains wiedergab.[201] Diese Resolution, von der anzunehmen ist, dass sie stillschweigend unter dem Vorbehalt der Gegenseitigkeit stand, konnte nur für Mitglieder des Völkerbundes bindend sein. Die Vereinigten Staaten von Amerika, Deutschland und Japan waren zu diesem Zeitpunkt keine Mitglieder.

Schon im Jahre 1944 hatte Spaight geltend gemacht, seit Chamberlains Erklärung hätten sich die Bedingungen in einer Weise verändert, die es ausschließt, die genannten Grundsätze genau zu befolgen. Es seien nicht nur die fortschrittlichsten Methoden der Tarnung zum Einsatz gekommen, sondern die Zentren der Kriegsproduktion würden massiv verteidigt. Im Normalfalle sei es für eine Bomberformation Selbstmord, würde sie ihr Ziel aus einer Höhe angreifen, die das sichere Zielen erlaubt.[202] Diese Argumente können schon angesichts der andersartigen Vorgehensweise der Amerikaner[203] nicht überzeugen. Aber auch die Briten selbst haben Beispiele von Industriebombardements geliefert – man denke etwa an Kiel (Kapitel 5) –, bevor sie

---

199 Chamberlain, [Rede am 21. Juni 1938 im Unterhaus], Sp. 937 f. (deutsche Übersetzung nach: Parks, Luftkrieg und Kriegsvölkerrecht, S. 403). Zur Kritik dieser Regeln siehe ebd., S. 430, Anm. 110.
200 Chamberlain, [Rede am 21. Juni 1938 im Unterhaus], Sp. 938.
201 Vgl. hierzu Hanke, Luftkrieg und Zivilbevölkerung, S. 99-102.
202 Vgl. Spaight, Bombing vindicated, S. 116.
203 Vgl. Groehler, Bombenkrieg gegen Deutschland, S. 122 ff.

eine andere Strategie einschlugen. Gleichzeitig dürfte an der Spaightschen Argumentation deutlich werden, wie leicht es ist, unter Berufung auf angebliche Sachzwänge Vorwände zu finden. Dazu hat Groehler allgemein festgestellt:

„Wer unter diesen Umständen davon sprechen will, daß technische Sachzwänge eine bestimmte Bomberstrategie diktierten, übersieht den jeweiligen Vorwandcharakter einer derartigen Diskussion, die jeweils nur unter dem Blickwinkel eingeführt wurde, einen angeblich unanfechtbaren und unumstößlichen Tatbestand, dem man sich ohnmächtig zu beugen hatte, in den strategischen Disput einzuführen."[204]

Seit dem Ende der Luftschlacht um England im Frühjahr 1941 hatte das – in Meinungsumfragen dokumentierte – britische „Vergeltungsbedürfnis"[205] merklich zugenommen. Spürt man diesem überraschenden Phänomen nach, stößt man auf eine massive Propaganda, mit der die britische Bevölkerung durchaus mit Zustimmung der Regierung überzogen wurde. In populären Blättern mit hoher Auflage – so Lothar Kettenacker im Anschluss an Mark Connelly[206] – wurde zum einen der „Hass auf die Deutschen systematisch geschürt" und zum anderen das „Bomber Command glorifiziert".[207] Wesentlich war, dass man einerseits die Öffentlichkeit über den Charakter der Bombardements im Unklaren ließ, andererseits aber auch den Wunsch nach Vergeltung und Rache unterstützte – wie etwa Churchill in einer Rede im *County Club* am 14. Juli 1941:

„[...] wenn heute Abend die Bewohner Londons darüber abzustimmen hätten, ob wir einer Konvention beitreten sollten, welche die augenblickliche Beendigung aller Bombenangriffe auf Städte verfügte, riefe die überwältigende Mehrheit aus: ‚Nein, erst wollen wir den Deutschen mit gleicher Münze und mehr heimzahlen.'"[208]

Und Churchill weiter:

„Es ist an der Zeit, dass man die Deutschen etwas von der Qual, die sie zweimal zu unseren Lebzeiten über ihre Nachbarn und die Welt gebracht haben, in ihrer Heimat und ihren Städten selbst erleiden lässt."[209]

Abgesehen von dem Extremfall des Sir Arthur Harris, der noch nach dem Krieg der Auffassung war, dass es, was „den Einsatz von Flugzeugen im Krieg" anlangt, „über-

---

204 Ebd., S. 430.
205 Kettenacker, Die britische Bevölkerung und der Bombenkrieg, S. 91.
206 Connelly, Die britische Öffentlichkeit, die Presse und der strategische Luftkrieg gegen Deutschland, 1939-1945, bes. S. 77-82.
207 Kettenacker, Die britische Bevölkerung und der Bombenkrieg, S. 91.
208 Churchill, „Do your worst – and we will do our best", S. 25.
209 Ebd., S. 26.

haupt kein internationales Recht" gibt,[210] waren sich Regierung, Militärs und Medien der völkerrechtlichen und moralischen Problematik der britischen Kriegführung zweifellos bewusst. Gerade deshalb, so vermutet Kettenacker, legte man Wert auf eine „plebiszitäre Legitimation"; diese jedoch war durch die „manipulative Berichterstattung erst evoziert" worden.[211] Und war es schließlich nicht gerade Spaight, der den Bomber für den „Retter der Zivilisation" (*saver of civilisation*) hielt, weil er der Auffassung war, der entscheidende Vorzug der Luftkriegführung bestünde darin, dass der lange Prozess der Zermürbung ohne vergleichbare Verluste an Menschenleben fortgeführt werden könne?[212]

Alles in allem geht kein Weg an dem Urteil vorbei: Der strategische Bombenkrieg gegen die Zivilbevölkerung war von Anfang an *völkerrechtlich* unzulässig. Er verletzte sowohl das in Bezug auf Bombardements aus der Luft rudimentäre Völkervertragsrecht (unabhängig davon, ob es im juristischen Sinne bindend war) als auch damals und bis heute allgemein anerkannte Grundsätze der Kriegführung, wie sie sich in einem Völkergewohnheitsrecht rekonstruieren lassen und wie sie nach dem Zweiten Weltkrieg in internationalen Abkommen bekräftigt beziehungsweise kodifiziert wurden.

---

210 Harris, Bomber Offensive, S. 177. Vgl. auch Parks, Luftkrieg und Kriegsvölkerrecht, S. 363.
211 Kettenacker, Die britische Bevölkerung und der Bombenkrieg, S. 92.
212 Spaight, Bombing vindicated, S. 7, 10.

7. Kapitel
Völkerrecht und Moral

Grenzen einer legitimen Verteidigung

Tatsächlich folgt das Kriegsvölkerrecht – ob gewohnheitsrechtlich oder in Gestalt von zwischen Nationalstaaten verabredeten Konventionen – der Idee, dass auch im Krieg Regeln zu beachten sind, dass selbst die Ausnahmesituation des Krieges nicht von jeder Rücksichtnahme auf den Feind entbindet. Dies gilt etwa in Bezug auf Soldaten, die ihre Waffen niedergelegt haben, oder in Bezug auf Kriegsgefangene; es gilt aber erst recht in Bezug auf die gegnerische Zivilbevölkerung. Wer den Krieg begonnen beziehungsweise verursacht hat, ist dabei, was dieses Grundprinzip anlangt, ohne Bedeutung. Natürlich wird man darüber nachzudenken haben, wozu man berechtigt ist, wenn der Gegner völkerrechtliche Grundsätze *systematisch* bricht. Einmalige oder vereinzelte, jedenfalls nicht-systematische Übertretungen rechtfertigen nicht den systematischen Bruch geltender Regeln – auch nicht, wenn es sich um die zu Recht kriegführende Seite handelt.

Die Idee eines „Rechts im Krieg" entspringt sowohl dem humanitären Anliegen, Kriegsgräuel zu beschränken, als auch der Überlegung, einen späteren Frieden leichter zu ermöglichen. Sie entspricht zudem der *moralischen* Überzeugung so gut wie aller Menschen dieser Erde, dass auch der zu Unrecht Angegriffene sich nicht in beliebiger Weise verteidigen darf – dass mithin Grenzen einer legitimen Verteidigung auch im Krieg allgemeine Anerkennung verdienen. Werden diese Grenzen überschritten, wird eine an sich erlaubte Verteidigung illegitim.

Grundlage dieser Überzeugung ist die Annahme, dass wesentliche Normen, die dem Mikrobereich der moralischen und strafrechtlichen Notwehr- beziehungsweise Nothilfelehre entstammen, auch im Makrobereich der internationalen Politik Geltung beanspruchen dürfen. Auch Staaten sind danach wie Individuen zu betrachten, sodass sich Verteidigungskriege als Fälle von Staats-Notwehr und Beistandskriege als Nothilfefälle auffassen lassen. Dieser Prämisse zufolge gelten in Notwehr- und Nothilfesituationen für die Konfliktregulierung zwischen Menschenkollektiven zumindest ähnliche Prinzipien wie im Fall des Konflikts zwischen Einzelmenschen.

Dies unterstellt, sollten bei der Abwehr eines *rechtswidrigen* Angriffs die Mittel, die der Angegriffene einsetzt, *tauglich* und *erforderlich* und das Vorgehen insgesamt *verhältnismäßig* sein. Generell sollte der Waffeneinsatz das letzte Mittel, also *ultima ratio* sein, nachdem alle anderen (weniger opferträchtigen) Möglichkeiten einer für alle Beteiligten gerechten Konfliktbeilegung ausgeschöpft worden sind. Nur wenn der Einsatz der Waffen alternativlos ist, um die Verteidigung zu gewährleisten, ist er auch erlaubt. Stehen jedoch Mittel zur Verfügung, die es erlauben, die Bedrohung ohne den Einsatz militärischer Gewalt abzuwehren und dadurch Tötungen und Zerstörungen zu vermeiden, sind diese vorzuziehen. Dabei ist zu berücksichtigen, dass der Einsatz von Waffengewalt nicht in jedem Fall das jeweils größere Übel sein muss. Eine Blockade-Politik oder wirtschaftliche Sanktionen können sich unter Umständen verheerender auswirken als ein militärischer Schlag. Schließlich hat eine gewaltsame Gefahrenabwehr nur dann Aussicht auf Rechtfertigung, wenn die Abwehr keinen Aufschub duldet. Anders gesagt: Der Angriff muss *gegenwärtig* sein, sodass seine unverzügliche Abwehr im Interesse des Verteidigers nicht unterlassen werden darf. Dieses Kriterium, das im Grunde genommen noch zum *ius ad bellum* gehört, impliziert, dass die Abwehrhandlung abgebrochen werden muss, sobald die Gefahr beseitigt ist. Ist der zum Kriegseintritt legitimierende Grund entfallen, dürfen Kriegshandlungen nicht mehr fortgesetzt werden.

Ein Verteidiger trägt (kausale) Mitverantwortung für das Gesamtgeschehen. Schon deshalb kann ihm „nicht alles" erlaubt sein. In einem bestimmten Maße liegt es in seiner Hand, eigene Schäden wie auch solche des Angreifers zu minimieren oder ganz zu vermeiden. Zudem können Selbstverteidigungs- oder Nothilfehandlungen die Interessen von Unbeteiligten oder Unschuldigen verletzen. Aus dem übereinstimmenden Interesse aller Beteiligten und Betroffenen an einer akzeptierten Normenordnung, die nichtbegründbare Interessenverletzungen untersagt, erwachsen auch einem Verteidiger entsprechende Unterlassungspflichten. Insofern besteht die Anfangsvermutung, dass die Grundsätze, die wir in Übereinstimmung mit den fundamentalen Interessen aller Betroffenen der *moralischen Bewertung* zugrunde legen, in vielen grundlegenden Fragen mit denjenigen identisch sind, denen auch das traditionelle *ius in bello* sowie völkerrechtliche Überzeugungen folgen.

Völkerrechtliche und moralische Bewertungen

Ob und inwiefern völkerrechtliche und moralische Bewertungen nicht doch voneinander abweichen, bliebe allerdings zu prüfen. (Im Folgenden werden dazu nur wenige, unsystematische Bemerkungen gemacht.) Abweichungen sind in beiden Richtungen denkbar. Es kann sein, dass Vorgehensweisen völkerrechtlich erlaubt sind (beziehungsweise deren Erlaubtheit von Völkerrechtlern erklärt wird), die vielen Menschen moralisch problematisch erscheinen. Man kann hier an den Fall der Repressalie, also einer völkerrechtlich zulässigen Vergeltungsmaßnahme, oder auch an Geiselerschießungen denken, die in bestimmten Fällen – wir reden hier vom Völkerrecht zu Beginn des Zweiten Weltkrieges – völkerrechtlich in Betracht kamen.

Es mag ebenso vorkommen, dass viele Menschen unter moralischem Gesichtspunkt strengere Maßstäbe anlegen als dies im völkerrechtlichen Denken der Fall ist. So wurde auf deutsche Luftangriffe hingewiesen (Kapitel 3), deren Durchführung formal den Völkerrechtsregeln genügte (wobei diese Feststellung von der Tatsache absieht, dass diese Angriffe Bestandteil eines nicht gerechtfertigten Angriffskrieges und insofern ohnehin unzulässig waren). Aus völkerrechtlicher Legitimität allein folgt aber nicht, dass die einzelnen Bombardements bei einer genaueren Beleuchtung der Umstände und der absehbaren Folgen ihrer Durchführung auch moralisch akzeptiert werden müssten. Es kann zum Beispiel Menschen geben, die die *moralische* Erlaubtheit eines *völkerrechtlich* nicht unstatthaften Bombenangriffs auf eine in einem Wohngebiet gelegene Rüstungsfabrik (vgl. Kapitel 5) an Voraussetzungen knüpfen wollen, die – was etwa die Treffsicherheit oder den hinnehmbaren Umfang der zu erwartenden Kollateralschäden anlangt – strenger sind als die, die sich völkerrechtlich etabliert haben.

Wenn etwa der deutsche Angriff auf Coventry in seiner Ausführung sowohl von einer Reihe deutscher als auch britischer Forscher als mit den *völkerrechtlichen* Grundsätzen vereinbar betrachtet wird, so fehlt mir selbst jede Idee, wie diese Aktion unter *moralischem* Gesichtspunkt gerechtfertigt werden könnte. Zwar war der Angriff weder der Absicht nach unterschiedslos, noch richtete er sich absichtlich auf zivile Ziele, angesichts der obwaltenden Umstände vor Ort, verschiedener Momente der Angriffsausführung und des unter der Zivilbevölkerung (nicht unvorhersehbar) angerichteten Schadens erscheint es mir allerdings unmöglich, diese Schädigungshandlung für eine moralisch erlaubte Kollateraltötung zu halten. Die angegriffenen Fabriken lagen (wie man sehr wohl wusste) in unmittelbarer Nähe von Wohnvierteln, und der Angriff erfolgte nachts. Neben den verschiedenen Arten von Bomben wurden an Fallschirmen 127 Luftminen abgeworfen, die (technisch vorschriftsgemäß) kurz über dem Erdboden mit einer starken Druckwelle von ungeheurer Wirkung explodierten. Nachdem die (bewusst erzeugten) Brände auch die Innenstadt erfasst hatten und nunmehr für die zweite Angriffswelle als Markierung dienten, schlugen deren Bomben auch im Stadtzentrum ein.[213] Um den Luftschutz niederzuhalten, wurde der Angriff mit schwächeren Kräften noch stundenlang hingeschleppt.[214] Ein Wille zur möglichsten Schonung der Zivilbevölkerung ist bei dieser Angriffsausführung nicht erkennbar. Und nicht zuletzt sollte auch der Beitrag in Betracht gezogen werden, den dieser Angriff, wie durchaus vorhersehbar, zur Eskalation des Bombenkrieges geleistet hat.

Es kann des Weiteren sein, dass im jeweils geltenden Völkerrecht verbotenc Handlungen von manchen Menschen als erlaubt oder gar moralisch geboten betrachtet

---

213 Vgl. Czesany, Europa im Bombenkrieg 1939-1945, S. 225.
214 Vgl. Groehler, Geschichte des Luftkriegs 1910 bis 1980, S. 283.

werden. Letzterer Fall liegt offenbar bei Churchill, Harris und anderen britischen und auch amerikanischen Entscheidungsträgern vor. Sie waren der Überzeugung, ihre Strategie der unterschiedslosen Bombardierung sei in einem modernen Krieg oder angesichts der besonderen Umstände oder auch angesichts der Natur des Feindes zumindest moralisch vertretbar. Wie ist diese Überzeugung von der moralischen Erlaubtheit der betreffenden Handlungs- beziehungsweise Vorgehensweise zu beurteilen?

Regeln der Kriegführung sollen den Krieg – solange er als Institution nicht durch gewaltlose Formen der Konfliktregulierung gänzlich ersetzt worden ist – begrenzen. Warum aber sollte ein Verteidiger Regeln des Völkerrechts beachten, die ihn in der Wirksamkeit seiner Kampfesführung limitieren, und dadurch unter Umständen eine Niederlage heraufbeschwören? Es mag sein, dass in manchen Fällen die eigene Niederlage ein geringeres Übel darstellt als die durch illegitime Kampfmethoden mitbewirkte zukünftige Missachtung des Völkerrechts; jedoch wird man in Abhängigkeit von der Natur des feindlichen Regimes und dessen Zielen Ausnahmen zulassen – das heißt, man wird nicht ausschließen können, dass es Situationen geben kann, in denen moralisch erlaubt ist, was nach den völkerrechtlichen Regeln der Kriegführung als verboten gilt. Die schwierigere Frage ist allerdings, unter welchen Umständen Ausnahmen von der *prima facie* gebotenen Beachtung völkerrechtlicher Regeln zulässig sein sollen und wie ein solches Ausnahmehandeln konkret zu gestalten ist. Denn auch in der Ausnahmesituation gilt, dass nicht alles umstandslos erlaubt sein kann. Auch für die Verletzung des Völkerrechts in Extremsituationen wird man begrenzende Regeln für unverzichtbar halten, sodass sich die Frage, welche Abweichungen vom Kriegsvölkerrecht moralisch tolerabel oder womöglich sogar geboten sein könnten, allgemein und grundsätzlich stellt.

Kriterien einer moralisch akzeptablen Kriegführung

Eine Handlung wird von der Masse der Menschen dann als moralisch erlaubt betrachtet, wenn sie mit den in der betreffenden Gesellschaft akzeptierten Moralnormen in Übereinstimmung steht. Die Aussicht, allgemein akzeptiert zu werden, haben Normen offenbar dann, wenn jeder der von der Norm Betroffenen ein Interesse an ihrer gesellschaftlichen Ingeltungsetzung und allgemeinen Befolgung hat. Normen, die von aufgeklärten, informierten und urteilsfähigen Wesen akzeptiert werden, können in diesem intersubjektiven Sinne als rational begründet gelten. Rational begründete Moralnormen genügen der allgemeinen Forderung nach Unparteilichkeit, das heißt, sie dürfen keine Partei bevorteilen oder benachteiligen. Normen werden nur dann weithin konsensfähig sein, wenn sie eine überparteiliche Perspektive verkörpern und alle Betroffenen als Gleichberechtigte behandeln. Unabhängig von einem möglichen, aber nicht zwingend vorauszusetzenden Sinn für

Gerechtigkeit wird jede Partei, die zum Zweck einer optimalen Durchsetzung des Eigeninteresses auf die Etablierung einer für alle verbindlichen Normenordnung setzt, einen solchen Standpunkt der Unparteilichkeit einzunehmen gewillt sein und die elementaren, allgemein akzeptierten Interessen aller Beteiligten gleichmäßig berücksichtigen. Dies gilt unabhängig davon, ob es sich um einzelne Menschen innerhalb einer Gesellschaft oder um einzelne Staaten innerhalb einer Völkergemeinschaft handelt. Nur ein unparteiischer Standpunkt bietet eine Perspektive zur Generierung von Normen (Regeln, Kriterien), die auf eine freiwillige Zustimmung aller rationalen Akteure stoßen können.

Was nun die Frage einer moralisch akzeptablen Kriegführung anlangt, so wird jede ihr Eigeninteresse maximierende Partei an das kriegerische Handeln bestimmte Anforderungen stellen, von denen sie meint, dass der Nutzen, der ihr aus einer allgemeinen Berücksichtigung dieser Regeln erwächst, größer ist als der potentielle Nutzen, der ihr aufgrund der eigenen Regelbefolgung entgeht. Zu diesen rational ableitbaren Regeln für eine von allen Parteien akzeptierbare Kriegführung wird nun zweifellos gehören, dass sich Strategien und Vorgehensweisen unter den Gesichtspunkten ihrer Tauglichkeit (Kapitel 8), Erforderlichkeit (Kapitel 9) und Verhältnismäßigkeit (Kapitel 11) rechtfertigen lassen. Auch die alliierten Flächenbombardements im Zweiten Weltkrieg sind daher an diesen Kriterien zu messen.

Diese Kriterien verkörpern Mindestanforderungen, die an ein in dem beschriebenen Sinne rationales und moralisch legitimes Handeln zu stellen sind. Sie gelten in besonderem Maße, wenn es, wie für den modernen Krieg typisch, zu einer Verletzung von Interessen Unschuldiger kommt. Ist nur eines dieser Kriterien nicht erfüllt, kann das entsprechende Vorgehen nicht als erlaubt gelten, es sei denn, das Vorliegen besonderer Umstände, etwa ein „äußerster Notfall", begründet (möglicherweise) eine Ausnahmesituation (Kapitel 17). Umgekehrt folgt aus der Tatsache, dass ein auf ein bestimmtes Ziel gerichtetes Handeln den Normen einer legitimen Kriegführung genügt, noch nicht, dass das Vorgehen insgesamt (also in allen seinen Facetten) erlaubt war. Denn: Jede Zielstellung, welche Interessen Dritter berührt, unterliegt selbst moralischen Legitimationsanforderungen.

Mit der Begründung von Kriterien ist freilich nur der theoretische Teil des Problems gelöst. Um moralisch legitim zu handeln, müssen diese Kriterien in der Praxis angewendet werden. Dabei treten epistemische Probleme auf, deren Berücksichtigung wiederum von moralischer Relevanz sein kann. Wir müssen etwa entscheiden, ob bestimmte Aktivitäten anderer Staaten eine Bedrohung darstellen und ob diese Bedrohung gegenwärtig ist; wir müssen uns ein Bild darüber machen, welche der uns zur Verfügung stehenden Abwehrmittel unter Berücksichtigung der konkreten Gefahrenlage und angesichts der Stärke des Gegners welche Wirkung zeitigen werden und anderes mehr.

Bei all diesen Abschätzungen sind wir mit Informationsdefiziten konfrontiert. Wir sind häufig gezwungen, auf der Basis von Wahrscheinlichkeitsabschätzungen zu entscheiden, und häufig genug fehlen selbst dafür Anhaltspunkte, sodass sich verschiedenen Optionen nicht einmal subjektive Wahrscheinlichkeiten zuordnen lassen. Diese Risiken und Unsicherheiten können freilich nicht ausschließlich zu Lasten des legitimen Verteidigers gehen. Sie lassen sich aber ebensowenig nur dem unrechtmäßigen Angreifer zuweisen. Dies nämlich bedeutete, dass der Verteidiger durch den Hinweis, er handle unter Unsicherheit, sich ein unbeschränktes Verteidigungsrecht verschaffen könnte. Für die Praxis der zwischenstaatlichen Beziehungen hätte dies katastrophale Konsequenzen. Da auch Aggressoren ihr Tun mit Berufung auf eine angebliche Gefahrenabwehr zu rechtfertigen pflegen, ist es von einem so verstandenen Verteidigungsrecht nur ein kleiner Schritt bis dahin, dass aus unrechtmäßigen Angreifern rechtmäßige, also über ein Verteidigungsrecht verfügende, Verteidiger werden (siehe auch Kapitel 16). Deshalb hat vielmehr zu gelten: In einer gemeinsam bewohnten Welt müssen Risiken, die daraus entstehen, dass unvermeidlicherweise auf einer defizitären Informationsbasis entschieden wird, gemeinsam getragen werden.

Noch einmal: Eine moralische Rechtfertigung einer Strategie kommt überhaupt nur infrage, wenn sie sich als geeignet und als notwendig erweist, um die verfolgten Kriegsziele zu erreichen. Vorausgesetzt ist dabei, dass die Ziele selbst moralisch gerechtfertigt sind. Aber auch daraus, dass diese Bedingung erfüllt ist, folgt nicht, dass der Einsatz aller tauglichen und erforderlichen Mittel grundsätzlich moralisch legitim wäre. Vielmehr muss eine militärisch geeignete und notwendige Kriegsstrategie auch dem Prinzip der Verhältnismäßigkeit genügen, das heißt, die Kosten (an Mensch und Material), die sie verursacht, müssen in einem angemessenen Verhältnis zum Ergebnis des Mitteleinsatzes und, da militärische Ziele selbst Mittel für politische Ziele sind, zum Ergebnis des Krieges stehen.

Im Folgenden soll nun geprüft werden, ob die alliierte Strategie der Flächenbombardements diesen Kriterien einer *moralisch* rechtmäßigen Kriegführung entsprach. Damit verlassen wir die völkerrechtliche Diskussion und begeben uns auf das Feld der Moral.

8. Kapitel
Waren Flächenbombardements eine taugliche Strategie?

Die prognostizierten Wirkungen blieben aus

Ungeachtet der völkerrechtlichen Einordnung der britischen Flächenbombardements auf deutsche Städte bleibt also die Frage nach ihrer moralischen Bewertung. Wer die in den Kapiteln 4 und 5 gegebene Deutung der Angriffe akzeptiert, aber trotzdem an ihrer *moralischen* Rechtmäßigkeit festhält, muss mit der Doktrin des *moral bombing* die Anschauung verteidigen, dass es legitime Formen des *Terrors* gibt, bei denen die Tötung Unschuldiger bewusst angestrebt, das heißt beabsichtigt wird. Wer Zweifel anmeldet, ob die *Royal Air Force* überhaupt absichtlich getötet hat oder generell nur an der moralischen Rechtmäßigkeit von *Flächen*angriffen festhalten möchte, muss zumindest einräumen, dass er direkt-vorsätzliche (wenngleich nicht absichtliche) Tötungen von Zivilisten im Zuge von Flächenbombardements für erlaubt hält. Auch dies mögen verteidigbare Positionen sein. Man sollte sich klarmachen, welche Argumentationslasten mit all diesen Positionen verbunden sind.

Die wesentliche Hoffnung, die die Doktrin des *moral bombing* stützte, nämlich die Zivilbevölkerung in einer Weise zu demoralisieren, dass diese sich gegen ihre eigene politische Führung wendet, hätte im Grunde genommen schon beizeiten aufgegeben werden müssen. Es zeigte sich nämlich, dass sich der gewünschte Erfolg – Deutschland allein durch den „Zusammenbruch der deutschen Industrie und die Auslöschung des Widerstandswillens der Deutschen" (so die britische Formulierung) in die Knie zu zwingen[215] – keineswegs einstellte. Schon nach den ersten, überaus wirkungsvollen (und in diesem Sinne militärisch erfolgreichen) Flächenangriffen auf deutsche Städte, unter anderem auf Lübeck, Köln, Essen, Düsseldorf, Krefeld, Remscheid oder Wuppertal, hätte klar sein müssen, dass zumindest optimistische Erwartungen, die von einem schnellen Zusammenbruch der deutschen Moral, von Massenpanik oder einem politischen Aufbegehren ausgingen, nicht eintreffen würden. Dies galt insbesondere nach dem Angriff auf Hamburg am 28. Juli 1943, der einen Feuersturm auslöste und allein 18.000 Tote forderte. Wie ein führender britischer Experte, Martin Middlebrook, anmerkte, hatte das südliche Elbufer, an dem U-Boot-Werften und andere bedeutsame Rüstungsbetriebe angesiedelt waren, nicht zu den zu bombardierenden Zonen gehört.[216] Bei den insgesamt vier Großangriffen zwischen dem 25. Juli und dem 3. August hatten 40.000 Men-

---
215 Boog, Der anglo-amerikanische strategische Luftkrieg über Europa und die deutsche Luftverteidigung, S. 471.
216 Vgl. Middlebrook, The Battle of Hamburg, S. 100.

schen (die Zahlen schwanken zwischen 30.000 und 50.000) ihr Leben verloren. Selbst diese Operation, Code-Name „Gomorrha", die in Teilen der deutschen Führung einen psychologischen Schock hinterließ, hatte nicht annähernd die von den Verfechtern des *moral bombing* prognostizierten Wirkungen. Mussten nicht spätestens jetzt auch empirisch gestützte Zweifel an der Tauglichkeit dieses Vorgehens bestehen? Die Bombardierung der deutschen Zivilbevölkerung sollte einen Landkrieg in Westeuropa überflüssig machen. Obwohl in der Geschichte kein Krieg bekannt gewesen sein dürfte, in dem eine einzelne Waffengattung den Krieg allein entschieden hätte, glaubte Harris, einen Grad der Verwüstung erreichen zu können, der Deutschland zur Kapitulation zwingt.

Kombinierte Bomberoffensive

Auf der im Januar 1943 stattgefundenen Konferenz in Casablanca hatten Briten und Amerikaner gemeinsam den Auftrag für eine „kombinierte Bomberoffensive" (*Combined Bomber Offensive*) formuliert. Danach galt als „vordringliches Ziel" die „fortschreitende Zerstörung und Desorganisation des deutschen militärischen, industriellen und wirtschaftlichen Systems *sowie* die Untergrabung der Moral des deutschen Volkes bis zu einem Grad, wo seine Fähigkeit zum bewaffneten Widerstand entscheidend geschwächt ist".[217] Ohne auf Widerspruch zu stoßen änderte Harris den Wortlaut der Direktive für das britische Bomberkommando. Indem er das „sowie" durch ein „um" ersetzte („[...], um die Moral des deutschen Volkes bis zu einem Grad zu untergraben, wo [...]"), interpretierte er den Auftrag im Sinne der von ihm präferierten Zerstörung ganzer Stadtzentren.[218] Da er sich somit faktisch weigerte, von dem einmal eingeschlagenen Weg der Flächenbombardements abzuweichen, teilten die beiden Luftwaffen nunmehr die strategischen Aufgaben unter sich auf. Während die Briten weiterhin in Nachtangriffen die Wohngebiete deutscher Großstädte flächendeckend bombardierten, wurde zu diesem Zeitpunkt das Töten wehrloser Zivilpersonen von den US-Militärs nicht zuletzt aus moralischen Gründen noch abgelehnt. Für die von Amerikanern am Tag geflogenen Präzisionsangriffe war vielmehr die wirtschaftliche Wirkung auf den Feind das eigentliche Auswahlkriterium. Um möglichst effektiv vorzugehen, versuchten Wirtschaftsanalytiker Engpässe der deutschen Wirtschaft zu identifizieren, was beispielsweise am 1. August 1943 zu einem – verlustreichen und insgesamt hinter den Erwartungen zurückbleibenden – Angriff auf die Ölfelder von Ploiesti (Rumänien)[219] und am 17.

---

217 Zit. nach: Neillands, Der Krieg der Bomber, S. 231 (Hervorhebung von mir). Siehe auch Verrier, Bomberoffensive gegen Deutschland 1939-1945, S. 324.
218 Vgl. Neillands, Der Krieg der Bomber, S. 232.
219 Insgesamt waren 24 Angriffe notwendig, bevor die Produktion auf den Ölfeldern von Ploesti im Sommer 1944 zum Erliegen kam. Die 15. US-Luftflotte verlor 305 schwere Bomber und über 3.000 Menschen (vgl. ebd., S. 350).

August – ebenfalls unter Hinnahme schwerer Verluste infolge deutscher Jägerattacken – zur Bombardierung der Kugellagerfabrik in Schweinfurt führte. Die Bombardierung von Punktzielen überließ Harris der USAAF; er selbst konzentrierte sich direkt auf die „Moral des deutschen Volkes" und startete unter anderem „the Battle of the Ruhr", März bis Juli 1943, „the battle of Hamburg" und „the battle of Berlin", November 1943 bis März 1944.

Falls überhaupt eine Rechtfertigung des *moral bombing* in Betracht kam, so hätten doch begründete Zweifel an der Zweckdienlichkeit dieser Strategie hinreichen müssen, um sie aufzugeben. Dass die Luftangriffe bei der deutschen Bevölkerung, ja selbst bei den Soldaten an den Fronten, psychologisch-moralische Wirkungen hinterließen, Zweifel am „Endsieg" säten und schließlich nahezu jede Hoffnung darauf zerstörten, muss deshalb nicht geleugnet werden. Die offensichtliche Verwundbarkeit deutschen Territoriums gab dem Defätismus an der Heimatfront Nahrung und veranlasste das Regime zu verstärkten Repressionsmaßnahmen, sichtbar unter anderem in den Sondergerichtsverfahren[220].

Illusionäres Wunschdenken

Natürlich ist es nicht ganz einfach, die Tauglichkeit eines Mittels – zumal bei unsicherer Nachrichtenlage – festzustellen. Auch mag man sich an die Hoffnung klammern, dass das Mittel bei fortgesetzter Anwendung seine Tauglichkeit noch unter Beweis stellen werde. Schließlich hinderte das Wissen um die hinter den Erwartungen zurückbleibende Wirkung von Terrorbombardements auch die Nationalsozialisten nicht, mit dem Einsatz ihrer sogenannten V-Waffen ab Juni 1944 dieselbe auf die Unterminierung der Moral des Gegners gerichtete Strategie anzuwenden. Wie lange aber darf man eine Strategie wie die des *moral bombing*, die Zehntausenden Menschen das Leben kostet, in der vagen Hoffnung fortsetzen, dass sie sich doch noch – entweder teilweise oder auf ganz andere Art – als effektiv erweisen könnte? Wenn Jörg Friedrich meint, dass die Bombenopfer von 1943 bis 1945 „im Sinne des Angreifers unergiebig [starben]", so gilt dies zumindest für die Zielstellung der *moral bombing*-Doktrin. Nach Hamburg folgten noch sechshundert Tage derselben Art von Bombenkrieg, und die moralische Wirkung war, wie Friedrich feststellt, „militärisch unbeachtlich".[221]

Tatsächlich aber verlegten sich die Briten auf nächtliche Flächenbombardements nicht nur „mit dem Ziel, die Moral der gegnerischen Bevölkerung durch ‚Entwöhnung' zu brechen", sondern „auch in dem Bestreben, in einem Krieg, den zuneh-

---

220 Siehe etwa Zeidler, Das Sondergericht Freiberg, S. 14 f.
221 Friedrich, Der Brand, S. 115.

mend Amerikaner und Russen dominierten, wenigstens einen unverwechselbaren eigenen Akzent zu setzen"²²². Man wird nicht bestreiten, dass ihnen dies gelungen ist. Aber zeugt diese Überlegung, falls es sie so tatsächlich gegeben hat, nicht von einer Perversion des Denkens und von einem Verfall des moralischen Empfindens? Christian Graf von Krockow hat denn in Bezug auf die „Entfesselung des Bomben- und Vernichtungskrieges gegen deutsche Städte" durch Churchill gar von einem „Beitrag zum Rückfall in die Barbarei"²²³ gesprochen und festgestellt:

> „Nüchtern betrachtet muß man von einem vollständigen Fehlschlag sprechen. Eine gewaltige Rüstungsleistung wurde für nichts erbracht, und die jungen Bomberpiloten und Bomberbesatzungen, die abgeschossen wurden, haben sich sinnlos geopfert. [...] Am Ende führte eine – rein technisch betrachtet – staunenswerte Leistung nur zum Feuertod der Menschen und zur Vernichtung kaum ersetzbarer historischer Bausubstanz."²²⁴

Die Demoralisierung der deutschen Bevölkerung wurde jedoch nicht nur „nahezu vollständig verfehlt", sondern die alliierte Luftoffensive stärkte stattdessen bis in das Jahr 1944 hinein die Stabilität des NS-Regimes.²²⁵ Die Gründe dafür sind weniger in der Propaganda Goebbels' zu suchen, als in den handfesten Realitäten des Lebens. Denn Unterstützung für die Ausgebombten bot letztlich der NS-Staat: Er sorgte für Lebensmittel und Bekleidung, organisierte die Wasserversorgung, die Unterbringung in anderen Unterkünften oder die Verschickung auf das Land. Die NSDAP organisierte den Luftschutz.²²⁶ Im Mittelpunkt stand das nackte Überleben.²²⁷

> „Die bis dahin fiktive NS-Volksgemeinschaft schien gegenüber den Betroffenen, und das waren wachsende Teile der städtischen Bevölkerung, Realität zu werden, und dadurch regenerierte sich die zuvor weithin verlorene Loyalität gegenüber dem NS-Regime."²²⁸

Die ersten Luftangriffe lösten unter der Bevölkerung nicht nur Entsetzen und Bestürzung, sondern auch Empörung aus. Anders als erwartet, richtete sich jedoch der Hass der Menschen nicht gegen das NS-Regime, sondern gegen die Briten selbst; „es wuchs der Wille, einem derart barbarischen Gegner nicht zu unterliegen"²²⁹. Wie Richard J. Overy schreibt, zeigen vorhandene Studien, dass die Wirkungen von

---

222 Burleigh, Die Zeit des Nationalsozialismus, S. 863.
223 von Krockow, Churchill, S. 161.
224 Ebd., S. 163.
225 Mommsen, Moralisch, strategisch, zerstörerisch, S. 148 f.
226 Vgl. hierzu Friedrich, Der Brand, S. 435 ff.
227 Siehe auch Bergander, Wahrnehmung der Luftangriffe aus der Perspektive der Zivilbevölkerung, S. 104.
228 Mommsen, Moralisch, strategisch, zerstörerisch, S. 149.
229 Wolf, Luftangriffe auf die deutsche Industrie 1942-45, S. 104. Siehe auch Boberach, Die Auswirkungen des alliierten Luftkrieges auf die Bevölkerung im Spiegel der SD-Berichte, bes. S. 237 f.

Luftangriffen sich eignen, „Gefolgstreue zu sichern" und „die Kriegswilligkeit der weniger unmittelbar betroffenen Bevölkerungsteile" zu steigern.[230] Es war jetzt eingetreten, was einer der ausschlaggebenden Protagonisten des *moral bombing*, Churchill, selbst im Oktober 1917 vorausgesagt hatte:

„Es ist unwahrscheinlich, daß eine Terrorisierung der Bevölkerung durch Luftangriffe die Regierung eines großen Landes zur Kapitulation zwingen wird. Die Gewöhnung an derartige Bombardierungen, ein effektives System von Unterständen und Schutzräumen sowie eine strenge Kontrolle durch Polizei- und Militärbehörden dürften ausreichen, den Kampfwillen der Nation aufrecht zu erhalten. Wir haben selbst erleben können, wie der Kampfgeist der Bevölkerung durch die deutschen Luftangriffe eher gestärkt als untergraben worden ist. Nach allem, was wir über die Leidensfähigkeit der Bevölkerung erfahren haben, rechtfertigt nichts die Annahme, daß sie durch solche Methoden zur Unterwerfung gezwungen werden könnte; eher ist anzunehmen, daß sie in ihrem Durchhaltewillen nur noch bestärkt würde."[231]

Über die Tauglichkeit eines Mittels wird man nur urteilen können, wenn vorab eine hinreichend klare Vorstellung existierte, was es leisten sollte. Ansonsten ist es schwer, ein Versagen festzustellen. Wir treffen hier auf ähnliche Probleme wie bei der Widerlegung von Theorien. Unter anderem kann man widersprechenden Erfahrungen mit Modifikationen der Theorie begegnen. Mitunter ist es aber auch unklar, ob überhaupt eine den Annahmen widersprechende Erfahrung vorliegt. Möglicherweise haben sich britische Entscheidungsträger gerade mit diesem Gedanken über das Ausbleiben des erhofften deutschen Zusammenbruchs „hinweggetröstet". Diesem Falsifikationsproblem kann man nur entgehen, indem man sich im Vorhinein klarmacht, unter welchen Bedingungen man die eigene Erwartung als widerlegt betrachten würde. Dazu allerdings sollte man sich gerade dann, wenn so „wichtige Dinge" wie Menschenleben auf dem Spiel stehen, auch verpflichtet fühlen.

Faktisch jedoch pflegten die britischen Entscheidungsträger lange Zeit ihre Illusion, dass die Deutschen, wie es Trenchard in einem Memorandum vom Mai 1941 ausdrückte, „gegen Luftangriffe besonders empfindlich"[232] seien. Sie vertrauten auf Journalisten, Diplomaten und Geschäftsleute, die über ein Absinken der deutschen Moral berichteten oder gar ihren bevorstehenden Zusammenbruch diagnostizierten.[233] Churchill hatte indes bereits Ende 1941 erste Zweifel an der Wirksamkeit der

---

230 Overy, Luftmacht im Zweiten Weltkrieg, S. 44.
231 Dokument vom 21. Oktober 1917. In: Jones, The War in the Air, Separatbd. von Bd. VI, Appendix IV, S. 19 (deutsche Übersetzung nach: Probert, Die Auswirkungen des strategischen Luftkrieges auf die deutsche Moral 1940-1945, S. 198).
232 Webster/Frankland, The Strategic Air Offensive Against Germany 1939-1945, Vol. IV, S. 195.
233 Vgl. Probert, Die Auswirkungen des strategischen Luftkrieges auf die deutsche Moral 1940-1945, S. 202 ff.

Bombenstrategie durchblicken lassen. Er glaubte nicht daran, dass mit der Unbewohnbarkeit der Städte automatisch die militärische Führung geschwächt würde oder die Rüstungsindustrie zum Erliegen käme.[234] Mit dem Übergang zur Strategie der Flächenbombardements ab dem 14. Februar 1942 und der damit verbundenen Ausweitung und Intensivierung der Angriffe wurden freilich neue Hoffnungen geweckt. Wieder produzierte man optimistische Lageberichte, vermutete Krisenerscheinungen innerhalb der Wehrmacht, glaubte, Unstimmigkeiten in deutschen Führungskreisen zu beobachten, und hielt einen inneren Zusammenbruch für möglich. Im Rückblick, so Henry Probert, müsse „kritisch angemerkt werden, daß diese hier erwähnten Lagebeurteilungen wohl eher einem Wunschdenken entsprangen als daß sie eine Begründung in der Wirklichkeit fanden"; vielmehr dürfe man „mit einiger Sicherheit annehmen", dass diesbezügliche Vorstellungen „auch von dem impliziten Wunsch bestimmt wurden, die Politik der Flächenbombardierungen zu rechtfertigen und voranzutreiben".[235]

Die tatsächlichen Auswirkungen der Bombardierungen waren weitaus geringer als die britische Führung angenommen hatte. In dieser Situation – Juni 1943 – kamen bei den Stabschefs Zweifel auf, ob der Zersetzung der deutschen Moral ein so hoher Stellenwert beizumessen sei. Kaum jedoch, dass sich diese Bedenken eingestellt hatten, weckte die militärisch gelungene Angriffsserie auf Hamburg Ende Juli 1943 mit ihren verheerenden Folgen erneut britische Erwartungen.[236] Wie er rückblickend festhielt, war Speer nach dem schweren Angriff vom 27./28. Juli „auf das höchste alarmiert" und gab in der „Zentralen Planung" am Nachmittag des 29. Juli seiner Überzeugung Ausdruck, dass Deutschland Fliegerangriffe dieses Ausmaßes nur noch einige wenige Monate durchstehen könne.[237] Goebbels notierte am gleichen Tag:

> „In der Nacht hat der bisher schwerste Luftangriff auf Hamburg stattgefunden. Die Engländer sind mit achthundert bis tausend Bombenflugzeugen über der Stadt erschienen. Unserer Luftverteidigung gelangen nur wenige Abschüsse, so daß man hier von einer nennenswerten Einbuße des Angreifers nicht sprechen kann. Kaufmann gibt mir einen ersten Bericht über die Wirkungen des britischen Luftangriffs. Er spricht von einer Katastrophe von vorläufig unvorstellbaren Ausmaßen. Wir haben hier die Zerstörung einer Millionenstadt festzustellen, die bisher in der Geschichte wohl kein Beispiel findet. Es tauchen damit Probleme auf, die fast nicht zu bewältigen sind. Man muß nun die Millionenbevölkerung dieser Stadt verpflegen, ihr eine Unterkunft verschaffen, sie nach Möglichkeit evakuieren, muß ihnen Kleider und Wäsche geben, kurz und gut, man hat hier

---

234 Vgl. ebd., S. 205.
235 Ebd., S. 206 f.
236 Vgl. ebd., S. 207 f.
237 Speer, Erinnerungen, S. 297.

Aufgaben zu bewältigen, von denen wir uns vor einigen Wochen noch gar keine Vorstellung machen konnten."[238]

Am 29./30. Juli lancierte die RAF den nächsten Großangriff auf Hamburg und zerstörte weitere, zuvor noch nicht attackierte Wohnviertel. Dass sich Deutschland in einer außerordentlich kritischen Situation befand, wurde auch an Reaktionen im Generalstab deutlich. Nach Hamburg war klar geworden, dass sich die deutsche Luftwaffe angesichts der alliierten Luftoffensive zu spät auf die Defensive umgestellt hatte.[239] Generaloberst Jeschonnek, Generalstabschef der Luftwaffe, verübte nach Erkenntnis eigener Fehleinschätzungen am 18. August 1943 Selbstmord.

Als weitere Angriffe von der Wirkung Hamburgs ausblieben, äußerten sich auch Geheimdienstler über den Zustand der Moral der deutschen Bevölkerung zurückhaltender. Im Dezember 1943 korrigierte man auf britischer Seite allzu optimistische Erwartungen und stellte fest, dass die Industrieproduktion und die Arbeitsdisziplin nach wie vor intakt und die Lebensmittelversorgung ausreichend seien. Später, im Juni 1944, die „Schlacht um Berlin" hatte ebenfalls nicht die erhoffte Entscheidung gebracht, räumte man ein, dass es keinerlei Anzeichen für einen ernstzunehmenden Widerstand gegen das Regime gäbe und eine Revolte nicht abzusehen sei.[240] Doch auch diese Erkenntnis führte nicht dazu, dass man das absichtsvolle Töten von Zivilisten eingestellt hätte. Was eigentlich musste noch passieren, damit man Harris' Glauben, die Moral der deutschen Bevölkerung zermürben, Deutschland aus der Luft vernichtend schlagen und eine Landung von See aus vermeiden zu können, als Illusion erkannt hätte?

Auch die RAF hatte längst nachgewiesen, dass sie Punktziele präzise bombardieren konnte. Im März 1944 hatte man auf Befehl Portals erfolgreich Angriffe gegen französische Zulieferbetriebe deutscher Flugzeugwerke sowie gegen Rangierbahnhöfe geflogen. In den Monaten vor Beginn des Unternehmens „Overlord", der Landung der Alliierten auf dem Kontinent, hatten RAF und USAAF gemeinsam – Eisenhower hatte zur Vorbereitung der bevorstehenden Invasion den Oberbefehl über beide strategischen Luftstreitkräfte zeitweise (vom 14. April bis zum 14. September 1944) übernommen – das französische Transportwesen angegriffen, sodass sich der Eisenbahnverkehr innerhalb Frankreichs um 70 Prozent reduzierte.[241]

---

238 Goebbels, Tagebücher, Bd. 5, S. 1945 f.
239 Vgl. Gruchmann, Der Zweite Weltkrieg, S. 282.
240 Vgl. Probert, Die Auswirkungen des strategischen Luftkrieges auf die deutsche Moral 1940-1945, S. 209-213.
241 Vgl. Neillands, Der Krieg der Bomber, S. 340 f., 344.

Harris' Scheitern

Zusammenfassend muss festgehalten werden, dass „die Moral nicht in dem von den Bombenkriegsstrategen erwarteten Sinn zusammenbrach"[242]. Die Bevölkerung der feindlichen Nation sollte „gleichsam zur Einsicht bombardiert werden, um dann ihre politische Führung zur Einstellung der Kriegshandlungen zu zwingen".[243] Daher wird an der Feststellung kein Weg vorbei gehen, dass das Scheitern des *moral bombing* den britischen Entscheidungsträgern kaum entgangen sein dürfte. Denn tatsächlich bestand ja die „unkritische Annahme", dass „eine Krise im Inland das Militär zur Kapitulation zwingen könne"; man glaubte, dass „im Zeitalter der Massenpolitik ein Krieg vom Volk ausgehe und von ihm beendet werde" und zudem „rassisch anders geartete Nationen als die englische, nämlich die feindlichen, nach Lord Weirs berühmtem Ausspruch ‚gegen Blutvergießen empfindlich' seien und ihre Moral als erste zerbrechen würde".[244] Die von ihnen gehegten Hoffnungen, Deutschland werde – auf welchem Wege auch immer – „moralisch" einknicken und klein beigeben, hatten sich aber, trotz des ständigen Ausbaues des Bomberkommandos und der Intensivierung der Angriffe, erkennbar nicht erfüllt. Ich halte es nicht für akzeptabel, sich auf die mögliche Position zurückzuziehen, die Tauglichkeit des Mittels sei nur eine Frage seiner extensiven oder intensiven Anwendung. Harris hätte am liebsten so viele Bomber wie möglich losgeschickt; realistischerweise dachte er an etwa 4.000;[245] aber so viele hatte er nicht. Unter diesen Umständen, so wird man jedenfalls meinen, muss die Erwartung, eine signifikante Kriegsverkürzung über die indirekte Methode des *moral bombing* erreichen zu können, irgendwann aufgegeben worden sein. Zumindest aber Harris' Traum, eine westalliierte Bodenoffensive gänzlich überflüssig zu machen,[246] war doch am „D-Day", dem Beginn der Landungsoperation am 6. Juni 1944 in der Normandie, definitiv ausgeträumt. War nicht spätestens jetzt die Zeit gekommen, auf ein Mittel zu verzichten, das wenigstens einen seiner wesentlichen Zwecke gar nicht mehr erreichen konnte?

Harris jedoch zog eine andere Konsequenz. Trotz der mittlerweile in Gang befindlichen Bodenoffensive, die vermeiden zu können er bis dahin vorgab, setzte er sein Progamm der Städtezerstörung unbeirrt fort. Die Kapitulation Deutschlands und damit eine frühere Beendigung des Krieges erschienen ihm immer noch möglich. Deshalb kehrten die britischen Bomber, nach dem Intermezzo unter dem Oberbefehl Eisenhowers, Ende September 1944 gleichsam nach Deutschland zurück.

---

242 Overy, Luftmacht im Zweiten Weltkrieg, S. 45.
243 Pommerin, Zur Einsicht bomben?, S. 233.
244 Overy, Luftmacht im Zweiten Weltkrieg, S. 24.
245 Vgl. Neillands, Der Krieg der Bomber, S. 216, 330.
246 Vgl. ebd., S. 126, 234, 299, 330.

Nachdem in den vergangenen Monaten die deutsche Luftwaffe und Luftwaffenindustrie durch gezielte Bombardements stark reduziert worden war, sollte nach Vorstellung der britischen Militärführung nunmehr die Ölindustrie das primäre Angriffsziel sein. Dies hätte Präzisionsbombardements verlangt und damit ein Abweichen von der Strategie bedeutet, die Harris präferierte, nämlich, wie er es ausdrückte, „Deutschland platt zu machen"[247]. Auch in dieser Zeit trug Harris wiederholt Kontroversen mit dem Luftfahrtministerium aus, befolgte Befehle nur widerwillig oder verstand sie bewusst in einem Sinne, der mit seinen Intentionen in Einklang stand. Zwar ließ er das Bomberkommando auch Einsätze gegen „Ölziele" fliegen (siehe jedoch Kapitel 9), zugleich aber unterlief er wissentlich die Befehle, um weiterhin deutsche Städte in Schutt und Asche zu legen.[248] Die fürchterlichen Bombardements der letzten Kriegsmonate (Kapitel 21) und insbesondere die Einäscherung der Innenstadt Dresdens (Kapitel 10) standen noch aus.

Eine begriffliche Konsequenz

Wenn man die Anerkenntnis des Scheiterns der Strategie des *moral bombing* zu irgendeinem Zeitpunkt unterstellt, ergibt sich für die Charakterisierung der Flächenbombardements eine nicht unwichtige *begriffliche* Konsequenz. Denn wenn es zutreffend sein sollte, dass man die Erwartung in Bezug auf den Zerfall der deutschen Moral irgendwann aufgegeben hatte, wird ein wesentliches Merkmal des Terrorbegriffs (Kapitel 6) durch die späteren Flächenbombardements nicht mehr erfüllt. Das ist eben die Erwartung, die Entscheidungen und Handlungen des Gegners in gewünschter Weise beeinflussen zu können. Zwar sollten auch die späteren Flächenbombardements Schrecken auslösen und Chaos erzeugen – aber nicht, weil man immer noch gehofft hätte, damit eine vorzeitige Kapitulation zur Vermeidung weiteren Schreckens zu bewirken. Wenn dies so war, dann handelte es sich bei dem durch diese Flächenbombardements bewirkten Bombenterror um eine Art von „pervertiertem Terror", aber nicht mehr um Terror im ursprünglichen Sinne des Begriffs.

Würde man an einer strikten Auslegung unseres Begriffs eines Terroraktes festhalten, wäre von einem Gewaltanwender zu fordern, dass er die ernsthafte Erwartung hegt, die betroffene Gruppe werde zur Vermeidung weiterer Gewaltanwendungen dieser Art sich zu einer Veränderung ihres Verhaltens veranlasst sehen. Das Festhalten an diesem (nicht beobachtbaren) Merkmal machte jedoch eine Sorte von Gewaltakten zu Nicht-Terrorakten, deren Ähnlichkeit mit Terrorakten so groß ist, dass sie phänomenologisch nicht voneinander unterscheidbar wären. Diese terminologische Konsequenz wird sich deshalb im öffentlichen Sprachgebrauch kaum durchsetzen lassen.

---
247 Zit. nach: Ebd., S. 363.
248 Vgl. ebd., S. 363 ff.

Unabhängig davon, ob man diesen – terminologischen – Preis zahlen will, scheint sich folgende Paradoxie zu ergeben: Falls man zu dem Ergebnis gelangt, dass Flächenbombardements unter bestimmten Bedingungen – etwa der Bedingung des äußersten Notfalls (Kapitel 17) – moralisch gerechtfertigt sein können, dann haben – unter sonst gleichen Umständen – die Flächenbombardements am Anfang des Krieges eine höhere Chance, als gerechtfertigt zu gelten als die am Kriegsende. Wie hier vermutet, können aber strenggenommen nur die Bombardements am Anfang des Krieges im Sinne unserer Definition als echte *Terror*bombardements gelten – weil sie noch mit der Hoffnung verbunden waren, die leidende Bevölkerung zum Widerstand gegen die nationalsozialistische Herrschaft beziehungsweise diese zur Kapitulation zu bewegen. Diese Paradoxie löst sich auf, wenn man sich klar macht, dass die späten Flächenbombardements, auch wenn sie nicht mehr dem Begriff des Terrorbombardements im strengen Sinne genügten, doch deshalb moralisch nicht weniger problematisch waren. Im Gegenteil. Sie stellten eben Perversionen von Terrorangriffen dar, weil die Zivilbevölkerung nunmehr ohne begründete Hoffnung auf eine durch die Gewaltanwendung induzierte Verhaltensänderung ausgelöscht wurde. Dieser Tatsache kann ein *erweiterter* Begriff des Terrorangriffs, wie er auch im Völkerrecht Verwendung findet (Kapitel 2), besser gerecht werden.

Die tatsächlichen Wirkungen

Nun ist das *moral bombing* gleichsam nur eine spezifische Form der Strategie der Flächenbombardements. Auch wenn der Versuch, eine Kapitulation auf dem Wege einer Demoralisierung erreichen zu wollen, als gescheitert gelten muss, heißt dies nicht, dass Flächenbombardements auf Städte in jeder Hinsicht ein militärisch untaugliches Mittel gewesen wären. Zwar musste Deutschland letztlich in einer Bodenoffensive zur Kapitulation gezwungen werden, doch haben die aus der Luft bewirkten Zerstörungen den Erfolg des Bodenkampfes vorbereitet. Obwohl die deutsche Rüstungsproduktion selbst in den Jahren 1943 und 1944 stieg und in der zweiten Jahreshälfte 1944 ihre Höchstleistung erreichte,[249] führten die Bombardements zu beträchtlichen Produktionsausfällen und zu einem Rückgang der Arbeitsproduktivität. Ein besonderes Problem stellten der Arbeitskräftemangel und Arbeitszeitausfälle dar.[250] Zwar trat angesichts der unmittelbaren Bedrohung und des unvorstellbaren Grauens der, wie Hans Mommsen schreibt, „Überlebenstrieb in den Vordergrund" und „befähigte die Einzelnen zu ungeheuren physischen Leistungen und die Gemeinschaft zu einer nie wiederkehrenden Solidarität und Hilfsbereitschaft",[251] gleichzeitig jedoch banden Aufräumungsarbeiten, der hohe Repa-

---

249 Vgl. Wolf, Luftangriffe auf die deutsche Industrie 1942-45, S. 135.
250 Johe, Strategisches Kalkül und Wirklichkeit: Das „Unternehmen Gomorrha", S. 224 ff.
251 Mommsen, Wie die Bomber Hitler halfen, S. 115.

Die tatsächlichen Wirkungen   95

raturaufwand und die notwendig gewordenen Produktionsverlagerungen Kräfte und Kapazitäten, die ansonsten der Rüstungsproduktion zur Verfügung gestanden hätten. Albert Speer schätzte nach dem Krieg, dass die deutsche Rüstungsproduktion im Herbst 1944 ohne Fliegerangriffe 30 Prozent höher gewesen wäre.[252] In dieser Einschätzung sind aber auch jene Schäden berücksichtigt, die durch amerikanische Präzisionsangriffe auf industrielle Objekte erzielt worden waren. Nicht zu verkennen ist, dass die Herstellung von Flakgeschützen und Flakmunition beträchtliche Produktionskapazitäten verschlang, dass in die Produktion dieser Verteidigungsgüter beachtliche Mengen an Material flossen und dass die Betreibung des Luftschutzsystems eine beträchtliche Menge von Männern und Frauen erforderte – alles Ressourcen, die anderswo nicht zur Verfügung standen. Nicht zu verkennen ist auch, dass durch die Bombenangriffe ein beachtliches Kontingent der deutschen Luftwaffe gebunden war, das ansonsten an den Fronten zum Einsatz gekommen wäre. Speer selbst sah die Bedeutung des Bombenkrieges nicht primär in den Zerstörungen, die dem deutschen Industriepotential und damit der Rüstungsproduktion zugefügt worden waren – diese Ausfälle seien nicht kriegsentscheidend gewesen.[253] Er notierte in sein Spandauer Tagebuch:

„Die wirkliche Bedeutung des Luftkrieges lag darin, daß er, lange vor der Invasion, schon eine zweite Front errichtete. Sie war gegen den Himmel über Deutschland gerichtet. Jederzeit konnten über jeder großen Stadt oder über jedem wichtigen Werk die Bomberflotten erscheinen. Die Unberechenbarkeit der Angriffe machte diese Front riesenhaft groß, jeder Quatratmeter des von uns beherrschten Gebietes war gleichsam Front. Die Abwehr erforderte die Bereitstellung von Tausenden von Flakgeschützen, die Stapelung ungeheurer Munitionsmengen an unzähligen Orten und die Bereitschaft Hunderttausender von Soldaten, die noch dazu monatelang untätig bei ihren Geschützen in Stellung liegen mußten."[254]

War insofern die Strategie des unterschiedslosen Bombenkrieges, insbesondere ihre kontinuierliche Fortsetzung bis zum Kriegsende, doch militärisch zweckmäßig? Die folgenden zusammenfassenden Einschätzungen dürften für die Beurteilung der Wirkung des Städte- und Industriebombardements wesentlich sein:

„In Schätzungen wird davon gesprochen, daß die durch den Luftkrieg eingetretenen Schäden sich 1943 auf zwei Prozent, 1944 auf zehn Prozent und 1945 – auch im Zusammenhang mit den Erdkampfhandlungen – auf 7,5 Prozent des industriellen Bruttoanlagevermögens belief. [...] Insgesamt trat bis zum Mai 1945 ein industrieller Kapazitätsabfall von rd. 15 bis 16 Prozent ein. Dies [...] macht [...] die Grenzen der Luftkriegseinwirkung auf

---
252 IMT, Bd. 16, S. 532.
253 Vgl. Speer, Spandauer Tagebücher, S. 513.
254 Ebd., S. 514.

die faschistische deutsche Kriegswirtschaft deutlich. Sie beschränkte und verengte besonders seit 1944 deren Möglichkeiten, wirkte aber hinsichtlich der industriellen Gesamtkapazitäten zu keinem Zeitpunkt kriegsentscheidend."[255]

Die von den Briten erhofften Auswirkungen, die gegnerische Regierung durch ein Aufbegehren der Bevölkerung zur Kapitulation zu bewegen oder diese gar zu stürzen, waren jedenfalls nicht eingetreten. Von wesentlich größerer Wirkung, so Groehler, war die „gezielte Einwirkung auf Einzelbereiche des kriegswirtschaftlichen Systems", vor allem auf die Mineralölwirtschaft und das Verkehrswesen. Bedenkt man zudem, dass sowohl das Brutto- als auch das Nettoanlagevermögen der deutschen Industrie zu Ende des Krieges wesentlich größer war als im Jahre 1935,[256] so erscheint Groehlers Bilanz nachvollziehbar:

„Vergleicht man die beiden Hauptauswirkungen des strategischen Bombenkrieges miteinander, so drängt sich geradezu die Schlußfolgerung auf, daß dieser vorrangig und in erster Linie das Leben der Bevölkerung in seinem allumfassenden Sinne – vom Wohnraum über die Versorgung und die gesamte Lebenslage – verschlechterte und komplizierte. Dagegen blieben seine rüstungsindustriellen Auswirkungen insgesamt weit unter den Erwartungen: Bei Ende des Krieges besaß er nur partiell einen Einfluß auf dessen Verkürzung."[257]

Während der Zweck des *moral bombing* nicht erreicht wurde und mit den vorhandenen Ressourcen wohl auch nicht erreichbar war und dies zudem relativ früh hätte erkannt werden können, sind Flächenbombardements als solche keineswegs ein prinzipiell untaugliches Mittel. Allerdings blieb ihre Wirksamkeit weit hinter den Erwartungen zurück[258] und stand in keinem akzeptablen Verhältnis zu den von ihnen verursachten Kosten. Damit hatten diejenigen Kritiker der britischen Strategie Recht behalten, die schon frühzeitig darauf hingewiesen hatten[259], dass das Bomberkommando riesige Mittel verschlinge, aber weit schlechtere Ergebnisse erziele als erwartet. Nicht umsonst hat Olaf Groehler die „einmalige Aufblähung der strategischen Bombenfliegerkräfte" eine „Fehlinvestition gewaltigen Ausmaßes"[260] genannt.

---

255 Groehler, Bombenkrieg gegen Deutschland, S. 450.
256 Ebd.
257 Ebd.
258 Vgl. auch die skeptische Einschätzung von Liddell Hart, Strategie, S. 428 f.
259 Vgl. Probert, Die Führung der Royal Air Force im Zweiten Weltkrieg, S. 799.
260 Groehler, Bombenkrieg gegen Deutschland, S. 451.

9. Kapitel
Waren Flächenbombardements erforderlich?

Militärische Notwendigkeit

Flächenbombardements, die der Doktrin des *moral bombing* folgen, wie sie von Harris und anderen aufgefasst wurde, sind Flächenbombardements spezieller Art. Ihr kennzeichnendes Merkmal besteht in der Intention, Zivilisten absichtlich zu töten, und der damit verbundenen Erwartung, den Gegner zur Kapitulation zu veranlassen. Dass sich diese Art der Flächenbombardements als untauglich erwiesen hat, heißt lediglich, dass sich ihr unmittelbarer Zweck (vorzeitige Kapitulation) nicht realisieren ließ. Es bedeutet nicht, dass sie, gemessen an der Realisierung des Kriegszieles, sinnlos waren. Denn die absichtliche Tötung von Zivilisten kann auch dann zweckmäßig sein, wenn der erhoffte Demoralisierungseffekt, der die Kapitulation direkt oder indirekt bewirken soll, nicht eintritt.

Ein Mittel, das sich als nicht geeignet beziehungsweise untauglich erweist, den anvisierten Zweck zu realisieren, kann auch nicht dazu erforderlich sein. Allerdings ist auch nicht jedes taugliche Mittel unbedingt notwendig beziehungsweise erforderlich, um den betreffenden Zweck zu erreichen. Als *erforderlich* gilt jeweils das hinsichtlich seiner Art und seines Maßes relativ *mildeste Gegenmittel* – dasjenige Mittel, das im Umfang und der Intensität seiner Wirkung unverzichtbar ist zur Abwehr der unmittelbar drohenden Gefahr. Stehen mehrere Mittel zur Verfügung, die gleichermaßen effektiv wirken, ist der Verteidiger moralisch verpflichtet, das mildeste Mittel einzusetzen. Wehren die zur Verfügung stehenden Mittel die Gefahr mit unterschiedlichen Erfolgsaussichten ab, kann als das „mildeste" Mittel dasjenige gelten, das mit einer deutlich höheren Wahrscheinlichkeit als das eigentlich mildeste Mittel die Gefahr endgültig beseitigt. Insbesondere bei unklarem Kräfteverhältnis ist der Verteidiger nicht verpflichtet, auf das erfolgversprechendere, aber schärfere Mittel zu verzichten und sich auf einen ungewissen Ausgang des Kampfes einzulassen. Die moralische Forderung, das jeweils mildeste Mittel einzusetzen, impliziert die Forderung, aktiv nach Möglichkeiten zu suchen, militärisch nicht notwendige Schädigungen zu vermeiden, insbesondere Kollateraltötungen zu minimieren.

Angesichts der Untauglichkeit des *moral bombing* stellt sich die Frage der Erforderlichkeit nur für die Flächenbombardements als solche – das heißt unabhängig davon, ob die Intention, Zivilisten absichtlich zu töten, vorgelegen hat oder nicht. Die Antwort auf die Frage nach der Erforderlichkeit einer Strategie hängt zum einen – wie schon im Fall der Tauglichkeit – wesentlich von der Bestimmung des zu erreichenden Zieles und zum anderen davon ab, welche Phase des Mitteleinsatzes im Verlaufe eines Handlungsprozesses in den Blick genommen wird.

Bei der Beurteilung der Flächenbombardements spielen nun schwierige Abschätzungen des mutmaßlichen Verlaufs des Zweiten Weltkrieges im Fall eines anderen Vorgehens der Alliierten eine nicht unwichtige Rolle. Fragen, die sich in diesem Zusammenhang stellen, sind von Historikern und Militärwissenschaftlern zu beantworten. Waren Flächenbombardements aus britischer Sicht tatsächlich die *ultima ratio*, das äußerste verfügbare Mittel, um das NS-Regime zu besiegen? Bis in welche Phase des Krieges durfte man diese Strategie für unverzichtbar halten? Gab es einen Zeitpunkt während des Krieges, wo die Niederlage Deutschlands als besiegelt gelten musste? In welchem Sinne könnten die vernichtenden Angriffe auf deutsche Städte etwa im Frühjahr 1945 als „militärisch notwendig" bezeichnet werden?

Dass bei der Beantwortung dieser Art von Fragen ausschließlich *Ex-ante*-Betrachtungen von Belang sind, dürfte selbstverständlich sein. Nur was die Handelnden zum Zeitpunkt des Handelns wussten und hätten wissen können, wenn sie ihren kognitiven Pflichten nachgekommen wären, kann für moralische Bewertungen von Bedeutung sein. Um zu adäquaten moralischen Beurteilungen zu gelangen, sind wir daher genötigt, uns in die Situation der Handelnden zu versetzen und uns insbesondere die informationellen Beschränkungen zu vergegenwärtigen, unter denen die Akteure standen.

Den genannten und ähnlichen Fragen kann im Folgenden nicht im Detail nachgegangen werden. Ich werde stattdessen auf der Basis von zusammenfassenden Einschätzungen von Historikern Überlegungen vorstellen, die zu einer Antwort auf die Frage nach der Erforderlichkeit der Flächenbombardements führen können. Wer diese Frage klären will, kann also nicht nur erwägen, ob Bombardements dieser Form generell notwendig waren, um bestimmte Ziele zu erreichen, sondern er muss ebenso prüfen, ob es notwendig war, diese Art von Bombardements in dieser Intensität, in diesem Umfang und mit diesem Munitions-Mix bis zur vollständigen Niederlage Deutschlands auszuführen.

Erklärtes Kriegsziel der Alliierten war die bedingungslose Kapitulation Deutschlands. Gemessen an diesem Ziel und angesichts des Umstandes, dass die Bomberflotte zu Kriegsbeginn faktisch die einzige Offensivwaffe Großbritanniens war, mag der Gedanke der unterschiedslosen Zerstörung feindlicher Städte vielen als plausibel erschienen sein. Nach dem offensichtlichen Scheitern der Strategie des *moral bombing* musste allerdings damit gerechnet werden, dass eine bedingungslose Kapitulation Deutschlands nicht ohne einen Kampf am Boden zu erreichen sein wird. Spätestens damit war die Frage nach dem Zweck der Bombardements neu zu stellen.

Alternativen zum Flächenbombardement

Die Strategie der Flächenbombardements sollte den alliierten Sieg beschleunigen. Waren solche Bombardements aber je das mildeste Mittel, um dieses Ziel anzustreben? Und falls ja, bis zu welcher Phase des Krieges waren sie das mildeste Mittel? Hier ist unter anderem die als Folge technischer Entwicklungen deutlich verbesserte Treffgenauigkeit beim Bombenabwurf zu berücksichtigen.[261] So zum Beispiel konnte die RAF mit dem Flugzeugleitsystem OBOE, das bereits im Dezember 1942 erstmalig zum Einsatz kam und über eine Reichweite von 460 km verfügte, Einzelziele bei Nacht mit großer Präzision treffen.[262] Mittels eines Funkleitsystems wurde die Auslösung der Bombenabwürfe von einer Bodenstation aus signalisiert. Da jeweils nur eine Maschine ferngelenkt werden konnte, benutzte man diese als Pfadfinder für eine gesamte Bomberstaffel. Jedenfalls konnten mit diesem Verfahren Punktziele aus großer Höhe, bei Dunkelheit und geschlossener Wolkendecke präzise getroffen werden. Nach der Landung der Alliierten wurden OBOE-Bodenstationen auf dem Kontinent errichtet und damit die Reichweite verlängert.[263] Im Januar 1943 wurde das Radargerät „H2S" eingeführt, das dem Navigator ein Bild der markanten Orientierungspunkte des Geländes unter dem Flugzeug lieferte.[264] Angesichts dieser – und weiterer – Innovationen stellt sich ganz unausweichlich die Frage: Musste die deutsche Zivilbevölkerung tatsächlich bis wenige Wochen vor Kriegsende einem infernalischen Bombenterror ausgesetzt werden – etwa damit die Welt möglichst schnell und opfersparend vom Nationalsozialismus befreit werden konnte?

Zweifel sind in verschiedener Hinsicht angebracht. Harris jedenfalls hatte sich immer geweigert, von der Flächenbombardierung deutscher Städte abzulassen und zu technisch möglichen Präzisionsbombardements überzugehen. Als im März 1944 das britische *Bomber Command* und die amerikanische 8th *Air Force* zeitweise Luftmarschall Sir Arthur Tedder, Eisenhowers Stellvertreter, unterstellt wurden und beide Luftflotten Einsätze gegen das französische Eisenbahnsystem flogen, „führten die RAF-Bomber ihre Aufgabe in direktem Widerspruch zu Harris' Vorhersage so erfolgreich aus, dass sie damit die Armee nicht nur sehr wirksam ‚unterstützten', sondern auch weitgehend für Deutschlands Niederlage in der Normandie sorgten"[265].

---

261 Vgl. dazu Zeidler, Die Flak auf verlorenem Posten, S. 74 f. Siehe des Weiteren Niehaus, Die Radarschlacht 1939-45, S. 173 ff.; Trenkle, Die deutschen Funkstörverfahren bis 1945, S. 74-79; Boog, Strategischer Luftkrieg in Europa und Reichsluftverteidigung 1943 bis 1944, S. 9 ff.
262 Siehe dazu Niehaus, Die Radarschlacht 1939-45, S. 189 ff.
263 Vgl. Neillands, Der Krieg der Bomber, S. 87.
264 Vgl. Niehaus, Die Radarschlacht 1939-45, S. 178 ff.
265 Keegan, Der Zweite Weltkrieg, S. 610.

Ein weiterer Punkt sei herausgegriffen: Bis Mai 1944 wurden die Anlagen der deutschen Mineralölwirtschaft weitgehend verschont. Auf Raffinerien und Hydrierwerke waren bis dahin gerade einmal reichlich 1 Prozent aller Bombenabwürfe entfallen. Selbst im Generalstab der Luftwaffe löste dies Verwunderung aus. Was die offensichtliche Schonung der Treibstoffindustrie anlangt, heißt es in einer deutschen Denkschrift vom 14. April 1944:

> „Hier erhebt sich die bis jetzt noch völlig ungeklärte und undurchsichtige Frage, warum der Anglo-Amerikaner diese Anlagen noch nicht zerschlagen hat, wozu er bei seiner in letzter Zeit so hochentwickelten Angriffstechnik ohne weiteres in der Lage wäre. Mit der Vernichtung unserer wenigen großen Raffinerien und Hydrierwerke könnte er einen Erfolg erringen, der tatsächlich die Möglichkeit einer Fortsetzung des Krieges durchaus in Frage stellen würde."[266]

Unabhängig davon, was der Grund für die alliierte Zurückhaltung gewesen sein mag, ist der beschriebene Sachverhalt ein starkes Indiz dafür, dass Flächenbombardements offensichtlich nicht als der effektivste Weg zur Verkürzung des Krieges angesehen werden konnten. Dies zeigte sich schlagend, als mit den Angriffen vom 12. und 28. Mai 1944 insgesamt acht Hydrierwerke zerstört wurden und damit 56 Prozent der Produktionskapazität von Flugbenzin lahmgelegt worden war. Die Verantwortlichen in Deutschland reagierten mit Bestürzung. Bevor es jedoch zur Offensive gegen die deutsche Ölwirtschaft kam, gab es bereits, wie Groehler berichtet, insbesondere in den USA jahrelange Diskussionen darüber. Alle diesbezüglichen Pläne waren beim *Committee on Operations Analyst* auf strikte Ablehnung gestoßen. Groehler vermutet, für das Zögern seien eine „extrem antisowjetische Einstellung" sowie amerikanische und angelsächsische Kapitalbeteiligungen an der deutschen Treibstoffindustrie ausschlaggebend gewesen.[267]

Die Angriffe im Mai waren zunächst ein Alleingang des amerikanischen Generals Carl A. Spaatz. Vom Juni bis September wurde die Angriffsserie von Amerikanern und Briten gemeinsam fortgesetzt, sodass die deutsche Flugbenzinerzeugung im September 1944 auf 6 Prozent sank. Nach den Angriffen vom 11. und 19. September waren schließlich sämtliche Produktionsanlagen zerstört. Als Ende September die Angriffe auf die Hydrierwerke „merklich abflauten", stieg die Flugbenzinproduktion bis November wieder auf 29 Prozent (49.000 Tonnen), wodurch die deutsche Luftwaffe in die Lage versetzt wurde, „im Dezember 1944 noch einmal in den Ardennen die Initiative zu ergreifen".[268] Zur Einstellung der „Öloffensive" hätten,

---
266 Zit. nach: Groehler, Geschichte des Luftkriegs 1910-1980, S. 426 f.
267 Vgl. ebd., S. 427. – Hierzu sowie zu den Kapitalbeteiligungen siehe Effenberger/Löw, Pax americana, S. 286 ff., 352 f.
268 Groehler, Geschichte des Luftkriegs 1910-1980, S. 428.

so Groehler, nicht „Schlechtwetterlagen", sondern „politische und militärische Gründe" geführt. Welche Gründe dies waren, bedarf allerdings der genaueren Untersuchung. Immerhin musste zur gleichen Zeit die westalliierte Invasion sichergestellt werden. Jedenfalls wäre die völlige Zerstörung der nationalsozialistischen Treibstoffproduktion für die deutsche Ostfront verheerend gewesen und hätte bedeutet, so die Überlegung Groehlers, dass die Sowjetunion ganz Deutschland hätte besetzen können, bevor die westlichen Alliierten ihrerseits zur Besetzung deutschen Territoriums in der Lage waren. Dies sollte möglicherweise vermieden werden.

Dass es bei der anfänglichen und später erneut eingetretenen alliierten Zurückhaltung darum ging, „Deutschland nicht außerstande zu setzen, den Krieg gegen Rußland weiterzuführen", war schon in der angeführten Denkschrift vermutet worden. Ganz in diesem Sinne gab auch Albert Speer nach dem Krieg, im Mai 1945, zu Protokoll:

„Wir hatten den Eindruck, und ich habe das meinen Männern oft gesagt, daß sie das Tempo der Zerstörung bei uns so drosselten, daß ihre Invasion und ihre Angriffspläne damit gleichlaufen, d. h., daß unsere Widerstandskraft im Osten noch soweit aufrechterhalten blieb, bis sie ihre Etappen im Westen erreicht hatten … Ich war der Überzeugung, daß auch sie kein Interesse daran haben, daß der Russe bis an den Rhein ging … Ich nahm an, daß es auch für sie von Wert war, daß der Russe bei einem plötzlichen Zusammenbruch bei uns mit seinen Panzerspitzen nicht an das außerordentlich wichtige Gebiet bis zum Rhein vorstoßen konnte."[269]

Freilich haben die "Atempause", die die Westalliierten der deutschen Treibstoffwirtschaft gaben, letztlich, wie Groehler resümiert, „Zehntausende von Engländern und Amerikanern mit dem Leben" bezahlt.[270]

Die Ineffektivität von Flächenbombardements

Insgesamt gesehen – und dies sagt etwas über die Tauglichkeit und Erforderlichkeit der eingesetzten Mittel aus – entschied die „Zerstörung von Schlüsselindustrien und militärisch relevanten Zielgruppen […] den Kriegsausgang viel nachhaltiger als die britischen Flächenbombardements".[271] Hans-Ulrich Wehler resümiert:

---
269 Zit. nach: Ebd., S. 428.
270 Ebd., S. 428. Götz Bergander hingegen glaubt, Harris habe mit Angriffen auf die Treibstoffwerke solange gewartet, „bis er Gewißheit hatte, daß seine Pfadfinder die Werke auch nachts bei Wolken finden würden" (Bergander, Dresden im Luftkrieg, S. 329).
271 Boog, Der strategische Bombenkrieg der Alliierten gegen Deutschland 1939-1945, S. 31. Vgl. auch Groehler, Bombenkrieg gegen Deutschland, S. 448 ff.

„Gegenüber den nächtlichen Flächenbombardements der Royal Air Force erwiesen sich die gezielten Tagesangriffe der amerikanischen ‚fliegenden Festungen' gegen Schlüsselindustrien der Rüstungswirtschaft und das Verkehrssystem als so effektiv, dass Speers Riesenapparat seit dem Spätherbst 1944 wie gelähmt dalag."[272]

Von besonderer Bedeutung war die Dezimierung der deutschen Jägerwaffe durch amerikanische Angriffe im Frühjahr 1944, wodurch die deutsche Defensivkraft merklich geschwächt wurde. Am 20. Februar hatte die 8. US-Luftflotte eine Woche konzentrierter Großangriffe (*Big Week*) auf die deutsche Flugzeugindustrie eröffnet und eine deutliche Reduzierung des Produktionsausstoßes bewirkt. Die deutsche Jagdflugzeug- beziehungsweise Luftrüstungsindustrie war damit noch nicht zerschlagen, aber der Angriff auf die Jägerwaffenproduktion erwies sich letztlich als durchschlagender Erfolg. Horst Boog hat es so zusammengefasst:

„Die Angriffswoche stellte jedoch die Weichen zu einem sich allmählich mit unabwendbarer Logik einstellenden Erfolg. Die deutsche Jagdabwehr war nicht in der Lage, dieser sich nun noch mehr intensivierenden tödlichen Abnutzungsschlacht produktions- oder personalmäßig die Stirn zu bieten. ‚Big Week' war der Auftakt zum nunmehr irreversiblen Auszehrungsprozeß der deutschen Jagdwaffe."[273]

Städtebombardierungen wurden denn auch vom amerikanischen „Strategic Bombing Survey" für militärisch unergiebig gehalten. Etwa zur selben Zeit führte die US-Luftwaffe ihre P-51 „Mustang" ein – einen Langstreckenjäger, der die Bomber bis nach Deutschland und zurück begleiten konnte und den Jägern der deutschen Luftwaffe in jeder Hinsicht überlegen war.[274] Damit hatten die Amerikaner endgültig die Luftüberlegenheit bei Tage über Westeuropa gewonnen.

Was die militärische Notwendigkeit von Flächenbombardements anlangt, so ist die Absehbarkeit der deutschen Niederlage ein wichtiger Punkt. Wenn Frederick Taylor meint, am Jahresende 1944 dürfte „nur noch ein Narr oder Fanatiker an einen Sieg Deutschlands geglaubt haben"[275], unterstellt er nicht, dass die flächendeckende Zerstörung deutscher Wohnquartiere unvermindert fortgehen musste, um die deutsche Niederlage zu besiegeln. Die meisten Historiker werden ihm in dieser Auffassung folgen, ja viele sehen den Zeitpunkt, ab dem sich die deutsche Niederlage abzeichnete, weit früher gekommen. Im Herbst 1944 jedenfalls begann Harris, die flächendeckende Zerstörung deutscher Städte wieder zu intensivieren. Robin Neillands:

---

272 Wehler, Wer Wind sät, wird Sturm ernten, S. 142.
273 Boog, Strategischer Luftkrieg in Europa und Reichsluftverteidigung 1943-1944, S. 104.
274 Vgl. Neillands, Der Krieg der Bomber, S. 323.
275 Taylor, Dresden, S. 199.

„Das war zu dieser Zeit bereits nicht mehr nötig. Die deutsche Kriegsmaschine war im Begriff zusammenzubrechen. Nur der Winter hinderte die alliierten Armeen noch daran, nach Deutschland vorzustoßen. Am baldigen Ende des Krieges bestand kein Zweifel mehr. Der absehbare Verlauf würde sich durch weitere Angriffe auf deutsche Städte nicht ändern – aber die verbleibende Zeit des Kampfes und [die Zahl – L.F.] der Opfer konnte deutlich verringert werden, wenn die Bomber die Treibstoffvorräte Deutschlands vernichteten und damit den deutschen Armeen ihre nötigste Ressource ausging. Selbst wenn der Sieg dadurch auch nur einen Tag früher käme, bedeutete dies die Rettung von Menschenleben."[276]

Im Hinblick auf die Erforderlichkeit der Flächenbombardements gelangt Friedrich schließlich zu der Einschätzung, die „Verwüstung" habe, als „Wegbereiterin", „die Okkupation äußerst erleichtert", doch „wäre Deutschland bei den obwaltenden Kräfteverhältnissen auch unverwüstet erobert worden"; das aber „hätten die Eroberer mit Zusatzverlusten bezahlt".[277]

Akzeptiert man diese These, so war die gewählte Bombenstrategie nicht einmal erforderlich, um das Ziel der bedingungslosen Kapitulation zu erreichen. Allerdings wäre zu prüfen, ob ein Verzicht auf diese Strategie unter Inkaufnahme höherer eigener Verluste als zumutbar gelten könnte. Um jedoch Fragen der Zumutbarkeit überhaupt diskutieren zu können, müssten militärische Alternativen bekannt sein. Es bedürfte relativ konkreter Abschätzungen, mit welchem personellen und materiellen Aufwand die Bombenstrategie durch eine andere militärische Vorgehensweise hätte ersetzt werden können. Dies kann ohne militärischen Sachverstand nicht geleistet werden.

Moralische Grundsätze und Kriegführung

Diese Überlegungen zeigen zudem, dass der Begriff des mildesten Gegenmittels der Präzisierung bedarf. Es fragt sich nämlich, ob eine Minimierung der gegnerischen Verluste erst dann anzustreben ist, nachdem die eigenen Verluste minimiert wurden, oder ob gegnerische und eigene Verluste in einer Gesamtrechnung gemeinsam zu minimieren sind. Briten und Amerikaner folgten zweifellos der Strategie, die eigenen Verluste zu minimieren – auch wenn sie dafür überproportional hohe Verluste auf der gegnerischen Seite, möglicherweise sogar auf Seiten der Zivilbevölkerung der besetzten Länder (siehe Kapitel 25), in Kauf nehmen mussten. Zugunsten dieser Strategie mag man sagen können, dass jede Regierung die Pflicht hat, primär die eigenen Staatsbürger zu schützen. Dass aber auch hier Grenzen der Verhältnismäßigkeit zu wahren sind, sollte offensichtlich sein.

---
276 Neillands, Der Krieg der Bomber, S. 365.
277 Friedrich, Der Brand, S. 120.

Wer darüber nachdenkt, welche der Strategien moralisch geboten ist, muss allerdings nach der politischen Durchsetzbarkeit eines Verzichts auf die Strategie der Minimierung der Eigenverluste fragen. Britische und amerikanische Politiker hatten sich vor einer demokratischen Öffentlichkeit zu erklären; sie waren von den Meinungen der Bevölkerung abhängig. Insbesondere „Realisten" werden darauf insistieren, dass von den in Massenmedien erzeugten und transportierten Stimmungen eine Sogwirkung auf die Entscheidungsträger ausgeht, die diese zu bestimmten Handlungen drängt. Allerdings sollte man diesen Gesichtspunkt nicht überschätzen. Denn letztlich ist es unklar, was es bedeuten soll, dass sich eine Regierung einem solchen Sog nicht entziehen könne. Ein Meinungsklima allein macht keine Handlungsoptionen zunichte – zumal es gerade durch eine Regierung gezielt beeinflussbar ist. Man mag es als paradox empfinden: Gerade in Demokratien sind Politiker von den Stimmungen des Wahlvolks abhängig, aber gerade hier ist diese Abhängigkeit moralisch gesehen von eher untergeordneter Bedeutung. In einem demokratischen Verfassungsstaat riskiert ein Politiker lediglich seine Wiederwahl und – möglicherweise nur kurz- oder mittelfristig – sein Ansehen in der Bevölkerung oder seiner Partei.

Abgesehen davon gilt jedoch der Grundsatz, dass es moralisch nicht erlaubt ist, beliebig hohe Verluste unter der gegnerischen Zivilbevölkerung hinzunehmen, um eigene Verluste möglichst zu vermeiden. Dieser Grundsatz sollte zumindest in jeder Nation unbestritten sein, die Kriege zur Befreiung anderer Völker oder zur Durchsetzung von Menschenrechten führt. Die Beachtung dieses Grundsatzes kann gleichsam als ein Test auf die Ernsthaftigkeit dieser Intention gelten.

Kriegsschäden sind generell zu minimieren, und moralische Normen gelten ohne Ansehen der Person. Die nationale Zugehörigkeit eines Menschen ist kein moralisch relevantes Kriterium. Dieses Merkmal kann also keine Vorzugsbehandlung begründen. Selbst in einer utilitaristischen Ethik – einer Ethik, die sich am Nutzen für eine möglichst große Anzahl von Individuen orientiert (wobei es ohne Belang ist, wie sich dieser Nutzen auf die einzelnen Individuen verteilt) – zählt ein unschuldiger Zivilist auf der Seite des Feindes gleich viel wie ein eigener Soldat. Wenn durch die zusätzliche Opferung eines britischen Soldaten zwei deutsche Zivilisten nicht im Bombenhagel sterben müssen, wird ein Utilitarist diese Alternative vorziehen.

Nun wird mancher Betrachter diese Konsequenz für eine Zumutung, für weltfremd und in einem Krieg politisch nicht durchsetzbar halten. Er wird darauf bestehen, dass der besagte Grundsatz nur *prima facie* gilt und ein rechtmäßiger Verteidiger zumindest nicht verpflichtet ist, durch Aufopferung eigener Soldaten zugunsten von Nichtkombattanten der gegnerischen Seite die eigene Verteidigungsfähigkeit signifikant zu untergraben (die nun einmal mit dem Verlust von Soldaten verbunden ist). Dies akzeptiert, wären Fälle denkbar, in denen zum Schutz eines einzelnen Soldaten viele Zivilisten auf der Feindseite getötet werden dürfen.

Aber ist ein Grundsatz, der die Angehörigen von Fremdgruppen selbst in Fragen von Leben und Tod geringer wertschätzt, überhaupt verallgemeinerbar? Ist er intersubjektiv zustimmungsfähig? Ich glaube, vernünftige und aufgeklärte, ihr Eigeninteresse rational wahrnehmende Individuen würden einer gesellschaftlichen Ingeltungsetzung dieser Norm widersprechen. Sie würden sich klarmachen, dass auch sie, nämlich aus der Sicht der anderen, einer Fremdgruppe angehören und nichts für die Annahme spricht, dass sie selbst sowie ihre Kinder und Kindeskinder stets einer Gruppe angehören werden, die unangreifbar ist. Dies bedenkend, werden sie nur eine solche Norm anerkennen, die fordert, die Interessen von Menschen unabhängig von ihrer Gruppenzugehörigkeit gleichermaßen zu berücksichtigen. Zwar mag eine nicht gänzlich maßlose Privilegierung der Eigengruppe in Ausnahmesituationen, so auch unter Kriegsbedingungen, letztlich *entschuldbar* sein; es ist aber schwer vorstellbar, wie sich eine moralische Norm begründen lassen sollte, welche es erlaubte, das Leben von Angehörigen der fremden Nation, nur weil sie einer fremden Nation angehören, im Allgemeinen weniger wert zu schätzen als das Leben von Angehörigen der eigenen Nation.

Ohne in dieser Sache ein abschließendes Urteil zu fällen, ist es aufschlussreich, sich die moralische Problematik eines utilitaristischen Standpunktes sowie der zuletzt genannten Auffassung zu verdeutlichen. Obwohl manch einer das Gefühl haben wird, dass bereits dieser Standpunkt von einem gerechtfertigt Kriegführenden Unzumutbares fordert, steht er sogar im Gegensatz zu einer weit verbreiteten moralischen Überzeugung, die weitaus höhere Anforderungen an ein moralisch akzeptables Verhalten stellt. Dies ist die Überzeugung, dass auch ein rechtmäßiger, das heißt zu Verteidigungshandlungen berechtigter, Verteidiger zum Schutz seiner selbst Risiken nicht auf unschuldige Dritte – und das sind im Krieg *prima facie* die Masse der nicht am Kampf beteiligten Zivilisten – abwälzen darf. Vielmehr ist er, so schwer dies auch sein mag, gefordert, diese Risiken selbst zu tragen. Kann ein Angegriffener sich nur retten, indem er die Tötung Unschuldiger in Kauf nimmt, hat er – so dieser „fundamentalistische" Standpunkt – auf die Selbstverteidigung zu verzichten.

Diese moralische Überzeugung liegt dem deutschen Notstandsrecht zugrunde. Nach der Regelung des „rechtfertigenden Notstandes" (§ 34 StGB) ist es zur Abwendung einer Gefahr für (unter anderem) das Leben und die Freiheit notfalls erlaubt, auch Interessen beziehungsweise Rechtsgüter von Dritten zu verletzen. Dies gilt allerdings nur, wenn „das geschützte Interesse das beeinträchtigte wesentlich überwiegt". Da nach deutscher Rechtsordnung jedes einzelne Leben einen absoluten „Höchstwert"[278] darstellt, können „Tötungshandlungen im Notstand grundsätzlich nicht gerechtfertigt" sein – also auch dann nicht, „wenn dadurch eine grö-

---

278 Entscheidungen des Bundesverfassungsgerichts (1975), 39. Band, S. 42.

ßere Zahl von Menschen gerettet wird".²⁷⁹ Freilich: Nicht gerechtfertigte Handlungen können unter Umständen als entschuldbar gelten und bleiben dann straflos. Aber dies ist eine andere Frage.²⁸⁰ Entscheidend ist: Der deutsche Gesetzgeber verbietet die Tötung Unschuldiger absolut.

Dieser moralische Grundsatz²⁸¹, der sowohl eine Selbstrettung auf Kosten unschuldiger Dritter als auch jede *quantitative* Abwägung zwischen geopferten und geretteten Menschenleben verbietet, hat offenbar weitreichende Konsequenzen. Man macht sie sich am besten an einem Extrembeispiel deutlich (welches ich von Reinhard Merkel übernehme): Angenommen, ein Hitler-Attentäter, der mit dem Diktator zugleich die Ursache für die drohende Vernichtung vieler Millionen Menschen beseitigen möchte, zündet (in Ermangelung einer besseren Gelegenheit und eines milderen Mittels) seine Bombe während eines Kindergartenbesuches Hitlers und tötet (wie er vorausgesehen hat) neben dem Diktator zehn oder fünfzehn Kinder. Aus dem Grundsatz der Nichtabwägungsfähigkeit menschlichen Lebens folgt offensichtlich, dass ein solches Vorgehen verboten, ja dass es, worauf Merkel besteht, „ein nicht legitimierbares Unrecht"²⁸² ist. Wohlgemerkt: Dieser Schluss ist zu ziehen, obwohl man sich vorstellt, dass durch die Unterlassung der Beseitigung des Diktators Millionen Menschen, darunter Hunderttausende Kinder, nicht gerettet werden und zu den Umkommenden womöglich auch diejenigen gehören, die jetzt sofort getötet worden wären.

Wer die in diesem Grundsatz zum Ausdruck kommende moralische Überzeugung teilt und darüber hinaus ihre Anerkennung auch für die Kriegführung fordert, müsste nicht nur Flächenbombardements, sondern bereits gezielte Angriffe auf militärische Objekte für moralisch unerlaubt halten, bei denen Verluste unter der Zivilbevölkerung entweder nicht ausgeschlossen werden können (bedingter Vorsatz) oder sogar im vollen Wissen, dass es solche geben wird, herbeigeführt werden (direkter Vorsatz). Denn die vorsätzliche Tötung eines unschuldigen Menschen ist nach diesem Verständnis unter allen Umständen verboten. Das heißt: Wird die Geltung dieser, schon im deutschen Notstandsrecht verkörperten, moralischen Überzeugung auch für den Kriegsfall gefordert, müssen – im Gegensatz zum Völkerrecht – selbst unvermeidliche und unbeabsichtigte Tötungen von unschuldigen Zivilisten („Kollateraltötungen") als moralisch nicht rechtfertigungsfähig abgelehnt werden. Kollateraltötungen unschuldiger Zivilisten wären dann bestenfalls im Rahmen militärischer Selbstverteidigungsaktionen *entschuldigt* – also dann, wenn ein zu

---

279 Lenckner, in: Schönke/Schröder, Strafgesetzbuch, § 34 RN 23 (Hervorhebung getilgt).
280 Siehe hierzu Fritze, Rechtfertigen, Entschuldigen, Vorwerfen, S. 75-96.
281 Eine Verteidigung bieten etwa Bittner, Humanitäre Interventionen sind unrecht, S. 99 ff., sowie Wohlrapp, Sind Menschenrechte aufrechenbar?, S. 193 ff.
282 Merkel, Das Elend der Beschützten, S. 91.

Unrecht Angegriffener in *Notwehr* um seine Existenz kämpft. Obwohl er ein moralisches Unrecht in die Welt gesetzt hat, kann ihm die Tötung Unschuldiger nachgesehen werden. Schon im Fall einer *Nothilfe zugunsten fernstehender Dritter* gibt es – nach dem hier referierten Standpunkt in Analogie zu § 35 StGB („Entschuldigender Notstand") – keinen Entschuldigungsgrund.[283]

Vermutlich wird diese Auffassung vielen „rigoristisch" oder „unrealistisch" erscheinen (was freilich für sich genommen moralphilosophisch noch nicht allzu viel bedeutet). Eine weniger strenge Auffassung verträte, wer Flächenbombardements, also ungezielte Angriffe auf die Infrastruktur, auf Industrieanlagen und Wohnquartiere, und natürlich erst recht Angriffe, die der Doktrin des *moral bombing* folgen, unter moralischem Gesichtspunkt ablehnt, gleichzeitig aber die Inkaufnahme von Kollateralschäden bei *gezielten* Angriffen auf militärische Objekte akzeptiert.[284] Wer die Hinnahme von Kollateralschäden als indirekte Nebenwirkung eines Angriffs auf ein militärisches Ziel für moralisch legitim hält, akzeptiert unter Umständen die vorsätzliche Tötung unschuldiger Zivilisten (Kapitel 6). Eine Rechtfertigung für diese Art der Tötung Unschuldiger mag man in der Überlegung finden, dass Kollateraltötungen unter der Zivilbevölkerung eines Aggressorstaates auch der Abwehr einer Gefahr gelten, die der Bevölkerung durch ihren eigenen – illegitim handelnden – Staat potentiell droht.[285] Wer Kollateraltötungen akzeptiert, befindet sich insoweit in Übereinstimmung mit den Regelungen des Völkerrechts (Kapitel 2). Aber auch er würde von einem Verteidiger, der glaubt, sich nur durch direkt-vorsätzliche (wenngleich unbeabsichtigte) Tötungen in Form von *ungezielten* Angriffen auf die Zivilbevölkerung, eben durch Flächenbombardements, retten zu können, fordern, unter den obwaltenden Umständen auf die Selbstrettung zu verzichten.

Nun mag die Bestimmung des Begriffs eines Unschuldigen oder Nichtbeteiligten in einem modernen Krieg durchaus problematisch sein, sodass das Verbot der gezielten Tötung von Zivilisten zu diskutieren bleibt. Der moderne Krieg wird maßgeblich durch die industriellen Kapazitäten und technisch-technologischen Innovationen, also durch Arbeiter, Manager, Ingenieure und Wissenschaftler entschieden. Sie alle sind in einem bestimmten Sinne Beteiligte, obschon sie am Kampfgeschehen unmittelbar nicht beteiligt sind. Die angedeutete Problematik der Definition liegt in dem Wort „unmittelbar".

---

283 Vgl. ebd., S. 92 f.
284 Umgangssprachlich ließe sich diese Auffassung etwa auf die Formel von Altbundeskanzler Helmut Schmidt bringen: „Ich halte jeden Bombenkrieg gegen die Zivilbevölkerung für unerlaubt [...]" (Schmidt, „Die Deutschen bleiben ein gefährdetes Volk", S. 36).
285 Vgl. Fritze, Die Tötung Unschuldiger, S. 198 f.

Aus einer Position der Stärke

Ungeachtet aller Schwierigkeiten ist wohl Folgendes unstrittig: Zu welchen moralischen Überzeugungen man auch gelangen und welche moralischen Normen man auch immer für begründet halten mag, man wird als ein Mensch, der die Perspektive eines Betroffenen zu übernehmen und sich selbst in der Rolle des Opfers vorzustellen vermag, das Leben von Unschuldigen nicht für unbeachtlich erklären. Weil man weiß, dass man von allgemein akzeptierten und von jedermann beachteten Normen selbst profitiert, wird man sich selbst – rationalerweise – normkonform verhalten. Im vorliegenden Fall kann dies nur heißen, dass man sich den Lebensinteressen der Bevölkerung des Feindes gegenüber nicht gänzlich gleichgültig verhält.

Gerade diese Gleichgültigkeit hat aber Harris nur allzu deutlich erkennen lassen – und zwar nicht nur als er unter Rückgriff auf ein Bismarckwort schrieb, sämtliche noch übrig gebliebenen Städte Deutschlands seien für ihn nicht die „Knochen eines einzigen britischen Grenadiers wert"[286]. Eine solche Position lässt sich rational nur vertreten, wenn man den Willen hat, den Gegner dauerhaft kampfunfähig zu machen, und die Gewissheit, dieses Ziel zu erreichen. Nur dann nämlich ist man nicht auf die wechselseitige Berücksichtigung von Interessen angewiesen und kann aus einer Position der Stärke heraus die Interessen der gegnerischen Zivilbevölkerung ignorieren.

Diese ignorante Einstellung atmeten denn auch die Flächenbombardements auf deutsche Städte. Während US-Bomber bei Tage angriffen, tiefer flogen und dadurch zielgenauer trafen, bombardierte die RAF vornehmlich bei Nacht und aus großer Höhe.[287] Die Wahl der Ziele wurde zum Teil durch die Knappheit von Sprengbomben und den relativ reichlichen Vorrat an Brandbomben beeinflusst.[288] Man konzentrierte sich gerade in der Endphase auf noch intakte Städte; von denen wusste man, dass sie besser brennen.

Teilweise wurde die Tötung Unschuldiger mit höchst fragwürdigen Begründungen gerechtfertigt – mit Überlegungen, die im privaten beziehungsweise zivilen Bereich niemand auch nur in Erwägung ziehen würde, um daraus eine Erlaubnis für die Tötung von Menschen zu gewinnen. So etwa meinte US-Luftwaffengeneral Frederick Anderson, auch wenn die Angriffe den Krieg nicht verkürzen könnten, so würde doch „die Tatsache, dass Deutschland einfach überall getroffen wurde", dadurch, dass sie „noch vom Vater an den Sohn und dann an den Enkel weiterge-

---

286 Zit. nach: Groehler, Bombenkrieg gegen Deutschland, S. 429.
287 Vgl. hierzu auch die Auffassung von Weidauer, Inferno Dresden, S. 154 f.
288 Vgl. Taylor, Dresden, S. 243.

geben wird", „auf jeden Fall der Abschreckung für das Anzetteln künftiger Kriege dienen".[289] Nach dieser Logik ist es zu generalpräventiven Zwecken erlaubt, unschuldige Menschen zu töten. Um gleichsam ein Menschenkollektiv vor eventuellem zukünftigen Fehlverhalten abzuschrecken, glaubte Anderson, beliebige Angehörige dieses Kollektivs vorsorglich für Taten bestrafen zu dürfen, die im Namen dieses Kollektivs begangen worden und von seinen Repräsentanten zu verantworten waren.

Auch Flächenbombardements lassen sich unterschiedlich ausführen, und selbst wenn man diese *Art* der Verteidigung nicht grundsätzlich verurteilen sollte, wäre doch jedes derartige Bombardement auf seine Erforderlichkeit zu prüfen. Dabei mögen auch Fehleinschätzungen unterlaufen, und es mag sogar vorkommen, dass sie unvermeidbar sind. Doch dies kann nicht einfach behauptet, es müsste zumindest plausibel gemacht werden. Ein rational agierender Entscheidungsträger, der sich selbst zum Töten Unschuldiger bestimmt, wird – auch im Krieg – bereits aus wohlverstandenem Eigeninteresse von sich selbst höchste Sorgfalt bei der Entscheidungsfindung fordern. Er wird eine solche Entscheidung skrupulös treffen und immer wieder überprüfen. Und er wird sich auch im Nachhinein nicht leichthin auf einen Irrtum herausreden.

Nachgeborene und Historiker haben keinen Grund, diese moralischen Messlatten zu unterschreiten. Schon deshalb ist Frederick Taylor zu widersprechen, wenn er meint, mit der Entscheidung über das vorrangige Ziel, den Krieg zu gewinnen, sei „auch das Schicksal einer Stadt wie Dresden entschieden"[290] gewesen. So einfach liegen die Dinge keineswegs.

---

289 Zit. nach: Bölsche, „So muss die Hölle aussehen", S. 30.
290 Taylor, Dresden, S. 462.

10. Kapitel
Die Einäscherung Dresdens

Militärisch notwendig?

Anfang Februar 1945 wurden zehn mitteldeutsche Städte, darunter Dresden, „wegen ihrer Bedeutung für Flüchtlingsbewegungen aus dem Osten und für Militärtransporte an die Ostfront" als Ziele für Flächenangriffe ausgewählt.[291] Dresden lag zu diesem Zeitpunkt außerhalb der Kampfzone und war weitgehend verteidigungsunfähig. Die letzten Flugabwehreinheiten waren bereits im Januar abgezogen worden.[292] Freilich kann nicht ohne Weiteres unterstellt werden, dass die alliierten Luftstreitkräfte über diesen Sachverhalt informiert waren. Götz Bergander geht im Gegenteil davon aus, dass Briten und Amerikaner annahmen, die Stadt würde verteidigt werden.[293]

Im Jahre 1942 erstellte Planungsunterlagen der *Royal Air Force* betrachteten Dresden im Vergleich zu anderen Städten seiner Größenordnung als „kein lohnendes Ziel für einen konzentrierten Angriff"[294]. Selbst wenn jedoch, wie Frederick Taylor meint, Dresden ein bedeutendes militärisches und industrielles Zentrum und insofern ein militärisch relevantes Ziel war, so folgt daraus nicht, dass die Angriffe vom 13. und 14. Februar 1945, bei denen es darum ging, „Zerstörungen in einem Ausmaß anzurichten, das einem vollkommenen Chaos nahe kam"[295], als legitim betrachtet werden müssten. Dresden war bei Kriegsbeginn die sechstgrößte Industriestadt Deutschlands. Unter den Bedingungen des totalen Krieges gab es an der Rüstungsindustrie beteiligte Firmen im gesamten Stadtgebiet.[296] Die meisten der größeren Rüstungsbetriebe (unter anderem für Radargeräte, elektronische Bauteile sowie Zünder für Flakgeschosse) befanden sich allerdings in den Randbezirken der Stadt.[297] Für die komplette Zerstörung der Innenstadt bestand – nach allem, was wir heute wissen und was man damals wissen konnte – keine militärische Notwendigkeit. Dies mag für einen jungen britischen Bomberpiloten nicht evident gewesen sein. Vielleicht haben sich manche gefragt, ob die Deutschen nicht gerade in den

---

291 Bergander, Dresden im Luftkrieg, S. 338. Vgl. dazu auch Groehler, Geschichte des Luftkriegs 1910 bis 1980, S. 455 ff.
292 Vgl. Bergander, Dresden im Luftkrieg, S. 56 ff.; Taylor, Dresden, S. 236.
293 Vgl. Bergander, Dresden im Luftkrieg, S. 47.
294 Zit. nach: Bergander, Kalkül und Routine, S. 12.
295 Taylor, Dresden, S. 251.
296 Vgl. Schulz, Rüstungsproduktion im Raum Dresden 1933-1945, bes. Abschn. 4.
297 Vgl. Neillands, Der Krieg der Bomber, S. 372.

Städten, die die Deutschen selbst nicht für angriffswürdig hielten, gefährliche Waffen herstellten, mit denen sie seine Heimat hätten zerstören können, etwa Teile für Hitlers „Vergeltungswaffen", mit denen immer noch London terrorisiert wurde. Faktisch war es zwar so, dass sich, wie Speer in einer Notiz vom 3. April 1945 festhielt, Erzeugnisse der Elektroindustrie, der Werkzeugindustrie und auch der optischen Industrie, wie sie in Dresden angesiedelt waren, „im Rüstungsausstoß nicht vor Monaten auswirken können"[298] – doch wer wusste zu diesem Zeitpunkt, wie lange der Krieg noch dauern würde?

Doch wie dem auch sei: Um einen Angriff als „militärisch notwendig" bezeichnen zu können, muss dieser geeignet sein, einen bedeutenden militärischen Vorteil zu erzielen, der nur so erzielbar ist. Worin könnte dieser Vorteil bestanden haben? Und könnte dieser Vorteil in einem angemessenen Verhältnis zu der verheerenden Wirkung des Angriffs gestanden haben? Welcher absehbare Nutzen hätte so groß sein können, dass er die Tötung und Verletzung Tausender Zivilisten und die Zerstörung eines architektonischen Juwels rechtfertigt? Und konnte der anvisierte Nutzen tatsächlich nur auf diese – kostenträchtige – Weise erreicht werden?

In der Einsatzbesprechung für das Dresden-Bombardement soll nach Erinnerung Beteiligter die Blockierung des Nachschubs für die russische Front als Hauptziel genannt worden sein. Krankenhäuser waren auf den ausgegebenen Karten nicht mehr wie früher gekennzeichnet. Rüstungsindustrien wurden mit Ausnahme zweier Betriebe nicht erwähnt. Die Informationen, die der britische Nachrichtendienst über Dresden hatte, waren spärlicher als die über andere Städte. Die Nachrichtenoffiziere hatten keine befriedigende Auskunft über die Beschaffenheit des Zielobjektes geben können.[299] Ziel des Einsatzes war schließlich, „vom lebenswichtigen Zentrum" Dresdens „so viel wie möglich zu zerstören".[300] Allerdings ließ sich ein Offizier während des Briefings auch so vernehmen: „Sie haben sich zur Air Force gemeldet, um Deutsche zu töten. Genau das werden Sie heute nacht tun."[301] Für die in dieser Nacht erreichte Dimension des Abschlachtens von Zivilisten sorgte zudem die große Zahl von Flüchtlingen, die sich in Dresden befand. Am 8. Februar hatte die Rote Armee bereits die Oder überquert. In dieser Zeit ergoss sich ein riesiger Menschenstrom auf der Flucht vor den Russen in die Großstädte Mitteldeutschlands.

Nachdem man die „Störung von Massentransporten von Zivilisten"[302] aus den östlichen Evakuierungsgebieten nach Berlin, Dresden, Leipzig und durch diese und

---

298 Zit. nach: Groehler, Geschichte des Luftkriegs 1910-1980, S. 458.
299 Vgl. Pommerin, Zur Einsicht bomben?, S. 243.
300 Vgl. Taylor, Dresden, S. 247-250.
301 Zit. nach: Boog, Auf der Schleimspur der Political Correctness, S. 20.
302 Taylor, Dresden, S. 219.

andere Städte hindurch, aber auch generell die Störung von Transporten als eines der entscheidenden Ziele ins Auge gefasst hatte, war es durchaus folgerichtig, die Zentren dieser Städte mit ihren Verkehrsknotenpunkten, Fernmeldezentren und Versorgungsbetrieben lahmzulegen. Man rechnete Anfang 1945 damit, dass Angriffe auf Verwaltungs- und Verkehrszentren im heutigen Osten Deutschlands den Einsatz von Truppen an der Front verzögern und in diesen Städten selbst Chaos auslösen könnten. Zudem waren die britischen Planer überzeugt, dass die Zerstörung der städtischen Infrastruktur der Rüstungsproduktion langfristig gesehen größere Schäden zufügt als die direkte Bombardierung der Industrieanlagen.[303] Gleichzeitig, so hieß es in der für die Besatzungen des Bomberkommandos ausgegebenen Instruktion, ginge es darum, „den Russen zu zeigen, wenn sie die Stadt erreichen, was das Bomber Command anrichten kann"[304]. Dieses Kalkül, so Götz Bergander, machte die Zerstörung Dresdens auch zu einem politischen Ziel.[305]

Offenbar waren Hoffnungen dieser Art für die Verantwortlichen Grund genug, jedes zweckmäßig erscheinende Mittel auch für gerechtfertigt zu halten. Der sowohl im Völkerrecht als auch in jedem allgemein zustimmungsfähigen System von Moralnormen geltende Grundsatz, unschuldiges Leben möglichst zu schonen, wurde ohnehin seit Jahren missachtet, ja offenbar ignoriert. Was allein zählte, war der Erfolg. Ebenso spielten Verhältnismäßigkeitsbetrachtungen anscheinend keine Rolle. Abwägungen darüber, welcher Nutzen die Tötung Zehntausender Zivilisten rechtfertigen könnte, sind nicht bekannt.

Die Angriffe und ihre Folgen

Dresden hatte die ersten Luftangriffe am 7. Oktober 1944 und am 16. Januar 1945 über sich ergehen lassen müssen. Bei beiden US-amerikanischen Tagangriffen auf militärische Ziele fungierte die Stadt als Ausweichziel. Obwohl die Amerikaner bemüht waren, ihre tödliche Last präzise abzuladen, gab es durch „Streuverluste" insgesamt fast 650 Tote (genannt werden auch Zahlen von rund 800). Wenn man so will, bewegten sich diese Opfer-Zahlen in der „Coventry-Dimension". Dies war jedoch nichts im Vergleich zu dem, was am 13./14. Februar 1945 kommen sollte. Harris hatte, so Bergander, die im Entfachen von Feuerstürmen erprobte 5. Bomberflotte für einen Flächenangriff auf den Stadtkern angesetzt und, um das Risiko des Misslingens des Unternehmens niedrig zu halten, mehr als die doppelte Anzahl von Flugzeugen zu einem zweiten Schlag hinterhergeschickt.[306] Über 800 Flugzeuge der

---
303 Vgl. ebd.
304 Zit. nach: Hastings, Bomber Command, S. 342.
305 Bergander, Kalkül und Routine, S. 30.
306 Bergander, Dresden im Luftkrieg, S. 338 f.

Royal Air Force produzierten in zwei aufeinander folgenden Angriffswellen ein Inferno, in dem schließlich zwischen 25.000 und 35.000 Menschen ihr Leben verloren. Die Zerstörung Dresdens führte zu kontroversen Diskussionen in der britischen und amerikanischen Öffentlichkeit, in denen die Legitimität der Bombenangriffe gegen deutsche Städte in Zweifel gezogen wurde.[307]

Bereits der erste Angriff am 13. Februar zwischen 22.13 Uhr und 22.28 Uhr hatte einen derart „perfekten Feuersturm" in Dresdens berühmter historischer Altstadt verursacht, dass es der Einsatzleitung der zweiten Bomberflotte unsinnig erschien, das Bombardement auf das Zentrum fortzusetzen. Der Auftrag, „ein größtmögliches Chaos zu schaffen"[308], musste angesichts der Zerstörungen und der in der Altstadt tosenden Feuersbrunst bereits als erfüllt gelten. In dieser Situation fiel ein für Tausende unschuldiger Menschen folgenreicher Entschluss. Um wertvolle Munition nicht zu vergeuden, wurde kurzerhand entschieden, die zweite Angriffswelle am 14. Februar, früh gegen 1 Uhr bis 1.55 Uhr, auf neue Zielgebiete innerhalb der Stadt zu verlagern.[309]

Das im Bomberkommando vorherrschende Denken kam in dieser *Ad-hoc*-Entscheidung, „die den Angriff zum Inbegriff des Massakers werden ließ"[310], plastisch zum Ausdruck. Nunmehr wurden noch andere Wohnviertel und selbst der Große Garten bombardiert, in den sich viele Dresdner zu retten versucht hatten. Angegriffen wurde der Hauptbahnhof, in dem sich viele Flüchtlinge drängten. Mitten in die Aufräumungs- und Löscharbeiten hinein entfachten neue Massen von Brandbomben ein – wie von den Strategen geplant[311] – infernalisches Feuermeer. Im Endergebnis wurde in einer einzigen Nacht ein riesiges Stadtgebiet unterschiedslos verwüstet. Die dabei getroffenen militärischen Ziele waren relativ unwichtig. Während Wohnviertel sowie die barocke Altstadt in Ruinenlandschaften verwandelt wurden, blieb der in der Albertstadt, drei Kilometer nördlich der Elbe gelegene bedeutende Kasernenkomplex fast vollständig verschont. Viele der getroffenen Betriebe konnten wieder in Gang gebracht werden. Die Schäden an Verkehrsanlagen waren binnen weniger Tage zumindest notdürftig behoben; die kriegswichtigsten Fabriken – außerhalb der Wohngebiete gelegen – blieben fast gänzlich erhalten. Es wäre, so Bergander, „übertrieben, anzunehmen, der Krieg hätte ohne die genannten Angriffe beträchtlich länger gedauert"[312].

---

307 Vgl. dazu Irving, Der Untergang Dresdens, S. 261-272.
308 Taylor, Dresden, S. 311.
309 Vgl. ebd., S. 311, 318, sowie Bergander, Dresden im Luftkrieg, S. 134 f.
310 Taylor, Dresden, S. 318.
311 Vgl. ebd., S. 171.
312 Bergander, Dresden im Luftkrieg, S. 349.

Das Argument kann nun nicht sein, die Alliierten hätten mit ihren Angriffen auf Dresden etwas militärisch Sinnloses getan. Es erscheint nicht grundsätzlich unplausibel, dass ein auf diese Weise der städtischen Infrastruktur zugefügter Schaden der Rüstungsproduktion unter Umständen größere und langfristigere Schwierigkeiten bereitet als die direkte Bombardierung von Industrieanlagen.[313] Der bloße Umstand, dass sich selbst die unterschiedslosen Bombardierungen in eine militärische Logik einfügten, kann sie jedoch nicht rechtfertigen. Abgesehen von der Frage, ob hier das mildeste Mittel eingesetzt wurde, um einen vorgegebenen Zweck zu verwirklichen, geht es vielmehr um die nahezu totale Ausblendung ziviler Opfer. Nicht nur, dass man auf eine Minimierung oder gar Vermeidung ziviler Opfer keinen Wert legte, an eine elementare Forderung der Menschlichkeit also keinen Gedanken verschwendete und damit eine der wichtigsten Pflichten der militärischen Führung verletzte: Man hat große Mengen unschuldiger Menschen ohne Not absichtlich getötet!

Für die immensen Verluste unter der Zivilbevölkerung trug die nationalsozialistische Führung insofern eine Mitverantwortung, als sie es gerade in Dresden weitgehend versäumt hatte, adäquate Maßnahmen zum Schutz der Zivilbevölkerung zu ergreifen. Im Unterschied zu anderen deutschen Städten standen keine Bunker und nur unzureichend ausgestattete Luftschutzkeller zur Verfügung. Auch wenn die Stadt aufgrund ihrer östlichen Lage zunächst als weniger gefährdet galt: Die Verantwortlichen, allen voran Sachsens Gauleiter Martin Mutschmann, „haben sich", so schreibt Bergander, „gegenseitig mißtrauisch belauert, waren in Kompetenzstreitigkeiten verwickelt und brachten zum Schutz der Zivilbevölkerung keine effektive Zusammenarbeit zustande".[314] Als Mutschmann nach dem Zusammenbruch von sowjetischen Soldaten auf der Flucht gefangen genommen worden war, meinte er, es sei furchtbar, was da in einer Nacht für Werte, Kunstschätze und viele andere Dinge, zerstört wurden; zwar seien auch sehr viele Menschen umgekommen, aber die Kunstschätze könne man nicht mehr ersetzen.[315]

Wie die operativen Planungen zeigen, so die Auffassung von Helmut Schnatz, waren die Nachtangriffe vom 13. und 14. Februar nicht nur gegen Gebäude und Wirtschaftsbetriebe gerichtet, „sondern auch darauf, soviele Nichtkombattanten wie möglich umzubringen"[316]. Im Vergleich dazu hatte es der amerikanische Tagangriff am Mittag des 14. Februar auf die Zerstörung des gegnerischen Kriegspotentials sowie auf Verkehrsziele, in diesem Fall auf den Verschiebebahnhof Friedrichstadt, ab-

---

313 Vgl. Taylor, Dresden, S. 219. Siehe jedoch die *summa summarum* gegenteilige Einschätzung von Boog, Der strategische Bombenkrieg der Alliierten gegen Deutschland 1939-1945, S. 29.
314 Bergander, Dresden im Luftkrieg, S. 111.
315 Vgl. ebd., S. 110.
316 Schnatz, Tiefflieger über Dresden?, S. 163.

gesehen. Er entsprach insoweit der Doktrin der *US Army Air Force*, wobei die Schäden für die Zivilbevölkerung als Nebenwirkungen betrachtet wurden. Der Angriff wird von Luftkriegshistorikern als Misserfolg gewertet, da die Bomben – entgegen der Einsatzplanung – infolge misslicher Umstände weit verstreut im Stadtgebiet einschlugen. Ausführungsweise und Wirkung dieses Angriffs unterschieden sich jedoch deutlich von den britischen Terrorangriffen.

11. Kapitel
Waren die Flächenbombardements verhältnismäßig?

Folgenabschätzung

Eine beliebige Handlung oder Vorgehensweise genügt dem Proportionalitätskriterium nur dann, wenn die mit dem Mitteleinsatz verbundenen Schäden in einem angemessenen Verhältnis zum erreichten Nutzen stehen. Eine Handlung darf also dann nicht ausgeführt werden, wenn erwartet werden muss, dass sie zu einem Nachteil führt, der zu dem angestrebten und mutmaßlichen Erfolg erkennbar außer Verhältnis steht. Der Gedanke der Verhältnismäßigkeit fordert, gegebenenfalls Handlungen zu unterlassen, selbst wenn sie sinnvoll und militärisch notwendig sind. Insbesondere gilt auch: Dem aus dem Völkerrecht bekannten, aber für moralische Erwägungen ebenso relevanten Übermaßverbot zufolge kann eine Kriegshandlung, die gegen ein militärisches Ziel (und nicht unmittelbar gegen Zivilisten) gerichtet ist, nur dann gerechtfertigt sein, wenn die dabei mitbetroffene Zivilbevölkerung nicht in einem zu dem militärischen Zweck außer jedem Verhältnis stehenden Umfang in Mitleidenschaft gezogen wird.[317] Der herkömmlichen Vorstellung nach kann etwa ein Dorf mit fünfhundert Zivilisten nicht ausradiert werden, nur um einen Scharfschützen zu eliminieren.[318] Massiver Verletzungen dieses Proportionalitätsgebots hat sich auch die deutsche Luftwaffe bei teilweise exzessiven Angriffen gegen polnische Städte und Dörfer schuldig gemacht.

Verhältnismäßigkeitsüberlegungen treten in verschiedenen Hinsichten auf. Wesentlich ist es, sich klarzumachen, welcher Erfolg mit welchen Mitteln angestrebt wird und von welcher Erfolgsbilanz man nach einer sorgfältigen Analyse der Gegebenheiten ausgehen darf. Wie aber bestimmt man die voraussichtliche Erfolgs- beziehungsweise Folgenbilanz? Und wie sollte diese Bilanz qualitativ beschaffen sein, damit sie zum Handeln berechtigt? Ist es ausreichend, wenn die positiven Folgen die negativen *deutlich* überwiegen, oder sollten sie sie *bei Weitem* übertreffen oder sollten sie sie in einem Maße übertreffen, dass es den allermeisten Menschen moralisch unmöglich erschiene, angesichts des *extremen Ungleichgewichts* von positiven und negativen Folgen, etwa von Geretteten und Geopferten, nicht zu handeln?

Die Verhältnismäßigkeit eines eingesetzten Mittels kann nur in Bezug auf ein vorausgesetztes Ziel geprüft werden. Für das Mittel „Flächenbombardement" kom-

---

317 Vgl. Schwenck, Die kriegerische Handlung und die Grenzen ihrer strafrechtlichen Rechtfertigung, S. 113 f.
318 Vgl. Parks, Luftkrieg und Kriegsvölkerrecht, S. 418, Anm. 14.

men etwa die Ziele eines militärischen Sieges über Deutschland oder die bedingungslose Kapitulation Deutschlands infrage. Des Weiteren können auch die strategischen Kriegsziele selbst unter Verhältnismäßigkeitsgesichtspunkten beleuchtet werden. Man hat dann zu fragen, welche politischen Ziele durch die militärischen Kriegsziele erreicht werden sollen und ob die dafür aufzuwendenden Kosten in einem angemessenen Verhältnis zum Nutzen stehen. In jedem Fall sollen die zu erwartenden Folgen weniger schlimm sein, als das zu bekämpfende Übel. Eine solche Prüfung setzt die Beantwortung einer Reihe von Fragen voraus – etwa: Was werden die Folgen des Handelns und was werden die Folgen des Nichthandelns sein? Was werden die unmittelbaren und was werden die längerfristigen Folgen sein? Welche Arten von Folgen (menschliche, ökonomische, ökologische, kulturhistorische) sind zu berücksichtigen? Worin genau besteht das drohende Übel? Muss im Fall des Nichthandelns, etwa im Fall des Nachgebens, nicht auch die vielleicht darin liegende Ermunterung für den Aggressor mitbedacht werden? Ist als Alternative zum Kampf nicht ebenso die Möglichkeit eines gewaltlosen Widerstands nach einer feindlichen Besetzung in Betracht zu ziehen? Muss nicht gerade in der Auseinandersetzung mit einem aggressiven Feind vor allem die mögliche Eskalation des Konflikts verrechnet und nach Lösungen zur Konflikteindämmung gesucht werden, die es dem (potentiellen) Aggressor unmöglich machen, sein Vorgehen scheinbar zu rechtfertigen? Und so weiter. Es dürfte offensichtlich sein, dass es im konkreten Fall außerordentlich schwer sein kann, die für Verhältnismäßigkeitsabschätzungen erforderlichen empirischen Daten zu beschaffen, darauf gründende Voraussagen zu machen und die entsprechende Abwägung, in der Regel ohne über quantitative Werte zu verfügen, durchzuführen. Niemand kann aber ob dieser Schwierigkeiten als exkulpiert gelten, der nicht im Bewusstsein der Entsetzlichkeit jedes Krieges solche Überlegungen mit aller Ernsthaftigkeit anstellt.

Kriegsziele und Verhältnismäßigkeitsüberlegungen

Zurück zur Problematik der Flächenbombardements im Zweiten Weltkrieg: Angenommen, man nimmt das Endziel der bedingungslosen Kapitulation als feststehend an und glaubt zutreffend, durch Flächenbombardements den Krieg verkürzen zu können. Soll man unter diesen Voraussetzungen, das besagte, für die Erreichung des Zieles (möglichst schnelle bedingungslose Kapitulation) geeignete Mittel anwenden? Um dies zu entscheiden, wären die durch das Mittel „Flächenbombardement" zusätzlich entstehenden Opfer gegen die durch die frühere Beendigung des Krieges vermiedenen Opfer zu verrechnen. Nur dann, wenn die Opferbilanz positiv ausfällt, kommt ein entsprechendes Vorgehen moralisch gesehen infrage. Da mit einer Entscheidung über den Einsatz eines solchen Mittels zugleich eine Entscheidung über die Tötung unschuldiger Menschen verbunden ist, werden wir uns allerdings, so meine Vermutung, allein mit einer einfachen numerisch positiven

Opferbilanz nicht zufrieden geben. Vielmehr dürfte es einer weit verbreiteten moralischen Intuition entsprechen, eine *qualifizierte* positive Opferbilanz zu fordern – das heißt, eine große Mehrheit der Menschen wird eine Tötung Unschuldiger bestenfalls dann für gerechtfertigt halten, wenn dadurch unverhältnismäßig viele andere Unschuldige gerettet werden. Ich glaube, dass genau diese Intuition auch rational begründbar ist.[319]

Wer, nebenbei gesagt, an dieser Stelle einzuwenden gedenkt, derartige Abschätzungen seien generell unmöglich, hätte sich damit zugleich dafür ausgesprochen, dass sich das betreffende Mittel so nicht rechtfertigen lässt. Denn, wenn jede Möglichkeit fehlt, die Verhältnismäßigkeit eines Mittels abzuschätzen, man also keinerlei Anhaltspunkt hat, dass sich sein Einsatz in dem gewünschten Sinne lohnt, gibt es auch keinen vernünftigen Grund, es einzusetzen. (Dass Flächenbombardements notwendig waren, um überhaupt das Ziel der bedingungslosen Kapitulation zu erreichen, wurde schon in Kapitel 9 in Zweifel gezogen.)

Dem – unscharfen – Kriterium der Verhältnismäßigkeit hat jedes einzelne Bombardement wie auch die Strategie der Flächenbombardements als solche zu genügen. Dabei spielt es keine Rolle, wenn Fehlabwürfe durch Reaktionen des Angreifers auf Abwehrhandlungen des Gegners bedingt sind. Dass es zu Fehlabwürfen in einem Kampfgeschehen kommt, muss mitbedacht und in Verhältnismäßigkeitsabwägungen berücksichtigt werden.

Was nun die Verhältnismäßigkeit des Mittels „Flächenbombardement" in Bezug auf eine denkbare und sicherlich auch eingetretene Kriegsverkürzung betrifft, so gelangt Hans Mommsen zu dem Ergebnis, dass „das Area Bombing kein Beitrag zur vorzeitigen Kriegsbeendigung" gewesen sei, „der den materiellen und personellen Kräfteeinsatz auf alliierter Seite aufgewogen hätte".[320] Bei dieser Einschätzung sind – wohlgemerkt – allein die Kosten, die die Alliierten selbst zu tragen hatten, berücksichtigt. Die *Royal Air Force* verschlang rund die Hälfte der britischen Kriegsaufwendungen. 44 Prozent der Besatzungen, insgesamt 55.500 Männer kamen ums Leben. Zudem hatten, so Mommsen, die Luftangriffe Martin Bormann in die Lage versetzt, „das ramponierte Ansehen der Partei zu verbessern", und die NSDAP damit „zum Nutznießer der spontan zu Stande gekommenen Notgemeinschaft" gemacht.[321] Selbst *aus der Sicht des Mittelanwenders* geurteilt, das heißt ohne Berücksichtigung der Opfer auf der Gegenseite, ist es somit fraglich, ob das eingesetzte Mittel das beste, das in jeder Hinsicht kostengünstigste, und ob es verhältnismäßig war.

---

319 Vgl. Fritze, Die Tötung Unschuldiger, bes. Kap. I und II.
320 Mommsen, Wie die Bomber Hitler halfen, S. 120 f.
321 Ebd.

Verhältnismäßigkeitsüberlegungen mussten aber, wie schon erwähnt, noch in anderer und viel grundsätzlicherer Hinsicht notwendig erscheinen. Die Flächenbombardements waren eingebettet in eine Gesamtstrategie, welche die bedingungslose Kapitulation Deutschlands verfolgte. Angenommen nun, man gelangt zu der Auffassung, dass Flächenbombardements auf deutsche Städte – vielleicht sogar in der Form des *moral bombing* – zumindest bis zu einem bestimmten Punkt des Krieges militärisch notwendig waren oder man legitimerweise annehmen durfte, sie seien erforderlich, um dieses militärische Endziel überhaupt (also nicht nur schneller) zu erreichen. Unter dieser Voraussetzung hätte eine Prüfung der Verhältnismäßigkeit der Strategie „Flächenbombardement" zu fragen, ob die bedingungslose Kapitulation angesichts der zu erwartenden Kosten angestrebt werden durfte. Diese Prüfung hat sich zu orientieren an den Folgen, die mutmaßlich eingetreten wären, wenn man seitens der Alliierten den Krieg nicht bis zur totalen Niederwerfung Deutschlands fortgesetzt hätte. Allerdings könnte die Fixierung auf die bedingungslose Kapitulation in jedem Fall nur dann als legitim gelten, wenn die Fortsetzung des Krieges bis zur Erreichung dieses Zieles im Sinne der eigenen Verteidigung oder der Nothilfe zugunsten vom Nationalsozialismus bedrohter Dritter erforderlich war, vornehmlich also keine anderen, etwa imperialen, Ziele verfolgt wurden (Kapitel 13 und 15).

An dieser Stelle ist eine prinzipielle Bemerkung angebracht. Verhältnismäßigkeitsüberlegungen ergaben sich für die Alliierten nicht nur hinsichtlich des Mittels „Flächenbombardement" und hinsichtlich des Zieles der bedingungslosen Kapitulation. Solche Überlegungen hätten auch in anderen Hinsichten angestellt werden müssen – etwa was die Frage anlangt, ob man sich auf eine militärische Auseinandersetzung dieser Form und dieses Ausmaßes einlassen darf. Dies gilt insbesondere für die britische Entscheidung, sich nach der Luftschlacht um England, als Ende 1940 die unmittelbare Gefahr einer Invasion abgewehrt war (siehe auch Kapitel 17), nicht defensiv zu verhalten, sondern von der einzigen Angriffswaffe, den Luftstreitkräften, weiterhin offensiv Gebrauch zu machen. Es bleibt die Frage, wie diese Kriegshandlungen zumindest bis zum Beginn des deutschen Angriffs auf die Sowjetunion am 22. Juni 1941 zu bewerten sind.

Die Verantwortung des Verteidigers

Dass überhaupt nach der Angemessenheit auch der alliierten Kriegführung zu fragen ist, ergibt sich insbesondere aus der Schadensbilanz des Zweiten Weltkrieges. Abgesehen von den materiellen Schäden hat dieser Krieg etwa 50 Millionen Menschen, davon etwa 25-30 Millionen Zivilisten, das Leben gekostet. Diese Schäden haben zu einem Großteil Hitler und das nationalsozialistische Regime zu verantworten. Es wäre aber falsch, die Verantwortung für diese Folgen ohne detaillierte

Prüfung ausschließlich Hitler und seinem Regime zuzuschreiben. Wie im Privaten auch, kann der Gesamtschaden, der sich als Resultat einer wechselseitig aufeinander bezogenen Handlungsfolge zwischen einem illegitimen Angreifer und einem zu Recht Notwehr übenden Angegriffenen ergibt, nicht umstandslos dem Angreifer zugerechnet werden. Dies gilt erst recht bei der *moralischen* Bewertung eines Geschehens. Von einem Angegriffenen ist vielmehr zu erwarten, dass er das mildeste zweckdienliche Mittel wählt und die Abwehrhandlung abbricht, wenn die Gefahr beseitigt ist. Und von ihm ist des Weiteren zu fordern, dass er sich nicht auf vermeidbare Scharmützel einlässt und keinen Sieg um jeden Preis anstrebt. Oder, wie de Victoria gesagt hat: Es ist darauf zu achten, „dass aus dem Kriege nicht größeres Übel hervorgeht als das, was durch denselben Krieg vermieden werden soll"[322]. Verstößt ein Verteidiger gegen diese Grundsätze, wird sein Handeln illegitim; war der Verstoß schuldhaft, ist er moralisch vorwerfbar.

Natürlich wissen wir, dass man zu allen Zeiten Kriege geführt hat, in denen diese Grundsätze missachtet und massiv verletzt wurden. Ein mancher mag eingedenk dieser Tatsache die hier entwickelten moralischen Normen für „ahistorisch" oder der „militärischen Logik widersprechend" halten. Dieser Auffassung, die sich gern als „realistisch" gibt, ist zu widersprechen. Von moralischen Normen muss man freilich fordern, dass sie prinzipiell erfüllbar sind und ihre Beachtung im konkreten Fall zumutbar ist. Sobald sie diesen Anforderungen jedoch genügen, folgt allein aus einer permanenten Missachtung noch nicht, dass die mit ihnen verbundenen Verhaltensaufforderungen unrealistisch wären. Wer wollte analog aus der Tatsache, dass das Tötungsverbot von Totschlägern und Mördern immer wieder vorsätzlich verletzt wird, auf dessen Ungültigkeit schließen? Eine Praxis lässt sich moralisch nicht durch den Hinweis rechtfertigen, dass sie Jahrtausende alt ist. Dies anzunehmen hieße im vorliegenden Fall, vor gruppenspezifischen Egoismen in die Knie zu gehen und einer Macht- und Interessenpolitik, die Mitglieder der eigenen, vor allem aber der Fremdgruppe (mitunter bedenkenlos) opfert, eine höhere Weihe zu erteilen.

Es gibt kein Großereignis in der Weltgeschichte, bei dem sich die Frage nach der Erforderlichkeit und Verhältnismäßigkeit des Vorgehens auch der (zunächst) zu Recht kriegführenden Partei in einer vergleichbaren Dringlichkeit stellt wie im Fall des Zweiten Weltkrieges. Das Ereignis „Zweiter Weltkrieg" besteht aus einer Unmenge von Einzelereignissen, die aus einer Unmenge von Entscheidungen aller beteiligten Akteure hervorgegangen sind. Bei jeder einzelnen Entscheidung verfügten die Entscheidungsträger über Entscheidungsspielräume. Deshalb drängt sich auch auf Seiten der Alliierten die Frage auf, ob jede der getroffenen Entscheidungen, speziell na-

---

322 de Victoria, Vorlesungen über die kürzlich entdeckten Inder und das Recht der Spanier zum Kriege gegen die Barbaren, S. 151 (De Jure Belli, Nr. 37).

türlich jede der strategischen Grundsatzentscheidungen, dem Kriterium der Verhältnismäßigkeit genügte.

Die Forderung nach bedingungsloser Kapitulation

Doch zurück zur Fixierung auf die bedingungslose Kapitulation Deutschlands, die im Januar 1943 auf der Konferenz in Casablanca – in Abwesenheit der Sowjets – öffentlich bekannt gegeben wurde. Auf einer gemeinsamen Pressekonferenz mit Churchill hatte Roosevelt angekündigt, dass die Alliierten den Achsenmächten gegenüber eine Politik der „bedingungslosen Kapitulation" (*unconditional surrender*) verfolgen werden. Churchill war von dieser Ankündigung überrascht und soll, wie sich Harriman erinnerte, vor Wut gekocht haben.[323] Roosevelt erzählte später, die Idee, von einer „bedingungslosen Kapitulation" in der Pressekonferenz zu sprechen, sei bei ihm „plötzlich aufgetaucht".[324] Dabei scheinen die Gründe für Churchills Verärgerung nicht wirklich klar zu sein. Zwar hatten beide über das Thema gesprochen, allerdings fand *unconditional surrender* in der gemeinsamen Erklärung, die am Ende der Konferenz abgegeben werden sollte, keine Erwähnung. Churchill war zum einen beleidigt, dass Roosevelt eine derart folgenschwere Erklärung abgab, ohne ihn vorher zu konsultieren – sah sich aber genötigt, die Formel Roosevelts aufzugreifen. Zum anderen war sich Harriman nicht sicher, ob ihm der Inhalt zusagte. Aber auch wenn es weniger der Inhalt war, der Churchill nicht zugesagt haben sollte, er fürchtete wohl – und andere Politiker nicht weniger –, dass sich die Deutschen nach dieser Proklamation noch heftiger zur Wehr setzen würden.[325] Viele, insbesondere Militärs und darunter auch General Eisenhower, waren überzeugt, dass die Forderung nach *unconditional surrender* die Zähigkeit des militärischen Widerstands der Deutschen stärken, das Ende des Krieges verzögern und damit zusätzliche Menschenopfer kosten werde.[326] Diese Sorge dürfte nicht unbegründet gewesen sein. Erich Loest beispielsweise – damals HJ-Führer – machte in seinen Erinnerungen deutlich, dass aus der Angst heraus, nach der Niederlage werde ein ungeheures Strafgericht hereinbrechen, sich für ihn die Gewissheit ergab: „Es bleibt uns ja gar nichts übrig, als immer weiter zu kämpfen."[327] Und Hans Rothfels gelangte zu dem Resümee, dass die Politik der bedingungslosen Übergabe es für die deutsche Opposition schwieriger machte, widerstrebende Generäle zu sich herüberzuziehen, und das Ende des Krieges „beträchtlich" verzögert habe.[328]

---

323 Harriman/Abel, In geheimer Mission, S. 158.
324 Vgl. ebd.
325 Vgl. ebd.
326 Vgl. Vagts, Unconditional Surrender – vor und nach 1943, S. 298-300.
327 Loest, Durch die Erde ein Riß, S. 56 (Hervorhebung getilgt).
328 Rothfels, Die deutsche Opposition gegen Hitler, S. 157.

Die von Goebbels bereits zuvor in Szene gesetzte Propaganda[329] von der im Fall einer Niederlage angeblich drohenden Vernichtung des deutschen Volkes schien sich durch die Forderung nach bedingungsloser Kapitulation – wenn vielleicht auch nicht für die breite Öffentlichkeit, die die Casablanca-Formel kaum zur Kenntnis nahm – zu bestätigen. Mit seiner „Sportpalast-Rede" vom 18. Februar 1943, in der er zum „totalen Krieg" aufrief und ihn, „wenn nötig, totaler und radikaler" geführt wissen wollte, als man sich dies bis dahin vorstellen konnte,[330] beabsichtigte Goebbels, eine Konzentration der gesamten industriellen Kapazität und des Arbeitsvermögens auf die Rüstungsgüterproduktion und den Krieg mental vorzubereiten. Mit diesem Aufruf zur totalen Mobilisierung aller Kräfte reagierte er wohl in erster Linie auf die sich schon Ende 1942 abzeichnenden schweren Krisen an den Fronten sowie die Niederlage in Stalingrad – die Ankündigung von Casablanca dürfte allerdings, obwohl die *Unconditional-surrender*-Formel in der deutschen Propaganda nicht aufgegriffen wurde[331], ihr Übriges zur Umorientierung auf den „totalen Krieg" beigetragen haben.

Die *unbedingte* „Kampfansage" Roosevelts und Churchills stellt sicherlich eine der wesentlichen Entscheidungen des Krieges dar. Mit ihr war die Option eines Verständigungsfriedens offiziell aufgegeben worden. Falls man zu dem Ergebnis gelangt, dass zwar Flächenbombardements zur Erreichung des fixierten Endzieles unverzichtbar (dies haben wir oben infrage gestellt), aber zugleich unverhältnismäßig waren, dann stellte dies die Legitimität dieses politischen Kriegszieles infrage. Man müsste dann die Auffassung vertreten, dass sich die Alliierten zu fragen gehabt hätten, ob sie angesichts der (zweifellos) voraussehbaren enormen Kosten (vor allem der enormen Verluste an Menschenleben), die mit einer totalen Niederwerfung Deutschlands verbunden sein werden, moralisch berechtigt sind, an diesem Ziel festzuhalten. Jedoch: Nach der Casablanca-Formel und Goebbels' Rede galt die totale militärische Niederlage des Gegners als die einzige Möglichkeit, den Krieg zu beenden. Damit war „signalisiert worden, daß die Möglichkeit eines begrenzten Krieges oder eines wieder zu begrenzenden Krieges weitgehend auszuschließen" ist, und der Krieg hat „in diesem seinem Schlußabschnitt eine Zwangsläufigkeit besessen, die er vordem nicht gehabt hatte".[332]

Formal betrachtet, sollte die bedingungslose Kapitulation die Voraussetzungen für eine temporäre Besetzung sowie eine politische und womöglich gesellschaftliche Umgestaltung des Deutschen Reiches durch die Siegermächte schaffen. Die Haager

---

329 Vgl. Longerich, „Davon haben wir nichts gewusst!", S. 203 ff.
330 Goebbels, Reden 1932-1945, S. 205.
331 Vgl. Moltmann, Goebbels' Rede zum totalen Krieg am 18. Februar 1943, S. 32-34.
332 Rauchensteiner, Betrachtungen über die Wechselbeziehung von politischem Zweck und militärischem Ziel, S. 57 f.

Landkriegsordnung gab hierfür – nebenbei bemerkt – keine Rechtfertigungsgrundlage.[333] Wie fixiert man aber auf dieses Endziel war, wird in den Reaktionen von Briten und Amerikanern auf das (gescheiterte) Attentat auf Hitler vom 20. Juli 1944 deutlich. Bezeichnenderweise hegte man sowohl in London als auch in Washington Befürchtungen, dass nach einem Bekanntwerden des Anschlags auf Hitler die Bereitschaft ihrer Armeen, bis zum totalen Sieg weiterzukämpfen, leiden könnte.[334]

---

333 Ipsen, Bewaffneter Konflikt und Neutralität, S. 1239.
334 Vgl. Hamerow, Die Attentäter, S. 380 ff.

12. Kapitel
Waren die Kriegsziele legitim?

Eine folgenträchtige Entscheidung

Die Frage nach der Legitimität der von den Alliierten verfolgten strategischen Kriegsziele stellt sich natürlich, wie schon gezeigt, ganz grundsätzlich – und nicht nur unter dem Gesichtspunkt, dass Flächenbombardements möglicherweise erforderlich waren, um diese Ziele zu erreichen.

Allgemein ist zu fragen, ob man es sich mit einer Pauschalbeurteilung des Zweiten Weltkrieges als eines seitens der Alliierten in jeder Hinsicht gerechten Krieges nicht generell zu einfach macht. Ich glaube, dass diese Frage einer gründlichen Diskussion harrt. Zu Recht hat Harald Wohlrapp in kritischer Absicht darauf hingewiesen, dass der Zweite Weltkrieg, so wie ihn die Alliierten führten, „mittlerweile zum Paradigma des gerechten Krieges avanciert" ist. Er schreibt:

> „Manche gehen so weit, zu behaupten, es wäre ein Verbrechen gewesen, diesen Krieg nicht zu führen. Es wäre also ein Verbrechen gewesen, nicht 50 Mio. Menschen zu opfern und Europa in Schutt und Asche zu legen, weil dies die einzige Möglichkeit gewesen sein soll, Hitler zu stoppen und die Judenvernichtung zu beenden. Dieses ist eine gewaltige Behauptung, mit der der katastrophale Höhepunkt und Abschluss eines halben Jahrhunderts irrelaufender Macht- und Interessenpolitik auf das Format einer moralisch richtigen Handlungsweise zurechtgestutzt werden soll."[335]

Ein Exponent dieser Auffassung ist Vittorio Hösle. Er glaubt, „kein Vernünftiger" könne bestreiten, dass „der Angriff auf Polen [gemeint ist der Angriff Hitlers – L.F.] von der zivilisierten Welt nicht mehr hingenommen werden konnte" (obwohl der Angriff der Sowjetunion auf Polen sehr wohl hingenommen wurde), und hält den Zweiten Weltkrieg für „das Paradigma eines gerechten Krieges".[336] Das sich hier stellende ethische Problem ist: Kann aus der Illegitimität eines staatlichen Angriffs *pauschal* auf die Legitimität von Verteidigungshandlungen des angegriffenen Staates oder zugunsten dieses Staates geschlossen werden? Ich verneine diese Frage.

Auch wenn die Alliierten – selbstverständlich – nicht die Möglichkeit hatten, durch die Unterlassung eigener Kriegsanstrengungen alle 50 Millionen Opfer des Zweiten Weltkrieges zu vermeiden, dürfte doch klar sein, dass auch sie eine enorme Recht-

---
335 Wohlrapp, Krieg für Menschenrechte?, S. 128 f.
336 Hösle, Moral und Politik, S. 1023.

fertigungslast für ihre Entscheidungen zu tragen haben. Diese Rechtfertigungslast bezieht sich zunächst auf die Aufnahme des Krieges und seine Fortsetzung unter Ignorierung aller Friedensangebote; sie bezieht sich aber auch auf die Art und Weise der Kriegführung der Alliierten und die Bestimmung ihrer Kriegsziele. Bedenkt man, dass in den letzten beiden Kriegsjahren mehr Menschen getötet wurden als in den vier Jahren zuvor,[337] wobei gerade im letzten Jahr überproportional viele starben, dann ist zu fragen, ob die Fortsetzung des Krieges bis zur bedingungslosen Kapitulation – ohne Kompromisslösungen auch nur ins Auge zu fassen – unter dem Gesichtspunkt der Verhältnismäßigkeit gerechtfertigt war. Diese Frage ist zu stellen, obgleich manches dafür spricht, dass Hitler einem Kompromiss, wenn er ihn als Kapitulation empfunden hätte, niemals zugestimmt haben würde. Jedenfalls hatte Hitler seinen Kampfeswillen in öffentlichen Reden immer wieder betont.[338] Aber durften die Alliierten grundsätzlich von der Aussichtslosigkeit einer vertretbaren Verständigung mit dem nationalsozialistischen Regime ausgehen? Und war nicht letztlich die Dynamik unabschätzbar, die ein Verhandlungsangebot im Reiche Hitlers hätte auslösen können?

Die Frage, ob die Fortsetzung des Krieges bis zur bedingungslosen Kapitulation unter dem Gesichtspunkt der Verhältnismäßigkeit zu rechtfertigen war, stellt sich natürlich nicht nur unter Berücksichtigung der deutschen Opfer, sondern ebenso angesichts der ungeheuren Anzahl alliierter Soldaten, die zum Zweck der *vollständigen* Niederwerfung Deutschlands ihr Leben lassen mussten, sowie der vielen zivilen Opfer der letzten Kriegsmonate. Bedenkt man des Weiteren, dass nach der Unterzeichnung des britisch-sowjetischen Bündnisvertrages am 26. Mai 1942 für die deutsche Opposition keine Aussicht mehr bestand, sich mit London zu verständigen,[339] die Alliierten also selbst den Männern des 20. Juli nach einem gelungenen Staatsstreich wahrscheinlich keine Verhandlungsoption eingeräumt hätten,[340] so ahnt man die Schwierigkeiten, die auf einem Rechtfertigungsversuch lasten. Verdeutlicht man sich zudem, dass ganz unabhängig von bündnispolitischen Zwängen schon nach der Regierungsübernahme durch Churchill „alle Möglichkeiten, die zu einer politischen Beendigung des Krieges führen mochten, zugunsten einer rein militärischen Konzeption der Kriegführung verdrängt"[341] wurden, so wird man die

---

337 Vgl. Herbert/Schildt, Kriegsende in Europa, S. 21.
338 Siehe etwa Hitler, [Rede am 23. November 1939], S. 1424-1427; ders., [Rede am 24. Februar 1940], S. 1468; ders., [Rede am 8. November 1942], S. 1935, oder ders., [Rede am 8. November 1943], S. 2056.
339 Vgl. Kettenacker, „Unconditional Surrender" als Grundlage der angelsächsischen Nachkriegsplanung, S. 178, 183 f.
340 Vgl. Kettenacker, Die britische Haltung zum deutschen Widerstand während des Zweiten Weltkriegs, S. 72.
341 Kettenacker, „Unconditional Surrender" als Grundlage der angelsächsischen Nachkriegsplanung, S. 176.

Vermutung kaum abweisen können, dass es um die Niederwerfung Deutschlands und nicht etwa nur Hitler-Deutschlands ging.

Natürlich kann man die Entscheidungen über die Fixierung von Kriegszielen und den Einsatz von Kriegsmitteln nur im Lichte von Alternativen sinnvoll diskutieren. Man wird daher zu fragen haben, was ein Verzicht auf einen „Sieg um jeden Preis"[342] bedeutet hätte. Dass gerade diese Frage kontroverse Antworten hervorruft, kann nicht überraschen. Aber man wird sich ihr ohne ideologische und politische Rücksichtnahmen zu stellen haben.

Kontroverse Sichtweisen

Die unnachgiebige, jede Verständigung von vornherein ausschließende Haltung der Alliierten, insbesondere Churchills, wird bis heute ganz unterschiedlich kommentiert. Ulrich K. Preuß beispielsweise behauptet, dass die Vernichtung des Nazismus „um jeden Preis gelingen mußte", denn ansonsten wäre die Menschheit „um alle Hoffnung auf die materielle und moralische Verbesserung ihrer irdischen Zustände gebracht" worden.[343] Der Krieg habe bis zur bedingungslosen Kapitulation geführt werden müssen, denn auf dem Spiel stand die „Wahrung gewisser moralischer Mindeststandards menschlicher Gesittung", nämlich die Anerkennung des „Eigenwert[s] eines jeden Individuums".[344] Neben einer Quasi-Rechtfertigung der Flächenbombardements[345] liefert Preuß dergestalt eine – inkohärente – Begründung dafür, dass ein Kompromiss von vornherein ausgeschlossen war und der Krieg – und zwar gerade unter Missachtung des Eigenwerts ungezählter menschlicher Individuen – bis zur Vernichtung des Nazismus fortgesetzt werden musste. Dies scheint noch heute die herrschende Sicht der Dinge zu sein. Zu einer ganz anderen Einschätzung, was die Leistung Churchills anlangt, kam Erich Schwinge:

„Als am 28. Mai 1940 im britischen Kabinett wieder einmal die Frage erörtert wurde, ob es nicht ratsam sei, in Verhandlungen mit Hitler einzutreten, hielt Churchill denjenigen, die dazu neigten, scharf entgegen, Hitler werde die Auslieferung der britischen Flotte und die Besetzung aller britischen Seekriegshäfen verlangen. Nach Angabe des Labour-Ministers Dalton brachte diese Behauptung die Gegenmeinung sofort zum Schweigen. Irgendeinen Anhaltspunkt dafür, daß Hitler solche Forderungen stellen werde, gab es nicht. Churchill hat hier – wie so oft – die deutsche Gefahr übertrieben. Wenn es auch im späteren Verlauf des Kriegs nicht zu einem Verständigungsfrieden gekommen ist, so

---
342 Churchill, Blut, Schweiß und Tränen, S. 13.
343 Preuß, Krieg, Verbrechen, Blasphemie, S. 36.
344 Ebd.
345 Vgl. ebd., S. 37.

trägt Churchill die Hauptschuld daran. Millionen von Menschen wäre das Leben erhalten geblieben, wenn er diese starre Haltung aufgegeben hätte. An die Menschenleben, die seine großen politischen Entscheidungen kosteten, pflegte er aber in der Regel nicht zu denken."[346]

Hans-Peter Schwarz hingegen, der Churchill für einen „der wenigen ganz Großen des 20. Jahrhunderts"[347] hält, schreibt:

„Hätte Churchill 1940 tatsächlich ein Arrangement mit Hitler versucht, so ist doch sehr zweifelhaft, ob das überhaupt zu tragbaren Bedingungen möglich gewesen wäre. Selbst wenn Großbritannien wider Erwarten bei einem Kompromißfrieden seine Unabhängigkeit bewahrt hätte, wäre die Zukunft alles andere als sicher gewesen."[348]

Man mag diese Situationsanalyse im Grundsatz durchaus teilen. Schwarz unterstellt immerhin, dass nicht nur ein „Arrangement mit Hitler" denkbar war, sondern dass Großbritannien bei einem Kompromissfrieden auch seine Unabhängigkeit möglicherweise hätte bewahren können. Jedoch: Was soll es heißen, dass die Zukunft nicht sicher gewesen wäre? Soll dies heißen, dass es nur dann vernünftig sei, Kriege zu vermeiden, wenn man seine Interessen und Ziele mit Sicherheit durchsetzen kann? Sicher war zu diesem Zeitpunkt nur, dass eine Auseinandersetzung mit Deutschland unabsehbare Opfer bringen würde. Zweifellos war gegenüber einem Diktator vom Schlage Hitlers Misstrauen angebracht. Aber wie eigentlich soll man Schwarz' Urteil verstehen, dass Churchill „mit seinem berserkerhaften Kampfeswillen von Anfang an im Recht gewesen"[349] sei?

Schwarz und mit ihm viele andere halten die Entscheidung zum Kampf um jeden Preis, „selbst um den Preis des wirtschaftlichen Ruins und unter Inkaufnahme des Risikos völliger Vernichtung"[350], für eine großartige, die demokratische Welt, ja die Zivilisation rettende und moralisch begrüßenswerte Entscheidung. Dies ist eine Bewertung von großer Tragweite. In Anbetracht der Folgenträchtigkeit dieser Entscheidung sollte man meinen, dass ihre nachträgliche Rechtfertigung gut begründet ist. Nur, wie will man diese Entscheidung, die darauf hinauslief, einen Krieg fortzusetzen, der ansonsten zumindest vorerst, vielleicht aber auch endgültig beendet worden wäre, rechtfertigen? Heißt dies nicht, eine *präventive* Selbstverteidigung

---

346 Schwinge, Churchill und Roosevelt aus kontinentaleuropäischer Sicht, S. 21. Zu Churchills Mutmaßungen über die deutschen Bedingungen für einen Waffenstillstand – sie „wechselten, je nachdem, an wen er sich wandte" – siehe auch Charmley, Churchill, S. 448; vgl. auch S. 424 ff.
347 Schwarz, Das Gesicht des Jahrhunderts, S. 375.
348 Ebd., S. 384.
349 Ebd., S. 381.
350 Ebd., S. 370.

oder – im günstigsten Fall – eine humanitäre Intervention zugunsten der von Deutschland besetzten Länder rechtfertigen zu müssen? Dazu müsste man wenigstens zeigen, dass die Fortsetzung des Krieges in einem allgemein nachvollziehbaren Sinne das kleinere Übel darstellte. Dies allerdings setzte voraus, dass man die dann denkbaren Szenarien hinreichend gut beschriebe und ihre Eintrittswahrscheinlichkeiten abschätzen kann. Ist dies irgendwo zufriedenstellend geleistet worden?

Graf von Krockow erklärte zwar die Entfesselung des Luftkrieges gegen die deutsche Zivilbevölkerung für „barbarisch" und für ein „Verbrechen", betonte zudem, dass die vom Sowjetimperium ausgehende Bedrohung nicht abzuschätzen war, hielt es aber zugleich der „Unbeugsamkeit" Churchills zugute, einen deutschen „Endsieg" verhindert und damit „Abermillionen von Menschen gerettet" zu haben.[351] Wer, wie von Krockow, dies für eine Rechtfertigung dafür hält, „auf den Sieg um jeden Preis zu setzen"[352], übernimmt Begründungslasten, an denen nicht zu scheitern vermutlich schwer ist. Denn auch wenn man in einer *Ex-post*-Betrachtung annimmt, dass „die Ausrottung der Juden, die Eroberung von ‚Lebensraum' im Osten und die Versklavung der Völker, die dort lebten", von vornherein auf Hitlers „Programm" standen[353], und man von diesem Gefahrenszenario ausgeht: Der unbedingte britische Widerstandswille und die alliierte Unbeugsamkeit im Kampf bis zur bedingungslosen Kapitulation haben nicht nur Abermillionen Menschenleben gerettet (wer aber weiß letztlich, ob dies tatsächlich der Fall war), sondern zunächst einmal (und zwar definitiv) Abermillionen Leben gekostet. Von Krockow glaubte aber offenbar, dass Churchill moralisch akzeptable Gründe hatte, diese – in ihrer Dimension durchaus vorhersehbaren – Kosten in Kauf zu nehmen. Er brachte dies wie folgt auf den Punkt:

„Die Alternative zum Widerstand um jeden Preis war das Verhandeln mit dem Sieger, und es konnte nur zum Ziel führen, wenn Großbritannien Hitlers Vorherrschaft auf dem Kontinent anerkannte und sich mit seiner ohnmächtigen, im Grunde nur geduldeten Randlage abfand. Wer das sogar noch im Rückblick, in Kenntnis aller Verbrechen, im Angesicht von Auschwitz für vertretbar hält, sollte vortreten und es sagen, statt nur scheinheilig darüber zu klagen, daß Churchill sich mit Haut und Haaren der atlantischen Allianz verschrieb."[354]

---

351 von Krockow, Churchill, S. 215 f.
352 Ebd., S. 215.
353 Ebd.
354 Ebd., S. 171.

Akteure, Handlungen, Folgen

Freilich stellen sich in diesem Zusammenhang komplizierte empirische, wissenschaftstheoretische, aber auch ethische Fragen. Auf einige sei hier hingewiesen. Zunächst gilt, dass sowohl der jeweilige Akteur selbst als auch seine Handlung einer moralischen Bewertung unterzogen werden können. Dies muss unterschieden werden. Sodann: Wenn wir wissen wollen, ob es moralisch akzeptabel war, dass ein Akteur eine bestimmte Entscheidung so getroffen hat, wie er sie traf, dürfen wir nur das zum Zeitpunkt der Entscheidung verfügbare Wissen berücksichtigen und die zu diesem Zeitpunkt bestehenden Handlungsalternativen heranziehen. Von Bedeutung für die Bewertung des Akteurs ist daher, welche Gefahren er abwehren wollte (beziehungsweise welche Ziele er verfolgte) und welche Gefahren zu dem damaligen Zeitpunkt, weil als Gefahren bekannt, überhaupt intentional abgewehrt werden konnten. Entscheidend für die Bewertung ist also (unter anderem), welche zukünftige Entwicklung der Dinge *ex ante* – und zwar bei Erfüllung der Informationspflicht – zu erwarten war.

Des Weiteren ist zu bedenken, dass eine Handlung auch nichtbeabsichtigte positive Folgen zeitigen kann. Eine solche Handlung werden wir nicht schon deshalb, weil der Akteur die positiven Folgen nicht anstrebte, für schlecht halten. Vielmehr können wir durchaus froh sein, dass er die Handlung ausführte, und manche dieser Handlungen mögen sogar als moralisch gut gelten. Wenn jemand einen anderen Menschen, dessen Schicksal ihm im Grunde gleichgültig ist, aus Lebensgefahr rettet, weil er als Lebensretter dastehen möchte, werden wir jedenfalls nicht sagen, er hätte die Handlung unterlassen sollen. Auch wenn der Akteur die moralisch richtige Gesinnung missen ließ, ist doch die Handlung selbst moralisch positiv zu bewerten.

In diesem Beispielfall hatte der Akteur die positiven Folgen seines Handelns vorausgesehen, aber nicht als eigentlichen Zweck seiner Handlung intendiert. Wie urteilen wir nun, wenn die positiven Folgen seiner Handlung vom Akteur nicht vorhergesehen wurden und von ihm auch nicht vorherzusehen waren? Hier sind zwei Fälle zu unterscheiden. Wichtig ist, ob die betreffende Handlung beziehungsweise Handlungssequenz zuallererst eine notwendige Voraussetzung schuf, damit sie selbst an der Hervorbringung der positiven Folgen kausal beteiligt sein konnte, oder ob dies nicht der Fall war. Oder anders gesagt: Angenommen, die positiven Folgen der Handlung bestehen in der Beseitigung einer Gefahr, dann ist es wichtig, ob diese – unvorhergesehen abgewendete – Gefahr, erstens, unabhängig von dieser Handlung existierte oder, zweitens, erst durch diese Handlung mit hervorgebracht wurde.

Man kann sich den Unterschied beider Fälle an einem Beispiel klarmachen. Das Beispiel ist so gewählt, dass die Handlung selbst rechtswidrig ist. Der *erste Fall* läge etwa vor, wenn ein Geldschrankknacker bei seinem Einbruch in ein Einfamilienhaus, dessen Besitzer nicht anwesend sind, die Alarmanlage auslöst, daraufhin flüchtet und der anrückende Sicherheitsdienst rechtzeitig auf ein von seinen Eltern allein gelassenes Kleinkind aufmerksam wird, das bei einem unabhängig von dem Einbruch ausgebrochenen Schwelbrand zu ersticken droht. In diesem Fall hätte der Einbrecher durch sein rechtswidriges Tun unbeabsichtigt, unvorhergesehen und durch ihn auch unvorhersehbar eine notwendige Bedingung für die Rettung des Kindes gesetzt. Der *zweite Fall* läge hingegen dann vor, wenn derselbe Einbrecher mit der Alarmauslösung – etwa infolge eines technischen Defekts – auch den Schwelbrand verursacht hätte, aus dem der Sicherheitsdienst das Kind rettete. Wie wäre das Verhalten des Einbrechers jeweils zu beurteilen? Nun, in beiden Fällen könnten uns allein die positiven Folgen, die der Einbruch in dem konkreten Fall unvorhergesehenermaßen hatte, nicht zur Revision unseres, sich auf eine Moralnorm stützenden Urteils veranlassen, er hätte diese Handlung unterlassen sollen. Diese Unterlassungspflicht kann in diesem und allen relevant ähnlichen Fällen schon deshalb nicht aufgehoben sein, weil die positiven Folgen eben nicht vorhersehbar waren. Gleichwohl wird in unserer Stellungnahme zur jeweiligen Handlung des Einbrechers ein Unterschied bestehen: Im ersten Fall nämlich werden wir – paradoxerweise – froh sein, dass er diese Handlung ausgeführt hat, denn ansonsten wäre das Kind jetzt tot. Im zweiten Fall hingegen hat der Einbrecher zwar auch eine Voraussetzung für die Rettung des Kindes geschaffen, er hatte aber mit derselben Handlung zugleich die Gefahrensituation verursacht, aus der das Kind anschließend gerettet wurde. In diesem Fall würde daher niemand froh darüber sein, dass, weil die betreffende Ausgangshandlung zu guter Letzt auch mit einer positiven Wirkung verbunden war, der Akteur seine Handlung nicht unterlassen hat.

Diese Überlegung zeigt: Allein der Hinweis auf positive Folgen einer Handlung ist als Argument defizitär. Es kann Handlungen geben, die letztlich (auch) positive Folgen haben, ohne dass daraus eine Rechtfertigung gewinnbar wäre, ja ohne dass Grund bestünde, wenigstens im Nachhinein über die Ausführung der Handlung froh zu sein. Dies gilt nicht nur (wie in unserem Beispiel des Einbrechers) für Handlungen, die einen Tatbestand verwirklichen (also eine geltende Norm übertreten), sondern für alle, die einer (konsequentialistischen) Rechtfertigung bedürfen. Diesen Zusammenhang wird man insbesondere dann beachten müssen, wenn man komplexe wechselseitig aufeinander bezogene Handlungsabfolgen, wie sie gerade für kriegerische Konflikte typisch sind, zu analysieren hat.

Plan oder Handlungsbereitschaft?

Für die hier verhandelten geschichtlichen Ereignisse bedeutet dies zweierlei. *Erstens* haben Historiker nicht nur zu klären, ob und inwieweit Hitlers *Pläne* zur Ausrottung der Juden, zur Eroberung von Lebensraum im Osten und zur Versklavung der dort lebenden Völker tatsächlich seiner aktuellen realpolitischen Orientierung dienten, oder ob es sich dabei um Drohungen mit taktisch-propagandistischer Stoßrichtung oder um metaphorische Äußerungen über historische Perspektiven oder um Fernziele ohne aktuelle Bedeutung oder Ähnliches handelte. Hannah Arendt beispielsweise vertrat folgende Position:

> „Hitler ist nicht durch den Krieg gedrängt worden, ethische Bedenken über den Haufen zu werfen, sondern hat das Massenmorden eines Krieges für eine unvergleichliche Gelegenheit gehalten, um ein Mordprogramm, das wie all seine Programmpunkte auf Jahrtausende berechnet war, anzukurbeln."[355]

Ob diese – extreme – Sichtweise haltbar ist, ist eine Frage, die sich der historischen Forschung stellt. Mit Carl J. Burckhardt könnte man hingegen vorschlagen, viele von Hitlers – oftmals situations- und stimmungsabhängigen, aber auch widersprüchlichen – Verlautbarungen als ein „unkontrolliertes Geständnis von Zwangsvostellungen"[356] aufzufassen. Vermutlich drückten viele Äußerungen Hitlers, die mitunter als „Plan" verstanden werden, eine *Handlungsbereitschaft* aus, die unter bestimmten Umständen aktiviert werden konnte. Aus der Kenntnis derartiger Pläne oder Ideen lässt sich aber nicht schlussfolgern, dass Hitler ohnehin vorhatte, die entsprechenden Handlungen auszuführen und dies auch in jedem Fall getan hätte. Deshalb ist *zweitens* zu klären, ob bestimmte Prozesse, Ereignisse oder Verbrechen auch dann stattgefunden hätten, wenn bestimmte Entscheidungen der Kriegsgegner anders ausgefallen wären. Die Annahme etwa, „Auschwitz" hätte ohnehin stattgefunden, ist nicht nur unbeweisbar, sondern angesichts der verschiedenen Etappen der Lösung des „Judenproblems" noch nicht einmal plausibel. Die Deportation der Juden stand zunächst in engem Zusammenhang mit der Rücksiedlung der deutschen Minderheiten aus Ostmittel- und Osteuropa.[357] Ihre Zurückziehung aus den der Sowjetunion eingeräumten Einflusssphären war im deutsch-sowjetischen Grenz- und Freundschaftsvertrag vom 28. September 1939 vereinbart worden. Für die Ansiedlung der nunmehr „heimkehrenden" mehreren Hunderttausend deutscher Umsiedler „musste" im Reichsgebiet auf Kosten von Polen und Juden Platz geschaffen werden. Zu diesem Zweck fasste man eine *territoriale* „Endlösung" ins Auge. Bis Anfang 1942 wurde der Plan verfolgt, die im deutschen Herrschaftsbereich befindlichen Juden nach Madagaskar auszusiedeln, und noch am 2. Juni 1942 hatte Hitler das Madagaskar-Projekt als Eventualität erwähnt. Dieser, mit Nachdruck betriebene, aber gleichwohl illusionäre, Plan war jedoch nachdem Großbritannien weiterkämpfte und die Luftschlacht über England verloren ging, „auf absehbare Zeit obsolet" geworden, da er „die Erringung der Seeherrschaft zur Voraussetzung hatte".[358]

---

355 Arendt, Elemente und Ursprünge totaler Herrschaft, S. 554 f.
356 Burckhardt, Meine Danziger Mission 1937-1939, S. 275.
357 Vgl. hierzu und für das Folgende Mommsen, Auschwitz, 17. Juli 1942, Kap. 6.
358 Ebd., S. 107.

Angenommen, es ließe sich plausibel machen, dass ein Verbrechen – beispielsweise das der Judenvernichtung – nicht auf einen konkreten Plan und einen Befehl Hitlers zurückgeführt werden kann, sondern etwa als Resultat eines Prozesses „kumulativer Radikalisierung" zu begreifen ist,[359] eines Vorganges, der außerhalb des Krieges so kaum vorstellbar gewesen wäre – obgleich der Krieg auch Tarnung für Verbrechen bieten konnte[360] –, dann führte diese Erkenntnis selbstverständlich nicht zu einer Relativierung der Schuld der Täter. Sie verdeutlichte aber – und dies ist gleichsam das Generalthema dieses Buches – die immense Verantwortung, die ein Verteidiger im Kampf gegen einen verbrecherischen Aggressor notgedrungen zu tragen hat. Gerade weil er als „Gerechter" moralisch ansprechbar ist, kann von ihm erwartet werden, bei der Fixierung seiner eigenen Strategie gegen das Unrecht eine mögliche Radikalisierung des zu allem entschlossenen Feindes mitzubedenken. Dies heißt weder, dass die nationalsozialistischen Vernichtungsaktionen voraussehbar gewesen wären, noch, dass dem rechtmäßigen Verteidiger eine Mitschuld an Verbrechen des unter Druck geratenen Aggressors erwüchse. Das allgemeine Problem ist vielmehr: Wie kann der Kampf gegen das Unrecht geführt werden, ohne das menschliche Leid dabei zu vermehren? Dass unsere diesbezüglichen Hoffnungen primär auf den rechtmäßigen Verteidiger gerichtet sind und nicht auf den Aggressor, mag man als ein moralisches Paradoxon empfinden; es ist aber, solange der Gerechte gegen den Ungerechten kämpft, nicht auflösbar.

Vorspiel zum Völkermord?

Es ist im hier verhandelten Zusammenhang nicht uninteressant, sich das Bild zu vergegenwärtigen, welches der Nationalsozialismus vor 1939 im Vergleich zu anderen faschistischen, militärischen oder autoritären Diktaturen dieser Zeit abgab. Nach dem Ersten Weltkrieg war in Europa eine Reihe diktatorischer Führer an die Macht gekommen, sodass schon Mitte der dreißiger Jahre demokratische Systeme in der Minderheit waren. Die „Unterdrückung der persönlichen und bürgerlichen Freiheiten" im Reiche Hitlers war, wie Richard J. Evans festhält, „nichts Ungewöhnliches im Europa der Zwischenkriegszeit".[361] Und er fährt fort:

> „Man könnte vielleicht einwenden, dass der Kern des nationalsozialistischen Regimes seine Rassenpolitik war. Aber auch hier, im europäischen Vergleich, ragte das ‚Dritte Reich' zumindest bis zum Ausbruch des Krieges nicht so deutlich heraus, wie oft behauptet wird. So war zum Beispiel der Antisemitismus, wie er von den Nationalsozialis-

---

359 Vgl. Mommsen, Die Realisierung des Utopischen, S. 194, 208, 213 f., 225., sowie ders., Auschwitz, 17. Juli 1942, S. 118 f., 122, 125, 175.
360 Pohl, Das NS-Regime und das internationale Bekanntwerden seiner Verbrechen, S. 85.
361 Evans, Zwei deutsche Diktaturen im 20. Jahrhundert?, S. 7.

ten und der deutschen Regierung bis September 1939 propagiert und praktiziert wurde, keine einmalige Erscheinung, vor allem wenn man die antisemitische Politik anderer mittel- und ostmitteleuropäischer Länder in Betracht zieht."³⁶²

Evans nennt unter anderem das Beispiel Polens. Dort wurden zwischen 1936 und 1939 bei mehr als 150 Pogromen oder gewalttätigen Zwischenfällen mindestens 350 Juden getötet und mehrere Hundert verletzt.³⁶³ In einem Grundsatzpapier „Jüdische Emigration und die Kolonialfragen" aus dem Jahre 1936 erörterte das polnische Außenministerium die Notwendigkeit der Emigration der überschüssigen jüdischen Bevölkerung und brachte dieses „Problem" offensiv in die internationale Öffentlichkeit.³⁶⁴ Bis 1939 verhandelte die polnische Regierung mit Frankreich über einen möglichen massenhaften Bevölkerungstransfer von polnischen Juden nach dem in französischem Kolonialbesitz befindlichen Madagaskar.³⁶⁵ Maßnahmen und Gesetze zur Marginalisierung und Diskriminierung von Juden gab es ebenso in Ungarn und Rumänien. Ähnliches gilt für die Schikanierung von Homosexuellen, die Verfolgung von „Zigeunern" und die Sterilisation sogenannter Erbkranker. Praktiken dieser Art gab es in vielen europäischen Ländern. So wurden in Norwegen 40.000 und in Schweden 63.000 Menschen (auch aus rassischen Gründen) unfruchtbar gemacht – eine Dimension, die bezogen auf die Bevölkerungszahl mit der in Deutschland vergleichbar ist.

Gleichwohl ist mit Evans festzuhalten, dass der Prozess der Entrechtung der jüdischen Minderheit in Deutschland zweifellos weiterging als in anderen Ländern. Nirgendwo sonst wurden sexuelle Beziehungen zwischen Juden und Nicht-Juden gesetzlich verboten, wurde ein Pogrom von Lenkern des Regimes zentral inszeniert, wurden Enteignungen und Vertreibungen durchgeführt. Allerdings hatte das Beispiel der antisemitischen Politik des Dritten Reiches Vorbildwirkung auf die Regierungen mehrerer Nachbarländer.³⁶⁶

Zusammengefasst lässt sich sagen, dass das Dritte Reich in mancherlei Hinsicht „während der ersten Hälfte seiner Existenz durchaus kein Unikum" war; dass man sich im Ausland zwar angesichts der Brutalität, die sich speziell in der Reichspogromnacht Bahn brach, schockiert zeigte, die deutschen Praktiken aber erst nach

---

362 Ebd.
363 So erschreckend diese Zahlen wirken, sie sind wiederum niedrig im Vergleich zu den Pogromen, die von 1918 bis 1920 während des russischen Bürgerkrieges tobten und von der Weißen Bewegung weder verhindert noch sanktioniert wurden. Zwischen 60.000 und 200.000 Juden sollen damals, vornehmlich in der Ukraine, gewaltsam zu Tode gebracht worden sein (vgl. Dohrn, „Spione, Kommissare und Spekulanten": Juden bei Rot und Weiß).
364 Vgl. Brechtken, „Madagaskar für die Juden", S. 86 ff.
365 Vgl. ebd., S. 97-164.
366 Vgl. Evans, Zwei deutsche Diktaturen im 20. Jahrhundert?, S. 7.

Beginn und im Verlaufe des Krieges die spezifisch nationalsozialistische Vernichtungsqualität gewannen.[367] Was vor 1939 in Deutschland geschah, „konnte damals", so Walter Laqueur, „vernünftigerweise nicht als logisches Vorspiel zum Völkermord betrachtet werden".[368] Erst der Krieg bot für Hitler und die NS-Führung die Gelegenheit, die Rücksichtnahme auf bestehendes Recht fahren zu lassen.[369] Schon kurz nach Kriegsausbruch begannen unter dem Codenamen T4 „Euthanasie"-Massentötungen an psychisch, körperlich und geistig Behinderten, denen bis Kriegsende etwa hunderttausend Menschen zum Opfer fielen. Nach dem Pogrom am 9. November 1938, bei dem an die hundert Menschen erschlagen, erstochen und zu Tode geprügelt wurden, verschleppte man etwa 35.000 Juden in Konzentrationslager. Diese wurden nach einigen Wochen mit der Verpflichtung zur Auswanderung wieder entlassen.[370] 1940 wurden im besetzten Polen für Juden Ghettos eingerichtet, in denen Tausende an Krankheiten und Hunger starben. Noch aber gab es keine systematischen Ausrottungen.[371] Bis spät in das Jahr 1941 hinein blieb die Umsiedlung „die offizielle Nazilösung des ‚Judenproblems'".[372] Die Juden sollten in ein noch festzulegendes Reservat abgeschoben werden. Insgesamt ist festzuhalten, dass die einzelnen Phasen des Völkermordes unmittelbar durch den Verlauf des Krieges bestimmt waren,[373] was allerdings nicht ausschließt, dass die „Idee für den Massenmord an den Juden nicht erst mitten im Krieg [entstand]"[374]. Durchaus in Übereinstimmung mit diesen Befunden hatte Hannah Arendt denn auch festgestellt, dass „Deutschland erst während des Krieges, nachdem die Eroberungen im Osten Vernichtungslager möglich machten und große Volksmengen zur Verfügung stellten, seinen Herrschaftsapparat [hat] wirklich totalisieren können"[375].

Zum Kampf berechtigt?

Schon in seiner Antrittsrede als Premierminister war für Churchill klar, man befände sich „im Anfangsstadium einer der größten Schlachten der Weltgeschichte"[376].

---

367 Ebd., S. 7 f.
368 Laqueur, Was niemand wissen wollte, S. 18.
369 Vgl. Mommsen, Auschwitz, 17. Juli 1942, S. 90.
370 Vgl. Bracher, Die deutsche Diktatur, S. 393. – Von den 9.828 zwischen dem 10. und 14. November 1938 in das KZ Buchenwald eingelieferten Juden waren allerdings bis Februar 1939 252 infolge von Terror, Hunger und Krankheit gestorben (Gedenkstätte Buchenwald, Konzentrationslager Buchenwald 1937-1945, S. 111, 115).
371 Siehe auch Mommsen, Auschwitz, 17. Juli 1942, S. 100.
372 Paxton, Anatomie des Faschismus, S. 235.
373 So Wendt, Das nationalsozialistische Deutschland, S. 160.
374 Breitman, Staatsgeheimnisse, S. 309.
375 Arendt, Elemente und Ursprünge totaler Herrschaft, S. 501.
376 Churchill, Blut, Schweiß und Tränen, S. 12 f.

Ihm war also bewusst, worauf man sich einließ. Aber auch zu dem Zeitpunkt, zu dem Churchill und Roosevelt wichtige Entschlüsse fassten und Entscheidungen von großer Tragweite fällten, waren die nationalsozialistischen Verbrechen teils noch nicht geschehen, teils zwar schon geschehen oder noch im Gange, aber nur rudimentär bekannt. Dies heißt nicht, dass der totalitäre und verbrecherische Charakter des nationalsozialistischen Regimes nicht schon längst offensichtlich gewesen wäre. Gleichwohl ist eine wesentliche Differenz zu verzeichnen zwischen dem, was in den ersten Jahren des Krieges geschehen und publik geworden war, und dem, was mit der Vernichtung des europäischen Judentums noch kommen sollte und in seinem ganzen Ausmaß erst recht spät bekannt wurde. Aber selbst wenn man „in Kenntnis aller Verbrechen" (von Krockow) urteilt und weiterhin unterstellt, dass die beschriebene Alternative tatsächlich die Alternative war, vor der Großbritannien stand: Wären Churchill und mit ihm Roosevelt zur Abwendung dieser Gefahren moralisch berechtigt gewesen, wissentlich – sofern es an ihnen liegt – ein (Kriegs-)Geschehen mit in Gang zu setzen, in dessen Verlauf Millionen Menschen umkommen würden? Allein die Dimension dieses Opfergangs und die schier unüberwindbaren Schwierigkeiten, den Ablauf eines zukünftigen Geschehens vorauszusagen, sollten zur Vorsicht gemahnen. Es mögen diejenigen hervortreten, die sich zu einer solchen Entscheidung berechtigt dünken – zu einer Entscheidung, die bewusst in Kauf nimmt, ein Geschehen in Gang zu setzen oder in Gang zu halten, in dem Hunderttausende oder gar Millionen Menschen ihr Leben verlieren. Wollte man sich die von Krockowsche Auffassung zu eigen machen, hätte man zu akzeptieren, dass schon die Vermeidung einer „ohnmächtigen, im Grunde nur geduldeten Randlage" ein wichtiger und berechtigter Bestandteil des Motivs sein kann, eine Auseinandersetzung „um jeden Preis" aufzunehmen. Churchill war nicht bereit, die Vorherrschaft einer anderen Macht auf dem europäischen Kontinent zu dulden, obwohl England in zurückliegenden Jahrhunderten selbst nie Skrupel hatte, eine eigene Vorherrschaft weltweit anzustreben.

Beim Eintritt in den Krieg kam England mit seiner Kriegserklärung an Deutschland vom 3. September 1939 zunächst nur seiner Beistandsverpflichtung gegenüber Polen nach. Die Garantieerklärung für Polen war am 31. März 1939 ausgesprochen worden und galt nur für einen Angriff aus Deutschland. Später sollte der Unterhausabgeordnete Rhys Davies sagen, sie sei faktisch eine „Aufforderung an Polen" gewesen, „gegenüber Deutschland standzuhalten".[377] Ähnlich müssen die im Mai 1939 von Frankreich dem polnischen Kriegsminister gegebenen Zusicherungen[378] gewirkt haben, im Fall eines Kriegsausbruchs mit Bombenangriffen auf Deutschland zu reagieren und spätestens am fünfzehnten Tag der Mobilmachung eine große Offensive zu starten. Trotz der, wie mittlerweile offensichtlich geworden war, unnachgiebigen Haltung der

---

377 Davies, [Rede am 1. März 1945 im Unterhaus], Sp. 1622.
378 Vgl. Weinberg, Eine Welt in Waffen, S. 85.

polnischen Regierung,³⁷⁹ die sich letztlich weigerte, die deutschen Forderungen ernsthaft zu bedenken, wurde die britische Erklärung am 25. August durch ein Bündnis mit Warschau erneuert. Dabei galten die Forderungen Hitlers nach Rückkehr des Freistaates Danzig in das Deutsche Reich sowie einer exterritorialen Straßen- und Eisenbahnverbindung zwischen dem Reich und Ostpreußen (auf einen Beitritt Polens zum Antikominternpakt hatte man mittlerweile verzichtet³⁸⁰) als moderat.³⁸¹ Der britische Botschafter in Berlin, Nevil Henderson, schrieb am 4. Mai 1939 an seinen Minister, Lord Halifax, die deutsche Sache sei „weit davon entfernt, ungerechtfertigt oder unmoralisch zu sein", und seine These sei es immer gewesen, „daß Deutschland nicht zur Normalität zurückkehren kann, [..] solange nicht seine legitimen Forderungen erfüllt worden sind".³⁸² Alle deutschen Parteien, einschließlich der Kommunisten, hatten während der Weimarer Republik noch eine generelle Revision des Vertrags von Versailles gefordert. Lenin meinte gar, der Versailler Vertrag sei ein „ungeheuerlicher Raubfrieden", ein „Frieden von Schlächtern"; man habe Deutschland und Österreich „ausgeplündert und zerstückelt", ihnen „alle Existenzmittel" genommen und „die Kinder hungern und Hungers sterben" lassen.³⁸³ Der seinerzeitige deutsche Außenminister und spätere Friedensnobelpreisträger Gustav Stresemann bezeichnete in einem Brief vom 7. September 1925 an den deutschen Kronprinzen die „Korrektur der Ostgrenzen", nämlich die „Wiedergewinnung Danzigs, des polnischen Korridors und eine Korrektur der Grenzen Oberschlesiens", als eine seiner „wesentlichsten Aufgaben".³⁸⁴ Hitler hingegen hielt an der Forderung nach Wiedereingliederung Danzigs fest, verzichtete aber auf Westpreußen, die Provinz Posen und auf Ost-Oberschlesien.³⁸⁵ Über den Verzicht auf nach 1918 an Polen abgetretene Gebiete hinaus, wollte er im Fall eines polnischen Entgegenkommens eine fünfundzwanzigjährige Garantie für die polnische Westgrenze aussprechen, „was keine der Weimarer Regierungen je gewagt hatte"³⁸⁶.

Selbstverständlich kann aus der Tatsache, dass sich die deutschen Forderungen gegenüber Polen im Verlaufe des Jahres 1939 nicht auf dem Verhandlungswege reali-

---

379 Siehe dazu Rohde, Hitlers erster „Blitzkrieg" und seine Auswirkungen auf Nordosteuropa, S. 80 f.
380 Vgl. Schultze-Rhonhof, 1939 – Der Krieg, der viele Väter hatte, S. 392.
381 Gerhard Schreiber zufolge signalisierte Hitler eine „Konzessionsbereitschaft", „die effektiv nicht vorhanden war"; er habe auf solche Weise „die Entschlossenheit der Westmächte, sich für die polnische Sache zu engagieren, ins Wanken bringen und zugleich die eigene Bevölkerung über die wahren Kriegstreiber täuschen" wollen (Schreiber, Deutsche Politik und Kriegführung 1939 bis 1945, S. 336).
382 Zit. nach: Schultze-Rhonhof, 1939 – Der Krieg, der viele Väter hatte, S. 401.
383 Lenin, Rede auf der Konferenz der Vorsitzenden der Exekutivkomitees der Kreis-, Amtsbezirks- und Dorfsowjets des Moskauer Gouvernements, 15. Oktober 1920, S. 317.
384 Dokumentiert in: Kern, Verheimlichte Dokumente, S. 72.
385 Vgl. Schultze-Rhonhof, 1939 – Der Krieg, der viele Väter hatte , S. 393.
386 Post, Die Ursachen des Zweiten Weltkrieges, S. 633.

sieren ließen, kein Rechtfertigungsgrund für den Angriff auf Polen gewonnen werden. Ebensowenig war dieser Angriff durch den Umstand gerechtfertigt, dass sich die deutsche Minderheit in Polen seit geraumer Zeit mannigfachen Repressionen unterworfen sah. Und genausowenig war Hitlers Angriff durch den Deutschland „in allen wesentlichen Punkten oktroyierten"[387] Friedensvertrag von Versailles gerechtfertigt, der einem elementaren Grundsatz auf Frieden abzielender Außenpolitik widersprach, nämlich keine Verhältnisse zu etablieren, die die Wahrscheinlichkeit eines zukünftigen Krieges erhöhen. Dies sei hier nur der Vollständigkeit halber festgehalten. Zu erwähnen ist aber auch, dass es – so Ernst-Otto Czempiel – schon in den zwanziger Jahren als „wissenschaftliches Allgemeingut" galt, „dass Militärallianzen die Gewalt nicht mindern, sondern verschärfen".[388]

Britische Motive

Die völkerrechtliche und moralische Illegitimität des deutschen Angriffs enthebt uns allerdings nicht der Frage nach den Motiven des britischen Kriegseintritts. Dabei ist zu bedenken, dass Großbritannien nicht nur Interessen auf dem europäischen Kontinent verfolgte, sondern sich um die Machtbasis eines Weltreiches zu kümmern hatte (siehe dazu auch Kapitel 13). Gleichwohl erscheint folgende Vermutung plausibel: Für den britischen Eintritt in den Krieg dürfte letztlich nicht die Intention zur Nothilfe (was freilich am objektiven Bestehen der Nothilfesituation nichts ändert), sondern die Befürchtung ausschlaggebend gewesen sein, das europäische Kräftegleichgewicht könne sich zuungunsten Englands verschieben. Obwohl der Angriff auf Polen nicht unmittelbar britische Interessen tangierte, glaubte man in England, eine potentielle Bedrohung für britische Lebensinteressen vorauszusehen – womöglich sogar, „dass Polen nur eine weitere Etappe der deutschen Expansion war und dass sich dieser Expansionismus über kurz oder lang, wenn man ihm jetzt nicht Einhalt gebiete, auch gegen die westeuropäischen Staaten wenden werde"[389].

Dabei ging es, nach allem, was wir wissen, weder Chamberlain noch Churchill darum, dass es die Vorherrschaft *Hitlers* gewesen wäre – obgleich diese Vorstellung in der Tat erschaudern lässt. Vielmehr sollte Deutschland als ein Mitkonkurrent um Macht und Einfluss geschwächt oder gar ausgeschaltet werden. An der Deutung Churchills als eines Politikers der konventionellen Macht- und Interessenpolitik ändern auch Äußerungen nichts, in denen er sein politisches Wollen mit der Rettung der westeuropäischen Zivilisation begründete (siehe Kapitel 17). Befangen in

---

387 Mommsen, Der Erste Weltkrieg, S. 201.
388 Czempiel, Die Realismusfalle des „realistischen" Paradigmas, S. 135.
389 Wendt, Deutschlands Weg in den Zweiten Weltkrieg, S. 15 f.

seiner aristokratischen Weltanschauung[390] und überzeugt, dass das parlamentarische Regierungssystem nicht mehr imstande ist, die komplexen Probleme der Gegenwart in den Griff zu bekommen, hatte Churchill schon in den zwanziger Jahren ein „wachsendes Interesse für autoritäre Regierungsformen, vor allem den Faschismus" entwickelt und war zu einem langjährigen Bewunderer Mussolinis geworden.[391] Seiner Verehrung für diesen Mann gab er 1933 in einem Zeitungsartikel Ausdruck, in dem er den Duce, so seine Worte, als „größten Gesetzgeber unter den Menschen" bezeichnete, und noch vier Jahre später war für ihn klar, dass „Mussolini aufgrund der bemerkenswerten Eigenschaften, die er verkörpert – Mut, Verstand, Selbstbeherrschung und Beharrlichkeit –, ein dauerhafter Platz in der Weltgeschichte sicher" sei.[392] Getreu seinem aristokratischen Credo kämpfte Churchill um die Vormachtstellung Englands und um die Sicherung des *Empires*. Vornehmlich auf diese Ziele dürfte sich sein politisches Handeln gerichtet haben.

Wohl alle, die Churchill kannten, waren sich einig, dass er mit außerordentlichen Talenten gesegnet sei. Zugleich galt er bei vielen – so unter anderem nach Einschätzung der Premierminister Herbert Asquith[393], Neville Chamberlain[394] und Stanley Baldwin[395], aber auch einer Reihe von Mitarbeitern und Beobachtern –, als ein Mann ohne Urteilsvermögen. Der Nationalökonom John Maynard Keynes konstatierte, wie andere auch, Churchills Vergnügen an den intensiven Erfahrungen, in großem Maßstab Krieg führen zu können;[396] Luftmarschall Trenchard erklärte im Dezember 1935, er halte Churchill wegen dessen Mangels an nüchternem Urteilsvermögen zum Kriegsminister nicht für geeignet;[397] Lord Boothby, fünf Jahre parlamentarischer Staatssekretär unter Churchill, stellte einen „Zug der Rücksichtslo-

---

390 Für Churchill, so David Cannadine, „war die Geschichte Großbritanniens die Saga vom in Stufen sich vollziehenden schicksalhaften Aufstieg der Nation zu Größe, geleitet von der festen, aber wohlwollenden Hand einer aufgeklärten Aristokratie" (Cannadine, Winston Churchill, S. 54). An dieses mythische Geschichtsbild, „das die englischen Oberklassen entwickelt hatten, um sich und ihre herausragende Stellung zu erklären und zu rechtfertigen", habe Churchill „mit der bedingungslosen Gewißheit eines religiösen Credos" geglaubt (ebd.).
391 Cannadine, Winston Churchill, S. 59 f.
392 Zit. nach: Ebd., S. 60 f. Zur Wertschätzung, die Mussolini in den USA, einschließlich von Roosevelt, entgegengebracht wurde, siehe Chomsky, Hybris, S. 86-88.
393 Vgl. Gardiner, Genius Without Judgment: Churchill at Fifty, S. 52.
394 In der Unterhausdebatte vom 17. November 1938 hatte Chamberlain bemerkt: „Wenn man mich fragte, ob das Urteilsvermögen die herausragende Gabe unter den vielen bewundernswerten Fähigkeiten meines ehrenwerten Freundes ist, müßte ich das Haus bitten, nicht auf einer Antwort zu bestehen" (Chamberlain, [Rede am 21. Juni 1938 im Unterhaus], Sp. 1196. Deutsche Übersetzung nach: Charmley, Churchill, S. 372). Und John Charmley fügt hinzu: „Der Hieb hatte gesessen, weil er dem entsprach, was viele Konservative von Churchill hielten" (ebd.).
395 Vgl. Gilbert, Winston S. Churchill, Vol. V, S. 741.
396 Vgl. James, Churchill: Study in Failure 1900-1939, S. 425.
397 Vgl. Liddell Hart, Lebenserinnerungen, S. 218.

sigkeit" fest[398]; sein Privatsekretär John Colville wunderte sich über die Gleichgültigkeit, mit der sein Chef auf die Meldung über den Angriff auf Dresden reagierte,[399] und Robert Menzies, australischer Ministerpräsident, wurde den Eindruck nicht los, „daß Churchill ganz sorglos nach Art eines gewaltigen Kriegsgottes Brigaden, Divisionen und ganze Geschwader dahin oder dorthin entsendet"[400] und im Übrigen „keinerlei Zweifel an der Richtigkeit seiner Auffassungen aufkommen" lässt[401]. Der Militärhistoriker Basil Henry Liddell Hart beklagte sich im April 1942 gegenüber Bischof Woods über Churchills „beinahe einzigartige Egozentrizität", dessen „Skrupellosigkeit" und dessen „Mangel an Urteilsvermögen" und glaubte, dass diese Kombination dazu bestimmt sein könnte, „dieses Land in ein Desaster zu führen".[402] Überhaupt ließ ihn sein berüchtigter, zur Übertreibung und zur Schwarz-Weiß-Malerei neigender Duktus unter maßgeblichen Parlamentariern Englands als nicht wirklich seriös gelten.[403] Halifax vertraute dem Tagebuch sein Einsetzen darüber an, wie sehr sich Churchill „in leidenschaftliche Gefühlszustände hineinsteigern" könne, „wenn er eigentlich einen klaren Kopf brauchte und seinen Verstand benutzen sollte".[404] Lord Beaverbrook, der ihn wie kaum ein anderer kannte, schrieb in seinen Erinnerungen, Churchill habe „das Zeug zu einem Tyrannen"[405], und Unterstaatssekretär Richard A. Butler bezeichnete ihn gar als den „größten politischen Abenteurer der Neuzeit"[406].

Als Churchill am 13. Mai 1940 das NS-Regime eine „ungeheuerliche Tyrannei" nannte, „die in dem finsteren, trübseligen Katalog des menschlichen Verbrechens unübertroffen bleibt"[407], erschienen diese Worte allerdings als passend und hinterließen bei vielen einen bleibenden Eindruck. Dabei dachte er an einen Hitler, dem zwar tatsächlich bereits massive Verbrechen zuzurechnen waren, ihm konnte aber nicht *der Hitler* vor Augen stehen, der uns heute – gerade mit dem Wissen um Auschwitz – als die Verkörperung des Bösen erscheint. Es ist zwar nicht nur, aber vor allem das heutige *Ex-post*-Wissen, welches uns gegenüber der Entscheidung Churchills zum Kampf „um jeden Preis" milde stimmt. Churchill selbst aber hatte keine Vorstellung davon, dass diese von ihm für unübertreffbar gehaltene „Tyrannei" sich – nicht zuletzt im Zuge der Eskalation des Kriegsgeschehens – selbst übertreffen

---

398 Boothby, Europa vor der Entscheidung, S. 60.
399 Colville, Downing Street Tagebücher, S. 406.
400 Schwarz, Das Gesicht des Jahrhunderts, S. 382.
401 Martin, Robert Menzies, Vol. 1, S. 323 (deutsche Übersetzung nach: Schwarz, Das Gesicht des Jahrhunderts, S. 383).
402 Bond, Liddell Hart, S. 143.
403 Vgl. Cannadine, Winston Churchill, S. 144 ff.
404 Zit. nach: Lukacs, Churchill und Hitler, S. 142 f.
405 Zit. nach: James, Churchill: A Study in Failure 1900-1939, S. 379.
406 Zit. nach: Charmley, Churchill, S. 431.
407 Churchill, Blut, Schweiß und Tränen, S. 13.

und erst noch zu dem Regime werden würde, das zu Recht als Inbegriff eines Großverbrechens beschrieben wird.

Churchill hatte nicht nur keine zureichende Vorstellung davon (und konnte sie nicht haben), was er mit seiner Entscheidung, auf einen Verständigungsfrieden von vornherein zu verzichten, hinsichtlich der Bekämpfung des Nationalsozialismus, etwa der Beendigung von „Auschwitz", bewirken würde und aus heutiger Sicht tatsächlich bewirkt hat; vielmehr ist davon auszugehen, dass seine Entscheidung zum damaligen Zeitpunkt auch nicht objektiv den Tatbestand einer zukünftigen Beendigung (oder gar Verhinderung) von „Auschwitz" erfüllte. Eine solche – hier nur als Beispiel angeführte – Handlungsalternative „entweder Verständigungsfrieden oder Kampf bis zur Befreiung der Vernichtungslager" bestand damals nicht. Die Ausgrenzung und Diskriminierung der Juden hatte unmittelbar nach der Machtergreifung der Nationalsozialisten 1933 begonnen und war in den folgenden Jahren immer weiter eskaliert. Großbritannien hatte bis zum Herbst 1938 rund 11.000 und nach der „Reichskristallnacht" noch einmal 40.000 Juden aufgenommen.[408] Es gab allen Grund, dieses Regime als eine „Tyrannei" zu bezeichnen. Aber erst am 23. Oktober 1941 wurde die Auswanderung der Juden von den NS-Behörden verboten. Zu ersten Ghettoisierungen und Vertreibungen jüdischer Bevölkerung im großen Stil war es zwar bereits nach dem Ende des Polenfeldzuges im Herbst 1939 gekommen, die erste reichsweite Deportationswelle wurde aber erst ab Anfang November 1941 generalstabsmäßig organisiert. Die unter dem Oberbefehl des Reichsführers der SS, Heinrich Himmler, stehenden Einsatzgruppen hatten mit Exekutionen nur wenige Tage nach dem 22. Juni 1941, dem Einmarsch in Russland, begonnen.[409] Zu einem „Radikalisierungsschub" kam es im August 1941, als man, in Einzelfällen schon im Juli, zur Liquidierung der jüdischen Bevölkerung einschließlich von Frauen und Kindern überging.[410] Die ersten Vernichtungslager wurden Ende 1941 eingerichtet; die Wannsee-Konferenz, auf der die Durchführung der „Endlösung der europäischen Judenfrage" besprochen wurde, fand am 20. Januar 1942 statt. Das Wissen darüber, was seine Entscheidung im Hinblick auf „Auschwitz" bewirken würde, war also nicht nur nicht beschaffbar, es „existierte" bis in den Herbst 1941 gleichsam noch nicht. Erst im Juni 1942 meldete der *Daily Telegraph* als erste Zeitung die Vergasung von 700.000 Juden.[411] Wenn nun, was von Krockow offenbar annahm, Churchill mit seiner Entscheidung zum Weiterkämpfen gleichwohl insgesamt etwas Positives bewirkte (etwa weil er *den* Hitler, der Auschwitz zu verantworten hat, be-

---

408 Vgl. Benz, Der Holocaust, S. 33.
409 Vgl. ebd., S. 60, 69 ff.
410 Mommsen, Auschwitz, 17. Juli 1942, S. 119.
411 Die Nachricht konnte zudem auf Misstrauen stoßen, da das gleiche Blatt schon im März 1916 die (angebliche) Vergasung von 700.000 Serben durch die Österreicher und die Bulgaren gemeldet hatte (vgl. Laqueur, Was niemand wissen wollte, S. 17).

seitigte), ließe sich dies ihm persönlich nicht als Verdienst zugutehalten. Für das Zusprechen eines Verdienstes an einem Geschehen oder einem Ergebnis ist die Intention der Ursachen setzenden Handlung von ausschlaggebender Bedeutung.[412] Churchill hat zwar, indem er weiterkämpfte, eine entscheidende Ursache für Hitlers spätere Niederlage und damit für ein überaus positiv zu bewertendes Ereignis gesetzt, da er aber nicht die Beseitigung *des* Hitlers, der Auschwitz zu verantworten hat, beabsichtigen konnte, kann er mit seiner Entscheidung zum Weiterkämpfen auch keinen Verdienst an der Beseitigung *dieses* Hitlers erworben haben. Deshalb könnte man sinnvollerweise auch nicht sagen, es sei wegen der positiven Wirkungen subjektiv richtig gewesen, so zu entscheiden.

Diese Überlegungen zeigen, dass ein Versuch wie der von Graf von Krockow, Entscheidungen unter Bezugnahme auf faktische Resultate im Nachhinein zu rechtfertigen, in die Irre führt. Ganz offensichtlich hängt die Beurteilung der damaligen Entscheidungen maßgeblich davon ab, welche Absichten und Pläne verfolgt wurden sowie über welches Wissen der Entscheidungsträger verfügte und hätte verfügen können. Zudem: Jeder Fußballfan weiß, dass er sich mit der Behauptung lächerlich machte, das Spiel wäre mit Sicherheit nicht verloren worden, hätte nur der Schiedsrichter das in der ersten Halbzeit regulär erzielte Tor anerkannt. Das Spiel wäre eben mit der Anerkennung des Tores ein anderes Spiel geworden. Ich glaube, dass man diesen Zusammenhang auch in der Geschichtsbetrachtung nicht ignorieren kann. Wenn im Machtbereich eines Interaktionspartners das Ereignis „x" stattfand, dem aber ein eingreifendes Handeln eines anderen Interaktionspartners vorausging, kann nicht ohne Weiteres angenommen werden, dass auch ohne dieses Eingreifen (beziehungsweise ohne diese beim anderen Reaktionen auslösende Entscheidung) x ebenso oder gar genauso stattgefunden hätte.

---

412 Vgl. dazu Fritze, Verführung und Anpassung, S. 166-168.

13. Kapitel
Warum „Sieg um jeden Preis"? (Churchill)

Vorbildlichkeit?

Es geht in diesem Buch nicht – jedenfalls nicht in erster Linie – um eine moralische Bewertung einzelner geschichtlicher Akteure. Um zu einer gerechten Bewertung dieser Art zu gelangen, hielte ich es für angemessen, die für den jeweiligen Akteur günstigste Deutung seines Verhaltens zu unterstellen. Im Unterschied dazu verfolgt dieses Buch in letzter Instanz das Ziel, die Handlungs*regeln* zu identifizieren, die den Entscheidungen der beteiligten Mächte zugrunde lagen, und ein Handeln nach diesen Regeln auf seine moralische Akzeptabilität zu prüfen. Da es also gleichsam um die Vorbildlichkeit von Handlungsmaximen (allgemeinen Grundsätzen des Handelns) geht, die Maximen, nach denen tatsächlich gehandelt wurde, aber erst zu identifizieren sind, müssen auch Deutungen herangezogen werden, die die (individuellen und kollektiven) Entscheidungsträger in einem weniger günstigen Licht erscheinen lassen. Diese Herangehensweise ergibt sich zwingend aus Versuchen, unter Berufung auf vergangenes Handeln gegenwärtiges Handeln zu rechtfertigen. Es wäre irreführend und gefährlich, wenn man beispielsweise die Abkehr von der bis zum Münchener Abkommen beziehungsweise zur widerrechtlichen Annektierung der – im NS-Jargon – so genannten Resttschechei praktizierten Beschwichtigungspolitik als ein Lernergebnis im Kampf gegen das „Böse" begriffe, ohne die *Möglichkeit* zumindest bedacht zu haben, dass gerade diese Abkehr von Motiven mitgesteuert wurde, die sich nicht auf den Kampf gegen einen vermeintlichen Weltfeind richteten (was nicht heißt, dass dieser nicht ein solcher war). Wir würden dann vielleicht eine Handlungsstrategie im Kampf gegen das Unrecht *wenigstens vorschnell* als vorbildlich akzeptieren, die es womöglich nicht ist. Zwar ist die Gesinnung von Politikern für die Beantwortung unserer Frage, wie man in bestimmten Situationen handeln soll, strenggenommen uninteressant, die Berücksichtigung von Motiven und Einstellungen kann uns aber Hinweise darauf geben, warum etwa eine bestimmte Art der Kriegführung gewählt oder bestimmte Kriegsziele formuliert wurden, und sie kann damit zumindest Anhaltspunkte dafür liefern, dass Grenzen einer legitimen Kriegführung womöglich überschritten wurden. Solche Hinweise können helfen, auf die von Kriegführenden gegebenen Begründungen ihres Tuns weniger naiv zu reagieren. Alle Erfahrung dürfte zeigen, dass die am Krieg Beteiligten grundsätzlich dazu neigen, das eigene Vorgehen als notwendig und die eigenen Kriegsziele als gerecht oder moralisch geboten darzustellen. Wer herausfinden will, welches Handeln vorbildlich war, hat allen Grund, Selbstdarstellungen gegenüber skeptisch zu sein. Ein diesbezüglicher Mangel an Kritik kann zu psychologisch nachvollziehbaren, aber logisch nicht zwingenden Schlussfolgerungen verleiten. In einem weiteren

Schritt kann dann immer noch erörtert werden, ob ganz unabhängig von den handlungswirksam gewordenen Motiven nicht trotzdem eine effektive und insofern moralisch vertretbare Strategie im Kampf gegen eine aggressive Weltanschauungsdiktatur eingeschlagen wurde. Denn die Antwort auf die Frage, was man (den äußeren Aspekt der Handlung betreffend) tun soll (zum Beispiel Nothilfe leisten), lässt sich ohne jede Bezugnahme auf die Intention des Handelnden geben. Gleichwohl wird man niemanden auffordern, aus inakzeptablen Motiven heraus das Richtige zu tun. Insofern wird man, wenn man nach vorbildlichen Handlungs*weisen* fahndet, immer auch das Wissen und Wollen berücksichtigen. Man wird dementsprechend erwarten, dass der Handelnde (um bei unserem Beispiel zu bleiben) nicht nur weiß, dass er sich in einer Notsituation befindet, sondern auch, dass er primär aus Notwehr oder um Nothilfe zu leisten handelt und nicht weil er andere Ziele verfolgt.

Über legitime Kriegsziele

Zurück zum Thema: Lässt sich die Vermutung, den Alliierten sei es nicht nur um die Beseitigung des Hitler-Regimes, sondern wesentlich um die Ausschaltung Deutschlands als eines eigenständigen relevanten Machtfaktors auf der Bühne der Weltpolitik gegangen, verteidigen, stellt sich nicht nur die Frage, ob die Forderung nach bedingungsloser Kapitulation unter dem Gesichtspunkt der Verhältnismäßigkeit akzeptabel ist. Vielmehr müssten dann die sich hinter dieser Forderung verbergenden Kriegsziele kritisch beleuchtet werden.

Zu bedenken ist in diesem Zusammenhang Folgendes: Ganz unabhängig von Verhältnismäßigkeitsprüfungen sind Kriegsziele selbst auf ihre Legitimität hin zu untersuchen. Denn auch wenn sich ein Mittel zur Erreichung eines definierten Zieles als geeignet und erforderlich und in seiner Wirkung als verhältnismäßig erweist, ist doch deshalb die Zielstellung nicht selbst schon legitimiert.

Als legitime Kriegsziele kommen nur Selbstverteidigung und Nothilfe (die Unterstützung Dritter bei deren Selbstverteidigung) in Betracht. Dabei erscheint es moralisch legitim, Nothilfe mit militärischer Gewalt nicht nur zugunsten von Staaten, sondern auch zugunsten von Bevölkerungsgruppen zu leisten, die durch ihren eigenen Staat in ihren existentiellen Lebensinteressen bedroht sind. Während das Völkerrecht Staaten wie Individuen behandelt und daher selbst die illegitime Tötung eigener Staatsbürger als ein völkerrechtlich folgenloser Akt der Selbstschädigung erscheint, ist diese Sichtweise in einer universalistischen Menschenrechtsethik nicht akzeptabel. Auch in einem solchen Fall liegt ein Angriff vor und der Staat ist zum Aggressor geworden. Daher sollte es als moralisch prinzipiell erlaubt gelten, zur Wahrung existentieller Menschenrechte Nothilfe zu leisten, auch wenn dazu die

Souveränität von Staaten verletzt werden muss. Hingegen sind die Ahndung von Unrecht durch Vergeltung und Bestrafung, die Abschreckung potentieller Feinde, die Furcht vor im Entstehen begriffenen Gefahren, die Befreiung eigener Staatsbürger aus den Fängen ausländischer Mächte, die Herstellung oder Bewahrung eines Machtgleichgewichts, die Einführung oder Durchsetzung einer humaneren Sozialordnung, die Entmachtung eines Diktators und selbst die Etablierung eines demokratischen Verfassungsstaates keine zum Kriegführen moralisch legitimierenden Gründe. Zum Kriegführen legitimiert weder das Streben nach politischer oder ökonomischer Macht noch nach nationaler Größe, weder nach kultureller oder religiöser Vorherrschaft noch nach rassischer oder weltanschaulicher Hegemonie. Für den vorliegenden Fall heißt dies, es muss sich zeigen lassen, dass die betreffenden Kriegshandlungen der Abwehr eines gegenwärtigen rechtswidrigen Angriffs, zumindest aber einer Gefahr galten, deren unverzügliche Abwehr im Interesse der Verteidigung nicht unterlassen werden durfte, oder einer legitimen Form von Nothilfe dienten.

Wenn Kriege nur zum Zweck der individuellen oder kollektiven Verteidigung legitim führbar sind, so folgt daraus, dass der Verteidiger seine Gewaltanwendung beenden muss, sobald der Angriff wirkungsvoll zurückgeschlagen und die vom Aggressor ausgehende Gefahr beseitigt worden ist. Das heißt: Eine einmal gegebene Verteidigungssituation rechtfertigt nicht automatisch dazu, den Krieg bis zur totalen Niederwerfung des Gegners fortzusetzen. Wenn Krieg, wie schon Aristoteles lehrte, nur geführt werden soll, „um des Friedens willen"[413], ist auch nur die Wiederherstellung des (äußeren und inneren) Friedens legitim. Gerade weil die Doktrin des gerechten Krieges den Krieg selbst als einen Rechtszustand zwischen Staaten betrachtet, ist nicht alles Recht, was den (totalen) Sieg bringt. Rechtens kann der Krieg nur bis zu dem Punkt geführt werden, an dem das Recht wiederhergestellt ist.[414] Wer diesen Grundsatz für unrealistisch und deshalb seine Beachtung in den Auseinandersetzungen rivalisierender Staaten für unzumutbar hält, hat die Idee eines gerechten Krieges offenbar aufgegeben.

Dieser Grundsatz fordert, auch in einer langwierigen kriegerischen Auseinandersetzung immer wieder zu prüfen, ob die Verteidigungssituation noch gegeben ist. Es genügt nicht, die Notwendigkeit der militärischen Verteidigung am Anfang eines Militäreinsatzes nachvollziehbar festzustellen. Die Berechtigung, im Zuge von Selbstverteidigungs- oder auch Nothilfemaßnahmen Menschen zu verletzen, zu verstümmeln oder zu töten, ist gleichsam stets von Neuem zu begründen. Und die einzige Begründung, die es im moralischen Denken der zivilisierten Welt dafür gibt,

---
413 Aristoteles, Politik, 1333 a.
414 So schon de Victoria, Vorlesungen über die kürzlich entdeckten Inder und das Recht der Spanier zum Kriege gegen die Barbaren, S. 133, 171 (De Jure Belli, Nr. 15, 19, 60).

ist eine unaufschiebbare Notwendigkeit, einen illegitimen Angriff abzuwehren, der sich mit weniger scharfen Mitteln nicht abwenden lässt.

Implikationen einer Zielsetzung

Was nun den Zweiten Weltkrieg betrifft, so wurde bereits am 24. Januar 1943 der westalliierte Entschluss bekannt gegeben, den Krieg bis zur *bedingungslosen Kapitulation* der Achsenmächte Deutschland, Italien und Japan fortzusetzen. Im Grunde genommen brachte man damit nur förmlich zum Ausdruck, was Churchill schon anderthalb Jahre zuvor verkündet hatte. Bereits in einer Rundfunkrede am Tag des deutschen Angriffs auf die Sowjetunion hatte er am 22. Juni 1941 erklärt, dass England „niemals mit Hitler oder irgendeinem aus seiner Bande verhandeln" werde und die Naziführer „am Morgen des Sieges alliierten Gerichten übergeben" würden.[415] Und schon am 20. Januar 1941 hatte Churchill die diplomatischen Vertretungen angewiesen, gegenüber allen Friedensfühlern, die von deutscher Seite ausgehen, absolutes Schweigen zu bewahren.[416] Die Sowjetunion, in Casablanca nicht anwesend, hatte sich trotz Stalins Bedenken[417] hinsichtlich der Ratsamkeit des Prinzips erst auf der Konferenz von Teheran Anfang Dezember 1943 ihren Verbündeten gegenüber endgültig auf die Formel von der bedingungslosen Kapitulation verpflichtet.

Mit dem Entschluss, den Krieg bis zur bedingungslosen Kapitulation weiterzuführen, wurde nicht nur schlechthin ein Verhandlungsfrieden von vornherein ausgeschlossen, sondern man hatte auch die Option eines Friedensschlusses für den Fall aufgegeben, dass man sich mit einem Deutschland auseinanderzusetzen hat, das das nationalsozialistische Regime überwunden haben würde. Stauffenbergs Absicht war es, durch einen Regimewechsel und die Errichtung eines anti-nationalsozialistischen, rechtsstaatlichen Systems Deutschland als Verhandlungspartner für die Feindseite, insbesondere für die Westmächte, annnehmbar zu machen und gleichsam das Vaterland zu retten.[418] Unter Ausnutzung von Gegensätzen in der Koalition der Alliierten sollte ein Kompromissfrieden erzielt und damit die Handlungsfähigkeit Deutschlands sowie seine nationale Selbstbestimmung bewahrt werden. Die alliierte Forderung nach bedingungsloser Kapitulation hielt man nicht für endgültig[419] und zielte dementsprechend auf eine Modifizierung dieser Formel ab.[420] In

---

415 Churchill, Überfall auf die Sowjetunion, S. 137 f.
416 Vgl. Summary of Principal Peace Feelers, September 1939-März 1941, S. 170. Vgl. dazu Kettenacker, Die britische Haltung zum deutschen Widerstand während des Zweiten Weltkriegs, S. 58 f.
417 Vgl. Vagts, Unconditional Surrender – vor und nach 1943, S. 296.
418 Vgl. Hoffmann, Stauffenberg und die Kontakte der Umsturzverschwörung mit England 1943-1944, S. 97 f.
419 Vgl. Hamerow, Die Attentäter, S. 343-347, 357-359, 372-374.
420 Vgl. von Klemperer, Die „Außenpolitik" des deutschen Widerstandes, S. 84.

dieser Hinsicht hatte man sich allerdings getäuscht. „Die alliierten Staatsmänner", so Theodore S. Hamerow, „hatten deutlich gemacht, daß sie ein Anti-Nazi-Regime nicht weniger hart behandeln würden als ein Nazi-Regime."[421] Alles andere als eine totale Unterwerfung Deutschlands kam für sie nicht infrage.

Berthold von Stauffenberg, der Bruder des Attentäters, hatte geglaubt, „daß sich Verhandlungen mit England erreichen ließen, da es sich eine Auslieferung Europas an die Sowjets nicht leisten könne".[422] Diese Überzeugung hätte sich nach einem geglückten Staatsstreich als Irrtum erwiesen. Das Scheitern des Attentats nahm man in der britischen Regierung „eher erleichtert als bestürzt" auf, denn „so war man aller Verantwortung für eine neue politische Situation enthoben und konnte den Krieg sozusagen wie geplant zu Ende bringen".[423] Die Ermordung zahlreicher Offiziere nach dem Putschversuch sah man als „willkommene Schwächung der deutschen Widerstandskraft" an.[424]

Eugen Gerstenmaier, der spätere Bundestagspräsident, hat nach dem Krieg vor dem Hintergrund eigener Beteiligung auf die „jahrelangen Anstrengungen" des Kreisauer Kreises „um eine Verständigung mit den Westmächten, vor allem mit England", hingewiesen:[425]

> „Ein konkretes Ziel war dabei, die Engländer und die Amerikaner von der Forderung nach bedingungsloser Kapitulation abzubringen. Sie stand einem deutschen Staatsstreich absolut im Weg. Er war stets nur militärisch und das heißt mit einer verhältnismäßig breiten Unterstützung deutscher militärischer Führer und Truppenteile durchführbar. In Erkenntnis dessen – aber auch weil wir die bedingungslose Kapitulation überhaupt ablehnten – haben sich nicht nur Trott, Schönfeld und ich, sondern auch Moltke bis in den Herbst 1943 hinein unablässig darum bemüht, daß sie fallengelassen wurde."[426]

Gerade den Preis eines Verzichts auf die bedingungslose Kapitulation gedachten die britischen Führer aber auf keinen Fall zu bezahlen. Gerstenmaier resümierte:

> „Der deutsche Widerstand mußte [...] die bittere Erfahrung machen, daß der Krieg schließlich eben nicht nur gegen Hitler und sein Reich, sondern gegen Deutschland in jeder Gestalt geführt wurde."[427]

---

421 Hamerow, Die Attentäter, S. 380.
422 Zit. nach: Ebd., S. 347.
423 Kettenacker, Die britische Haltung zum deutschen Widerstand während des Zweiten Weltkriegs, S. 70.
424 Ebd.
425 Gerstenmaier, Der Kreisauer Kreis, S. 231.
426 Ebd.
427 Ebd., S. 238.

Mit Klaus-Jürgen Müller kann man festhalten:

> „Während der Widerstand glaubte, im abendländischen Wertesystem eine gemeinsame Basis mit den Westmächten zu besitzen, sah der Westen das Phänomen Widerstand ausschließlich unter dem Aspekt internationaler Machtpolitik und nationaler Interessen, die er nach anderen Kategorien definierte als der Widerstand."[428]

Offenbar hielten die Briten die Auslieferung Osteuropas an Stalin für das kleinere Übel.[429] „Warnungen vor der bolschewistischen Gefahr wurden, von wem sie auch kommen mochten, als Panikmache zurückgewiesen"[430]. Diejenigen, „die das Vordringen des Bolschewismus für noch gefährlicher hielten als Hitlers Expansionsdrang und daher die deutsche Wehrmacht als Bollwerk gegen den Osten erhalten wollten", darunter auch Vertreter des *State Department*, wurden mit Argwohn betrachtet und galten als unsichere Kantonisten.[431]

> „Der Widerstand unterstellte [...], daß die Zerschlagung des deutschen Reiches und das Einrücken der Sowjetunion in dessen Stelle in Mitteleuropa nicht im Interesse der Westmächte liegen könne. Der Westen jedoch sah zu jener Zeit in der Sowjetunion kein potentielles Gefahrenelement, sondern einen Partner, mit dem erreicht werden konnte, was zuvor mit Deutschland nie gelungen war, die friedliche Neuordnung Europas im Rahmen eines globalen Interessenausgleiches."[432]

Das größere Übel, das die Briten befürchteten, war ein Deutschland mit Großmachtambitionen, von denen man zudem nicht wusste, ob sie dauerhaft nur auf Kontinentaleuropa beschränkt bleiben würden. „Churchills Ziel war es nicht einfach, die Weltzivilisation vor den Nazis zu retten"[433]; primäres Ziel war es, eine deutsche Vorherrschaft auf dem Kontinent zu verhindern.[434] Daher sahen die Westmächte keinerlei Möglichkeit für eine Interessengemeinschaft mit dem Widerstand. Vielmehr hatten sie „ein anderes Feindbild: das deutsche Großmachtstreben", das sie nicht nur im NS-System verkörpert sahen, sondern „auch in dem, was mit einer Chiffre ,preußisch-deutscher Militarismus' genannt wurde".[435] Diese Sicht der Dinge kam auch deutlich in der Schlussansprache von Telford Taylor, bei-

---

428 Müller, Der deutsche Widerstand und das Ausland, S. 23.
429 Vgl. Lukacs, Fünf Tage in London, S. 186.
430 Kettenacker, „Unconditional Surrender" als Grundlage der angelsächsischen Nachkriegsplanung, S. 178.
431 Vgl. Kettenacker, Krieg zur Friedenssicherung, S. 55, 64.
432 Müller, Der deutsche Widerstand und das Ausland, S. 22.
433 Raico, Rethinking Churchill, S. 348.
434 Vgl. Gruchmann, Der Zweite Weltkrieg; S. 31.
435 Müller, Der deutsche Widerstand und das Ausland, S. 22.

geordneter Ankläger für die Vereinigten Staaten, während des Nürnberger Prozesses gegen die Hauptkriegsverbrecher zum Ausdruck. Taylor führte dort unter anderem aus:

„Seit langem kennt die ganze Welt die deutsche militärische Führerschaft, sie hat genügend unter ihr gelitten. Ihre Eigenschaften und ihr Verhalten sind bekannt und berüchtigt. [...] Die Tatsache, daß der Fall gegen die deutschen Militaristen ganz klar liegt, macht ihn deshalb nicht weniger wichtig. Wir ringen hier mit etwas Großem, Bösem und Beständigem; etwas, das nicht erst im Jahre 1933 oder gar 1921 geboren wurde, etwas, das viel älter ist als alle hier Anwesenden, etwas, das viel wichtiger ist als irgendeiner der hier anwesenden Angeklagten, etwas, das noch nicht tot ist und das weder mit einem Gewehr noch mit einem Henkerstrick getötet werden kann."[436]

Für die Westmächte war daher folgerichtigerweise auch der Widerstand „Feind" – „insofern und insoweit er beanspruchte, die Interessen des Reiches als einer europäischen Großmacht zu vertreten".[437] Man erkennt, so Müller, „daß der deutsche Widerstand ebenso ein Opfer der machtpolitischen Interessendurchsetzung kriegführender Großmächte geworden ist, wie Teile des nicht-deutschen Widerstandes".[438]

Die britische Gefahrenanalyse

Was aber war der Hintergrund für die britische Gefahren- und Situationsanalyse? Churchills Sorge galt dem Fortbestand des britischen Weltreiches. Daran hatte er, Sprössling der aristokratischen Oberschicht seines Landes, schon in seiner Antrittsrede keinen Zweifel gelassen. Bereits am 13. Mai 1940 verkündete er, ohne einen Sieg, koste er, was er wolle, gäbe es kein Weiterleben für das „*British Empire*".[439] Und schon am 23. März 1938 hatte er dem sowjetischen Botschafter in London, Iwan Maiski, erklärt:

„Zwanzig Jahre lang habe ich mit aller mir zur Verfügung stehenden Energie den Kommunismus bekämpft, weil ich ihn mit seiner Idee der Weltrevolution als größte Gefahr für das britische Weltreich ansah. Heute bedroht der Kommunismus unser Empire nicht in dieser Weise. Im Gegenteil, heute geht die größte Gefahr für das britische Weltreich vom deutschen Nazismus mit seiner Idee der Welthegemonie Berlins aus. Deswegen bekämpfe ich gegenwärtig Hitler mit aller mir zu Gebote stehenden Macht. [...] Das ist der

---
436 IMT, Bd. 22, S. 337.
437 Müller, Der deutsche Widerstand und das Ausland, S. 22.
438 Ebd., S. 24.
439 Churchill, Blut, Schweiß und Tränen, S. 9.

Grund, weshalb ich für eine enge Zusammenarbeit zwischen Großbritannien, Frankreich und der UdSSR eintrete."[440]

Churchill dachte aus der Sicht eines Weltreiches, das mit ersten Auflösungserscheinungen zu kämpfen hatte. Zwar war ihm wie vielen anderen Politikern von Rang (darunter der englische Premierminister David Lloyd George, der italienische Ministerpräsident Francesco Nitti sowie amerikanische, englische und französische Diplomaten beziehungsweise Abgeordnete[441]) bewusst, dass der aufgezwungene Vertrag von Versailles für Deutschland „unerträglich" (so Reichspräsident Friedrich Ebert, der von „Gewalt ohne Maß und Grenzen" sprach[442]) und im Grunde unannehmbar gewesen war und Gefahren eines neuen Krieges in sich barg. In der mittlerweile eingetretenen Situation jedoch betrachtete er, wie er jedenfalls Maiski gegenüber beteuerte, ein wiedererstarkendes Deutschland, dem er welthegemoniale Absichten unterstellte, als die größte Gefahr für die Interessen des *Empire* – eine Gefahr, der er kompromisslos zu begegnen gedachte.

Man muss Churchills Erklärung gegenüber dem sowjetischen Vertreter in London nicht für bare Münze nehmen. Wie Walter Post ausführt, glaubten die Briten schon lange vor dem Ersten Weltkrieg in Indien in eine hoffnungslose militärische Unterlegenheit zu geraten, sobald eine russische Eisenbahnlinie zur Grenze Afghanistans fertiggestellt sein würde und Russland nach Nordwestindien griffe. Derartige Befürchtungen erzwangen Rücksichtnahmen auf Moskau, die auf die englische Machtpolitik in Europa durchschlugen. Post stellt dazu fest:

„In den Jahren vor dem Ausbruch des [Ersten – L. F.] Weltkrieges sahen die leitenden Beamten der britischen Außenpolitik, Sir Edward Grey, Sir Arthur Nicholson und Sir Eyre Crowe, nur einen Weg, um den Besitz Indiens zu sichern, nämlich ein möglichst gutes Verhältnis zu St. Petersburg zu gewinnen. Großbritannien mußte unter allen Umständen mit Rußland gehen und dafür notfalls auch das europäische Gleichgewicht opfern, d. h. eine russische Vorherrschaft in Europa akzeptieren. Der Weltkrieg brach nicht aus, weil Deutschland das europäische Gleichgewicht ernsthaft gefährdet hätte, sondern

---

440 Zit. nach: Münkler, Der bedingungslose Wille zum Widerstand, S. 36 f. – Churchill hatte bereits im Juli 1934 Maiski gegenüber Folgendes erklärt: „Das Britische Empire ist mein A und O. Was für das Empire gut ist, ist auch für mich gut; was dem Empire abträglich ist, ist auch mir abträglich. [...] 1919 glaubte ich, Ihr Land stelle die größte Gefahr für das Empire dar, und war deshalb damals ein Gegner Ihres Landes. Jetzt bin ich der Ansicht, daß Deutschland die größte Gefahr für das Empire ist, darum bin ich jetzt ein Gegner Deutschlands" (Maiski, Wer half Hitler?, S. 47).
441 Vgl. die einschlägigen Zitate in: Schultze-Rhonhof, 1939 – Der Krieg, der viele Väter hatte, S. 68 f., 76-78.
442 Zit. nach: Binder, Geschichte im Zeitalter der Weltkriege, Erster Band, S. 281.

weil das Foreign Office bereit war, das europäische Gleichgewicht zur Sicherung der asiatischen Besitzungen Großbritanniens zu opfern."[443]

An den britischen Interessen hatte sich auch nach dem Ersten Weltkrieg nichts Grundsätzliches geändert. Die Sorge um das *Empire* beherrschte das Denken. Aber wie dem auch sei: Churchill fand sich nicht bereit, auf Hitlers Friedensangebote einzugehen und damit den deutschen militärischen Erfolg in Polen zu akzeptieren. Dabei hatte Hitler sicherlich nicht die Absicht, das britische Weltreich anzutasten. Ohnehin war er überzeugt, dass sich das Zeitalter der kleinen Seemächte mit ihrem maritim gestützten Kolonialbesitz dem Ende zuneigt und die sich von diesen Mächten errichtete Weltordnung allmählich auflöst.[444] In seiner Reichstagsrede am 6. Oktober 1939 versuchte Hitler klarzumachen, dass es keinen Grund für einen Krieg im Westen gebe. Die von ihm „durchgeführte Revision des Versailler Vertrages in Europa" habe nicht nur „kein Chaos geschaffen, sondern im Gegenteil die Voraussetzung für klare, stabile und vor allem tragbare Verhältnisse". Die „Frage der Wiedererrichtung eines polnischen Staates" sei ein Problem, das „nicht durch den Krieg im Westen gelöst" würde, „sondern ausschließlich durch Rußland im einen Fall und durch Deutschland im anderen".[445] Und Hitler setzte fort:

> „Man weiß übrigens ganz genau, daß es eine Sinnlosigkeit sein würde, Millionen von Menschenleben zu vernichten und Hunderte Milliarden an Werten zu zerstören, um etwa ein Gebilde wieder aufzurichten, das schon bei der seinerzeitigen Entstehung von allen Nichtpolen als Fehlgeburt bezeichnet worden war. Was soll also sonst der Grund sein? Hat Deutschland an England irgendeine Forderung gestellt, die etwa das britische Weltreich bedroht oder seine Existenz in Frage stellt? Nein, im Gegenteil! [...] Soll dieser Krieg aber wirklich nur geführt werden, um Deutschland ein neues Regime zu geben, das heißt, um das jetzige Reich wieder zu zerschlagen und mithin ein neues Versailles zu schaffen, dann werden Millionen Menschen zwecklos geopfert [...]! Nein, dieser Krieg im Westen regelt überhaupt kein Problem, es sei denn die kaputten Finanzen einiger Rüstungsindustrieller und Zeitungsbesitzer oder sonstiger internationaler Kriegsgewinnler."[446]

Drei Tage nach Hitlers Reichstagsrede erschien in der *Iswestija* der Artikel „Frieden oder Krieg", in dem es hieß, Hitlers Vorschläge könnten „auf jeden Fall eine reale und praktische Grundlage für die Verhandlungen darstellen, die für eine rasche Beendigung des Krieges sorgen würden"[447]. Das Signal aus Moskau wurde in Berlin

---

443 Post, Die Ursachen des Zweiten Weltkrieges, S. 85.
444 Vgl. Trevor-Roper, Hitlers Kriegsziele, S. 123.
445 Hitler, Rede am 6. Oktober 1939 in Berlin vor dem Reichstag, S. 89, 93.
446 Ebd., S. 94 f.
447 Zit. nach: Slutsch, 17. September 1939, S. 239.

mit Zustimmung registriert. Die Verlautbarungen der sowjetischen Propaganda ließen zu dieser Zeit keinen Zweifel daran, dass die Politik der UdSSR gegen England gerichtet ist.[448] In einer Rede auf der V. Tagung des Obersten Sowjets der UdSSR am 31. Oktober 1939 erklärte Molotow, Deutschland befinde sich „in der Position eines Staates, der die baldmöglichste Beendigung des Krieges und den Frieden anstrebt, während Großbritannien und Frankreich, die gestern noch über die Aggression zeterten, heute für die Fortsetzung des Krieges und gegen den Friedensschluß sind".[449] Der „wahre Beweggrund des anglo-französischen Krieges gegen Deutschland" sei „nicht, daß die Briten und Franzosen die Wiederherstellung des alten Polen gelobt und natürlich auch nicht, daß sie beschlossen haben, für die Demokratie in den Kampf zu ziehen", vielmehr wurzelten die Motive, so Molotow, „in ihren durch und durch materiellen Interessen, die sie als große Kolonialmächte haben".[450]

Während Hitler zunächst erwog, einen polnischen Rumpfstaat bestehen zu lassen, teilte Stalin der deutschen Regierung sein Desinteresse am Fortbestehen irgendeines polnischen Staates mit.[451] Gleichzeitig praktizierten beide totalitäre Mächte eine barbarische Besatzungspolitik. Es stellt sich daher die Frage, was ein Einlenken der Westmächte für Polen bedeutet hätte. War es zu diesem Zeitpunkt überhaupt noch opportun, die Notbremse zu ziehen, oder hätte man sie nicht schon deshalb ziehen müssen, weil man Polen ohnehin nicht helfen konnte? Großbritannien jedoch richtete sich auf einen langen Krieg ein. Wie der Kriegsminister im Londoner Kriegskabinett am 6. September 1939 sagte, rechne er mit einem Krieg von mindestens fünf Jahren.[452] Damit war man sich im Klaren, dass ein Massensterben großen Stils bevorstand.

Hitlers Versuche, den Krieg zu beenden

Vermutlich glaubte Hitler sowohl nach dem „Polen-" als auch nach dem „Frankreichfeldzug" ernsthaft, es gäbe weder im Verhältnis zu Frankreich noch zu England Interessengegensätze, die nicht durch Verhandlungen zu lösen wären. Man sollte zumindest in Erwägung ziehen, dass er tatsächlich unter Berücksichtigung der jeweils geschaffenen Tatsachen einen friedlichen Interessenausgleich herzustellen gedachte.[453] Natürlich waren seine Friedensvorschläge zunächst Aufforderungen an

---

448 Vgl. ebd., S. 238.
449 Zit. nach: Die sowjetische Berlin-Note, S. 6.
450 Ebd.
451 Vgl. Weinberg, Eine Welt in Waffen, S. 77 f.
452 Vgl. ebd., S. 84.
453 Vgl. auch Hillgruber, Hitlers Strategie, S. 144, Anm. 1; Kettenacker, Krieg zur Friedenssicherung, S. 77, 80 f.; Schmidt, Rudolf Heß – „Botengang eines Toren"?, S. 110, 113, sowie Scheil, 1940/41 – Die Eskalation des Zweiten Weltkriegs, S. 59 f.

die Westmächte, die Machtverhältnisse auf dem Kontinent anzuerkennen. Aber was hätte es geschadet, sie auszuloten? Noch war der „heiße" Weltkrieg nicht wirklich im Gange. Die von Deutschland besetzten Länder zu befreien, war ohne einen großen Krieg nicht möglich. In dieser Hinsicht stellten sich Fragen nach der Verhältnismäßigkeit der Mittel. Und die Behauptung, dass ein Weltkrieg angesichts der Hitlerschen Weltmachtpläne ohnehin unvermeidbar war, weil sich Hitler, sobald er im Westen den Rücken frei gehabt, nach Osten gewandt, also seinen bis dahin Verbündeten angegriffen hätte, ist spekulativ. Wenn man heute fragt, welches Handeln damals unter humanitärem Gesichtspunkt geboten gewesen wäre, kann man jedenfalls Spekulationen nicht unhinterfragt für bare Münze nehmen. Es ist seit Hugo Grotius ein anerkanntes Prinzip, dass die Angriffsabsicht des Gegners „mit solcher Gewißheit feststellbar sein" muss, „wie dies in menschlichen Dingen nur möglich ist".[454] Die Furcht vor einem Angriff oder auch einer Machtsteigerung des Nachbarn rechtfertigt keinen Präventivkrieg. Die angemessene Reaktion auf eine solche Furcht ist der Ausbau der eigenen Verteidigung.[455] Ein Friedensschluss mit Hitler erschien auch britischen Politikern, darunter Außenminister Halifax, keineswegs als unmöglich.[456] Herfried Münkler charakterisiert die damalige Situation wie folgt:

„Hitler wollte tatsächlich Frieden, aber zu seinen Bedingungen. Churchill dagegen war, im Unterschied zur französischen Regierung, wie sich im Sommer 1940 sehr bald zeigen sollte, nicht bereit, diese Bedingungen zu akzeptieren und also mußte er, ganz den Clausewitzschen Überlegungen entsprechend, für den Krieg sein."[457]

Zweifellos befand sich Großbritannien zum Zeitpunkt von Churchills Amtsantritt in einer außerordentlich komplizierten Lage. Auf dem Kontinent standen sich zwei noch verbündete totalitäre Mächte gegenüber, denen expansionistische Tendenzen unterstellt werden konnten. Deutschland hatte im Mai 1940 die Niederlande, Belgien, Luxemburg und halb Frankreich, darunter die gesamte Kanal- und Atlantikküste, besetzt. Die britische Armee hatte in Frankreich eine Niederlage erlitten und musste evakuiert werden. „Zu diesem Zeitpunkt war es denkbar, daß der Krieg mit einem Sieg der Deutschen enden könnte."[458]

Hitler unternahm in dieser Zeit mehrfach den Versuch, den Krieg zu beenden. Ein Angebot zu Friedensgesprächen an die französische Regierung während der ersten deutschen Siege im Mai 1940 wurde ebensowenig angenommen wie der nach dem „Frankreichfeldzug" unterbreitete Vorschlag für einen sofortigen Frieden mit Eng-

---

454 Grotius, De jure belli ac pacis , S. 384.
455 Vgl. ebd.
456 Vgl. Charmley, Der Untergang des Britischen Empires, S. 29.
457 Münkler, Der bedingungslose Wille zum Widerstand, S. 18.
458 Weinberg, Eine Welt in Waffen, S. 150.

land.[459] In England hatte längst die Sorge Oberhand gewonnen, ganz Ost- und Südosteuropa könne unter deutsche Vorherrschaft gelangen.[460] „Die Briten ihrerseits waren entschlossen weiterzukämpfen – lange bevor Hitler ihre Absicht begriff."[461] Dies entsprach ihrem, von Churchill und anderen britischen Politikern immer wieder proklamierten, Hauptkriegsziel, nämlich der Beseitigung des preußischen Militarismus und der Zerschlagung der „deutschen Machtposition überhaupt".[462] Kriegführung bis zum Sieg war damit bereits zu einer Zeit zur britischen Marschrichtung geworden, als die britische Regierung noch keineswegs politisch-diplomatische Rücksichten wegen des Bündnisses mit den USA und der UdSSR zu nehmen hatte oder glaubte, nehmen zu müssen.[463]

In der Tat standen die Briten auch keineswegs allein, wie mitunter behauptet wird, sondern hatten die Dominien des *Empire* auf ihrer Seite. Zudem bemühte sich Churchill, die USA als Verbündete zu gewinnen. Deshalb zeigte er sich enttäuscht, als nachrichtendienstlich bekannt geworden war, dass Hitler befohlen hatte, zunächst keine zivilen Ziele anzugreifen (Kapitel 4).[464] Denn nichts hätte die Stimmung in den USA so angeheizt wie eine Bombardierung englischer Städte.

Der Wille Churchills und die Fortsetzung des Krieges

Die modern gewordene Kritik am *Appeasement*[465] – „Appeasement" verstanden als eine Politik der Festigkeit und des gleichzeitigen Entgegenkommens – und damit an der Deeskalation durch Verhandlungen beruht auf dem von Churchill geteilten und spätestens ab dem 10. Mai 1940 politisch zur Geltung gebrachten Verständnis, dass der Friede nicht der höchste Wert sei. Seine Bereitschaft, für überindividuelle Interessen beziehungsweise die Bewahrung einer Lebensform Leben zu opfern, wird durch seine Aussage gegenüber dem französischen Ministerpräsidenten Paul Reynaud besonders deutlich. Am 31. Mai 1940 sagte er am Ende ihres Treffens, dass es „bei weitem besser" wäre, „wenn die westeuropäische Zivilisation ein tragisches, aber großartiges Ende fände, als wenn die beiden großen Demokratien", auf den „Status von Vasallen" Deutschlands herabgedrückt, „weiterbestünden, aber aller As-

---

459 Vgl. Scheil, 1940/41 – Die Eskalation des Zweiten Weltkriegs, S. 28, 31, 44.
460 Vgl. dazu Messerschmidt, Außenpolitik und Kriegsvorbereitung, S. 817-824.
461 Weinberg, Eine Welt in Waffen, S. 167.
462 Müller, Der deutsche Widerstand und das Ausland, S. 16 f.
463 Vgl. ebd.
464 Vgl. Scheil, 1940/41 – Die Eskalation des Zweiten Weltkriegs, S. 168.
465 Für Karl Dietrich Bracher ist es eine „Tatsache, daß in München die Grenzen einer sinnvollen Appeasement-Politik endgültig überschritten worden waren" (Bracher, Die deutsche Diktatur, S. 341).

pekte beraubt wären, die das Leben lebenswert machen"⁴⁶⁶. Drei Tage zuvor hatte er im Parlament ausgerufen, dass wenn schon die lange Geschichte der britischen Insel an ihr Ende gelangen sollte, „dann soll sie enden, wenn jeder von uns an seinem eigenen Blut würgend, am Boden liegt"⁴⁶⁷. Es ist diese kaltschnäuzige Entschlossenheit, die Churchill bis heute eine Menge von Bewunderer sichert. Dieser, so Hans-Peter Schwarz, war „kein Rechner, sondern ein bedenkenloser Kämpfer"; er war „untergangs- und verlustbereit" und offenbar habe gerade dies „im Jahre 1940 die Größe Winston Churchills ausgemacht".⁴⁶⁸ Wie aber, so fragt man sich, könnte „bedenkenlose Untergangsbereitschaft" eine Haltung sein, die man Politikern anempfehlen dürfte, wenn es doch, wie es bei Schwarz heißt, darum geht, „das einundzwanzigste Jahrhundert im Licht der Erfahrungen des zwanzigsten zu gestalten"⁴⁶⁹?

Die Stilisierung Churchills zum einzig angemessenen Widerpart Hitlers hat eine Kehrseite: Obwohl man einräumt, dass die auf einen Interessenausgleich bedachte Politik Chamberlains zum Vorläufer und Vorbild der Entspannungspolitik während des Kalten Krieges wurde,⁴⁷⁰ werden seine Bemühungen in ein Zwielicht getaucht. Dabei scheint diese Politik der einzig akzeptablen Maxime gefolgt zu sein, zuallererst einen Weltkrieg und den damit verbundenen Opfergang zu vermeiden.⁴⁷¹ Des Öfteren habe ihm der Premierminister gesagt, so John Colville, Chamberlains Privatsekretär: „Wir müssen der Sache Einhalt gebieten, bevor das Blutbad beginnt."⁴⁷²

Die Ablehnung der Appeasement-Politik unterstellt, dass mit Hitler ein Interessenausgleich nicht zustande zu bringen war. Diese Unterstellung leuchtet nur dann ein, wenn man ihm die Fähigkeit oder den Willen zu einem realistischen Kalkül abspricht und ihn gleichzeitig – und zwar im Unterschied zu Stalin – zu einem „Ungeheuer" oder „Desperado"⁴⁷³ erklärt. An Eigenschaftszuschreibungen dieser Art hängt dann nahezu die gesamte Wertschätzung Churchills. Denn wenn man die genannte Unterstellung nicht für unbezweifelbar hält, steht die kategorische Ablehnung der Beschwichtigungspolitik auf wackeligen Füßen. Sobald man der Auffassung zuneigt, dass Hitlers Friedensfühler ausgelotet werden mussten, ist Churchills Kampf um jeden Preis, ohne Verhandlungslösungen auch nur zu eruieren, weder

---

466 Zit. nach: Lukacs, Fünf Tage in London, S. 188. Eine ähnliche Bemerkung dokumentiert Charmley, Churchill, S. 434.
467 Zit. nach: Charmley, Churchill, S. 429.
468 Schwarz, Das Gesicht des Jahrhunderts, S. 379 f.
469 Ebd., S. 4.
470 Vgl. ebd., S. 369.
471 Dies waren freilich nicht die einzigen Motive Chamberlains. Er sah vielmehr, dass ein neuerlicher Weltkrieg die Fundamente des britischen *Empires* vollends untergraben würde (vgl. dazu Charmley, Der Untergang des Britischen Empires, S. 20).
472 Zit. nach: Lamb, Der verfehlte Frieden, S. 171.
473 Vgl. Schwarz, Das Gesicht des Jahrhunderts, u. a. S. 366, 370, 377.

nachvollziehbar noch als Prototyp einer klugen und verantwortbaren Politik gegenüber Diktatoren universell empfehlenswert.

Es ist die nationalsozialistische Verbrechensbilanz, die es so schwer macht, eine Kritik an der Dämonisierung Hitlers psychisch zu ertragen. Nur ist diese Dämonisierung, die Hitler zu einem „Ungeheuer" macht, das nicht rational ansprechbar war, durchaus gefährlich. Welche Lernergebnisse produzierte eine Geschichtsbetrachtung, die sich vorschnell auf die Seite jener schlüge, die selbst eine mangelhafte Bereitschaft haben erkennen lassen, ihren Gegner wenigstens versuchsweise als einen rational kalkulierenden Akteur zu begreifen und ihm seine wohlverstandenen Interessen vor Augen zu führen? Denn es ist klar: Gegen „das Böse", sofern es selbst untergangsbereit ist, kann man nur kämpfen.

Mit der Übernahme der Regierungsgeschäfte durch Churchill blieb es Hitler fortan versagt, „die militärischen Siege in politische Erfolge umzumünzen bzw. durch politische Übereinkünfte den Einsatz militärischer Kräfte in Grenzen zu halten"[474]. Es war der unbedingte Wille Churchills, die Interessen des *British Empire* auch durch Krieg zu wahren, der ihn sowohl im eigenen Land als auch unter westlichen Intellektuellen in den Verdacht brachte, ein Kriegstreiber zu sein, und der, so Münkler, „Hitler zur Eskalation und Expansion der Kriegführung [zwang]".[475]

Über den letzten – von Münkler angesprochenen – Punkt nachzudenken ist zweifellos von besonderer Bedeutung. Man sollte darüber diskutieren, ob der am 1. September 1939 gegen Polen begonnene Krieg sich tatsächlich, wie es im Urteil des Nürnberger Prozesses gegen die Hauptkriegsverbrecher heißt, „folgerichtig in einen die ganze Welt umspannenden Krieg entwickeln mußte"[476] oder ob mit dem Beginn des europäischen Krieges diese Entwicklung, wie Jost Dülffer meint, keineswegs determiniert war.[477]

Die offensive Haltung der Briten hat jedenfalls den Krieg im Osten nicht verhindert. Aber sollte Churchill etwa die Resultate der Hitlerschen Aggression gegen Polen anerkennen und es darauf ankommen lassen, was Hitler als nächstes tun wird? Was wäre eigentlich dann vermutlich passiert? Eine Überlegung – von Heinz Magenheimer – sei angeführt:

„Selbst im Falle eines politischen Arrangements mit London wäre Deutschlands Vormacht auf West- und Mitteleuropa, eventuell Südosteuropa, beschränkt geblieben. An

---

474 Münkler, Der bedingungslose Wille zum Widerstand, S. 16.
475 Ebd., S. 24 f., 16.
476 IMT, Bd. 22, S. 505.
477 Vgl. Dülffer, Der Beginn des Krieges 1939, S. 317.

einer Niederwerfung der Seemacht England, die ohnehin kaum möglich gewesen wäre, lag Hitler ohnehin nichts. Wenn man ein derartiges Szenario voraussetzt, hätte eine spätere Konfrontation mit Sowjetrussland, somit ein Fortgang des Krieges in Europa, überhaupt nicht stattfinden müssen. Warum das Riesenreich im Osten angreifen, wenn man von diesem auf andere Weise Zugeständnisse erreichen konnte? [...] Was hätte Stalin in dieser Lage bewegen können, einen Krieg auf Leben und Tod zu entfesseln? Wäre andrerseits Deutschland in der Lage gewesen, nach der ‚Weltherrschaft' zu greifen?"[478]

Natürlich mögen auch andere Szenarien denkbar gewesen sein. Wichtig ist: Es gab Alternativen. Jedem britischen Politiker dürfte klar gewesen sein, dass sich der weitere Kriegsverlauf nur schwer prognostizieren lässt. Wie aber konnte man dann annehmen, dass eine frühzeitig fixierte und ein für allemal festgelegte Reaktionsweise das einzig adäquate Mittel ist, um die von Hitler ausgehenden Gefahren zu bekämpfen – wo doch zu diesen Gefahren auch die Eskalation des Krieges zu einem Weltbrand zählte?

Es liegt in der Natur der Sache, dass niemand wissen kann, was in der Zukunft passiert. Ungeachtet dessen stützen wir unsere Entscheidungen auf Annahmen darüber, was andere tun, und welche Folgen eigene Handlungen oder Unterlassungen vermutlich haben werden. Und selbstverständlich ist es eine moralische Pflicht, auch die mutmaßlichen Konsequenzen des Nichthandelns – zum Beispiel der Hinnahme einer Aggression – zu bedenken. Allerdings kann es in manchen Fällen unklar sein, wie Konsequenzen dieser Art überhaupt veranschlagt werden können. Sobald aber die Unsicherheiten ins Unendliche wachsen, sollte man sich dann nicht auf das besinnen, was man einigermaßen sicher weiß – nämlich dass der gewaltsame Abwehrkampf gegen die vermutete Gefahr verlustreich sein wird?

Wozu auch immer man in der Frage der Churchillschen Handlungsoptionen tendieren mag, man wird zunächst einräumen müssen: Offensive Aktionen waren zum Zeitpunkt des Beginns der Flächenbombardements durchaus noch aufschiebbar.[479] In dieser Phase des Krieges bestand keine Not, auf dieses äußerste Mittel zurückzugreifen – und schon gar nicht mit dieser Brachialgewalt. Man wird aber darüber hinausgehend etwas Weiteres anerkennen müssen: In dieser Situation, in der nach allgemeiner Überzeugung jede Eskalation des Krieges ein unvorstellbares Menschenschlachten heraufbeschwören musste, war es moralische Pflicht, sämtliche Möglichkeiten auszuloten, Hitler – auch unter Hintanstellung eigener Interessen – auf diplomatischem Wege in die Schranken zu weisen, eine Fortsetzung des Krieges zu vermeiden und die Verhältnisse in Europa zu stabilisieren. Jedermann wusste, was kommen wird, und die Entscheidungsträger haben diese Folgen bewusst in Kauf genommen.

---
478 Magenheimer, Kriegsziele und Strategien der großen Mächte 1939-1945, S. 208.
479 Vgl. zu dieser Frage Walzer, Gibt es den gerechten Krieg?, S. 368 f.

Zu dieser Pflicht gehört auch, Gespräche mit Diktatoren nicht grundsätzlich auszuschließen und vorschnell oder ein für allemal abzubrechen. Deshalb lässt sich diese Pflicht im vorliegenden Fall auch nicht mit dem Hinweis[480] aus der Welt schaffen, es sei für die britische Regierung schwierig gewesen, zwischen Anhängern und Gegnern des NS-Regimes deutliche Unterschiede festzustellen. Nachdenkenswert erscheint vielmehr Folgendes:

> „Die kategorische Ablehnung jedweder Friedensfühler erfolgte zu einer Zeit, als der außenpolitische Handlungsspielraum der britischen Regierung größer war als je zuvor und je danach: das Bündnis mit Frankreich hatte faktisch aufgehört zu bestehen, das mit der Sowjetunion war noch nicht geschlossen; vor allem aber war die Invasionsgefahr mit dem Luftsieg über England vorerst gebannt."[481]

Churchill setzte unbeirrt einen Kampf fort, dessen Ziel er in einer Rede zu Kriegsbeginn am 3. September 1939 so formuliert hatte:

> „Nicht darum geht es, dass wir für Danzig oder für Polen kämpfen. Wir kämpfen, um die ganze Welt von der Seuche der Nazi-Tyrannei zu befreien, um all das zu verteidigen, was den Menschen am heiligsten ist."[482]

Natürlich hängen Beurteilungen maßgeblich davon ab, welche Ziele man Hitler und den großen Mächten unterstellt. Nach neueren Forschungen ist es aber durchaus wahrscheinlich, dass es Hitler nach seinen Feldzügen 1939/40 tatsächlich darauf anlegte und aus militärischen und politischen Gründen darauf anlegen musste, den Krieg politisch zu Ende zu bringen. Hitler hatte nicht die Ressourcen, weder an Rohstoffen und Nahrungsmitteln noch an Rüstungsreserven, um einen langandauernden Konflikt zu überstehen. Er war darauf angewiesen, militärisch schnell zu siegen und den Krieg politisch zu beenden. Allerdings, so Stefan Scheil:

> „Das war der NS-Führung 1940 nicht gelungen, weil die englische Regierung diese Schwäche kannte und wußte, daß die bloße Verweigerung von Verhandlungen fast mit Notwendigkeit zum englischen Sieg führen mußte."[483]

Es war das Bestreben Churchills, das Entstehen einer dominierenden Großmacht auf dem europäischen Kontinent unter allen Umständen zu verhindern. Lothar Kettenacker konstatiert:

---

480 Vgl. Kettenacker, Die britische Haltung zum deutschen Widerstand während des Zweiten Weltkriegs, S. 56.
481 Ebd., S. 59.
482 Churchill, Krieg, S. 205.
483 Scheil, 1940/41 – Die Eskalation des Zweiten Weltkriegs, S. 374.

"Das erklärte Ziel der britischen Regierung bestand in der möglichst totalen Entmachtung jener national-konservativen Führungsschicht, aus der sich die Gegner Hitlers vorzugsweise rekrutierten und die ihre Interessen mit der Erhaltung der deutschen Machtstaatstradition identifizierten. Der Erste Weltkrieg hatte nur mit der halben Entmachtung Deutschlands geendet, mit der Niederlage des kaiserlichen Regiments, nicht mit der Beseitigung des preußisch-deutschen Machtstaatspotentials. Genau dies meinte Churchill, wenn er immer wieder seine Absicht bekräftigte, nicht nur der ‚Nazi tyranny' den Garaus machen zu wollen – das verstand sich sozusagen von selbst –, sondern vor allem auch dem ‚Prussian militarism'."[484]

Wohl vor allem aus diesem Grund musste der Krieg weitergehen bis zur kompletten Auslieferung Deutschlands an seine Gegner. Dieser Zielstellung gab Churchill Ausdruck, als er auf der Zweiten Plenarsitzung der Konferenz von Jalta am 5. Februar 1945 erklärte, mit der bedingungslosen Kapitulation sei das „Recht" verbunden, „die Zukunft Deutschlands zu bestimmen", und hinzufügte, dass sich die Alliierten unter diesen Bedingungen „alle Rechte vorbehalten über das Leben, das Eigentum und die künftige Tätigkeit der Deutschen".[485] Jeder Verhandlungsfrieden erschien ihm als ein deutscher Sieg. Nur durch eine bedingungslose Kapitulation würden die Sieger absolut freie Hand haben und die Nachkriegsordnung ausschließlich nach ihren Vorstellungen und Interessen gestalten können. Noch einmal Kettenacker:

„Über seine [Churchills – L.F.] Motive kann man nur spekulieren. Pure Nostalgie für das alte europäische Mächtesystem, nunmehr gebändigt durch einen obersten Europarat, ist nicht auszuschließen. Die Auflösung des übermächtigen Reiches in der Mitte in für das Ganze verträgliche Einheiten war gewiß das Hauptmotiv."[486]

In der Tat hatte der Krieg mit der Regierungsübernahme Churchills am 10. Mai 1940 „eine völlig andere Wendung"[487] genommen. Darin, dass er bereit war, ungeachtet aller Verluste an Menschenleben, einen Kampf auf Leben und Tod zu führen, war er Hitler psychologisch nicht unähnlich.[488] Churchill war von seiner „Ausbildung und Veranlagung" her „in erster Linie Soldat"; ihn faszinierten militärische Details, und er neigte zu theatralischen und martialischen Auftritten.[489]

---

484 Kettenacker, „Unconditional Surrender" als Grundlage der angelsächsischen Nachkriegsplanung, S. 178.
485 Die Konferenzen von Malta und Jalta, S. 575.
486 Kettenacker, Krieg zur Friedenssicherung, S. 541.
487 Kettenacker, Die britische Bevölkerung und der Bombenkrieg, S. 88.
488 Vgl. dazu von Krockow, Churchill, S. 126-129, 213.
489 Kettenacker, Krieg zur Friedenssicherung, S.79 f., 537.

Der Ausschluss eines Verhandlungsfriedens

Zweifelhaft ist die verbreitete Auffassung, Hitler habe bereits mit seiner widerrechtlichen Besetzung Prags allen Kredit eingebüßt gehabt, sodass er seit dieser Zeit nicht mehr als verhandlungswürdig galt. Tatsächlich hatte Hitler mit diesem Schritt, der sich nicht auf ein Selbstbestimmungsrecht nationaler Minderheiten berufen konnte, den Weg der Revision des Versailler Vertrages verlassen. Gleichwohl spricht die britische Unterhausdebatte, die sich am 12. Oktober 1939, also nur wenige Monate vor Churchills Regierungsübernahme, mit Hitlers Friedensangeboten vom 6. und 10. Oktober[490] befasste, in dieser Hinsicht eine durchaus andere Sprache.[491] Zwar hatte Chamberlain auf Hitlers gebrochene Versprechungen hingewiesen, das deutsche Angebot als „vage und unbestimmt"[492] befunden und abgelehnt; es wurde im Unterhaus aber auch vor der fürchterlichen Schlächterei gewarnt, in die der Krieg ausarten und Millionen von Menschenleben vernichten würde, weshalb sich nicht wenige der Parlamentarier, die in der Debatte das Wort ergriffen, aus diesem, aber auch aus anderen Gründen verhandlungsbereit erklärten.

In der Folgezeit war es vor allem die Entschlossenheit Churchills, den Kampf unter allen Umständen fortzusetzen, die es verhinderte, dass ein Verhandlungsfrieden auch nur in Betracht gezogen wurde. So war es in der Kabinettssitzung des 28. Mai 1940, in der Churchill erneut auf die zu erwartende Härte der deutschen Friedensbedingungen hinwies, zu einer Konfrontation mit Außenminister Halifax gekommen. Halifax und Chamberlain warfen ein, „daß Hitlers Bedingungen nicht unbedingt unannehmbar sein müßten, und fragten, ob es nicht eine gute Idee wäre, dies herauszufinden"[493]. In der darauf folgenden Sitzung stellte Churchill das Problem in einer ausgesprochen polarisierenden Weise dar, sodass „Halifax' Vorschlag, die Möglichkeit eines Verhandlungsfriedens auszuloten, defätistisch wirken mußte", und er ging „mit seinem ganzen Aplomb daran, ihn darüber hinaus als unmoralisch und einer großen Nation unwürdig zu diskreditieren".[494] Und in einem Zeitungsartikel vom 28. Juli 1940 vertrat Lloyd George die Meinung, wenn man Hitler bewiesen habe, dass England nicht so leicht zu besiegen ist, sei man in einer Position, „mit ihm zu verhandeln (*to discuss terms with him*)".[495]

---

490 Hitler, Rede am 6. Oktober 1939 in Berlin vor dem Reichstag, sowie ders., [Rede am 10. Oktober 1939 im Berliner Sportpalast], S. 1396.
491 Siehe Parliamentary Debates, House of Commons, 12. October 1939, Sp. 561-648.
492 Ebd., Sp. 565.
493 Charmley, Churchill, S. 428.
494 Ebd., S. 429.
495 Rowland, Lloyd George, S. 777 (Hervorhebung getilgt). Siehe auch Charmley, Churchill, S. 458 f.

Auch später noch, nach dem Zusammenbruch Frankreichs, waren die Meinungen in dieser Frage gespalten, und es gab durchaus eifrige Befürworter eines Verhandlungsfriedens.[496] Zudem dürfte es schwer nachvollziehbar sein, dass der Aggressor Stalin, der sich gegen Polen, Finnland, Estland, Lettland und Litauen gewendet hatte, glaubwürdiger gewesen sein soll. Man wird daher fragen müssen, ob der Hauptgrund für die Torpedierung eines britisch-deutschen Ausgleichs statt in einer vermeintlichen deutschen Unglaubwürdigkeit infolge begangener Rechts- beziehungsweise Vertragsverletzungen nicht vielmehr in machtpolitischen Erwägungen des tonangebenden Teils der englischen Elite zu suchen ist, die ein ebenbürtiges Deutschland als Führungsmacht auf dem Kontinent unter keinen Umständen tolerieren wollte.[497] William Strang, ein hoher Beamter des *Foreign Office*, legte seine Auffassung in einer Aufzeichnung vom November 1939 nieder:

„Ohne Hitler mag Deutschland weniger böse sein, aber nicht notwendigerweise weniger gefährlich. Wenn seine militärische Macht nicht zuerst gebrochen wird, wird der Friede nichts anderes sein können als eine kurze und ungemütliche Atempause."[498]

Und Lord Robert Vansittart brachte diese Position mit den Worten zum Ausdruck:

„Es ist eine Illusion zu glauben, wir bekämpften nur den Hitlerismus. Wir bekämpfen den Alten Adam [...] plus Hitlerismus! [...] Wir kämpfen gegen die deutsche Armee und gegen das deutsche Volk, auf dem diese Armee beruht."[499]

Vansittart hatte die Vorstellung von einem verdorbenen und degenerierten deutschen Nationalcharakter entworfen, der von autoritärem Denken, Gewaltverherrlichung, Brutalität und Militarismus gekennzeichnet ist, und die deutsche Nation als einen unzivilisierten Feind betrachtet. Deutsche wurden von ihm als andersartig empfunden; im Unterschied zum friedenswilligen Vereinigten Königreich waren sie ein kriegswilliges Volk; die „deutsche Gefahr" betrachtete er als Bedrohung des Weltfriedens.[500] Wenngleich Vansittart die den Deutschen zugeschriebene Disposition nicht als unabänderlich betrachtete[501], so sah er doch einen inneren Zusam-

---

496 Vgl. Charmley, Churchill, S. 421 f.
497 Vgl. dazu auch Scheil, 1940/41 – Die Eskalation des Zweiten Weltkriegs, S. 188.
498 Strang, Aufzeichnung vom 8.11.1939. Zit. nach: Kettenacker, Der nationalkonservative Widerstand aus angelsächsischer Sicht, S. 717.
499 Vansittart, The origins of Germany's Fifth War. Memorandum vom 28.11.1939. Englisch zit. nach: Kettenacker, Die britische Haltung zum deutschen Widerstand während des Zweiten Weltkrieges, S. 54.
500 Zu Vansittarts Anschauungen über Deutschland und die Deutschen vgl. Später, Vansittart, S. 63 ff., 243 ff., 443 ff.
501 Vgl. Kettenacker, Der britische Rahmenplan für die Besetzung Deutschlands und seine unerwarteten Folgen, S. 52.

menhang zwischen der deutschen Sprache, den geistigen Produktionen der Deutschen und ihren politischen Taten. Deshalb war Hitler für ihn, wie Jörg Später resümiert, „kein Versehen", sondern „das logische Ergebnis und die Erfüllung der deutschen Geschichte".[502] Interessanterweise war diese antideutsche, von Stereotypen und Vorurteilen geprägte Denkweise, die man auch als „Vansittartismus" bezeichnet, erst entstanden, als mit dem Aufstieg Deutschlands am Ende des 19. Jahrhunderts ein machtpolitischer Rivale emporkam, der das Kräftegleichgewicht auf dem europäischen Kontinent zerstörte, während gleichzeitig Großbritannien seinen Zenit als Weltmacht überschritten hatte.

Vansittart war Erster Diplomatischer Berater der Regierung. Seine Sicht auf Deutschland blieb nicht ohne Einfluss auf die britische Außenpolitik. Am 6. September 1940 ließ er sich in einer Stellungnahme zu einer über Schweden angebahnten inoffiziellen deutschen Kontaktaufnahme unter anderem wie folgt vernehmen:

> „[...] das Deutsche Reich und die Reichsidee sind seit 75 Jahren der Fluch der Welt, und wenn wir sie diesmal nicht erledigen, werden wir es nie tun, und sie werden uns erledigen. Der Feind ist das Deutsche Reich und nicht nur der Nazismus, und diejenigen, die das noch nicht begriffen haben, haben gar nichts begriffen [...]. Jede Möglichkeit zu einem Kompromiß ist jetzt vorbei, und es muß ein Kampf ums Ende, und zwar um ein wirkliches Ende sein."[503]

Die pauschale britische Ablehnung aller Friedensinitiativen wurde damals insbesondere von Neutralen, aber auch von Dominion-Regierungen (Australien und Kanada) mit Sorge betrachtet, sodass die britische Diplomatie durch deren Drängen auf einen Kompromissfrieden unter Druck geriet.[504] Und selbst innerhalb des Kabinetts waren „zwei Richtungen vertreten", „die sich gegenseitig kontrollierten, nämlich auf der einen Seite die Hauptverantwortlichen für die frühere Appeasement-Politik, die auch jetzt einen politischen Ausgang des Krieges, allerdings ohne weitgehende Konzessionen, vorgezogen hätten, und auf der anderen Seite Churchill und Eden, die nunmehr ebenso vor den Gefahren eines Kompromißfriedens warnten wie vormals vor den Konsequenzen zu großer Nachgiebigkeit".[505] Während „die Furcht vor dem Bolschewismus ein Wesensmerkmal der Appeasement-Politik war", hatte mittlerweile zumindest in der Gruppe um Churchill eine Verharmlosung der Sowjetunion eingesetzt, die unter anderem Ansichten wie die von Sir Robert Vansittart hervorbrachte, der meinte, dass ein kommunistisches oder semi-bolschewistisches Deutschland aufgrund des damit einhergehenden Chaos und der Ineffizienz

---

502 Später, Vansittart, S. 249.
503 Zit. nach: Gellermann, Geheime Wege zum Frieden mit England, S. 32.
504 Vgl. Kettenacker, Krieg zur Friedenssicherung, S. 51 ff.
505 Ebd., S. 52.

für England mehr Vorteile als Nachteile mit sich bringe.[506] Kettenacker spricht von einer „gewollt optimistischen Interpretation russischer Interessenpolitik" im *Foreign Office*, wobei man eine „ideologische Motivierung" der Stalinschen Politik, gerade auch für die Zeit nach dem Krieg, „nicht einmal als Hypothese in Erwägung" zog.[507]

Haupt- und Nebenzwecke

Wenn von Krockow schreibt, dass mit dem Beginn von Verhandlungen der Wille zum Weiterkämpfen sowohl bei den Militärs als auch im Volk zerbrochen wäre,[508] und Churchill schon deshalb gut daran tat, keine Verhandlungen mit einem Gegner aufzunehmen, so lässt sich daraus nicht wirklich ein Argument gewinnen, eine politische Lösung *von vornherein* auszuschließen; es deutet lediglich darauf hin, dass viele von denen, die ihr Leben um der Churchillschen Ziele willen opfern mussten, eigentlich nicht dazu bereit waren. Dabei scheint die Verhandlungsbereitschaft Hitlers kaum zweifelhaft zu sein. Natürlich war zu fragen, unter welchen Bedingungen Hitler verhandeln wollte und welche Garantien er zu geben bereit gewesen wäre. Mussten aber nicht alle Möglichkeiten eruiert werden, die Fortsetzung und Eskalation des Krieges zu verhindern? Die britische Regierung jedoch, so Gerhard Weinberg, war nicht daran interessiert, Möglichkeiten für Friedensverhandlungen zu erkunden. Man „erwartete nicht, daß Deutschland annehmbare Bedingungen stellen würde – oder daß man annehmbaren Bedingungen hätte vertrauen dürfen"[509]. Möglicherweise kommt man aber der Wahrheit näher, wenn man mit Stefan Scheil vermutet, dass es einfach keine denkbaren Angebote gab, auf die Churchill eingehen wollte.[510] Die Enttäuschung, die in Berlin über die britische Reaktion auf Hitlers „Appell an die Vernunft"[511] vom 19. Juli 1940 herrschte, hat jedenfalls der italienische Außenminister Ciano glaubwürdig bezeugt.[512]

Den nächsten Vorstoß in Richtung auf eine Übereinkunft mit England unternahm Hitler Anfang September 1940. Seine detaillierten Vorstellungen, die unter anderem den Erhalt des *Empires*, die Anerkennung der kontinentalen Oberhoheit Deutschlands, einschließlich der Einverleibung der Tschechoslowakei, die Schaffung eines

---

506 Ebd., S. 54.
507 Kettenacker, Die britische Haltung zum deutschen Widerstand während des Zweiten Weltkriegs, S. 66.
508 Vgl. von Krockow, Churchill, S. 182.
509 Weinberg, Eine Welt in Waffen, S. 173.
510 Vgl. Scheil, 1940/41 – Die Eskalation des Zweiten Weltkriegs, S. 169 f.
511 Hitler, [Rede am 19. Juli 1940], S. 1558.
512 Vgl. Kettenacker, Krieg zur Friedenssicherung, S. 77.

polnischen Staates sowie die Räumung aller übrigen kriegsbedingt besetzten Staaten beinhalteten,[513] wurden vom britischen Kriegskabinett negativ beschieden. Und wie Karl Haushofer, Theoretiker der „Geopolitik", Ende September 1945 einem amerikanischen Geheimdienst mitteilte, soll Hitler der britischen Regierung auch später noch, nämlich 1941, einen umfassenden Friedensplan vorgelegt haben, der ebenfalls den Rückzug aus Norwegen, Dänemark und Frankreich vorsah.[514]

Der Zweite Weltkrieg fand in einer Zeit statt, in der offenbar noch viele glaubten, es sei vertretbar, Konflikte zwischen Staaten durch Krieg zu lösen. Politiker unterschieden sich weniger, ob sie überhaupt bereit waren, notfalls auf diese Karte zu setzen, sondern eher darin, welches Kriegsrisiko sie in Kauf nahmen. Churchill ging in diesem Punkt deutlich weiter als Chamberlain. John Charmley schreibt in seiner Churchill-Biographie:

„Die Tatsache, daß Churchill eher zum Krieg bereit war als Chamberlain, bedeutet nicht notwendigerweise, daß er ihn anstrebte, obwohl seine Auffassung, daß ein Krieg zur Bewahrung des Mächtegleichgewichts notwendig sein konnte, einer *self-fulfilling-prophecy* recht nahe kam; seine Überzeugung, daß England siegreich aus jedem derartigen Konflikt hervorgehen würde, war – je nach Geschmack des Zuhörers – erschreckend oder beängstigend. Bei einem Abendessen mit dem bekannten amerikanischen Korrespondenten Walter Lippmann erklärte er, England werde zwar zunächst ‚tödlicher Gefahr und schrecklichen Prüfungen' ausgesetzt sein, aber dies würde ‚nur dazu dienen, die Entschlossenheit des britischen Volkes zu stählen und unsern Siegeswillen zu fördern'."[515]

Als Churchill Premierminister geworden war, hatte sich die zu keinerlei Kompromissen bereite Linie durchgesetzt. Churchill weigerte sich kategorisch, auf Friedensfühler einzugehen, von welcher Seite sie auch kamen.[516] Dieser Tatbestand versteht sich nicht von selbst, sondern bedarf einer Deutung. In seiner Analyse der Kriegsziele und Strategien der „großen Mächte" gelangt Heinz Magenheimer zu folgender Feststellung:

„Das Ziel der britischen Regierung bestand in dieser Phase eindeutig in der Niederwerfung des Deutschen Reiches, wobei ähnliche Motive vorherrschten, wie sie bereits 1914 zum Kriegseintritt Englands geführt hatten. Die Zielsetzung ging also weit über die Wiedererrichtung Polens hinaus. London führte schlichtweg einen Machtkampf, den man moralisch und pseudoreligiös verbrämte, um die öffentliche Meinung zu gewinnen."[517]

---

513 Siehe Scheil, 1940/41 – Die Eskalation des Zweiten Weltkriegs, S. 174 f.
514 Vgl. Allen, Churchills Friedensfalle, S. 19.
515 Charmley, Churchill, S. 380.
516 Vgl. Kettenacker, Krieg zur Friedenssicherung, S. 537.
517 Magenheimer, Kriegsziele und Strategien der großen Mächte 1939-1945, S. 37.

Unermüdlich arbeitete Churchill daran, „ein Klima zu schaffen, in dem der bloße Gedanke an Verhandlungen mit Hitler unvorstellbar war".[518] Er wählte als Alternative den Krieg. Dadurch, so heißt es in der britischen Nachkriegsgeschichtsschreibung, hätten „friedfertige Völker" die „Unterwerfung unter den von einem Eroberer aufgezwungenen Weltfrieden" vermieden.[519]

Mit Churchill war gleichsam der unbedingte Wille zur Herrschaft gelangt, den Kampf bis zum siegreichen Ende ohne erkennbare Rücksicht auf die damit verbundenen Menschenverluste weiterzuführen und jede politische Lösung zur Zähmung oder Ausschaltung Hitlers von vornherein auszuschließen.

> „Daß viele, wenn nicht die meisten Menschen am Leben hängen, unter welchen Bedingungen auch immer, und es dem Tod vorziehen, kam Churchill nicht in den Sinn."[520]

Bis heute wird die Churchillsche Strategie kontrovers diskutiert. Gleichwohl ist es Churchill dank seiner mitreißenden Rhetorik maßgeblich gelungen, ein heute noch manifestes Meinungsklima zu erzeugen, in dem „allein schon die Frage, ob vielleicht ein Kompromißfrieden möglich gewesen wäre, als ‚schändlich' und als Produkt einer ‚dubiosen Rückschau' bezeichnet wird"[521]. Damit, so Charmley, werde eine „Streitaxt" geschwungen, die schon 1940 als Angriffswaffe gegen diejenigen eingesetzt worden war, die die Möglichkeit eines Friedensschlusses erwogen hatten.[522]

Auch wenn die Einschätzungen des Churchillschen Wollens und Handelns bis heute kontrovers sind: Es sollte deutlich geworden sein, dass verschiedene Deutungen sich mit den vorhandenen Daten als kompatibel erweisen. Wenn es aber zumindest plausibel ist, dass die Entscheidungen speziell der Westalliierten in einem bedeutenden Maße nicht nur von Verteidigungsabsichten gesteuert wurden, wird man dann nicht Bedenken tragen, deren Entscheidungen und Handlungen ohne Weiteres als unausweichlich zu betrachten? Und wird man nicht vorsichtig sein, bestimmte Vorgehensweisen als maßstabsetzend zu bewerten?

Die traditionelle Lehre vom gerechten Krieg fordert nicht nur einen gerechten Grund zum Kriegführen, sondern darüber hinaus, dass der Krieg auch aus diesem Grund geführt wird. Nur dann liegt auch eine *gerechte Absicht* vor. Dieses Kriterium – die sogenannte *intentio-recta*-Bedingung – muss erfüllt sein, damit ein Krieg

---

518 Charmley, Churchill, S. 423; vgl. auch S. 425-430.
519 Toynbee, Krieg und Kultur, S. 11.
520 Charmley, Churchill, S. 434.
521 Ebd., S. 448.
522 Ebd., S. 448 f.

als gerecht gelten kann. Nebenabsichten sind tolerabel, solange sie nicht zu einer Ausweitung oder Verschiebung der durch den gerechten Grund legitimierten Kriegsziele führen.

Unter diesem Gesichtspunkt werfen die Motive und Zielbestimmungen der Alliierten Fragen auf, über die keine seriöse Bewertung der alliierten Kriegführung hinweggehen kann. Dass Briten, aber auch Amerikaner und Sowjets, womöglich *auch* Nebenzwecke, etwa nationale Interessen im Hinblick auf eine Vergrößerung ihrer Einflusssphäre, verfolgt haben, wäre also allein noch nicht moralisch zu beanstanden – nämlich dann nicht, wenn der Krieg tatsächlich in dem Rahmen verblieben ist, der durch das Notwehr- beziehungsweise Nothilferecht gedeckt war und zu diesem Hauptzweck geführt wurde. Gerade dies erscheint aber zweifelhaft und müsste vor einer Inanspruchnahme des alliierten Kriegshandelns als Paradigma eines gerechten Gefahrenabwehrkampfes geprüft werden. Nur in dem unwahrscheinlichen Grenzfall, dass der Krieg trotz Fehlens einer gerechten Absicht gleichwohl *nicht* über die Grenze hinaus geführt wurde, wie sie durch die gerechtfertigte Intention gezogen wird, kann ein Gefahrenabwehrkampf, der gegen die *Intentio-recta*-Bedingung verstößt, als objektiv – das heißt hier: nur von der Wirkung her betrachtet – legitim gelten. Sobald aber diese Grenze überschritten wurde, ist die Handlung – auch im politischen Sinne – nicht mehr vorbildlich, denn dann wurden die begrüßenswerten Konsequenzen, die sie haben mag, mit einem nicht zu rechtfertigenden Mitteleinsatz erzielt.

14. Kapitel
Warum „Unconditional Surrender"? (Roosevelt)

Weltführungsanspruch und missionarischer Impuls

Roosevelts Überlegungen waren in ihrer offensiven Tendenz denen Churchills ähnlich. Im Streit um die angemessene außenpolitische Ausrichtung der USA vertrat er gegen die dominante isolationistische Grundstimmung die Position der Internationalisten (beziehungsweise Interventionisten).[523] Während die Isolationisten stets davor warnten, sich in einen Krieg in Europa hineinziehen zu lassen und „noch einmal für das Britische *Empire* die Kastanien aus dem Feuer zu holen"[524], sah Roosevelt in Deutschland und Hitler, dem er eine Welteroberungsabsicht unterstellte, eine Bedrohung für Amerika. Diese Eroberungspläne hätten die Nazis „schon fix und fertig" gehabt, bevor sie 1933 an die Macht kamen.[525]

Der auf einer Pressekonferenz im Januar 1943 bekanntgegebene Plan, einen Verhandlungsfrieden auszuschließen und den Krieg bis zur bedingungslosen Kapitulation der Achsenmächte fortzusetzen, war zunächst in einem *Subcommittee on Security Problems* entwickelt worden.[526] Die Umsetzung dieser Strategie sollte Roosevelt die „volle Handlungsfreiheit für den Nachkriegsaufbau einer dauerhaften Friedensorganisation der Welt nach amerikanischen Vorstellungen" sichern.[527] Die Forderung nach bedingungsloser Kapitulation war seit dem amerikanischen Bürgerkrieg, als sie 1865 General Grant gegenüber den Konföderierten aus den Südstaaten erhob, eine „amerikanische Tradition"[528] geworden. Untersuchungen darüber, „welche Bedeutung denn die Formel der unbedingten Übergabe für die faktische Kriegführung gewinnen werde", wurden „weder damals noch nach Casablanca von seiten der Washingtoner Generalstäbe angestellt".[529] Dafür hatten die Militärs jetzt „die Freiheit, den Sieg nach militärischen Gesichtspunkten so zu planen, daß er vollständig und überzeugend sein würde".[530] Es konnte ein totaler Krieg geführt werden, der auf die Interessen der Besiegten keine Rücksicht zu nehmen brauchte und auf den Souveränitätsverlust der gegnerischen Nationen abzielte. Dazu stellt Boog fest:

---
523 Vgl. dazu Junker, Deutschland im politischen Kalkül der Vereinigten Staaten 1933-1945, S. 57-73.
524 Ebd., S. 63.
525 Roosevelt, Die Schuld der Militaristen, S. 67.
526 Vgl. Vagts, Unconditional Surrender – vor und nach 1943, S. 294.
527 Boog, [Die Anti-Hitler-Koalition], S. 82 f.
528 Vagts, Unconditional Surrender – vor und nach 1943, S. 287, 293.
529 Ebd., S. 294 f.
530 Boog, [Die Anti-Hitler-Koalition], S. 83.

„Die Formel der bedingungslosen Kapitulation ignorierte praktisch die Existenz jener Deutschen, die dem NS-Regime Widerstand leisteten, wie auch die Möglichkeit eines politischen Friedensschlusses mit einem Deutschland, das sich des Hitler-Regimes entledigt haben würde. Roosevelt wollte tatsächlich mit keinem Deutschen, ob Nationalsozialist oder nicht, verhandeln."[531]

Während die Isolationisten die Übel, die den USA aus einer Kriegsbeteiligung in Europa erwüchsen, für erheblicher hielten als das Übel eines Sieges der Achsenmächte, sorgten sich die Internationalisten um die globalen Existenzbedingungen der amerikanischen Wirtschaft und definierten Grenzen der nationalen Sicherheit von globaler Dimension. In dieser außenpolitischen Konzeption ist Detlef Junker zufolge der Grund zu sehen, weshalb „Roosevelt und die sogenannten Interventionisten eine widerstreitende, im bündnispolitischen Isolationismus befangene Nation schon *vor* dem Überfall auf Pearl Harbor und vor der deutschen Kriegserklärung an die USA vom 11. Dezember 1941 an einen Punkt geführt [hatten], an dem nicht mehr fraglich war, *ob*, sondern nur *wann* und *wie* die USA in den Zweiten Weltkrieg eintreten würden"[532]. Die „eigentümliche Dialektik amerikanischer Weltmachtpolitik im 20. Jahrhundert, nämlich die globale Definition des eigenen nationalen Interesses in Verbindung mit dem behaupteten Weltherrschaftswillen des Feindes"[533] hatte bündnispolitische Konsequenzen. Amerika musste selbst in den Krieg eintreten und Frankreich, England, China und seit Mitte 1941 auch die Sowjetunion unterstützen, „weil sie stellvertretend die USA mitverteidigten"[534].

Flankiert wurde der wirtschaftliche und militärische Führungsanspruch durch einen missionarischen Impuls, der dem Gefühl der eigenen moralischen Überlegenheit entsprang. Der Versuch, die amerikanische Außenpolitik und Kriegführung vor allem moralisch zu begründen, war seit dem amerikanisch-spanischen Krieg von 1898 schon zur Üblichkeit geworden.[535] Zwar glaubten schon die Gründungsväter der Vereinigten Staaten, einer „göttlichen Bestimmung" zu folgen; erst gegen Ende des 19. Jahrhunderts jedoch wurden die USA „so expansiv, daß ihre Führung die dafür notwendigen Argumentationsmuster entwickeln mußte".[536] Die Überzeugung von Amerikas universaler Sendung, nämlich die rückständigen Völker – „notfalls durch göttliche Kriege" – zu zivilisieren[537], brach sich nunmehr im Zusammenwirken mit Amerikas nationalen Interessen auch in dem neuen Konflikt Bahn.

---

531 Ebd., S. 84.
532 Junker, Deutschland im politischen Kalkül der Vereinigten Staaten 1933-1945, S. 58.
533 Ebd., S. 65.
534 Ebd., S. 65.
535 Vgl. Bavendamm, Roosevelts Krieg, S. 78 f.
536 Ebd., S. 78.
537 Ebd., S. 80.

Die USA wollten die eigene Ordnung, gekennzeichnet durch Demokratie und Kapitalismus, weltweit durchsetzen – „und zwar unter ihrer Führung, die sie sowohl ideell als auch machtmäßig rechtfertigten"[538]. Detlef Junker fasst die Intentionen Roosevelts wie folgt zusammen:

„Im Selbstverständnis Roosevelts war die heraufziehende Auseinandersetzung mit den Achsenmächten nie nur ein Konflikt zwischen den ‚Habenden' und den ‚Habenichtsen'. Er deutete ihn als einen epochalen Kampf um die zukünftige Gestalt der Welt zwischen Aggressoren und friedlichen Nationen, zwischen liberaler Demokratie und Faschismus, zwischen westlicher, christlich-humanistischer Zivilisation und Barbarei, zwischen Bürgern und Verbrechern, zwischen Gut und Böse."[539]

In der Tat! In einem Bericht an den Kongress erklärte Roosevelt am 6. Januar 1942:

„Erfolgreiche Kompromisse zwischen Gut und Böse hat es nie gegeben – und kann es niemals geben. Nur der totale Sieg kann die Vorkämpfer der Duldung, des Anstands, der Freiheit und des Glaubens belohnen."[540]

Wer unter diesem Gesichtspunkt Krieg führt – manche sprechen von einer „Kreuzzugsideologie"[541] –, hat zwar in der Tat allen Grund, bis zur Vernichtung des Feindes zu kämpfen; es wäre jedoch naiv, die amerikanische Selbstrechtfertigung für bare Münze zu nehmen und in den ins Feld geführten Rechtfertigungsgründen das ausschlaggebende Motiv zur Kriegführung zu sehen.

Propagandistische Darstellung des Gegners

Die Art, in der die USA ihre Kriegsgegner häufig in derselben, moralisch desavouierenden Weise propagandistisch darstellen, spricht für sich. Indem der Gegner zur teuflischen Weltgefahr stilisiert wird, der Einhalt zu gebieten man selbst angetreten sei, wird in der Öffentlichkeit des eigenen Landes eine Stimmung erzeugt, die zum Krieg bereit macht. Dergleichen war schon im Ersten Weltkrieg zu beobachten:

„Kaum daß Amerika 1917 in den Krieg eintritt, beginnen der Präsident sowie die politische Elite und die Presse in den Staaten, sich selbst moralisch auf- und Deutschland abzuwerten. In Amerika spricht man – statt sich ehrlich zum eigenen Vorteil zu bekennen

---

538 Link, Hegemonie und Gleichgewicht der Macht, S. 46.
539 Junker, Deutschland im politischen Kalkül der Vereinigten Staaten 1933-1945, S. 65.
540 Roosevelt, Die Schuld der Militaristen, S. 72.
541 Kettenacker, „Unconditional Surrender" als Grundlage der angelsächsischen Nachkriegsplanung, S. 177.

– von den menschlichen Werten, die man nun schützen müsse, und davon, daß ‚die Welt für die Demokratie sicherer gemacht werden müsse'. Deutschlands U-Boot-Krieg wird zum ‚Krieg gegen alle Nationen' und die ‚autoritäre Regierung in Deutschland' zur ‚Herausforderung für die ganze Menschheit'. Die deutschen Frontsoldaten sind im Bewußtsein der amerikanischen Öffentlichkeit schon bald ‚brutale und bluttriefende Hunnen und Vandalen'."[542]

Die Koordination der gesamten Presse- und Informationspolitik der Regierung übernahm ab 1917 das *Committee on Public Information* (CPI), dessen Hauptaufgabe darin bestand, einen politischen Konsens zur Kriegsunterstützung herzustellen.[543] Die Arbeit des CPI, des ersten staatlichen Propagandaapparats in der US-Geschichte, entsprach dem religiösen und demokratischen Sendungsbewusstsein, das der amerikanische Präsident Wilson in vielen Reden artikulierte. Seiner Weltsicht entsprechend repräsentierten die USA „den radikalen Gegenentwurf zum Egoismus, Militarismus und Imperialismus der europäischen Mächte"[544]. Ihm und später auch einem Großteil der Amerikaner, so Andreas Elter, erschien der Weltkrieg als eine grundsätzliche Auseinandersetzung zwischen Autokratie und Demokratie. Ihrem Selbstverständnis nach kämpfte die Wilson-Regierung für eine „Weltgesellschaft freier, selbst bestimmter Völker", für freiheitliche Institutionen und soziale Demokratie,[545] und dazu war sie bereit, zu den Waffen zu greifen. Elter:

„Dieser idealistische Politikansatz bildete die ideologische Grundlage zur Mobilisierung der Massen und zur Herstellung eines starken Gemeinschaftsgefühls. Außerdem wurde damit die eigene Politik legitimiert. Der Anspruch, die freie Welt vor Unterdrückung und Sklaverei zu schützen und die Demokratie zu verteidigen, hatte gerade in seiner Wirkung auf die eigene Bevölkerung erhebliche Bedeutung. In der öffentlichen Meinung machte es einen enormen Unterschied, ob die USA in einen Krieg zogen, um ökonomische und geostrategische Interessen zu wahren, oder ob sie dies taten, um die Welt ‚zu retten'."[546]

Das CPI entwickelte sich zu einer eindrucksvollen Propagandamaschinerie, die unter anderem Flugschriften und Plakate entwarf, Bücher verbreitete, Filme produzierte und Kunstausstellungen organisierte. Feindbildkonstruktionen spielten in der Präparierung dieser Weltsicht eine wichtige Rolle. So wurden angebliche Kriegsverbrechen deutscher Soldaten dargestellt, deutsche Soldaten zeigte man mit Satansköpfen und Hörnern oder wie sie einer hilflosen Mutter ihr Baby entreißen,

---

542 Schultze-Rhonhof, 1939 – Der Krieg, der viele Väter hatte, S. 530.
543 Vgl. hierzu Elter, Die Kriegsverkäufer, S. 27 ff.
544 Ebd., S. 27.
545 Besier/Lindemann, Im Namen der Freiheit, S. 140.
546 Elter, Die Kriegsverkäufer, S. 27 f.

der Kaiser wurde als Krimineller vorgeführt. Man nutzte die psychologische Wirkung von Beeinflussungs- und Manipulationstechniken, bemühte ethnische oder nationale Klischees und verstärkte gezielt Vorurteile. Alles in allem produzierte man das Feindbild eines barbarischen und gefährlichen Deutschen; der Kriegsgegner sollte als bestialisch und unzivilisiert diskreditiert werden.[547]

Auf diese Weise war es der Regierung der USA in Verbindung mit Presse und Militärs nicht nur gelungen, den eigenen Kriegseintritt zu legitimieren und eine zum Teil hysterische Kriegsbegeisterung zu entfachen, Denunziationen von vermeintlichen oder tatsächlichen Kriegsgegnern zu schüren, eine allgemeine Schnüffelei nach Spionen, Saboteuren und Agenten zu animieren; man hatte auch „ein politisches Klima geschaffen, in dem oppositionelle Meinungen in bezug auf den Krieg keine Rolle mehr spielten",[548] und zudem eine massive antideutsche Stimmung erzeugt, die auch drei Jahrzehnte später kaum weniger wirksam war.

Amerikanische Interessen

In der Zwischenkriegszeit hatten die amerikanischen Regierungen nichts unternommen, um die von ihnen im Ersten Weltkrieg angeheizte deutsch-feindliche Stimmung wieder abzubauen. Ob sie nach dem beispiellosen Erfolg ihrer Propagandabemühungen dazu überhaupt in der Lage gewesen wären, muss freilich dahingestellt bleiben. Die Klischees von den „Hunnen", so Schultze-Rhonhof, lebten in den Medien und den Kinofilmen jedenfalls weiter. Entsprechend war das Deutschlandbild geprägt, „als sich 14 Jahre nach dem Ersten Weltkrieg eine neue deutsche Reichsregierung anschickt, die Versailler-Nachkriegsordnung aufzukündigen"[549]. Ähnliche Mechanismen griffen erneut Platz. Insofern verwundert es nicht, wenn es wesentlich der Hass war, den „die Amerikaner für Nationen empfanden, die im Zweiten Weltkrieg Feinde Amerikas wurden", der, wie John W. Huston überzeugt ist, „die öffentliche Meinung in Amerika so umschwenken [ließ], daß das Militär nicht mehr als rein defensive, sondern als offensive und Vernichtung bringende Streitmacht betrachtet wurde".[550] Damit schließlich war eine wesentliche innenpolitische Voraussetzung für die Durchsetzung einer, so Heinz Magenheimer, seit Mitte der dreißiger Jahre nachweisbaren Langzeitstrategie Roosevelts geschaffen:

„Roosevelt verknüpfte geschickt die nationalen Interessen der USA mit seinem Friedenswillen und hohen moralischen Ansprüchen gegenüber dem nationalsozialistischen

---
547 Vgl. ebd., S. 30, 34.
548 Ebd., S. 54 f.
549 Schultze-Rhonhof, 1939 – Der Krieg, der viele Väter hatte, S. 530.
550 Huston, General H. H. Arnold und der strategische Bombenkrieg, S. 781.

Deutschland. Offenbar störten die erstaunlichen wirtschaftlichen Erfolge Deutschlands seit 1933 und dessen Ablehnung eines möglichst schrankenlosen Freihandels die amerikanischen Absichten ganz empfindlich. Roosevelt fürchtete ein attraktives ‚Gegenmodell', das Deutschland in Europa mittelfristig zur führenden Position verhelfen könnte, woraus von selbst eine ernst zu nehmende machtpolitische Konkurrenz entstünde."[551]

Als „progressiv" geltende Intellektuelle haben vielfach die moralisch-ideologischen Impulse des Rooseveltschen Interventionismus betont, und gerade im Krieg hatte sich der Präsident dieser Interpretation gern angeschlossen. Gleichwohl hat er „immer wieder Wert auf die Feststellung gelegt, daß sein Eingreifen in die europäischen Verwicklungen in stärkstem Maße von vitalen Sicherheitsinteressen diktiert wurde".[552] Tatsächlich wurden wichtige Entscheidungen, so die zum Kriegseintritt, gefällt, bevor die Ereignisse, die wir heute unter den Begriff „Holocaust" subsumieren, bekannt geworden und in das Bewusstsein der alliierten Regierungen gerückt waren, oder aber sie stehen mit diesem Bekanntwerden, so die Entscheidung zur bedingungslosen Kapitulation, in keinem erkennbaren Zusammenhang (siehe Kapitel 17). Dies heißt noch nicht, dass ein Abzielen auf die totale Niederlage Hitler-Deutschlands noch nicht einmal zeitweise, das heißt während bestimmter Phasen des Krieges, zu rechtfertigen gewesen ist. Denn immerhin ist es denkbar, dass einer Entscheidung im Verlaufe der Ereignisse gleichsam Begründungen zusätzlich oder nachträglich zuwachsen.

Festzuhalten bleibt: Der Eintritt der Amerikaner in den Zweiten Weltkrieg war nicht alternativlos. Es war ein bewusster Schritt, den zu tun man eine Gelegenheit abwartete und den die später verleumdeten „Isolationisten" vermeiden wollten. Durch diesen Schritt wurde das grauenvolle Schlachten zunächst vergrößert, nicht verringert. Durch welchen – im Vorhinein abschätzbaren – Gewinn sollte dies gerechtfertigt gewesen sein? Ebenso war die Forderung nach bedingungsloser Kapitulation nicht ohne Alternative. Vermutlich, so Alfred Vagts, war sie „in vielem undurchdacht", und es ist anzunehmen, „daß die Argumente für und wider sich erst hinterher in vollem Umfang einstellten; daß nämlich das Schlagwort [*unconditional surrender* – L.F.] erforderlich gewesen sei 1. um die Einigkeit der Heimatfront zu erhalten und zu festigen, auch gegenüber der feindlichen Propaganda, 2. um die Koalitionsfront zu erhalten und zu festigen".[553] Heute aber besteht eine Tendenz, das Handeln von Politikern der alliierten Nationen mit dem Nimbus der Unausweichlichkeit zu umgeben. Dabei wurde die Forderung nach bedingungsloser Aufgabe während des Krieges und danach außerordentlich kritisch betrachtet.[554] Im Jahre

---

551 Magenheimer, Kriegsziele und Strategien der großen Mächte 1939-1945, S. 26.
552 Schwarz, Vom Reich zur Bundesrepublik, S. 45.
553 Vagts, Unconditional Surrender – vor und nach 1943, S. 295.
554 Siehe dazu ebd., S. 302 ff.

1959 resümierte Vagts schließlich, ihm sei kein Militärschriftsteller bekannt, der sich zum Verteidiger der bedingungslosen Kapitulation gemacht habe.[555]

Ich glaube, dass das nazistische Regime, nachdem es einen Vernichtungskrieg im Osten geführt und die Vernichtung der europäischen Juden in Angriff genommen hatte, kein moralisches Recht auf Verhandlungen zu einem Kompromissfrieden mehr geltend machen konnte. Hitler und seine Führungsriege waren zu diesem Zeitpunkt als Partner der internationalen Gemeinschaft desavouiert – sie hatten Verbrechen begangen, die zu bestrafen die Gerechtigkeit forderte. Prinzipiell durfte dieses Regime gestürzt und durch eine andere deutsche Regierung ersetzt werden. Daraus folgt aber nicht, dass man dieses Ziel mit einem beliebigen „Kostenaufwand" erreichen durfte. Und es folgt auch nicht daraus, dass man mit Hitler nicht hätte verhandeln können. Denn auch wenn der Krieg nicht gegen das deutsche Volk geführt wurde, sondern sich die Forderung nach bedingungsloser Kapitulation gegen das nationalsozialistische Regime richtete, so mussten doch Zivilisten und Soldaten auf beiden Seiten die Fortsetzung des Krieges mit ihrem Leben bezahlen. Unsagbar viele Menschen haben gerade in der letzten Kriegsphase ihr Leben oder ihre Gesundheit verloren. Dies wirft zwingend die Frage auf, ob nicht etwa eine Politik der Eindämmung im Vergleich zu einer Fortsetzung des Krieges bis zum erzwungenen Regimewechsel das kleinere Übel gewesen wäre. Diese Frage hätte – zumal nachdem die Vernichtungslager im Osten befreit waren (die Rote Armee hatte Auschwitz im Januar 1945 erreicht) – erörtert werden müssen, obwohl zu diesem Zeitpunkt deutsche Truppen noch immer fremde Territorien besetzt hielten, obwohl KZ-Häftlinge in den Lagern innerhalb des Reiches auf ihre Befreiung warteten, obwohl das NS-System aufgrund der Natur seiner Weltanschauung als endogen-aggressiv zu beschreiben war und obwohl es – wie das stalinistische Regime – die Werte systematisch missachtete, auf denen allein eine internationale Gemeinschaft beruhen kann.

Das prinzipielle kriegstheoretische Problem besteht freilich darin, wie und wie wirkungsvoll es gelingen kann, eine – im Fall des Nationalsozialismus mit guten Gründen angenommene – endogene, das heißt aus der Beschaffenheit des jeweiligen Systems entspringende, Aggressivität eines Staates einzudämmen. Ein erneutes Erstarken selbst eines international isolierten und mit Boykott überzogenen Systems kann nie völlig ausgeschlossen werden. Aber auch dann bliebe noch Zeit zum Handeln. Möglich ist aber auch eine innere Wandlung, die das System letztlich sprengt. Die Schrecken des Krieges verbieten es, strategische Grundsatzentscheidungen ausschließlich auf „worst-case"-Szenarios aufzubauen. Ginge man grundsätzlich vom jeweils denkbar schlechtesten Fall aus, ließen sich nahezu beliebige Handlungen als Verteidigungshandlungen rechtfertigen. Verhältnismäßigkeits-

---

555 Vgl. ebd., S. 304.

überlegungen, die grundsätzlich auf Wahrscheinlichkeitsabschätzungen beziehungsweise Erfahrungen zurückgreifen müssen, würden dadurch geradezu überflüssig. Denn abgesehen von einem nuklearen Schlagabtausch dürfte der jeweils schlechteste vorstellbare Fall immer schlechter sein als jeder noch so opferträchtige, aber zeitlich befristete Krieg. Das heißt: Wer es darauf anlegt, den jeweils schlechtesten vorstellbaren Fall zu vermeiden, wird fast immer einen Grund zum Kriegführen oder zur Fortsetzung des Krieges haben.

Dass Möglichkeiten einer alternativen Beendigung des Krieges nicht wirklich ausgelotet wurden, kann nicht als akzeptabel gelten. Es bleibt der Generaleindruck, dass Menschenleben in den Überlegungen der wichtigen Entscheidungsträger wenig zählten. Natürlich: Es wird immer möglich sein, von einem komplexen Geschehen eine dichte Beschreibung zu liefern, die eine innere Handlungslogik in derart überwältigender Weise deutlich werden lässt, dass jede Handlungsalternative als unrealistisch erscheint. Eine solche Anmutung der Alternativlosigkeit wird durch das verstehende Einfühlen in das Denken und Planen der Akteure erreicht; es wird generiert, indem man deren Erfahrungen nachvollzieht, deren Überzeugungen rekonstruiert und advokatorisch deren Ziele akzeptiert. Dies ist das Geschäft des Historikers. Er hat nicht nur zu beschreiben, wie es gewesen ist, sondern auch zu begreifen, dass es so kommen *konnte*. Und trotzdem lässt eine noch so dichte und den historischen Kontext detailliert erfassende historiographische Darstellung niemals den Schluss auf die Alternativlosigkeit des betrachteten Handelns zu. Vielmehr bestehen in jeder Lebenslage Handlungsspielräume. Deshalb sollte sich der Historiker davor hüten, seine Darstellung des Geschehens mit der Behauptung zu verbinden, dass es so kommen *musste*.

Am Ende des Krieges lagen Deutschland und Japan am Boden und fielen für längere Zeit als wirtschaftliche Konkurrenten aus. Das britische Weltreich begann, sich aufzulösen, während sich die Vereinigten Staaten als ökonomisch und politisch stärkste Macht etabliert hatten. Hans-Peter Schwarz schreibt:

„Deutschland hatte in der Szenerie Nachkriegseuropas den Part des bestraften Schurken zu spielen, an dessen Eigentum sich alle geschädigten Mitspieler schadlos halten durften. Zu keiner Zeit hat Roosevelt den Gedanken auch nur erwogen, ein geschwächtes, aber noch intaktes Reich als gewichtigen Faktor des europäischen Staatssystems zu erhalten oder gar zur Bewahrung des Gleichgewichts gegen Rußland einzusetzen. [...] Seine Bereitschaft, einer Stärkung Rußlands zuzustimmen, entsprang nicht zuletzt der alle Überlegungen durchdringenden Sorge vor dem tiefeingewurzelten Aggressionstrieb der mächtigen und kriegerischen deutschen Nation."[556]

---

556 Schwarz, Vom Reich zur Bundesrepublik, S. 58.

Es ist kaum ein Zweifel möglich: Politische Entscheidungen werden nicht selten auf Basis irrationaler Vermutungen und wenig überzeugender Überlegungen getroffen. Die Idiosynkrasien Mächtiger können darüber entscheiden, ob, wann und wie Menschen ihr Leben verlieren oder zu Krüppeln werden. Nicht zu vergessen aber sind materielle Interessen: Wie schon im Ersten Weltkrieg, so Herfried Münkler, in den die USA als Schuldnernation eingetreten waren und den sie als größter Gläubiger verließen, hatten die Amerikaner erneut die Erfahrung gemacht, dass sich Kriege rentieren können. In beiden Kriegen war das amerikanische Kapital der Hauptprofiteur.[557]

---

557 Vgl. Münkler, Imperien, S. 239.

15. Kapitel
Fortbestehen der Verteidigungssituation?

Legitimationsbedarf

War dieser zweite Weltkrieg, der seitens der Alliierten zu bestimmten Zeitpunkten womöglich nicht nur zur Verteidigung geführt wurde, sondern um den Feind auf dessen Territorium vernichtend zu schlagen und ihn in seiner staatlichen Macht – ganz unabhängig vom Charakter dieses Staates – zu schwächen, dann noch gerecht?

Bis zum Einschwenken auf die Casablanca-Formel von der bedingungslosen Kapitulation beschränkte sich das erklärte Kriegsziel Moskaus auf die Wiederherstellung des Ausgangszustandes vom 22. Juni 1941.[558] In diesem Sinne hatte auch das Nationalkomitee „Freies Deutschland" vom Sommer 1943 bis zur Jahreswende 1943/44 gegenüber der Wehrmacht den geordneten, kampflosen Rückzug an die Reichsgrenze gefordert.[559] Allerdings deutete Stalin bereits in einem Befehl vom 1. Mai 1943 an, dass von einem „Frieden mit den imperialistischen Räubern aus dem faschistischen deutschen Lager" keine Rede sein könne, dass es vielmehr „um den vollständigen Sieg über die hitlerschen Unmenschen" ginge.[560] Stalin:

> „Ist es denn nicht klar, daß einzig und allein die völlige Zerschmetterung der Hitlerarmeen und die bedingungslose Kapitulation Hitlerdeutschlands Europa zum Frieden führen können?"[561]

Auf der Konferenz von Teheran Ende November 1943 dachte Stalin gemeinsam mit Churchill und Roosevelt schon darüber nach, wie „Deutschland für längere Zeit niederzuhalten"[562] sei, sodass es an der Auslösung eines neuen Krieges gehindert würde. Bei einer Abendmahlzeit unterbreitete er dem britischen Premier den makabren Vorschlag, den deutschen Generalstab zu liquidieren und zu diesem Zweck fünfzigtausend Offiziere zu erschießen.[563] Nachdem Churchill zunächst protestiert hatte, deutete man das Ganze als einen Scherz. Allerdings war Churchill auch noch nach dem Krieg nicht völlig überzeugt, dass nicht doch eine ernsthafte Absicht dahinter steckte.

---
558 Vgl. Zeidler, Die Rote Armee auf dem Boden Deutschlands, Abschn. 1.1.
559 Vgl. ebd.
560 Stalin, Über den Großen Vaterländischen Krieg der Sowjetunion, S. 112.
561 Ebd.
562 Fischer, Antifaschismus und Demokratie, S. 12.
563 Churchill, Von Teheran bis Rom, S. 62 ff.

Der russische Schriftsteller Lew Kopelew schrieb später aus Sicht der Sowjetunion, der Krieg, den sein Land führte, sei in einen „Eroberungskrieg"[564] ausgeartet. Bedenkt man, dass die vollständige Zerschlagung der „deutschen Bestie" (Stalin) auch der Absicherung der schon vor dem deutsch-sowjetischen Krieg eroberten Gebiete (siehe Kapitel 18) dienlich war, so ist dem kaum zu widersprechen. Die vom Oberbefehlshaber der 1. Weißrussischen Front, Marschall Schukow, in einem Tagesbefehl zu Beginn der Januar-Offensive 1945 angeführte Begründung, der Krieg könne „nicht beendet werden, so lange in der deutschen Sklaverei noch Sowjetmenschen schmachten"[565], wird man schon angesichts des (vorauszusehenden) Blutzolls, den die Sowjetarmee bei der Besetzung Deutschlands zu erbringen hatte, nicht ernst nehmen.

Im Gegensatz zu Stalin haben die Westalliierten keine Landgewinne realisiert. Aber war deren Krieg, selbst wenn man annimmt, dass er geführt wurde, um „die unterworfenen Völker Europas beim Wiedergewinn ihrer Unabhängigkeit zu unterstützen"[566], nicht doch zu einem Krieg geworden, der in einem nicht mehr zu vertretenden Ausmaß Vernichtung und Zerstörung brachte? Und wurde er denn tatsächlich bis zum Schluss primär zur Verteidigung geführt? Zu welchem Ergebnis Historiker in diesem für die Bewertung der alliierten Kriegführung wichtigen Punkt auch gelangen werden: Das Kriegsziel der bedingungslosen Kapitulation ließe sich nicht rechtfertigen, wenn es vornehmlich oder gar ausschließlich einer nationalen Macht- und Interessenpolitik oder weltrevolutionären Ambitionen entsprungen wäre.

Die kompromisslose Fixierung auf die bedingungslose Kapitulation, die unter Berücksichtigung der weltrevolutionären Absichten Stalins nicht verwundert, bleibt hinsichtlich der westlichen Demokratien erklärungsbedürftig. Die in der Geschichtsschreibung immer wieder vorgebrachte Überlegung, nur so sei die Koalition der Alliierten aufrechtzuerhalten gewesen, erscheint als Begründung unzureichend. Die Millionen Menschen, die bei der Fortsetzung des Krieges ihr Leben verloren, würde diese – partiell zirkuläre – Argumentation wohl kaum überzeugen. Das unerschütterliche Festhalten am Ziel der bedingungslosen Kapitulation wird umso rechtfertigungsbedürftiger, je deutlicher sich die Niederlage des Hitler-Regimes abzeichnete. Zu fragen ist, ob sich der ursprüngliche Verteidigungskrieg in einen Angriffs- und seitens der Sowjetunion in einen Eroberungskrieg verkehrte. Die Weiterführung eines derart opferträchtigen Krieges bis zur bedingungslosen Kapitulation lässt sich jedenfalls weder mit Vergeltungsabsichten noch durch einen *pauschalen* Hinweis auf die Gefährlichkeit des Feindes begründen – auch nicht, wenn es sich bei dem Feind um ein verbrecherisches Regime wie das Hitlers handelt.

---

564 Kopelew, Waffe Wort, S. 108.
565 Zit. nach: de Zayas, Zeugnisse der Vertreibung, S. 65.
566 Weinberg, Eine Welt in Waffen, S. 171.

Lange bevor alliierte Streitkräfte deutsches Reichsgebiet betraten, galt der Krieg für Deutschland als verloren. Gleichwohl verkörperte Deutschland auch noch 1944 eine beachtliche Militärmacht. Was hätten also die Alliierten in dieser Situation tun sollen? Mit Hitler verhandeln? Musste man nicht damit rechnen, dass Hitler jede Gelegenheit „zum Luftholen" genutzt hätte, um wieder zu erstarken und seinen verbrecherischen Krieg fortzusetzen? War nicht zu befürchten, dass Deutschland neuartige, verheerende Waffen, womöglich Atomwaffen entwickeln würde, um eine strategische Überlegenheit über seine Feinde zu erlangen? Und musste dieser Gefahr, nämlich dass Hitler erneut zu einer Bedrohung werden könnte, nicht vorgebeugt und dies hieß, nach Lage der Dinge, Deutschland zur bedingungslosen Kapitulation gezwungen werden? Wäre nicht jeder andere Weg den Alliierten selbst nicht zumutbar und der Menschheit gegenüber verantwortungslos gewesen?

Diese Fragen wiegen schwer, und niemand wird sie leichthin abtun wollen. Ich selbst vermag sie letztlich nicht zu beantworten, insistiere aber darauf, dass die letztgenannte Frage *unzweifelhaft* positiv beantwortet werden müsste, um die Fortsetzung des Krieges bis zur bedingungslosen Kapitulation rechtfertigen zu können. Da die Fortsetzung des Krieges viele Menschenleben kostete und dies vorhersehbar war, durfte sie überhaupt nur ins Auge gefasst werden, wenn man in einer allgemein nachvollziehbaren Weise begründet hoffen durfte, dadurch sehr vielen, ja unverhältnismäßig vielen Menschen das Leben zu retten (vgl. Kapitel 19). Aber auf der Basis welchen Wissens und welcher quantitativen Abwägungen will man eigentlich die bewusste Inkaufnahme des Todes von Millionen von Menschen rechtfertigen?[567]

Ich behaupte jedoch keineswegs, dass die Alliierten ihren Vormarsch an den Grenzen des Deutschen Reiches hätten abbrechen müssen. Grenzen der Selbstverteidigung lassen sich nicht geographisch definieren. Entscheidend ist das Fortbestehen der Verteidigungssituation. Es gilt: Von keinem Staat kann erwartet werden, dass er die Verteidigungshandlung abbricht, solange Angriffsfähigkeit und Angriffsabsicht des Rechtsverletzers fortbestehen oder sich erkennbar reorganisieren. Niemand ist verpflichtet zu warten, bis sich der am Boden liegende Mörder regeneriert hat. Aber es gilt auch: Wenn eine Möglichkeit besteht, dem Rechtsverletzer die Gelegenheit zu geben, auf den Boden des Rechts zurückzukehren, muss sie ihm eingeräumt werden. Dies schließt die Verpflichtung für den Verteidiger ein, eine solche Option aktiv zu erkunden. Dabei ist er berechtigt, vom Rechtsverletzer Sicherheitsgarantien

---

567 Gerhard Schreiber beispielsweise behauptet, das militärische Scheitern der Deutschen habe die praktische Umsetzung einer geplanten gigantischen Bevölkerungsverschiebung verhindert, „bei der millionenfacher Tod einkalkuliert wurde" (Schreiber, Deutsche Politik und Kriegführung 1939 bis 1945, S. 344).

zu verlangen, und diese werden sich häufig nicht auf Willensbekundungen beschränken lassen. Zu beachten ist nämlich Folgendes: Vor überführten Straftätern bietet der Staat – befristeten oder unbefristeten – Schutz, indem er diese in Gefängnissen oder in Sicherungsverwahrung von der Gesellschaft isoliert. Diese Instrumente existieren im Verhältnis von Staaten untereinander nicht. Aber auch Staaten, die von einem anderen Staat überfallen wurden oder überhaupt in einer Verteidigungssituation handelten, haben ein legitimes Interesse, dass der Rechtsverletzer an zukünftigen Straftaten wirksam gehindert wird. Die Grenzen der Verteidigung werden aus diesem Grund großzügiger zu ziehen sein als im Verhältnis der Staatsbürger untereinander. Und trotzdem muss der Grundsatz in Geltung bleiben, dass, wie schon Hugo Grotius ausführte, Kriege nicht geführt werden dürfen, „um das Anwachsen einer Macht, welche später schädlich werden könnte, zu hindern"[568] (siehe Kapitel 16).

Realpolitisch erzwungen?

Den naheliegenden Einwand, all diese Überlegungen zeugten von großer Weltfremdheit und verkennten, wie Realpolitik nun einmal betrieben wird und auch nur betrieben werden kann, halte ich für nicht akzeptabel. Richtig ist, dass Maßstäbe aus dem Strafrecht nicht eins zu eins auf das Verhältnis von Staaten übertragen werden können. Internationale Beziehungen sind verwickelter und oftmals schwerer zu durchschauen als Beziehungen zwischen Privatpersonen. Souveräne Staaten interagieren ohne ein übergreifendes Machtmonopol. Kommt es zum bewaffneten Kampf, steht in aller Regel deutlich mehr auf dem Spiel als in privaten Konflikten. Was das alles bedeutet, ist zu prüfen. Richtig ist auch, dass Maßstäbe unter jeweils historisch-konkreten Bedingungen angewendet werden müssen. Dabei sind zumindest waffentechnische Entwicklungen und die spezifische Natur von Gefahrenpotentialen zu berücksichtigen. Auch wird über das genaue Verständnis der zur Verteidigung legitimierenden Bedingung der Gegenwärtigkeit der Bedrohung stets neu nachzudenken sein. Die Norm selbst aber und ihr wesentliches Verständnis, dass eben nur dann Gewalt angewendet oder die Gewaltanwendung fortgesetzt werden darf, wenn die Bedrohung derart ist, dass jeder Handlungsaufschub das Risiko der Gefahrenrealisierung unzumutbar erhöht, bleiben davon unberührt.

Jedenfalls: Wer die Beurteilung politischen Handelns unter moralischen Prinzipien als „weltfremd" oder „unhistorisch" ablehnt, sollte wissen, in welche Gesellschaft er sich begibt. So hatte Hitler in einer Rechtfertigungsrede, die den Polenfeldzug in die Nähe einer (wie wir heute sagen würden) humanitären Intervention rückte, in genau diesem Sinne ausgeführt, der Versuch, sein, also Hitlers, „Handeln vom Kathe-

---

568 Grotius, De jure belli ac pacis, S. 145.

der einer internationalen Rechthaberei herab zu kritisieren", sei „unhistorisch".[569]
Man sollte sich daher klarmachen: Die Geltung moralischer Prinzipien lässt sich
nicht einseitig aufkündigen. Wer „Realpolitik" für ein Geschäft jenseits von Gut
und Böse hält, legitimiert damit in vielen Fällen auch den illegitimen Angreifer.

Es dürfte in diesem, aber auch in vorangegangenen Kapiteln (siehe insbesondere
Kapitel 5) deutlich geworden sein, dass führende Politiker Englands und Amerikas
Vorurteile und Ressentiments gegenüber Deutschland beziehungsweise „den Deutschen" pflegten. Doch warum sollte es wichtig sein, auf diese Auffassungen hinzuweisen und sie sich zu vergegenwärtigen? Sollten bewusste oder unterbewusste
Hassgefühle, Mutmaßungen über einen vermeintlichen deutschen Nationalcharakter oder andere Vorurteile und Vorbehalte, die zu negativen Einstellungen gegenüber Deutschland führten, bei der Entscheidungsfindung der Westalliierten eine
nicht zu vernachlässigende Rolle gespielt haben? Ich meine, wir sollten diese Möglichkeit zumindest nicht von vornherein ausschließen. Zwar begründet kein
Mensch seine Plädoyers für bestimmte politische Ziele und Maßnahmen unter Bezugnahme auf diffuse Einstellungen, seinen verdeckten Groll oder sachfremde
Überzeugungen, es wäre aber naiv anzunehmen, dass derartige Faktoren in seine
persönliche Entscheidungsfindung nicht eingingen und demzufolge auch für seine
Argumentationen ohne Belang wären. Vielmehr dürfte das Gegenteil der Fall sein.
Alle wesentlichen Entscheidungen der englischen und amerikanischen Politik (darunter für den Kriegseintritt, für die Ablehnung von Friedensvorschlägen, für Flächenbombardements, für die bedingungslose Kapitulation) hätten auch anders gefällt werden können, für alle konnten respektable Gegenargumente vorgebracht
werden, für alle gab es Alternativen, die auch vertreten wurden. Wenn man fragt,
warum die Entscheidungen so gefallen sind, wie sie fielen, so neigt man dazu, rationale und an der Sache orientierte Überlegungen als dafür ausschlaggebend zu betrachten. Womöglich waren aber auch Gefühle oder aus Gründen des Selbstschutzes unaussprechbare Absichten am Werke, die als Behauptungen über „militärische
Notwendigkeiten" oder „Erfordernisse der nationalen Selbstverteidigung" zur Geltung kamen. Aus diesem Grund erscheint es wichtig, auch allgemeine Einstellungen
und Ansichten von Entscheidungsträgern zur Kenntnis zu nehmen. Es kann uns
vor der Versuchung schützen, Geschichte im Nachhinein als unausweichlich oder
realpolitisch erzwungen zu beschreiben.

---

569 Hitler, Rede am 6. Oktober 1939 in Berlin vor dem Reichstag, S. 90.

16. Kapitel
Präventive Selbstverteidigung?

Gegenwärtige und potentielle Bedrohungen

Wie eingeräumt, kann es im Einzelfall schwer sein, die Grenze zu bestimmen, ab der eine Verteidigungshandlung erlaubt und ab der sie abzubrechen ist. Dies enthebt uns aber nicht der Aufgabe, die Probleme und Konsequenzen zu verdeutlichen, die mit der Rechtfertigung des Zieles der bedingungslosen Kapitulation verbunden sind. Denn zunächst müssen die Prinzipien geklärt sein, bevor man über Schwierigkeiten ihrer Anwendung diskutieren kann.

Präventive Maßnahmen zur Verteidigung darf natürlich jeder ergreifen. Jeder darf vorsorgen für den Fall, dass er angegriffen wird. Wer solche Vorsorgemaßnahmen ergreift, kommt in seinem Handeln einem möglichen Angriff gleichsam zuvor. Aber dürfen diese Maßnahmen auch gewaltsam, dürfen sie selbst kriegerischer Natur sein? Darf einem potentiellen Feind, noch bevor er tatsächlich angegriffen hat, mit Waffengewalt Schaden zugefügt werden? Nur die Rechtmäßigkeit von *gewaltsamen* Präventivmaßnahmen[570], die einem Angriff zuvorkommen sollen, steht hier zur Diskussion.

Wer sich in einer Notwehrsituation befindet, übt im herkömmlichen Sinne Selbstverteidigung und keine *präventive* Selbstverteidigung – obschon der Selbstverteidigung mitunter ein präventives Moment innewohnt (denn man kann nicht warten, bis der andere den Finger am Abzugshahn der vorgehaltenen Pistole gekrümmt hat). Eine Notwehrsituation besteht, wenn der rechtswidrige Angriff *gegenwärtig* ist. Ähnliches gilt für Gefahrensituationen. Die Juristen nennen eine Gefahr *gegenwärtig*, „wenn ein Zustand besteht, der erfahrungsgemäß bei natürlicher Weiterentwicklung der gegebenen Sachlage den Eintritt einer Schädigung sicher oder doch höchst wahrscheinlich macht, wenn nicht alsbald eine Abwehrmaßnahme ergriffen wird"[571].

---

570 Ich verwende die Ausdrücke „präventive (militärische) Verteidigung" und „Präventivkrieg" gleichbedeutend. Mitunter wird jedoch zwischen beiden terminologisch unterschieden, wobei dann ersterer Terminus eine (legitime) zuvorkommende Verteidigung gegen einen unmittelbar bevorstehenden Angriff bezeichnet (vgl. Verdross/Simma, Universelles Völkerrecht, § 471, S. 288). In der Sache selbst ergeben sich aus diesem unterschiedlichen Wortgebrauch keine Unterschiede.
571 Hirsch, Leipziger Kommentar, 9. Aufl., RN 57 vor § 51. Ähnlich Tröndle/Fischer, Strafgesetzbuch und Nebengesetze, § 34, RN 4, S. 268.

Analoge Regeln gelten in den Beziehungen zwischen Staaten. Der Einsatz militärischer Gewalt ist erst dann gerechtfertigt, wenn eine durch den Gegner verursachte Angriffssituation vorliegt, in der *unmittelbar* gehandelt werden muss, weil jedes weitere Zögern mit überwältigender Wahrscheinlichkeit die eigene oder die Vernichtung eines anderen Opfers bedeutete oder zur Selbstaufgabe zwänge (Kapitel 7). Die Bedrohung durch den vom Gegner nachweisbar geplanten Angriff muss gegenwärtig und überwältigend sein.[572] In diesem und nur in diesem Fall darf man einem Aggressor auch zuvorkommen. Ein zur Selbstverteidigung entschlossener Staat braucht also nicht zu warten, bis der Gegner den „ersten Schuss" abgefeuert hat.[573] Ausschlaggebend ist die Unaufschiebbarkeit der Abwehr eines unmittelbar bevorstehenden Angriffs. Ein solcher zuvorkommender Angreifer ist gleichwohl Verteidiger. Allerdings muss die Einschätzung der Notwendigkeit einer sofortigen Verteidigungsmaßnahme der Überprüfung im Nachhinein standhalten.[574] Des Weiteren kann auch eine Situation, bestehend aus einer Folge fortgesetzter, lediglich zeitlich unterbrochener Angriffe, das Kriterium der Gegenwärtigkeit erfüllen. Die Mehrheit der Völkerrechtler sieht darüber hinaus ein Selbstverteidigungsrecht erst bei Vorliegen einer gewissen Angriffsintensität als gegeben an.[575]

Eine „präventive Selbstverteidigung" hingegen meint etwas anderes. Es geht dabei um Handlungen, die *potentielle* Bedrohungen abwehren sollen – Bedrohungen, die erst im Entstehen begriffen sind. Die Intention einer präventiven Selbstverteidigung ist es – um hier eine Formulierung Friedrichs II. aufzugreifen –, „Kriege aus Vorsicht" zu führen. Der Preußenkönig hielt derartige Kriege, „Angriffskriege", für gerecht.[576] Fraglich ist allerdings, ob eine kriegerische präventive Selbstverteidigung jemals alternativlos, also *ultima ratio* sein kann. Wenn nicht, könnte sie schon deshalb nie gerechtfertigt sein.

Wie gesagt: Es erscheint nicht abwegig, die Fortsetzung des Krieges bis zur Beseitigung des NS-Regimes und zur vollständigen Unterwerfung Deutschlands auch als einen Akt präventiver Selbstverteidigung zu begreifen. Selbstverständlich stellt sich dieses Problem nur für bestimmte Phasen des alliierten Kriegshandelns. Zu fragen ist jedoch: Kann die beabsichtigte Abwehr einer aktuell nicht existenten, sondern erst entstehenden Bedrohung ein akzeptabler Rechtfertigungsgrund zum Führen oder Weiterführen eines Krieges sein?

---

572 Vgl. Murswiek, Die amerikanische Präventivkriegsstrategie und das Völkerrecht, S. 1016.
573 Vgl. Tomuschat, Präventivkrieg zur Bekämpfung des internationalen Terrorismus?, S. 128.
574 Vgl. Blumenwitz, Der Präventivkrieg und das Völkerrecht, S. 25 f. Vgl. auch Hailbronner, Die Grenzen des völkerrechtlichen Gewaltverbots, S. 80-83.
575 Vgl. Fischer, Friedenssicherung und friedliche Streitbeilegung, S. 1087.
576 Friedrich II. von Preußen, Der Antimachiavell, S. 132.

Die Nationale Sicherheitsstrategie der Vereinigten Staaten

Man versetze sich gedanklich in das Vorfeld des zweiten Irak-Krieges, als die amerikanische Regierung bemüht war, ein offenbar schon länger geplantes militärisches Vorgehen gegen das Regime Saddam Husseins der Weltöffentlichkeit als einen gerechten Verteidigungskrieg zu verkaufen. In einer Rede in der *West Point Military Academy* im Juni 2002 legte George Bush jun. erstmals die Doktrin einer präventiven Selbstverteidigung vor – die Amerikaner sprechen in Abgrenzung von einer Selbstverteidigung im herkömmlichen Sinne von einer „präemptiven", einer „antizipatorischen" Verteidigung. Im September desselben Jahres fand diese Doktrin dann Eingang in die „Nationale Sicherheitsstrategie der Vereinigten Staaten":

„Unsere Feinde haben offen erklärt, dass sie nach Massenvernichtungswaffen streben, und Belege zeigen, dass sie dies mit Entschlossenheit tun. [...] Aus gesundem Menschenverstand und Selbstverteidigung wird Amerika gegen solche entstehenden Bedrohungen vorgehen, bevor sie voll ausgeprägt sind. Wir können Amerika und unsere Freunde nicht verteidigen, indem wir nur das Beste hoffen. [...] Die Geschichte wird über jene hart urteilen, welche die heraufziehende Gefahr zwar sahen, es aber unterließen zu handeln. [...] Die Vereinigten Staaten haben sich seit langem die Option zu präemptivem Handeln vorbehalten, um einer hinreichenden Bedrohung unserer nationalen Sicherheit zu begegnen. Je größer die Bedrohung, umso größer das Risiko der Untätigkeit – und umso zwingender die Gründe für ein antizipatorisches Handeln, um uns zu verteidigen, selbst wenn Zeit und Ort des feindlichen Angriffs ungewiss sind."[577]

Diese *National Security Strategy* fordert die aktive Bekämpfung „*entstehender Bedrohungen*" (*emerging threats*), „bevor sie voll ausgeprägt sind". In seiner Rede vom 17. März 2003 nahm Bush denn auch Bezug auf eine solche *potentielle* Bedrohung. Allerdings legte Bush weder Beweise vor, dass der Irak Pläne schmiede oder Vorbereitungen für einen Angriff gegen die USA träfe oder anderen bei solchen Vorbereitungen helfe, noch behauptete er, dass dies der Fall sei.[578] Er sagte vielmehr, „eines Tages" könnten Terroristen mit Hilfe des Irak atomare Waffen erlangt haben, und sie „könnten" dann ihre erklärten Bestrebungen umsetzen. Und er berief sich darauf, dass „in einem Jahr oder in fünf Jahren" die Macht des Irak, Schaden zuzufügen, um ein Vielfaches größer wäre.[579] Das Ziel eines so begründeten Präventiv-

---
577 The National Security Strategy of the United States of America, September 2002, S. IV, 15 (deutsche Übersetzung zum Teil nach: Mandel, Pax Pentagon, S. 47).
578 So Mandel, Pax Pentagon, S. 47.
579 Bush, „Leave Iraq within 48 hours". Unerwähnt blieb freilich, dass noch im Oktober 2002 ein Geheimdienstbericht über das nichtkonventionelle Waffenprogramm des Irak den Einsatz von Massenvernichtungswaffen gegen die USA durch Saddam Hussein als „höchst unwahrscheinlich" bezeichnete, „es sei denn, sein Regime befinde sich in tödlicher Gefahr" (Pillar, Der Bush-Betrug, S. 8).

schlages ist es, die materiellen Voraussetzungen einer Aggression eines potentiellen Gegners zu zerstören, noch bevor sich eine von ihm ausgehende Bedrohung überhaupt entwickeln kann.

Das Rechtfertigungspotential einer Doktrin präventiver Selbstverteidigung

In der Tat hat die Rechtfertigung präventiver Gewaltanwendung in Amerika Tradition. Sie geht bis auf Roosevelt zurück. In einer Rundfunkrede am 27. Mai 1941 hatte es dieser als „Selbstmord" erklärt, zu warten, bis sich die Feinde „in unserem Vorgarten befinden".[580] Wer eine solche Rechtfertigung zu akzeptieren geneigt ist, muss sich überlegen, wie er zu argumentieren gedenkt, wenn man Hitlers Angriff auf die Sowjetunion als einen Akt präventiver Selbstverteidigung deuten würde. Denn dass in diesem Staat ein Diktator an der Macht war, der nicht nur Millionen Todesopfer im eigenen Land, sondern illegitime Angriffskriege gegen Nachbarvölker zu verantworten hatte, ist nicht zu bezweifeln. Ebenfalls kaum zu bezweifeln ist, dass Stalin als eine zukünftige Bedrohung gesehen werden konnte. Für Goebbels stand schon seit langem fest, dass mitzuhelfen im Kampf gegen die „infernalische Weltpest" des Bolschewismus, die „krasseste Blut- und Terrorherrschaft, die die Welt je sah", „Pflicht eines jeden verantwortungsbewußten Menschen" sei.[581] Im Juli 1937 notierte er nach einem Gespräch mit Hitler in sein Tagebuch, Stalin sei „wohl gehirnkrank", anders könne man sich sein „Blutregiment" nicht erklären.[582] Bereits im Jahre 1928 hatte die Sowjetunion, ohne dass eine internationale Krise bestand, eine beispiellose Hochrüstung begonnen, zu der zwanzig Prozent der industriellen Produktionskapazität eingesetzt wurden.[583] Forschungen insbesondere der letzten 20 Jahre (vgl. Kapitel 18) haben einige Historiker sogar zu der Vermutung veranlasst, die sowjetische Führung habe einen für den Sommer/Herbst 1941 geplanten Angriffskrieg gegen Deutschland vorbereitet, „dem der Eroberungskrieg Hitlers durch Zufall nur knapp zuvorgekommen ist"[584]. Aber unabhängig vom Zutreffen oder Nichtzutreffen dieser Vermutung: Für Hitler wäre es sicherlich nicht schwer gewesen, in Übereinstimmung mit der Doktrin der „Nationalen Sicherheitsstrategie der USA" Gründe und Überlegungen anzuführen, die für ein präemptives Vorgehen gegen Stalins Sowjetunion sprachen. Aus seinen Monologen, die er im Führerhauptquartier pflegte, sind etwa vom 17. September 1941 und 26. August 1942 Rechtfertigungsargumentationen bekannt, in denen er sich in genau diesem Sinne äußerte:

---

580 Zit. nach: Churchill, Hitlers Angriff auf Russland, S. 179.
581 Goebbels, Bolschewismus in Theorie und Praxis, S. 8, 28.
582 Goebbels, Die Tagebücher, Teil I, Bd. 3, S. 198.
583 Vgl. Scheil, Fünf plus Zwei, S. 158, 160. Zur sowjetischen Aufrüstung siehe auch Musial, „Wir werden den ganzen Kapitalismus am Kragen packen", S. 49, 51, 56 f.
584 Hoffmann, Stalins Vernichtungskrieg 1941-1945, S. 15.

„Die größte Kraft gehörte dazu, im vergangenen Jahr den Entschluß zum Angriff auf den Bolschewismus zu fassen. Ich mußte damit rechnen, daß im Laufe dieses Jahres Stalin zum Angriff übergeht; es galt, so früh als irgend möglich anzutreten […]." Und: „Wenn Stalin noch zehn bis fünfzehn Jahre an der Arbeit geblieben wäre, wäre Sowjetrußland der gewaltigste Staat der Erde geworden […]. […] Die Polen wären überrannt worden wie nichts, Deutschland mit seinem 100 000-Mann-Heer, bevor man zur Besinnung gekommen war. In Paris hätte man die rote Fahne sowieso gehißt."[585]

Am 22. Juli 1942 beteuerte er, froh zu sein, „beizeiten losgeschlagen zu haben", bevor in der UdSSR in den nächsten zehn Jahren „eine geradezu unvorstellbare Rüstung" geschaffen worden und „Europa zur gleichen Zeit zu einem wehrlosen Objekt der sowjetischen Weltherrschaftspläne herabgesunken" wäre.[586] Anfang 1945 erläuterte er im Bunker unter der Reichskanzlei die Entscheidungssituation vor dem 22. Juni 1941 und sprach gegenüber Martin Bormann von seiner „Zwangsvorstellung", die ihn in den Wochen vor dem Angriff auf Sowjetrussland verfolgt hatte – nämlich dass Stalin ihm „zuvorkommen könnte".[587]

Obgleich Hitler, was die sowjetischen Rüstungsbemühungen anlangt, nicht falsch lag, mögen dies nachträgliche Rechtfertigungen gewesen sein. Sie beweisen nicht, dass er intentional-präventiv gehandelt hat. Allerdings hatte Hitler bereits im August 1936 in einer "Denkschrift über die Aufgaben eines Vierjahresplans" ganz ähnlich argumentiert:

„Seit sich der Marxismus durch seinen Sieg in Rußland eines der größten Reiche der Welt als Ausgangsbasis für seine weiteren Operationen geschaffen hat, ist diese Frage zu einer bedrohlichen geworden. Einer in sich selbst weltanschaulich zerrissenen demokratischen Welt tritt ein geschlossener autoritärer weltanschaulich fundierter Angriffswille gegenüber. [Absatz] Die militärischen Machtmittel dieses Angriffswillens steigern sich dabei in rapider Schnelligkeit von Jahr zu Jahr. Man vergleiche mit der heute tatsächlich geschaffenen Roten Armee die Annahmen des Militärs vor 10 oder 15 Jahren, um die gefährlichen Ausmaße dieser Entwicklung ermessen zu können. Man überlege sich aber die Ergebnisse einer weiteren Entwicklung in 10, 15 oder 20 Jahren, um sich ein Bild der dann eintretenden Verhältnisse zu machen. [Absatz] Deutschland wird wie immer als Brennpunkt der abendländischen Welt gegenüber den bolschewistischen Angriffen anzusehen sein. […] Denn ein Sieg des Bolschewismus über Deutschland würde nicht zu einem Versailler Vertrag führen, sondern zu einer endgültigen Vernichtung, ja Ausrottung des deutschen Volkes. […] Gegenüber der Notwendigkeit der Ab-

---

585 Hitler, Monologe im Führerhauptquartier, S. 60 f., 366 f.
586 Picker, Hitlers Tischgespräche im Führerhauptquartier, S. 648; vgl. auch S. 678.
587 Zit. nach: Fest, Hitler, S. 877.

wehr dieser Gefahr haben alle anderen Erwägungen als gänzlich belanglos in den Hintergrund zu treten!"588

In seiner *Proklamation an das deutsche Volk* vom 22. Juni 1941, in der Hitler seinen Angriff auf die Sowjetunion begründete, machte er schließlich eine durch die Konzentration russischer Truppen an der deutschen Ostgrenze entstandene Bedrohung als unmittelbaren Kriegsgrund geltend. Der Aufmarsch russischer Kräfte habe bereits im Frühjahr 1940 in einem Ausmaß begonnen, „der nur als eine bewußte Bedrohung Deutschlands" hätte aufgefasst werden können; jetzt sei, wie er weiter ausführte, „der Augenblick gekomen, wo ein weiteres Zusehen nicht nur eine Unterlassungssünde, sondern ein Verbrechen am deutschen Volk, ja an ganz Europa wäre".589 Damit hatte Hitler eine *unmittelbare* Bedrohung konstruiert, die, wenn sie real und nachweisbar gewesen wäre, ein präventives Vorgehen noch eher hätte rechtfertigen können als eine erst im Entstehen begriffene Bedrohung. In einer Vernehmung am 17. Juni 1945 durch sowjetische militärische Untersuchungsrichter hatte Generalfeldmarschall Wilhelm Keitel den deutschen Angriff sogar als eine „unmittelbare Folge" der von der starken russischen Truppenkonzentration an der sowjetischen Westgrenze ausgehenden Bedrohung dargestellt und davon gesprochen, dass „man den ganzen Krieg im Osten gewissermaßen einen Präventivkrieg nennen" könne.590 Dasselbe behauptete Generaloberst Alfred Jodl. Sie bezogen sich damit dem Sinne nach sowohl auf Hitlers besagte *Proklamation* als auch auf die Erklärung, die der deutsche Botschafter in Moskau am 22. Juni 1941, nur wenige Stunden, nachdem die deutsche Wehrmacht die Grenze der Sowjetunion überschritten hatte, deren Außenminister Molotow überreichte. In dieser hieß es, der Führer habe Befehl erteilt, der „ernsten Bedrohung" entgegenzutreten, die dadurch entstanden sei, dass die Sowjetregierung ihre Streitkräfte an der Grenze „sprungbereit" habe aufmarschieren lassen, um „dem nationalsozialistischen Deutschland in seinem Existenzkampf in den Rücken zu fallen".591

Der deutsche Angriffskrieg wurde damit als ein provozierter Angriffskrieg zum Zweck der Selbstverteidigung hingestellt.592 Dasselbe Argument einer präventiven Selbstverteidigung wurde zuvor schon bei der Besetzung Norwegens als auch bei den Einmärschen in Holland und Belgien geltend gemacht. Im Fall Norwegens sei die „deutsche Gegenaktion" am 9. April 1940 „gerade noch im richtigen Augenblick gekommen, um das englisch-französische Landungsmanöver an der norwegischen

---

588 [Hitler], Denkschrift Hitlers über die Aufgaben eines Vierjahresplans, S. 204 f. (Hervorhebung gestrichen).
589 Hitler, [Proklamation an das deutsche Volk, 22. Juni 1941], S. 1731.
590 Zit. nach: Suworow, Der Eisbrecher, S. 406.
591 Note des Auswärtigen Amtes an die Sowjetregierung vom 21. Juni 1941, S. 562 f.
592 Vgl. hierzu auch Scheil, 1940/41 – Die Eskalation des Zweiten Weltkriegs, S. 225 ff., 240.

Küste zu verhindern",⁵⁹³ und im Fall Hollands und Belgiens sei man einem „unmittelbar bevorstehende[n] Angriff gegen Deutschland"⁵⁹⁴ durch England und Frankreich zuvorgekommen. Die Reichsregierung, so hieß es in einem Memorandum vom 9. Mai 1940 weiter, sei „nicht gewillt, in diesem dem deutschen Volke von England und Frankreich aufgezwungenen Existenzkampf den Angriff Englands und Frankreichs tatenlos abzuwarten und den Krieg über Belgien und die Niederlande in deutsches Gebiet hineintragen zu lassen".⁵⁹⁵ Präventive Überlegungen hatten des Weiteren schon bei der Besetzung der „Tschechei" eine Rolle gespielt. Präventiv argumentierte aber auch Molotow, der den sowjetischen Angriff auf Finnland als eine vorausschauende Reaktion auf finnische Kriegsvorbereitungen zu rechtfertigen suchte.⁵⁹⁶

Überhaupt war der größere Teil des Hitlerschen Wollens der Abwehr drohender Gefahren gewidmet, die er selbst identifiziert hatte. Er fühlte sich verpflichtet, dem deutschen Volk einen genügend großen Lebensraum verschaffen zu müssen, um dessen Ernährungsgrundlage zu sichern, und vermeinte, die Gefahr einer Blockade Deutschlands nur durch eine deutsche Vormachtstellung auf dem Kontinent bannen zu können. Er war überzeugt, die schmale Energie- und Rohstoffbasis Deutschlands stelle eine nationale Gefahr dar, die man einer grundsätzlichen Lösung zuführen müsse. Und vor allem: Er wähnte sich in einem höheren Sinne moralisch berechtigt, diese Probleme beziehungsweise die daraus entspringenden Bedrohungslagen offensiv anzugehen – auch wenn dabei Rechte anderer verletzt würden. Wir wissen zwar heute, dass es für alle diese Probleme, falls es überhaupt welche waren, andere Lösungsmöglichkeiten gab, und auch Hitler hätte sich dies mit etwas mehr Phantasie bewusst machen oder mit mehr Redlichkeit eingestehen können; er aber glaubte, Probleme, Gefahren und Bedrohungen hinlänglich zu durchschauen, sodass es ihm möglich sei, moralisch verantwortlich unter dem utilitaristischen Gesichtspunkt einer Opferminimierung handeln zu können: „Ich sehe nur noch die Opfer", so ließ er sich im Führerhauptquartier vernehmen, „welche die Zukunft fordert, wenn heute ein Opfer nicht gebracht wird."⁵⁹⁷ Und: „Ich kann nicht hinnehmen", so äußerte er sich gegenüber dem schweizerischen Diplomaten im Dienste des Völkerbundes, Carl J. Burckhardt, „daß mein Volk Hunger leidet. Soll ich dann nicht besser zwei Millionen auf dem Schlachtfeld lassen, als noch mehr durch Hunger zu verlieren?"⁵⁹⁸

---
593 Vgl. Die Enthüllung der Kriegsausweitungspläne der Alliierten, S. 357. Siehe dazu Weinberg, Eine Welt in Waffen, S. 130 ff.
594 Der deutsche Gegenschlag in Holland und Belgien, S. 360.
595 Ebd., S. 363.
596 Vgl. Scheil, 1940/41 – Die Eskalation des Zweiten Weltkriegs, S. 218.
597 Hitler, Monologe im Führerhauptquartier 1941-1944, Dok. 25, S. 71.
598 Zit. nach: Burckhardt, Meine Danziger Mission 1937-1939, S. 266.

Die Nichtuniversalisierbarkeit eines Rechts auf präventive Selbstverteidigung

Es ist nicht zuletzt gerade das Denken Hitlers, das uns vor Augen führt, welches „Rechtfertigungspotential" in der Doktrin der präventiven Selbstverteidigung schlummert. Man sollte sich klarmachen, welche Tür man aufstößt, wenn man es für erlaubt hält, mit militärischer Gewalt auf potentielle Bedrohungen zu reagieren – auf Bedrohungen, die der sich in einer Notwehr- oder Notstandssituation Wähnende häufig nur selbst feststellen kann. Da das Selbstverteidigungsrecht allgemein als ein naturgegebenes Recht gilt, bedarf es zur Selbstverteidigung keiner Ermächtigung. Jeder Akteur wäre daher von sich aus ermächtigt, aufgrund von Mutmaßungen über in Zukunft entstehende Angriffsabsichten eines Gegners oder auf der Grundlage eines subjektiven Krisenbewusstseins oder einer gefühlten Zugzwanglage andere Länder zu überfallen und deren Menschen Tod und Zerstörung zu bringen, nur um Risiken für das eigene Land zu minimieren. Es kann kein Zweifel bestehen, dass Hitler in seiner chauvinistischen Fixierung auf das eigene Volk ein vermeintliches Recht dieser Art in Anspruch genommen hat. Doch ein solches „Recht" ist das „Recht des Stärkeren" – also gerade kein Recht. Ein solches Recht würde ins Bodenlose führen; es würde eine methodisch nicht kontrollierbare Konstruierbarkeit von Rechtfertigungsgründen ermöglichen – und damit gerade erzeugen, was *Recht* verhindern soll, nämlich die willkürliche, aus Angst erwachsende und allein am momentanen Eigennutz orientierte Lösung von Konflikten.

Zu bedenken ist stets: Moralische Normen und Rechtsprinzipien haben nur dann Aussicht auf allgemeine Akzeptanz, wenn mit ihrer Vertretung zugleich ein Anspruch auf universelle Geltung erhoben wird. Wer sich auf eine derartige Norm stützt und dafür Akzeptanz einfordert, sollte die Geltung der Norm für alle Personen beziehungsweise Nationen und für alle relevant ähnlichen Situationen behaupten. Wer also für sich selbst ein Recht auf präventive Verteidigung, also auf das Führen von Präventivkriegen, fordert und dabei nicht nur auf ein „Recht des Stärkeren" pocht, ist schon aus Gründen pragmatischer Kohärenz genötigt, dieses Recht für alle zu fordern. Wenn Bush jun. in seiner Kriegsrede vom 17. März 2003 sagt: „Und auf solche Feinde erst dann zu reagieren, nachdem sie zuerst angegriffen haben, ist keine Selbstverteidigung. Es ist Selbstmord"[599], so hat er damit – vernünftigerweise – zum einen eingeräumt, dass auch jede andere Nation moralisch berechtigt ist, nach diesem Grundsatz zu verfahren, und er hat sich zum anderen dafür ausgesprochen, dass auch Handlungen in der Vergangenheit diesen Kriterien entsprechend zu bewerten sind. Wer also gewaltsame präventive Selbstverteidigungsmaßnahmen für erlaubt erachtet, könnte den Hitlerschen Angriff auf die Sowjetunion

---

599 Bush, „Leave Iraq within 48 hours".

nicht schon deshalb ablehnen, weil er ihn für einen kriegerischen Akt im Rahmen *präventiver* Selbstverteidigung hält.

Natürlich gilt aber auch das Umgekehrte: Wer eine präventive Verteidigung in der Vergangenheit für nicht akzeptabel hält, kann sie nicht in der Gegenwart akzeptieren, ohne die Unvergleichbarkeit beider Situationen zu zeigen. Manche Befürworter des zweiten Irak-Krieges haben diesen Zusammenhang sehr wohl erkannt. Wer den ins Feld geführten Rechtfertigungsgrund einer präventiven Entwaffnung des Hussein-Regimes nicht zu akzeptieren bereit ist, dürfte dann womöglich auch die kategorische Ablehnung jeden Verhandlungsfriedens mit Deutschland oder die unbedingte Fortsetzung des Krieges bis zur bedingungslosen Kapitulation nicht lobpreisen. Noch bedenklicher als eine implizite Rechtfertigung des Irak-Krieges könnte jedoch eine nachträgliche Rechtfertigung des – wie von manchen unterstellt – präventiven Handelns des deutschen Diktators erscheinen.

Ganz unabhängig davon, ob Hitler den Angriff auf die Sowjetunion intentional als Präventivkrieg verübte oder ein subjektiv als Angriffskrieg gemeinter Überfall vorlag, der gleichwohl objektiv den Charakter der Prävention hatte: Eine Selbstverteidigung gegen potentielle Bedrohungen ist als Abwehrrecht nicht universalisierbar. Das heißt: Souveräne Staaten können sich ein präventives Selbstverteidigungsrecht – schon angesichts der durch einen solchen Rechtfertigungsgrund in Gang gesetzten Misstrauensdynamik – nicht wechselseitig einräumen. Man sollte nur bedenken, wozu es diejenigen treiben könnte, die sich als potentielle Opfer einer fehlgeleiteten präventiven Verteidigung wähnen. Ein solches Recht würde die internationalen Beziehungen vergiften. Dasselbe gilt erst recht für Nothilfeoperationen. Jedenfalls: Wenn jeder dem anderen aufgrund von Furcht zuvorkommen darf, ohne dass dessen Absicht zum Angriff tatsächlich außer Zweifel steht, intensiviert sich die gegenseitige Bedrohungswahrnehmung und damit die vermeintliche Notwendigkeit, als Erster loszuschlagen. Denkt man die Doktrin der präventiven Selbstverteidigung zu Ende, kann man nur eine Konsequenz ziehen, nämlich dass sie völkerrechtlich und moralisch inakzeptabel ist. Aus diesem Grund sind auch die Diskussionen, ob Hitler einen Präventivkrieg gegen die Sowjetunion geführt hat, zwar nicht uninteressant, aber für die Frage der Rechtfertigbarkeit seines Angriffs belanglos.[600]

---

[600] Zu besagter Diskussion siehe vor allem Suworow, Der Eisbrecher; Ders., Stalins verhinderter Erstschlag; Topitsch, Stalins Krieg; Ders., Wider ein Reich der Lüge; Nolte, Der europäische Bürgerkrieg 1917-1945, S. 424 ff.; Hoffmann, Stalins Vernichtungskrieg 1941-1945; Ueberschär/Bezymenskij, Der deutsche Angriff auf die Sowjetunion 1941; Gorodetsky, Die große Täuschung; Strauss, Unternehmen Barbarossa und der russische Historikerstreit; Maser, Fälschung, Dichtung und Wahrheit über Hitler und Stalin, S. 216-261; Pietrow-Ennker, Präventivkrieg?; Post, Die Ursachen des Zweiten Weltkrieges, S. 20, 546-562; Scheil, Fünf plus Zwei, S. 156-160; Ders., 1940/41 – Die Eskalation des Zweiten Weltkriegs, bes. S. 365, 408; Musial, „Wir werden den ganzen Kapi-

Eine Doktrin der präventiven Verteidigung kann niemals zu einer allgemeinen Grundlage der Beziehungen zwischen Staaten werden. Gegenwärtig wird diese Doktrin von der Mehrheit der Staaten auch abgelehnt – und zwar wohl schon deshalb, weil im Unterschied zu den USA, die keinerlei Vergeltungsschläge zu fürchten haben, die meisten Länder nicht erwarten können, von einem Recht auf präemptive Selbstverteidigung zu profitieren.[601] Es ist davon auszugehen, dass eine Umsetzung der im Jahre 2002 verabschiedeten Sicherheitsstrategie der USA hinsichtlich des in Anspruch genommenen Präventionsrechts nicht nur moralisch inakzeptabel ist, sondern auch gegen geltendes Völkerrecht verstößt.[602] Solange ein bewaffneter Angriff nicht erfolgt ist und damit ein Recht auf Selbstverteidigung gemäß Artikel 51 der UN-Charta nicht besteht, kann nach den Artikeln 39 bis 42 nur der Sicherheitsrat der Vereinten Nationen handeln. Präventivschläge sind durch das Selbstverteidigungsrecht der Charta nicht gedeckt. Denkbar ist es lediglich, dass eine Analyse der konkreten Umstände den Sicherheitsrat zu dem Ergebnis gelangen lässt, dass der als erster militärisch angegriffene Staat als der eigentliche Aggressor anzusehen ist – weil er etwa durch seine feststehende Angriffsabsicht den gegnerischen auf Selbstverteidigung abzielenden Angriff provoziert hat.[603] Diese Angriffsabsicht dürfte allerdings nicht nur – wie seinerzeit von Hitler – spekulativ behauptet, sondern müsste detailliert nachgewiesen werden. Der Aufmarsch von Truppen ist dafür kein hinreichendes Indiz. Ein solcher Akt der Selbstverteidigung, dem auch ein präventives Moment innewohnt, könnte legitim sein, weil er sich nicht gegen eine potentielle, erst im Entstehen begriffene, sondern gegen eine gegenwärtige rechtswidrige Bedrohung richtet, deren Bekämpfung nicht aufgeschoben werden konnte und daher rechtlich auch nicht aufgeschoben werden musste.

---

talismus am Kragen packen", bes. S. 56-64, 215-256, sowie Magenheimer, Kriegsziele und Strategien der großen Mächte 1939-1945, bes. S. 78 f., 81, 88 f.
601 Vgl. Byers, Kriegsrecht, S. 79.
602 Vgl. Randelzhofer, in Simma, Charta der Vereinten Nationen, Art. 51, RN 34, S. 632 f., und statt vieler anderer: Blumenwitz, Der Präventivkrieg und das Völkerrecht, S. 28; Fischer, Friedenssicherung und friedliche Streitbeilegung, S. 1088 f.; Frowein, Der Terrorismus als Herausforderung für das Völkerrecht, S. 889-891; Talmon, Grenzen der „Grenzenlosen Gerechtigkeit", S. 145-149; Riklin, Gerechter Krieg?, S. 280, 285; Heintze, Das Völkerrecht wird unterschätzt, S. 40 f.; Schaller, Massenvernichtungswaffen und Präventivkrieg, S. 656 ff.; Bothe, Der Irak-Krieg und das völkerrechtliche Gewaltverbot, S. 261 f., sowie Seidel, Quo vadis Völkerrecht?, S. 475-478. – Ulrich Preuß hingegen hatte für die Rechtfertigung eines Entwaffnungskrieges gegen den Irak Saddam Husseins noch nicht einmal eine „zweifellose Gewißheit des Vorhandenseins funktionsfähiger Massenvernichtungswaffen in den Händen des irakischen Regimes" verlangt (Preuß, Und Irak: Krieg auf Verdacht oder ein imperialer Gründungskrieg?, S. 222). – Zum Stand der Diskussion um die präventive Anwendung von militärischer Gewalt siehe Wiefelspütz, Das Gewaltverbot und seine Durchbrechungen, S. 157-164.
603 Vgl. Verdross/Simma, Universelles Völkerrecht, § 471, S. 289.

Begründungslasten und Missbrauchsmöglichkeiten

Aus der Ablehnung eines Rechts auf präventive Selbstverteidigung folgt nun aber, dass ein Krieg, der als Verteidigungskrieg begann, nicht zur präventiven Verteidigung fortgesetzt werden darf. Und dies heißt: Die Fortsetzung des alliierten Kriegshandelns bis zur bedingungslosen Kapitulation ließe sich nur rechtfertigen, wenn gezeigt werden kann, dass eine Verteidigungssituation fortbestand. Eine Verteidigungssituation ist aber niemals gegeben, wenn die abzuwehrende Bedrohung nicht gegenwärtig existiert, sondern nur eine potentielle ist. Allein die Möglichkeit, Gewalt zu erleiden, gibt, wie schon Grotius lehrte, kein Recht, Gewalt zu gebrauchen.[604]

Gleichgültig wie eine Prüfung der Legitimität des Kriegszieles „bedingungslose Kapitulation" letztlich ausfallen mag (ich lasse das Prüfungsergebnis ausdrücklich offen): Zweck meiner Ausführungen zu diesem Thema war zum einen, die Begründungslasten zu benennen, die mit der Formulierung dieses Zieles verbunden sind; zum anderen sollte deutlich gemacht werden, dass eine „präventive Verteidigung" – eine Formel, die auch in der Gegenwart zur Rechtfertigung von Kriegen herhalten muss – als Rechtfertigungsgrund ausfällt.

Und schließlich sollte ein Weiteres bedacht werden: Die Akzeptanz eines Rechts zur präventiven Gefahrenabwehr hätte nicht nur Konsequenzen für die Beziehungen von Staaten. Die Berufung auf potentielle Bedrohungen kann vorzüglich im Kampf gegen missliebige Minderheiten missbraucht werden. Sowohl die nationalsozialistische als auch die sowjetkommunistische Diktatur haben davon Gebrauch gemacht. Weil er in ihnen potentielle Helfer des Feindes sah, hat Stalin ganze Bevölkerungen deportieren lassen; und selbst die Massenerschießungen durch die sogenannten SS-Einsatzgruppen hinter der Ostfront folgten der Idee einer präventiven Bekämpfung von Feinden.[605] Otto Ohlendorf, zeitweise Kommandeur einer der berüchtigten Einsatzgruppen und von Beruf Jurist, hatte deren Tätigkeit, einschließlich der Erschießung von Kindern, noch nach dem Krieg als zwingende Kriegsnotwendigkeit gerechtfertigt und sich mit der Intention des Führerbefehls identifiziert,[606] „auch eine Gefahr zu bekämpfen, die in der Zukunft entstehen könnte"[607]. Eine ganz ähnliche Rechtfertigungsargumentation ist auch von Heinrich Himmler bekannt. In einer seiner berüchtigten Posener Reden machte er geltend, die Entscheidung, auch die jüdischen Frauen und Kinder umbringen zu lassen, hätte gefasst werden müs-

---

604 Vgl. Grotius, De jure belli ac pacis, S. 145.
605 Vgl. Nolte, Der europäische Bürgerkrieg 1917-1945, S. 469 f.
606 Vgl. ebd., S. 541, Anm. 22.
607 Zit. nach: Ebd.

sen, weil er, Himmler, sich „nicht für berechtigt" halte, „die Männer auszurotten […] und die Rächer in Gestalt der Kinder für unsere Söhne und Enkel groß werden zu lassen".[608] Vorausgesetzt, man akzeptierte die sonstigen Prämissen dieses Arguments, bezieht diese Rechtfertigung ihre (vermeintliche) Plausibilität allein aus der Annahme, es sei vernünftig und moralisch erlaubt, auch potentielle Gefahren abzuwehren. Diese Art zu denken war im Nationalsozialismus weit verbreitet. Vernichtungsaktionen wurden mit unterschiedlichen Begründungen derselben Art – etwa als prophylaktische Partisanenbekämpfung oder als Bekämpfung einer Seuchengefahr[609] – gerechtfertigt.

Festzuhalten bleibt: Anerkannte moralische Grundsätze lassen sich nicht willkürlich suspendieren. Wer eine präventive Selbstverteidigung ablehnt, wird sich zu fragen haben, ob verschiedene Entscheidungen von Briten und Amerikanern, etwa Friedensverhandlungen abzulehnen, die Kampfhandlungen wieder aufzunehmen und den Kampf bis zur bedingungslosen Kapitulation fortzusetzen, mit diesem Grundsatz vereinbar waren.

Ob freilich der Grundsatz der Ablehnung einer präventiven Verteidigung *unter allen denkbaren Bedingungen* Geltung beanspruchen kann, ist damit noch nicht ausgemacht. Denn das Selbstverteidigungsrecht darf offensichtlich nicht so ausgelegt werden, dass es eine wirksame Selbstverteidigung im konkreten Fall untersagt und den Staat auffordert, seine Integrität unverteidigt preiszugeben.[610] Man stelle sich nur vor, es ließen sich eines Tages Massenvernichtungswaffen im „Westentaschenformat" herstellen, die zudem unentdeckt jederzeit und an jedem Ort zum Einsatz gebracht werden können. Wären dies nicht Waffen, deren Anschaffung bereits als ein gegenwärtiger Angriff zu werten wäre? Sollte jemand, der in einer Menschenmenge eine Granate in der Hand hält, nicht schon bevor er sie wirft, behandelt werden dürfen wie ein Aggressor? Sollten wir die Bedrohung nicht schon für gegenwärtig halten, bevor er ansetzt, um die Granate scharf zu machen? Und sollten wir die Charakterisierung der Bedrohung nicht auch davon abhängig machen, von wem sie ausgeht? Wie auch immer man diese Fälle lösen mag: Die Überlegung macht deutlich, dass sich Fragen der Anwendung moralischer Grundsätze nicht ohne Berücksichtigung empirischer Tatsachen (hier: der waffentechnischen Entwicklung) und auch nicht ohne eine Beurteilung der Natur des Gegners (etwa seiner religiösen oder weltanschaulichen Überzeugungen) diskutieren lassen.

---

608 Himmler, Rede vor den Reichs- und Gauleitern in Posen am 6.10.1943, S. 169.
609 Vgl. Mommsen, Auschwitz, 17. Juli 1942, S. 120, 123.
610 Vgl. Murswiek, Die amerikanische Präventivkriegsstrategie und das Völkerrecht, S. 1016.

17. Kapitel
Wurde ein äußerster Notfall angenommen?

Die Idee eines erweiterten Rechts auf Selbstverteidigung

Wie wäre die Kriegführung der westlichen Alliierten, welche die direkt-vorsätzliche, ja absichtliche Tötung von Zivilisten beinhaltete, zu beurteilen, wenn seitens der Briten und Amerikaner die *Annahmen* bestanden hätten, (1) dass vom nationalsozialistischen System eine exorbitante, letztlich tödliche Gefahr für die Menschheit ausgeht, zumindest aber für die Alliierten selbst oder eine andere soziale Gruppe der kollektive Tod oder wenigstens die Zerstörung der europäischen Zivilisation droht, (2) dass zur Abwehr dieser Gefahr keine noch so hohe Zahl von Opfern als unverhältnismäßig erscheint, (3) dass nur die bedingungslose Kapitulation Hitler-Deutschlands diese Weltgefahr dauerhaft bannen kann, (4) dass zur Erreichung dieses Zieles Flächenbombardements – vielleicht sogar in der Form des *moral bombing* – militärisch notwendig sind, (5) dass die genannte Gefahr gegenwärtig besteht und daher unverzüglich zu handeln ist, und wir zudem einräumen müssten, dass diese Annahmen zum Zeitpunkt der Entscheidung rational begründet waren?

Ja, dann müssten wir bereit sein, über die mögliche Legitimität eines Vorgehens *nachzudenken*, das wir ansonsten (nämlich solange das Spezifische der Gefahr unberücksichtigt bleibt) als illegitim betrachten. In einer solchen Situation, in der der kollektive Tod einer Gemeinschaft drohte, die Identität einer Ethnie oder der Fortbestand einer Lebensform auf dem Spiel stünde, gäbe es eine Gefahr abzuwehren, deren Natur und Intensität die ansonsten üblichen Grenzen einer legitimen Selbstverteidigung *hinsichtlich der Tötung Unschuldiger* nach Auffassung verschiedener Theoretiker sprengen. Einen Fall, in dem diese Grenzen nicht gelten sollen, kann man als „äußersten Notfall" bezeichnen. Michael Walzer sieht einen äußersten Notfall dann gegeben, wenn Auslöschung oder Versklavung ganzer Gemeinschaften drohen.[611] Dabei soll es, wie ich hier festsetzen möchte, unerheblich sein, ob die Gefahr für die handelnde Gruppe selbst besteht oder Nothilfe zugunsten einer anderen Gruppe geleistet wird.

Es ist nicht erforderlich und wahrscheinlich auch nicht sinnvoll, den Begriff des äußersten Notfalls abschließend zu bestimmen. In der *ersten* Annahme sind daher nur Mindestanforderungen für das Vorliegen eines äußersten Notfalls formuliert: die

---
611 Vgl. Walzer, Gibt es den gerechten Krieg?, S. 362, sowie ders., Erklärte Kriege – Kriegserklärungen, bes. S. 62 ff.

drohende physische Eliminierung beziehungsweise Auflösung einer sich zusammengehörig fühlenden hinreichend großen Gruppe von Menschen, die Zerstörung ihrer kollektiven Identität oder wenigstens die Vernichtung ihrer gruppenspezifischen Daseins- und Lebensweise.

Liegt eine solche Gefahr vor, könnte es sinnvoll sein, über die Ausweitung der ansonsten üblichen Grenzen einer legitimen Selbstverteidigung nachzudenken. Dabei sollte man sich vergegenwärtigen (Kapitel 9), dass die im Individualbereich akzeptierten Grenzen des Selbstverteidigungsrechts im Krieg bereits hinausgeschoben sind. Denn während Individuen weder rechtlich noch moralisch legitimiert sind, sich zu retten, wenn sie dazu Unschuldige töten müssen, ist es Staaten, die sich in einem rechtmäßigen Krieg befinden, völkerrechtlich und wohl auch nach herrschender moralischer Überzeugung erlaubt, im Zuge militärischer Operationen Kollateralschäden in Kauf zu nehmen, wenn sich der Angriff auf ein militärisches Ziel richtet. Akzeptiert man jedoch die *Doktrin vom äußersten Notfall*, wären bei Vorliegen einer entsprechenden Situation sogar *absichtliche* Tötungen von Unschuldigen, also auch Flächenbombardements in der Form des *moral bombing* moralisch legitim – sofern die Verteidigungshandlung tauglich und erforderlich ist.

Aber ist die Doktrin vom äußersten Notfall akzeptabel? Ich werde auf die Frage eines *erweiterten* Rechts auf Selbstverteidigung in Extremsituationen, wie sie in dieser Doktrin erfasst werden, im Kapitel 20 zurückkommen. Im Folgenden sollen zunächst einige Argumente summarisch angeführt werden, die dafür sprechen, dass – ungeachtet des ideologischen Missionarismus Amerikas und trotz Churchills gelegentlich geäußerten Befürchtungen hinsichtlich einer Gefährdung der westeuropäischen Zivilisation – die *erste* Annahme (Existenz einer vom NS-Regime ausgehenden Äußersten-Notfall-Gefahr für die Alliierten oder eine andere soziale Gruppe oder gar für die gesamte Menschheit) und auch die *dritte* Annahme (nur durch eine bedingungslose Kapitulation Hitler-Deutschlands ließe sich diese extreme Gefahr dauerhaft bannen) so nicht bestanden, dass jedenfalls beide *Annahmen* für die Entscheidungsfindung der westlichen Alliierten nicht ausschlaggebend gewesen sein können.

Die Prüfung, ob die entsprechenden Überzeugungen, wenn man sie denn gehabt hätte, begründet und obendrein zutreffend gewesen wären, ist damit zwar nicht uninteressant, soll aber hier unterbleiben. Anliegen des Buches ist es nicht, die tatsächlichen Wirkungen des Kriegshandelns zu untersuchen, sondern die Handlungsmaximen der entscheidenden Akteure unter dem Gesichtspunkt ihrer moralischen Akzeptabilität und damit Vorbildlichkeit zu prüfen. Allerdings ist es möglich, objektiv etwas zu bewirken, ohne dies zu wissen oder zu wollen. In einem solchen Fall kann die Handlung begrüßt, der Handelnde aber nicht gelobt werden (Kapitel 12). Falls man sich jedoch für moralische Bewertungen interessiert, dann ist nicht nur zu berücksichtigen, ob das Richtige getan, sondern auch, ob es aus den richtigen Gründen getan wurde.

Generell dürften die Schwierigkeiten, das objektive Vorliegen eines äußersten Notfalls festzustellen, erheblich sein. Natürlich kann auch hier von einem Verteidiger nie mehr verlangt werden, als dass er bei den erforderlichen Identifizierungen die gebotene Sorgfalt und Ernsthaftigkeit aufbringt. Ist dies der Fall, kann eine Überzeugung hinsichtlich des Vorliegens einer Gefahr begründet und trotzdem unzutreffend sein. Allerdings liegt die besondere moralische Brisanz bei der Feststellung einer äußersten Notlage eben darin, dass mit ihr eine Legitimation zur direkt-vorsätzlichen Tötung von Unschuldigen verbunden sein soll. Deshalb machte man es sich zu leicht, wenn man sagte, die Folgen von Irrtümern, die bei der Identifikation einer äußersten Notlage unterlaufen, seien eben vom rechtswidrigen Angreifer (und der von ihm repräsentierten Menschengruppe) zu tragen. Man wird vielmehr an die Feststellung der Unvermeidbarkeit eines solchen Irrtums strenge Anforderungen stellen.

Nebenbei bemerkt gestaltet sich die Feststellung einer äußersten Notlage schon deshalb schwierig, weil sie in der Regel Bezug nehmen muss auf die mutmaßlichen Ziele des Angreifers. Nur wenn man weiß, was der Angreifer will, kann man die eigene Bedrohungslage realistisch beurteilen. Dabei kann es sinnvoll und notwendig sein, langfristige, womöglich weltanschaulich begründete, Ziele von den Zielen zu unterscheiden, die in einer konkreten geschichtlichen Situation politisch durchgesetzt werden sollen. Gerade letztere Ziele können sich aber unter dem Einfluss des realen Geschehens verändern; sie können unter dem Druck der Ereignisse ganz aufgegeben oder modifiziert, oder es können, weil sich neue Gelegenheiten ergeben haben, andere Ziele fixiert werden.

Hitlers außenpolitische Ziele

Was Hitlers außenpolitische Ziele waren und ob er überhaupt eine verbindliche, seine Außenpolitik leitende Konzeption hatte, ist aber durchaus unklar. Andreas Hillgruber nennt allein drei Grundpositionen, die sich in der historischen Forschung herauskristallisiert haben.[612] Die erste Position leugne eine für Hitler bindende Leitlinie in seiner Außenpolitik, betrachte diesen als einen „prinzipienlosen, ohne jeden Skrupel opportunistisch agierenden Machiavellisten" und konstatiere einen „im Grunde richtungslosen Expansionsdrang". Nach der zweiten Position, die sich an den außenpolitischen Aussagen von *Mein Kampf* und an Hitlers *Zwei-*

---
612 Vgl. Hillgruber, Deutsche Großmacht- und Weltpolitik im 19. und 20. Jahrhundert, S. 180 ff. Siehe hierzu auch Thies, Hitlers „Endziele", S. 390 ff.

tem Buch orientiere, habe Hitler ein Bündnis mit England (und Italien) zwecks Niederwerfung Frankreichs gesucht und dabei das Endziel eines anschließenden Eroberungszuges gegen das bolschewistische Rußland zur Gewinnung von Lebensraum im Osten verfolgt. Die dritte Position unterstelle Hitler ein in der Mitte der zwanziger Jahre konzipiertes vielschichtiges und global orientiertes außenpolitisches „Programm", an dem der Diktator bei allen taktischen Wendungen sein politisches Handeln außergewöhnlich konsequent und zielstrebig ausgerichtet habe. Für Hillgruber, selbst maßgeblicher Vertreter der dritten Position, war der Krieg gegen Polen im September 1939 der erste Krieg, der die politischen und strategischen Ausgangsbedingungen für den später in Aussicht genommenen „raumgreifenden' Krieg nach Osten zur Aufrichtung eines deutschen Kontinentalimperiums" schaffen sollte.[613] Jost Dülffer unterstellt ein europaübergreifendes „Eroberungsprogramm" und schlussfolgert aus den 1937 einsetzenden Planungen für eine frühestens 1944 realisierbare große Schlachtschiff-Flotte, aber auch aus Hitlers gigantischen Plänen für den Städtebau, dass eine „Kette" von Aggressionsakten „konkret geplant" wurde.[614] Eine geradezu gegenteilige Auffassung äußert Eberhard Jäckel:

> „Es ist und bleibt jedoch auch trotz gegenteiliger Auffassungen ein Mißverständnis, dieses ferne Endziel [Weltherrschaft – L.F.] mit den außenpolitischen Zielen zu verwechseln, die Hitler sich selbst setzte. Das Streben nach Weltherrschaft war, wie die Ausführungen im ‚Zweiten Buch' belegen, weit mehr eine theoretische Folgerung als eine in absehbarer Zeit zu verwirklichende praktische Forderung."[615]

Ähnlich wie Hillgruber behauptet Gerd R. Ueberschär, Hitlers außenpolitische Zielvorstellungen hätten sich seit Mitte der zwanziger Jahre bis Ende August 1939 kaum geändert;[616] seit seiner Haftzeit in Landsberg sei „die Eroberung des europäischen Teils der Sowjetunion als Lebensraum für das deutsche Volk" das „Hauptziel seines außenpolitischen Programms" geblieben.[617] Ab Anfang Juni 1940 seien „die Kriegsabsichten gegenüber der UdSSR in den Vordergrund seiner Überlegungen" getreten.[618] Und Ueberschär weiter:

---

613 Hillgruber, Hitlers Strategie, S. 28.
614 Dülffer, Der Beginn des Krieges 1939, S. 340 f., 343.
615 Jäckel, Hitlers Weltanschauung, S. 103.
616 Vgl. Ueberschär, Die Entwicklung der deutsch-sowjetischen Beziehungen von 1939 bis 1941 und Hitlers Entschluß zum Überfall auf die UdSSR, S. 6.
617 Ueberschär, Hitlers Entscheidung zum Krieg gegen die Sowjetunion und die Präventivkriegsdiskussion in der neueren Literatur, S. 16.
618 Ebd., S. 19. Siehe dazu auch Förster, [Hitlers Entscheidung für den Krieg gegen die Sowjetunion], S. 32 f.

„Der Krieg gegen die UdSSR war [...] beabsichtigt, um Hitlers altes rassenideologisches ‚Ostprogramm' zu realisieren. Es wäre verfehlt anzunehmen, er habe den Ostkrieg wegen politischer Reibereien mit Moskau aufgenommen oder allein als strategische Alternative im Sommer 1940 angesehen, um dadurch den Krieg gegen England fortsetzen zu können. Als entscheidendes aktivierendes Moment stand nicht das militärstrategische Kalkül, den Widerstandswillen Londons in der Sowjetunion brechen zu können, im Vordergrund, sondern das programmatische Kriegsziel und die Vorstellung von der Eroberung von Lebensraum im Osten."[619]

Im Unterschied dazu geht eine neuere, von Stefan Scheil vorgetragene Deutung[620] – man kann sie als vierte Position betrachten –, von ganz anderen Annahmen aus. Danach haben Einsicht in politische Realitäten und taktische Zwänge Hitler in der Zeit zwischen der Abfassung von *Mein Kampf* und seiner programmatischen Rede[621] vor dem inneren Kreis der deutschen militärischen und politischen Führung am 5. November 1937 dazu geführt, sein Lebensraum-Programm deutlich zu reduzieren. Hitler habe zu diesem Zeitpunkt nicht nur geglaubt, einen großen europäischen Krieg zu seinen Lebzeiten vermeiden zu können, sondern es bestünde eine günstige Gelegenheit, in Zentraleuropa eine Stellung zu erreichen, die Deutschland in späteren Auseinandersetzungen stark genug sein lässt.[622] Unter „Lebensraum im Osten", der gegebenenfalls auch durch Krieg zu erobern sei, habe er zu diesem Zeitpunkt nur noch Österreich und den deutsch-tschechischen Westen der Tschechoslowakei verstanden. Diese Gebiete hätten für mehrere Generationen ausreichend Lebensraum bieten sollen. Hitler habe im November 1937, dieser Deutung zufolge, deutschen Lebensraum nur noch „inmitten Europas" gesucht, sodass er die proklamierten Ziele 1939 praktisch erreicht hatte.[623] Während des Krieges – wobei er sich, nach eigener Aussage, „von Etappe zu Etappe gedrängt" fühlte – hat er seine Zielvorstellungen erhöht und einen dauerhaften deutschen Einfluss sowie Siedlungsraum in Gebieten der UdSSR angestrebt.[624]

Eine ähnliche Beschreibung der Hitlerschen Zielvorstellungen gibt Walter Post. Sein erklärtes außenpolitisches Ziel sei die „völlige Revision des Versailler Vertrages und die Wiederherstellung jener Vormachtstellung" gewesen, „die Deutschland und Österreich-Ungarn bis 1918 in Mitteleuropa innegehabt hatten".[625] Zwar habe Hitler gelegentlich davon gesprochen, dass Deutschland „Lebensraum im Osten" gewin-

---

619 Ueberschär, Hitlers Entscheidung zum Krieg gegen die Sowjetunion und die Präventivkriegsdiskussion in der neueren Literatur, S. 21.
620 Scheil, Logik der Mächte, S. 117-133.
621 Hitler, [Rede vom 5. November 1937] („Hoßbach-Protokoll").
622 Vgl. Scheil, Logik der Mächte, S. 131 f.
623 Vgl. Scheil, 1940/41 – Die Eskalation des Zweiten Weltkriegs, S. 279, 283, 499, Anm. 92.
624 Vgl. ebd., S. 367 f.
625 Post, Die Ursachen des Zweiten Weltkrieges, S. 628.

nen müsse und in diesem Zusammenhang einige Male die Ukraine erwähnt[626], es habe aber „keinerlei konkrete Planung zur Verwirklichung dieses Zieles" gegeben.[627] Bis 1941 seien „sämtliche deutschen Rüstungsprojekte nur von einem Krieg in Mitteleuropa" ausgegangen; während der Geheimkonferenz am 5. November 1937 habe Hitler seinen Militärs erklärt, die deutsche Raumfrage durch den Anschluss Österreichs und die Annexion der „Tschechei" lösen zu wollen. Die „Revisionswünsche der preußisch geprägten Führungsschicht der Weimarer Republik gegenüber Polen" hätten Hitler, als ehemaligen Staatsbürger der k.u.k.-Monarchie, „eher kalt" gelassen; vielmehr habe dieser „in Polen einen Pufferstaat gegen die Sowjetunion und damit einen wichtigen Faktor der deutschen Sicherheit" gesehen.[628]

Die Deutung von der schrittweisen Abarbeitung eines Programms zur Erringung der Weltmacht wird auch von Heinz Magenheimer abgelehnt. Seine Position wird plausibel, indem man sich nicht nur auf Äußerungen Hitlers, sondern vor allem auf die realen materiellen Voraussetzungen bezieht:

„Jeder Griff nach der Weltmacht lag somit im Sommer 1939 weit jenseits der Ambitionen Hitlers und weit jenseits des Könnens der Wehrmacht, selbst wenn man die augenblickliche Überlegenheit in Teilbereichen und eine Aufrüstung großen Stils voraussetzt. Die Behauptung, wonach Hitler im September 1939 begonnen habe, sein von langer Hand mehr oder minder feststehendes ‚Programm' zur Erringung einer Weltmachtstellung zu verwirklichen, erscheint reichlich überspitzt, da es unvorhersehbare, unwägbare Lageänderungen völlig außer Acht lässt."[629]

---

626 Den Aufzeichnungen von Carl J. Burckhardt, schweizerischer Völkerbundkommisar in der Freien Stadt Danzig, zufolge soll Hitler am 11. August 1939 in einem Gespräch mit ihm folgendes gesagt haben: „Alles was ich unternehme, ist gegen Rußland gerichtet; wenn der Westen zu dumm und zu blind ist, um dies zu begreifen, werde ich gezwungen sein, mich mit den Russen zu verständigen, den Westen zu schlagen, und dann nach seiner Niederlage mich mit meinen versammelten Kräften gegen die Sowjetunion zu wenden. Ich brauche die Ukraine, damit man uns nicht wieder wie im letzten Krieg aushungern kann" (Burckhardt, Meine Danziger Mission 1937-1939, S. 272). Einer in den OKW-Akten in Flensburg gefundenen Aufzeichnung zufolge hat Hitler am 23. November 1939 vor den Oberbefehlshabern allerdings Folgendes gesagt: „Vom ersten Augenblick an war mir klar, daß ich mich nicht mit dem sudetendeutschen Gebiet begnügen könnte. Es war nur eine Teil-Lösung. Der Entschluß zum Einmarsch in Böhmen war gefaßt. Dann kam die Errichtung des Protektorats, und damit war die Grundlage für die Eroberung Polens gelegt, aber ich war mir zu dem Zeitpunkt noch nicht im Klaren, ob ich erst gegen den Osten und dann gegen den Westen oder umgekehrt vorgehen sollte. [...] Grundsätzlich habe ich die Wehrmacht nicht aufgestellt, um nicht zu schlagen. Der Entschluß zum Schlagen war immer in mir. Früher oder später wollte ich das Problem lösen" (Hitler, [Rede am 23. November 1939], S. 1422 f.).
627 Post, Die Ursachen des Zweiten Weltkrieges, S. 628.
628 Ebd., S. 628 f.
629 Magenheimer, Kriegsziele und Strategien der großen Mächte 1939-1945, S. 36 f.

Magenheimer datiert Hitlers Entschluss zum Angriff gegen die Sowjetunion auf die Jahreswende 1940/41und führt ihn – die offensiven sowjetischen Kriegsvorbereitungen waren noch nicht erkennbar – auf die bestehenden strategischen und machtpolitischen Gegensätze sowie zusätzlich, doch weniger, auf die ideologische Gegnerschaft zurück.[630] Möglicherweise hatte sich Hitler aber auch erst nach dem Balkanfeldzug, also Ende April 1941, endgültig für ein militärisches Vorgehen gegen Sowjetrussland entschieden, als dessen feindselige Haltung offenkundig geworden war. Die Weisung Nr. 21 vom 18. Dezember 1940 für den „Fall Barbarossa" stellte, so Post, keine definitive Entscheidung für den Russlandfeldzug dar, sondern hatte nur „Vorbereitungsmaßnahmen" angeordnet.[631]

Dieser Genese der Entschlussfassung widerspricht nicht, dass Hitler nachdem der Krieg gegen die Sowjetunion begonnen hatte, gleichwohl einen „Vernichtungs- und Versklavungskrieg"[632] führen wollte.[633] Zu beachten sind aber auch Hitlers Äußerungen, die dieser kurz vor dem 3. März 1941 gegenüber Generaloberst Jodl machte. Jodl selbst hatte dann seinerseits Hitlers Richtlinien an seinen Stellvertreter Generalmajor Warlimont dahingehend erläutert, dass das ganze Gebiet der UdSSR „in Staaten aufgelöst" werden müsse „mit eigenen Regierungen, mit denen wir Frieden schließen können" – „sozialistische Staatsgebilde", „die von uns abhängen".[634] Der als rassisch minderwertig geltenden slawischen Bevölkerung wäre dabei wahrscheinlich das Los einer Art Dienstbotenklasse zugefallen. Allein aus derartigen Planungen lässt sich aber nicht der Charakter dieses Krieges erschließen. Allerdings zeigt die Art der Kriegführung, dass Hitlers Krieg nicht rein antibolschewistisch orientiert war; es war „kein konsequenter ideologischer Krieg, denn dann hätte er an den unter Polen, Balten und Ukrainern weitverbreiteten Antibolschewismus anknüpfen und auf glaubwürdige Weise zu einem ‚Befreiungskrieg' werden müssen"[635]. Nicht selten waren die deutschen Truppen von den betroffenen Völkern, gerade auch von Balten und Ukrainern, zunächst als Befreier begrüßt worden. Im Sommer 1942 wurden unter Zivilisten und Kriegsgefangenen Freiwillige rekrutiert, die in Kampf- oder Versorgungseinheiten dienten.[636] In Wehrmacht und Waffen-SS dienten insgesamt rund 970.000 Sowjetbürger, darunter allein 250.000 Ukrainer.[637] Hitler aber gab den Völkern in den besetzten Gebieten allen Grund, diesen Krieg als

---

630 Vgl. Magenheimer, Kriegsziele und Strategien der großen Mächte 1939-1945, S. 77. Siehe auch Fest, Hitler, S. 874-881.
631 Post, Die Ursachen des Zweiten Weltkrieges, S. 530, 537.
632 Nolte, Der europäische Bürgerkrieg 1917-1945, S. 434.
633 Siehe hierzu Förster, Das Unternehmen „Barbarossa" als Eroberungs- und Vernichtungskrieg, S. 413 ff.
634 Betz, Das OKW und seine Haltung zum Landkriegsvölkerrecht im Zweiten Weltkrieg, S. 109.
635 Vgl. Nolte, Konsens oder Streit um den 8. Mai 1945?, S. 19.
636 von Herwarth, Zwischen Hitler und Stalin, S. 252.
637 Vgl. Magenheimer, Kriegsziele und Strategien der großen Mächte 1939-1945, S. 123.

einen Eroberungs- und Versklavungskrieg zu begreifen und sich gegen die deutschen Besatzer zu wenden. Er sah in den besetzten Gebieten ein „koloniales Ausbeutungsobjekt"[638]. Russen und Ukrainer wurden als Menschen zweiter Klasse behandelt. Das deutsche Vorgehen war – wie teilweise schon im Polenfeldzug[639] und ganz abgesehen von der gezielten Vernichtung von Juden durch die SS-Einsatzgruppen[640] – von extremer Brutalität gekennzeichnet. Man kann sicherlich die Auffassung vertreten, dass für eine Reihe von Völkern der Sowjetunion – für das jüdische Volk ohnehin – nach dem deutschen Angriff und während der Zeit des deutschen Vormarsches ein äußerster Notfall objektiv bestand – zumal Hitler noch im Frühherbst 1943 bestehende Chancen auf einen Separatfrieden mit Stalin nicht ergriff, weil er nur von einer Position der Stärke heraus in Verhandlungen eintreten wollte.[641] Damit hat auch der Nothilfe Leistende seine Nothilfe in einer Äußersten-Notfall-Situation geleistet.

Der Kenntnisstand der Alliierten

Um herauszufinden, welche Motive für einzelne Entscheidungen ausschlaggebend waren, ist die Kenntnis des Wissensstandes und der Überzeugungen der Entscheidungsträger wesentlich. Was haben Briten und Amerikaner über deutsche Kriegsverbrechen und die deutsche Besatzungspolitik im Osten, insbesondere über die Vernichtung der Juden zu welchem Zeitpunkt gewusst? Abgesehen davon, dass die bereits in Polen verübten Verbrechen[642] nicht gänzlich unbekannt geblieben sein können, waren dem britischen Nachrichtendienst im Sommer und Herbst 1941 aus dechiffrierten deutschen Funksprüchen Informationen über Massenhinrichtungen zugänglich geworden, die von der Ordnungspolizei und der Waffen-SS auf sowjetischem Territorium ausgeführt wurden. Dabei war anfangs nicht klar, dass sich die Aktionen überwiegend gegen Juden richteten, aber schon Ende August verdichteten sich die Meldungen über Judenerschießungen. Zusammenfassende Berichte über die Tätigkeit der Polizei in den eroberten Gebieten der Sowjetunion gingen regelmäßig in englischer Sprache an Churchill, der allerdings auf eine gezielte Vernichtungspolitik gegen Juden in öffentlichen Erklärungen nicht hinwies.[643] Im Jahre 1942 waren auch die Deportationen und das „Verschwinden" der Juden, die sich

---

638 von Herwarth, Zwischen Hitler und Stalin, S. 244.
639 Siehe Böhler, Auftakt zum Vernichtungskrieg.
640 Vgl. Browning, Ganz normale Männer, bes. S. 86 ff.
641 Vgl. Magenheimer, Kriegsziele und Strategien der großen Mächte 1939-1945, S. 154 f., 165 f.
642 Im September 1939 sollen mehr als 3.000 polnische Soldaten abseits von Kampfhandlungen ums Leben gekommen und über 16.000 Zivilisten hingerichtet worden sein (vgl. Böhler, Auftakt zum Vernichtungskrieg, S. 241).
643 Vgl. Breitman, Staatsgeheimnisse, S. 124-127, 144.

spätestens jetzt in einer Situation des äußersten Notfalls befanden, kein Geheimnis mehr. Allerdings verwendeten die Briten ihre nachrichtendienstlichen Informationen außerordentlich restriktiv. Zudem stießen, wie Richard Breitman bemerkt, weder die dechiffrierten Polizeimeldungen noch andere Informationen über das Verschwinden und die Ermordung von Juden in London auf große Resonanz.[644] Seine Untersuchungen haben Breitman den Eindruck gewinnen lassen, dass die Informationen „über die Anfänge dessen, was man heute als Holocaust bezeichnet, ob sie nun aus dechiffrierten Meldungen oder anderen Quellen stammten, einfach gesammelt und unter Verschluß gehalten" wurden, obwohl dies nicht notwendig war, um die Erfolge beim Entschlüsseln der Codes nicht zu gefährden.[645] Eine andere Informationspolitik hätte für viele Juden, die meistenteils nicht wussten, was die Deportationen bedeuteten, zumindest eine Warnung sein können.[646]

Der wohl erste Bericht, der den Westen von der geplanten vollständigen Vernichtung des jüdischen Volkes in Kenntnis setzte, stammt vom 30. Juli 1942. Er wurde reserviert aufgenommen, und die damit befasste Stelle im amerikanischen Außenministerium verspürte „wenig Neigung", „der Sache nachzugehen".[647] Weitere Meldungen über die gezielte Vernichtung in Gaskammern kamen Mitte/Ende November 1942 aus dem polnischen Untergrund. Breitman zufolge lag schon Ende November 1942 dem amerikanischen Außenministerium ausreichend Material vor, um den stellvertretenden Außenminister Sumner Welles von der nationalsozialistischen Vernichtungspolitik gegenüber den Juden zu überzeugen. Rabbi Stephen S. Wise, Präsident der amerikanischen Sektion des Jüdischen Kongresses, habe daraufhin Pressekonferenzen in Washington und New York organisiert und sein Wissen der Öffentlichkeit mitgeteilt. Darüber berichtete am 25. November 1942 die *New York Herald Tribune* und erwähnte einen angeblichen Hitler-Befehl zur Ermordung von 4 Millionen Juden. Noch immer aber schenkten viele dieser Meldung wenig Glauben, und die alliierten Regierungen zogen keine praktischen Konsequenzen aus ihr.[648]

Im Dezember 1942 waren höchste Regierungsvertreter, darunter Roosevelt und Churchill, über die Existenz von Vernichtungslagern informiert.[649] Am 17. Dezember gaben die Alliierten die erste offizielle Stellungnahme ab, in der die Ermordung der Juden durch die Nazis verurteilt wurde.[650] Ab dieser Zeit muss wohl angenom-

---

644 Ebd., S. 138.
645 Ebd., S. 148 f.
646 Vgl. ebd., S. 147.
647 Ebd., S. 186-189.
648 Vgl. ebd., S. 197, sowie Laqueur/Breitman, Der Mann, der das Schweigen brach, S. 131-135, 145-148.
649 Vgl. Breitman, Staatsgeheimnisse, S. 159, 197 ff., 205 ff.
650 Vgl. ebd., S. 209.

men werden, dass Hitler-Deutschland auch deshalb geschlagen werden sollte, um die noch nicht getöteten Juden zu retten. Gleichzeitig jedoch fürchteten die britischen Politiker, so Breitman, „daß die Nazis und ihre Satelliten Juden in großer Zahl ausreisen lassen *könnten*".[651] Sämtliche Ersuchen, insbesondere von jüdischen Organisationen, die Alliierten mögen Hitler auffordern, er solle allen Juden aus den von den Achsenmächten beherrschten Gebieten die Ausreise erlauben, oder sie sollten wenigstens eine Erklärung abgeben, dass sie alle Juden aufnehmen würden, wurden abschlägig beschieden.[652] Robert Borden Reams, Flüchtlingsexperte im US-Außenministerium, lehnte entsprechende Vorschläge mit der Begründung ab, Angebote zur Aufnahme von Juden beinhalteten die „Gefahr", „daß die Deutschen den Vereinigten Staaten und Großbritannien Juden in großer Zahl zur sofortigen Evakuierung überstellen könnten, und dies würde militärische und Transportprobleme aufwerfen"[653]. Weitere Berichte über die Judenvernichtung tauchten im Frühjahr 1943 und im Verlaufe dieses Jahres auf. Noch immer aber galten die Berichte zumindest unter den Mitarbeitern des amerikanischen Außenministeriums auf der mittleren Ebene, denen genauere Informationen des britischen Geheimdienstes vorenthalten wurden, als unbestätigt.[654] Am 22. Januar 1944 verfügte Roosevelt schließlich die Einrichtung eines Kriegsflüchtlingsamtes, das sich mit einigem Erfolg darum bemühte, Juden aus Europa herauszuholen. Auf diese Weise gelang mehr als 2.000 Juden aus Rumänien die Ausreise in andere europäische Staaten.[655] Viel Zeit war seit Herbst 1941 ungenutzt verstrichen.

Martin Gilbert zufolge erhielten die Alliierten wirklich ausreichende Informationen über die Gaskammern von Auschwitz-Birkenau, die auf die westlichen Regierungen Eindruck machten, erst in der dritten Juniwoche 1944.[656] Im April und Mai 1944 waren vier Häftlinge aus Auschwitz entkommen, deren Berichte im Juni in den Westen gelangten.[657] Erst im Juni 1944 hätten somit die Regierungen in Washington und London von Gaskammern in Auschwitz und ihrer Funktion erfahren.[658] (Über Vergasungen von Menschen im Vernichtungslager Majdanek wurde

---

651 Ebd., S. 232 f.
652 Vgl. ebd., bes. S. 247 ff.
653 Ebd., S. 270.
654 Vgl. ebd., S. 236 f.
655 Vgl. ebd., S. 275 f.
656 Vgl. Gilbert, Auschwitz und die Alliierten, S. 398.
657 Einer von diesen war Rudolf Vrba, der im April 1944 gemeinsam mit Alfred Wetzler aus Auschwitz fliehen und sofort einen Bericht über die Vorgänge im Lager an den Slowakischen Judenrat liefern konnte. Vrba schreibt: „In Auschwitz wußten praktisch alle Häftlinge, daß die eintreffenden Juden größtenteils in den Gaskammern sterben mußten. Jedoch habe ich während meiner Zeit in Auschwitz, die immerhin von Juni 1942 bis April 1944 reichte und in der zahllose Judentransporte aus ganz Europa eintrafen, nicht einen Juden getroffen, der vor seiner Ankunft in Auschwitz etwas von Gaskammern gehört hätte" (Vrba, Die missachtete Warnung, S. 4).
658 Vgl. Gilbert, Auschwitz und die Alliierten, S. 399.

erstmals am 17. August 1944 berichtet.[659]) Vorschläge, die Gaskammern und Krematorien aus der Luft zu zerstören, wurden ohne nähere Prüfung abgelehnt, obwohl amerikanische Flugzeuge Industrieanlagen in der Nähe von Auschwitz bombardierten. Konsens war es, den Krieg so schnell wie möglich zu beenden. Briten und Amerikaner waren sich letztlich einig, dass alles zu unterlassen sei, was diesem Ziel hätte im Wege stehen können. Ebenso wurde eine Bombardierung der Gleisanlagen nach Auschwitz verworfen.[660] Das *War Department* hatte schließlich Ende Juni alle Vorschläge abgelehnt – unter anderem mit der Begründung, man dürfe das Leben amerikanischer Soldaten nicht zur falschen Zeit und am falschen Ort aufs Spiel setzen.[661]

Auch wenn Breitman mittlerweile zeigen konnte, dass die westlichen Alliierten schon Ende 1942 Informationen über den geplanten und bereits begonnenen Völkermord an den Juden hatten, und auch wenn er plausibel gemacht hat, dass man bereits im Frühling 1944 tatsächlich wusste, was in den Lagern der Nazis geschah,[662] sind doch die wesentlichen Ziele und Methoden der alliierten Kriegführung nicht als Antwort auf den Genozid an den Juden zu verstehen. Zentrale Entscheidungen sind vor dieser Zeit gefallen. Dies dürfte selbst für die im Januar 1943 *bekannt gegebene* Entscheidung gelten, den Krieg bis zur bedingungslosen Kapitulation zu führen (siehe Kapitel 13). Insbesondere gibt es keinen Zusammenhang zwischen Genozid und „Sühnebombardement". Diesen Zusammenhang, so Jörg Friedrich, „stellt die Moral des Betrachters her, doch ist er keiner, der je existierte".[663] Zu bedenken ist aber auch, dass man sich lange Zeit unsicher war, wie die eingehenden Nachrichten über die kaum vorstellbaren Verbrechen zu bewerten sind. Zudem schien die Beschäftigung mit ihnen, nur eine Ablenkung vom Wesentlichen zu sein, nämlich der raschen Erreichung des Endsieges. Wie hatte Walter Laqueur, der sich für die Frage interessierte, warum die Geheimdienste der Alliierten so wenig über die Vernichtungslager wussten, geschrieben?

> „Für diese Dienste war zwar alles interessant, was im deutschbesetzten Europa vor sich ging, es gab aber Prioritäten, und das Schicksal einer ethnischen oder religiösen Minorität fungierte nicht vorn auf ihrer Tagesordnung."[664]

---

659 Vgl. Hoffmann, Stalins Vernichtungskrieg 1941-1945, S. 177.
660 Vgl. Breitman, Staatsgeheimnisse, S. 284-290. – Welchen Nutzen eine Bombardierung der Gleisanlagen letztlich gebracht hätte, ist freilich unklar; allerdings sollte man meinen, dass es einen Versuch wert gewesen wäre.
661 Vgl. Greiner, Die Morgenthau-Legende, S. 143.
662 Breitman, Staatsgeheimnisse, S. 280.
663 Friedrich, Der Brand, S. 342.
664 Laqueur, Was niemand wissen wollte, S. 85.

Zusammenfassend kann mit Richard Breitman festgehalten werden, dass einige Erklärungen Churchills dahingehend interpretiert werden können, dass er den Charakter der nationalsozialistischen Judenpolitik schon während des Krieges erkannt hatte, „aber, ebenso wie Roosevelt, keine Konsequenzen daraus zog"[665]. Breitman hat gezeigt, dass die Regierungen Amerikas und Großbritanniens Informationen über die Morde der Nazis lange zurückhielten, ihre Flüchtlingspolitik faktisch nicht änderten und „nicht alles versuchten, was [bei der Rettung von Juden] hätte funktionieren können"[666]. Ein „Großteil der Beamten im [amerikanischen – L.F.] Außenministerium", so Breitman, „wollte sich nicht mit Rettungsaktionen und Hilfsmaßnahmen beschäftigen".[667] Durchaus bestehende Möglichkeiten, Juden zu retten, wurden nicht ergriffen, zumindest versäumte man mehrfach, sich anbahnende Rettungsmöglichkeiten ernsthaft zu verfolgen. Politische Rücksichtnahmen verschiedener Art waren dafür verantwortlich. Vorherrschend und ausschlaggebend war jedoch die Meinung, dass alle Aktionen zur Rettung der Juden die Kriegsanstrengungen behindern würden. Zwar wird man den Alliierten nicht absprechen, dass sie nach Bekanntwerden der nationalsozialistischen Vernichtungspolitik auch das Kriegsziel hatten, Juden (und Zigeuner) zu retten, aber wegen dieses Zieles wurde der Krieg nicht geführt und auch nicht weitergeführt. Bis heute, so Dieter Pohl, bestehen „ausgesprochene Zweifel am Willen der damaligen Regierungen in London, Washington und Moskau, aktive Hilfe für die verfolgten Juden zu leisten".[668]

Was die *vierte* Annahme anlangt (um die bedingungslose Kapitulation zu erreichen, seien Flächenbombardements, möglicherweise in der Form des *moral bombing*, erforderlich), so sind zumindest die Briten tatsächlich von ihr ausgegangen.

Nationale Interessenpolitik und britische Luftkriegsstrategie

Was nun die *zweite* Annahme betrifft (zur Abwehr dieser exorbitanten Gefahr seien Verhältnismäßigkeitsabschätzungen überflüssig, weil die Größe der Gefahr von vornherein jedes Opfer rechtfertige), so ist diese bereits hinfällig, wenn die Existenz der in Rede stehenden Gefahr als solche gar nicht angenommen wurde. Allerdings bleibt dann zu fragen, ob nicht gleichwohl die Auffassung, unter den obwaltenden Umständen seien Verhältnismäßigkeitsbetrachtungen irrelevant, im Denken der alliierten Strategen virulent war. Auch wenn diese Ansicht niemals ausformuliert gewesen sein sollte, deutet doch die Tatsache, dass der Zweite Weltkrieg nicht nur

---
665 Breitman, Staatsgeheimnisse, S. 313.
666 Ebd., S. 320.
667 Ebd., S. 318.
668 Pohl, Das NS-Regime und das internationale Bekanntwerden seiner Verbrechen, S. 127.

durch Hitler, sondern auf beiden Seiten letztlich als ein „totaler Krieg" geführt wurde, darauf hin, dass sie das Denken faktisch beherrschte.

Dass die westlichen Alliierten grundsätzlich und während des gesamten Krieges in Kategorien des äußersten Notfalls dachten, erscheint zweifelhaft. Zwar sah Churchill für den Fall eines Sieges Hitlers „die ganze Welt, einschließlich der Vereinigten Staaten, einschließlich all dessen, was wir gekannt und geliebt haben, im Abgrund eines neuen Dunklen Zeitalters versinken"[669], doch spricht nur wenig dafür, dass propagandistische Formeln dieses Zuschnitts diejenigen Überlegungen und Motive wiedergeben, die für die Entscheidungsfindung wesentlich waren und den Ausschlag gaben. Dies gilt umso mehr, als wir es bei Churchill mit einem Mann zu tun haben, von dem eine Reihe widersprüchlicher Äußerungen in zentralen politischen Fragen überliefert sind. Es gibt keinen ausreichenden Grund für die Behauptung, dass Briten, Amerikaner oder Franzosen zu der Zeit, in der die beteiligten Mächte die Entscheidungen, die letztlich das Ereignis „Zweiter Weltkrieg" wesentlich mitkonstituierten, getroffen haben, einen „äußersten Notfall" in dem hier definierten Sinne tatsächlich angenommen und den Krieg *primär* zur Abwehr dieser Gefahr geführt hätten. Zwar ist es plausibel, dass die alliierte Kriegführung, insbesondere die Verfolgung des Kriegszieles der bedingungslosen Kapitulation, durch die Kriegführung und die Besatzungs- sowie Vernichtungspolitik Deutschlands nicht gänzlich unbeeinflusst blieb. Gleichwohl wird man kaum bestreiten können, dass – wie die Amerikaner (siehe Kapitel 11) – gerade auch die Briten vor und während des Krieges zumindest vorrangig in den klassischen Kategorien einer nationalen Macht- und Interessenpolitik dachten.[670] Unter dem Blickwinkel, eine Kräftekonstellation zugunsten der eigenen Vormachtstellung zu bewahren, wurden aufstrebende Länder, wie Deutschland nach 1871, als Konkurrenten wahrgenommen und beargwöhnt. Interessenpolitik aus der Sicht der Großmacht Großbritannien bedeutete seit langem, das Emporstreben potentieller Rivalen, insbesondere auf dem europäischen Festland, zu behindern. Das Mittel dazu war eine Bündnispolitik, bei der man im Fall von kriegerischen Verwicklungen auf dem Kontinent dem Schwächeren Unterstützung gegen den aufsteigenden Rivalen zusicherte.[671]

Die Entwicklung einer modernen Luftwaffe nach dem Ersten Weltkrieg schien nun in diesem Kontext ganz neue Möglichkeiten zu bieten. Gleichzeitig aber gingen von Luftwaffen für ein Inselreich auch neuartige Gefahren in Form einer erhöhten Verwundbarkeit aus. Da man unter Luftwaffentheoretikern und Politikern der damaligen Zeit glaubte, dass der Bomber „immer durchkommen" würde – so Premiermi-

---

669 Zit. nach: Lukacs, Fünf Tage in London, S. 188.
670 Vgl. etwa Hillgruber, Bilanz des Zweiten Weltkrieges, S. 189 f.
671 Vgl. Schultze-Rhonhof, 1939 – Der Krieg, der viele Väter hatte, S. 18. Vgl. auch Charmley, Churchill, S. 303.

nister Stanley Baldwin am 10. November 1932 im britischen Unterhaus – und gegen Luftangriffe letztlich keine Verteidigung möglich sei, schien nur die Abschreckung des Gegners übrig zu bleiben.[672] Baldwin:

> „Die einzige Verteidigung ist der Angriff, und das bedeutet, daß man mehr Frauen und Kinder schneller töten muß als der Feind, wenn man sich selber schützen will."[673]

Überlegungen, jedem Angreifer mit einem vernichtenden Vergeltungsschlag zu drohen, führten schließlich zum Aufbau einer strategischen Bomberflotte. Damit waren in der Tat wichtige Vorentscheidungen gefallen, die die strategischen Handlungsmöglichkeiten bestimmten.

John Terraine hat versucht, die Wahl der britischen Luftkriegsstrategie während des Zweiten Weltkrieges mit einem Mangel an anderen Optionen in Zusammenhang zu bringen. Er schreibt, dass „die eine oder andere Form einer Bomberoffensive der RAF zwischen 1940 und 1943 unausweichlich war und entscheidend für die Glaubwürdigkeit des weiteren britischen Engagements".[674] Den strategischen Bombenkrieg gegen Deutschland hatte Großbritannien im Mai 1940 begonnen (Kapitel 4). In den Monaten zwischen Juli und Oktober folgte die Luftschlacht um England. Ab Mitte Oktober wurden die Kampfhandlungen über England zwar keineswegs eingestellt, aber wesentlich gedrosselt. Während des Winters 1940/41 und bis in das zeitige Frühjahr hinein erfolgten schwere Angriffe auf zahlreiche britische Städte – darunter London, Manchester, Birmingham, Liverpool und Bristol –, ohne dass die hochgesteckten Ziele Hitlers auch nur annähernd erreicht worden waren. Die im englischen Volksmund „Blitz" genannten Angriffe hatten sich vor allem auf den November 1940 konzentriert. Damit hatte Großbritannien den Ansturm der deutschen Luftwaffe erfolgreich abgewehrt und Deutschland die erste Niederlage im Zweiten Weltkrieg beigebracht. Eine deutsche Invasion war damit ausgeschlossen, wenngleich die deutsche U-Bootflotte eine zunächst wachsende Bedrohung für das gesamte britische Versorgungssystem darstellte.[675] Tatsächlich war schon am 12. Oktober 1940 eine angedachte Landung auf der britischen Insel (Unternehmen „Seelöwe") für 1940 abgesagt worden. Zunächst wurde an die Möglichkeit gedacht, die Landung unter günstigen Umständen im Frühjahr oder Frühsommer 1941 eventuell doch noch durchzuführen, sie sollte aber später nie mehr ernsthaft erörtert werden.[676] Großbritannien suchte allerdings nicht den Frieden, sondern wies

---

672 Vgl. Smith, Die Luftbedrohung und die britische Außen- und Innenpolitik, S. 708.
673 Baldwin, [Rede am 10. November 1932 im Unterhaus], Sp. 632.
674 Terraine, Theorie und Praxis des Luftkrieges: die Royal Air Force, S. 562.
675 Vgl. ebd., S. 556.
676 Vgl. Groehler, Geschichte des Luftkriegs 1910 bis 1980, S. 273, sowie Post, Die Ursachen des Zweiten Weltkrieges, S. 509, 528.

weiterhin, wie auch schon vor der Luftschlacht um England, „jegliche Vorstellung eines Kompromisses mit Hitler zurück"[677]. Am 25. Oktober erhielt der damalige Chef des *Bomber Command*, Luftmarschall Sir Richard Peirse, eine Direktive, „in der es hieß, dass nun, da die unmittelbare Gefahr einer Invasion vorüber sei, die Zeit ‚besonders günstig [ist], mit unserer Offensive zu versuchen, die Moral des deutschen Volkes anzugreifen'".[678]

Am 22. Juni 1941 schlug Hitler, so Terraine, „den erstaunlichen und verrückten Kurs des Angriffs auf die Sowjetunion ein, während Großbritannien unbesiegt in seinem Rücken stand", wodurch „Großbritannien durch die Torheit des Feindes gerettet [wurde]".[679] Abgesehen davon, ob man die Bewertung des Angriffs auf die Sowjetunion als „verrückt", also „irrational", akzeptiert (immerhin hatte Stalin mit der Annexion von Lettland, Litauen und Estland im Juni 1940 eine strategische Westverschiebung seiner Grenzen erreicht und war durch seine von Hitler nicht sanktionierte Einverleibung der Nordbukowina nahe an die für Deutschland unentbehrlichen Erdölfelder von Ploiesti herangerückt):[680] Aus britischer Sicht mag es in dieser Situation wohl vor allem darum gegangen sein, welcher „Beitrag zum Kampf gegen das nationalsozialistische Deutschland von der Insel aus"[681] seitens der RAF erbracht werden konnte – und da blieb nur die strategische Bomberoffensive. Jedoch: Wie auch immer man diese Entscheidungssituation begreifen und welche Argumente man für das weitere britische Engagement aufbieten mag, es wird schwer plausibel zu machen sein, dass man es auf die „Moral" der gegnerischen Bevölkerung abzusehen hatte und dass Flächenbombardements auf militärisch relativ unbedeutende Städte noch wenige Wochen vor Kriegsende fortgesetzt werden mussten.

Geistige Grundlegung des Bombenkrieges

Die geistigen Grundlagen des Bombenkrieges und zumindest ansatzweise auch des *moral bombing* wurden schon in der Zwischenkriegszeit und zwar lange vor dem Machtantritt der Nationalsozialisten auch in der Luftwaffe Großbritanniens entwickelt. Bereits damals wurde ein weiterer Krieg für wahrscheinlich gehalten. Hugh

---

677 Terraine, Theorie und Praxis des Luftkrieges: die Royal Air Force, S. 552.
678 Neillands, Der Krieg der Bomber, S. 67 f.
679 Terraine, Theorie und Praxis des Luftkrieges: die Royal Air Force, S. 556. Eine dazu kontroverse Sicht der strategischen Möglichkeiten Deutschlands bietet: Magenheimer, Kriegsziele und Strategien der großen Mächte 1939-1945, S. 70 f.
680 Vgl. Nolte, Der europäische Bürgerkrieg 1917-1945, S. 311, sowie Keegan, Der Zweite Weltkrieg, S. 182.
681 Gundelach, Kommentar, S. 570.

Trenchard, Befehlshaber der im Juni 1918 eigenständig gewordenen britischen Luftwaffe, war sich zwar im Klaren darüber, dass „die wahllose Bombardierung einer Stadt zu dem alleinigen Zweck, die Bevölkerung zu terrorisieren", „unzulässig" ist, weil sie „in Widerspruch zu den Forderungen der Menschlichkeit" steht;[682] er hatte aber schon 1927 keine Zweifel, dass „im nächsten Krieg beide Seiten ihre Flugzeuge entsenden und ohne Skrupel jene Ziele bombardieren werden, die sie für die angemessensten halten"[683].

Diese Vorhersage mag man durchaus verstehen als Konsequenz einer nüchternen Analyse der technischen Entwicklung und der Erfahrungen des Ersten Weltkrieges. Die nüchterne Betonung der inneren militärischen Logik kann für die praktische Überschreitung moralisch gebotener Grenzen eine sogar ungewollte gedankliche Vorarbeit leisten. Von einer skrupellosen Auswahl militärischer oder industrieller Ziele in bewohnten Gebieten allein unter dem Gesichtspunkt militärischer Zweckmäßigkeit bis zu einem ohne Skrupel ausgeführten Angriff auf solche Ziele und von hier bis zu einem Terrorangriff im Sinne des *moral bombing* ist es nur ein kurzer Weg. Der Eintritt in diese schiefe Bahn ist getan, wenn die moralische Forderung nach möglichst weitgehender Vermeidung überflüssiger Opfer ihre unbedingte Anerkennungswürdigkeit zu verlieren begonnen hat. Frederick Taylor macht darauf aufmerksam, dass schon im Ersten Weltkrieg „Nationen einander auf Leben oder Tod bekämpft" hatten, dass bei der Versenkung von Handels- und Passagierschiffen Tausende Zivilisten umkamen, dass mit massierten Luftangriffen feindliche Städte angegriffen wurden, dass Kriegsgegner bemüht waren, sich wechselseitig auszuhungern und ganze Bevölkerungen wie Insassen mittelalterlicher Festungen behandelten.[684] Der traurige Höhepunkt dieser Entwicklung dürfte die völkerrechtswidrige englische Hungerblockade während des Ersten Weltkrieges gewesen sein, der Hunderttausende Deutsche zum Opfer fielen. Nach diesem Krieg habe eine Einstellung vorgeherrscht, „derzufolge das Leben feindlicher Zivilisten wenig wert sei", eine Einstellung, „die noch zehn Jahre zuvor unvorstellbar gewesen wäre".[685] Ob letztere Feststellung der Kritik standhält, mag dahingestellt bleiben. Immerhin nannte A. C. Bell die Behauptung, „daß Zivilisten und bewaffnete Macht erst seit dem Jahre 1914 als eine einheitliche kriegführende Masse behandelt worden seien", unter Heranziehung einer Reihe eindrucksvoller Beispiele „eine der lächerlichsten, die je geäußert worden ist".[686]

---

682 Webster/Frankland, The Strategic Air Offensive Against Germany 1939-1945, Vol. IV, S. 73.
683 Zit. nach: Taylor, Dresden, S. 114.
684 Ebd.
685 Ebd.
686 Bell, Die englische Hungerblockade im Weltkrieg 1914-15, S. 213.

Geistige Grundlegung des Bombenkrieges

Die Doktrin des *moral bombing* jedoch geht über eine „bloße" rücksichtslose Inkaufnahme ziviler Opfer hinaus. Trenchard glaubte, dass der Endsieg in künftigen Kriegen „auf der durch Bombardierung bewirkten Zerstörung der feindlichen Industrien und *vor allem* der Senkung der Moral"[687] beruhen werde. Trenchards Überzeugung, dass die moralische Wirkung eines Bombardements das zwanzigfache der materiellen Wirkung betrage, „sollte zum Grundstein des künftigen strategischen Denkens der RAF werden".[688]

Von *moral bombing* kann man, wie schon in Kapitel 5 ausgeführt, dann sprechen, wenn die Art und Durchführung des Bombardements, die Festlegung der Ziele oder die Wahl der Munition sich nicht, jedenfalls nicht primär, an der Zerstörung militärischer Objekte orientiert, sondern es auf die Demoralisierung der Zivilbevölkerung abgesehen hat, darauf, Panik und Chaos auszulösen oder durch Tötung einer möglichst großen Zahl von Menschen die Überlebenden dazu zu bringen, ihre Loyalität zu ihrer Regierung aufzukündigen oder sich gegen diese zu erheben. Auch wenn sich diese Doktrin an Maßstäben des militärisch erzielten Erfolgs misst und insofern nicht zu vergleichen ist mit der rassisch und eugenisch orientierten Vernichtungspolitik der Nationalsozialisten, stellt sie doch eine Grenzüberschreitung insofern dar, als sie menschliches Leid absichtsvoll erzeugt und über das in Kriegen unvermeidbare Maß hinaus steigert. *Moral bombing* nimmt auf die Zivilbevölkerung nicht nur keine Rücksicht, sondern Massentötungen werden bewusst vorgenommen, um direkt oder indirekt auf die Entscheidungen Dritter – in dem Fall: die nationalsozialistische Führung – einzuwirken.

Natürlich müssen strategische Überlegungen von Militärs oder Militärtheoretikern nicht tatsächlich in die Realität umgesetzt werden. Ein Beispiel dafür liefern ähnliche Überlegungen über die Bedeutung von Bomberflotten seitens deutscher Theoretiker beziehungsweise Militärs. Zu erwähnen ist hier vor allem die im Mai 1933 von Robert Knauss ausgearbeitete, sich an Douhetschen Grundsätzen orientierende Denkschrift über den Aufbau einer deutschen Luftflotte.[689] Im vorliegenden Falle jedoch ist die sogenannte Trenchard-Doktrin, die Konzentration des Angriffs auf das gegnerische Produktionspotential, nicht ohne jede Berechtigung als „Daseinsgrund der Royal Air Force"[690] bezeichnet worden. Bereits in den zwanziger und

---

687 Zit. nach: Taylor, Dresden, S. 113 (Hervorhebung von mir).
688 Vgl. Terraine, Theorie und Praxis des Luftkrieges: die Royal Air Force, S. 540.
689 Dokumentiert in: Heimann/Schunke, Eine geheime Denkschrift zur Luftkriegskonzeption Hitler-Deutschlands vom Mai 1933, S. 77-86. Weitere konzeptionelle Überlegungen dieser Art gehen auf Paul Deichmann, Oktober 1936, Hellmuth Felmy, Mai 1939, Alfred Jodl, Juni 1940, Erich Raeder, Juli 1940, und Hermann Göring, 1940, zurück. Siehe Messerschmidt, Strategischer Luftkrieg und Völkerrecht, S. 355 ff. Vgl. auch Boog, Bombenkrieg, Völkerrecht und Menschlichkeit im Luftkrieg, S. 271 ff., sowie Deist, Die Aufrüstung der Wehrmacht, S. 565-594.
690 Friedrich, Der Brand, S. 68.

dreißiger Jahren glaubte man an die Möglichkeit eines sogenannten K.o.-Schlages. Obwohl für die Möglichkeit eines solchen, die Kriegführungsfähigkeit des Feindes komplett unterminierenden Schlages keinerlei Erfahrungen sprachen, haben sich die Strategen des Luftkriegs von dieser Überzeugung nie wieder getrennt. Gegner der K.o.-Schlags-Theorie betrachteten diese Strategie schon damals als moralisch inakzeptabel.[691] Es ist offensichtlich, dass die in den zwanziger Jahren bestehenden Vorstellungen sowie die in den dreißiger Jahren getroffenen Rüstungsentscheidungen die Form und Funktion des britischen Luftpotentials bedingten.[692] Dabei spielten Großbritanniens Interessen am Ausbau seines Weltreiches und an der Sicherstellung eines europäischen Kräftegleichgewichts – von dem Hitler meinte, es sei „in Wirklichkeit eine Desorganisation des europäischen Kontinents zugunsten des britischen Inselreiches"[693] – die entscheidende Rolle.[694]

Die Einsatzplanung der RAF, bei der man von Anfang an große Verluste der Zivilbevölkerung einkalkulierte, begann 1938 vor dem Münchener Abkommen.[695] Zwar war das Bomberkommando Ende der dreißiger Jahre materiell noch nicht auf einen strategischen Bombenkrieg vorbereitet; bereits die *Royal Air Force* der Vorkriegszeit" war aber, wie der bekannte Luftkriegshistoriker Max Hastings urteilte, „auf den strategischen Terrorbombenkrieg ausgerichtet, und dies war der Kern der ‚Trenchard-Doktrin'".[696] Und Richard Overy schreibt:

> „Als dann 1939 der Krieg ausbrach, waren die Flieger in den beiden westlichen Staaten [Großbritannien und USA – L.F.] darauf konditioniert, den modernen Krieg als einen ‚totalen Krieg' zu sehen, der die Unterscheidung zwischen Kombattanten und Zivilisten vollkommen verwischte und den geplanten Angriff auf die wirtschaftliche Infrastruktur des Feindes und seine Moral legitimierte. Verstärkt wurde diese Einstellung durch die Thesen von der Schutzlosigkeit der modernen Wirtschaftssysteme gegenüber Luftangriffen und von der Unfähigkeit der Stadtbevölkerung, ein höheres Maß an Not und Gefahr zu ertragen."[697]

Overy hat plausibel gemacht, dass sich in dem konzeptionellen Denken der dreißiger Jahre – neben einer Dämonisierung des potentiellen Feindes und einer übertriebenen Resonanz auf die Zerstörung von Guernica durch die deutsche Luftwaffe

---

691 Vgl. Terraine, Theorie und Praxis des Luftkrieges: die Royal Air Force, S. 541 ff.
692 Vgl. Smith, Die Luftbedrohung und die britische Außen- und Innenpolitik, S. 701 f.
693 Hitler, Rede am 30. Januar 1941 in Berlin, S. 199.
694 Vgl. Smith, Die Luftbedrohung und die britische Außen- und Innenpolitik, S. 702 f.
695 Vgl. Overy, Die alliierte Bombenstrategie als Ausdruck des „totalen Krieges", S. 32.
696 Hastings, Bomber Command, S. 48.
697 Overy, Die alliierte Bombenstrategie als Ausdruck des „totalen Krieges", S. 33. Zur deutschen Luftkriegsdoktrin siehe etwa Gundelach, Kommentar, S. 573-576.

während des Spanischen Bürgerkrieges – auch eine zeitgenössische Begeisterung für „nationale Effizienz" Bahn brach und dass die Aussicht, den Sieg „mit dem geringsten Aufwand an Menschenleben, Zeit, Geld und Material'" erringen zu können, „dem Bedürfnis moderner demokratischer Staaten" entsprach.[698] Dabei spielten die massiven Kollateralschäden, die die gegnerische Nation zu gewärtigen hatte, in den Überlegungen der Strategen nahezu keine Rolle. Bereits im Januar 1940 hieß es denn auch in einem Planungsdokument, dass die RAF „von jeder humanitären Rücksichtnahme befreit'" wäre.[699]

Bei der Entscheidung für die strategische Bombenoffensive waren letztlich ganz verschiedene Motive und Überlegungen von Bedeutung. Die Entscheidungssituation sowie die Determinanten der Entscheidung zu rekonstruieren, ist Sache der historischen Forschung und kann hier nicht geleistet werden. Deshalb ist an dieser Stelle auch kein zusammenfassendes Urteil zu fällen. So viel allerdings erscheint sicher: Anzunehmen, zu den von vielen als barbarisch empfundenen Flächenbombardements habe man sich in einer so empfundenen exzeptionellen Ausnahmesituation durchgerungen, um etwa den von den Nazis verursachten „Zivilisationsbruch" zu beenden, wird der Sachlage, soweit sie bekannt ist, nicht gerecht.

Natürlich: Allein aus dem Umstand, dass Pläne aus bestimmten Motiven und Überlegungen heraus geschmiedet wurden, folgt nicht, dass die Entscheidung zu ihrer Umsetzung denselben Motiven und Überlegungen folgte. Insofern bleibt es eine logische Möglichkeit, dass man sich zum Städtebombardement entschloss, weil man sich in einem äußersten Notfall wähnte. Nur kann dies nicht einfach behauptet, sondern müsste detailliert gezeigt werden. Solange dies nicht geleistet ist, ist die Aussage: „Skrupel im Kampf gegen einen Menschheitsfeind glaubte man sich nicht leisten zu können"[700], beschönigend, unangemessen und desorientierend. Die Entscheidungsgründe waren, wie angedeutet, facettenreich und dürften sich keinesfalls primär auf die, wie man heute gern sagt, „das Böse" verkörpernde Natur des Feindes und seine verbrecherischen Eroberungspläne bezogen haben – zumal, wie erwähnt, die unterstellte Welt-Eroberungsabsicht als konkrete aktuelle außenpolitische Zielstellung nicht existierte.

---

698 Overy, Die alliierte Bombenstrategie als Ausdruck des „totalen Krieges", S. 34 f.
699 Ebd., S. 35.
700 Müller, Der Bombenkrieg 1939-1945, S. 114.

18. Kapitel
Warum eine Allianz mit Stalin?

Bolschewistische Schreckensherrschaft

Neben der Entscheidung, die bedingungslose Kapitulation der Achsenmächte anzustreben und zu diesem Zweck die Strategie der Flächenbombardements fortzuführen, ist die Entscheidung des Westens, mit Stalins Regime zu koalieren, von zentraler Bedeutung. Auch sie versteht sich keineswegs von selbst, sondern hat Erklärungen provoziert.

Man könnte versucht sein, das Zustandekommen der Anti-Hitler-Koalition dahingehend zu deuten, dass die westlichen Alliierten Hitler-Deutschland mehr fürchteten als die Stalinsche Sowjetunion. Unter dieser Annahme jedenfalls hat Carl Friedrich von Weizsäcker im Jahre 1952 diese Koalition so ungleicher Partner wie folgt reflektiert:

> „Die Rolle des westlichen Degens gegen den Kommunismus war für Hitler wie geschaffen. Hätte Hitler sie überzeugend zu spielen gewußt, so hätten französische Desintegration, englische Empire-Sorgen und amerikanischer Isolationismus ihm meiner Meinung nach die Bahn nach Osten freigegeben. Man setzte sich gegen ihn zur Wehr, weil man anfing, in ihm eine ebenso große oder größere Gefahr für westliche Art zu sehen als in den Russen. Leute wie Hitler, Ribbentrop, Göring oder Goebbels konnten mit dem Westen zu keiner Abmachung kommen, weil sie nicht mit ihm reden konnten. Und beide Seiten konnten nicht miteinander reden, weil sie keine gemeinsame Sprache hatten. Sie konnten einander nur mißtrauen, mißverstehen und schließlich hassen. Sie hatten verschiedene Religionen."[701]

Wenn man die Weizsäckersche Deutung eines weltanschaulich begründeten Konflikts zwischen Westmächten und Nationalsozialismus akzeptiert, dann erscheinen die Entscheidungsträger der westlichen Alliierten als in einer Situation befindlich, die man noch am ehesten unter den Begriff des äußersten Notfalls subsumieren kann. Gleichwohl bleibt diese Koalition ein erstaunliches Phänomen, sodass tatsächlich die Frage gestellt werden muss, „wie es zu erklären ist, daß die Utopie letz-

---
701 von Weizsäcker, Wahrnehmung der Neuzeit, S. 304 f. – In eine ähnliche Richtung geht die Überlegung von Richard H. Kohn: „Noch bevor der ungeheure Umfang der von Hitler begangenen scheußlichen Verbrechen der Welt offenbar wurde, schien dieser Gegner eine politische, moralische und nationale Bedrohung – eine Gefahr für das Überleben von Werten und der Zivilisation – zu sein [...]" (Kohn, Kommentar, S. 474).

ten Endes bei den als pragmatisch geltenden Westmächten mehr Sympathie genoß als die Gegen-Utopie und daß daher jene Entscheidung für Stalin und gegen Hitler zustandekam"[702]. Und selbst wenn man die wohl eher an Roosevelt denn an Churchill zu richtende Frage nach der „Sympathie" zurückstellt, bleibt doch zu erklären, warum man, wie Weizsäcker meint, im Westen anfing, in Hitler „eine ebenso große oder größere Gefahr für westliche Art zu sehen als in den Russen".

Im Jahre 1939 waren die bolschewistischen Groß-Verbrechen bereits Geschichte und hinreichend (wenn auch nicht in sämtlichen Details) bekannt. Schon 1924 hatte der russische Historiker S. P. Melgunow in russischer und deutscher Sprache einen erschütternden Bericht über den „roten Terror" in Sowjetrussland veröffentlicht,[703] der in führenden Blättern Europas rezipiert worden war. Die von Stalin zumindest ausgelöste und wahrscheinlich auch begrüßte Hungersnot in der Ukraine und anderen Regionen des Landes, die in den Jahren 1932 und 1933 etwa sechs bis sieben Millionen Menschen dahinraffte,[704] blieb im Ausland nicht unbemerkt.[705] In den Jahren 1936 bis 1938 hatte Stalin eine, heute als „Großer Terror" bezeichnete, Verfolgungsorgie unter mutmaßlichen Regimegegnern in Gang gesetzt, die in ihrer Art und Dimension alles, was man bis dahin an Menschenrechtsverletzungen kannte und glaubte sich vorstellen zu können, in den Schatten stellte. Die Zahl der innerhalb von zwei Jahren Hingerichteten wird auf 700.000 veranschlagt[706]; in den Lagern vegetierten Millionen unschuldiger Menschen. Im Vergleich dazu nimmt sich die Bilanz Hitlers bis zu diesem Zeitpunkt nachgerade bescheiden aus. Zu Kriegsbeginn befanden sich etwa 25.000 Menschen in Konzentrationslagern.[707] Historiker schätzen, dass in der Zeit von Hitlers Machtergreifung 1933 bis zum Kriegsausbruch 1939 einige Hundert Regimegegner ermordet wurden.[708] Das Verhältnis der vom nationalsozialistischen und vom stalinistischen Regime *bis dahin* Ermordeten wird auf 1:1000 geschätzt.[709]

---

702 Nolte, Die Deutschen und ihre Vergangenheiten, S. 190.
703 Siehe Melgunow, Der rote Terror in Rußland 1918-1923.
704 Vgl. Mark/Simon, Die Hungersnot in der Ukraine und anderen Regionen der Sowjetunion 1932 und 1933, S. 5-12.
705 Die erste schriftliche Erwähnung der Hungersnot stammt nach Mark und Simon (vgl. ebd.) aus dem Jahre 1932: Auhagen, Wirtschaftslage in der Sowjetunion im Sommer 1932, S. 644-655.
706 Werth, Ein Staat gegen sein Volk, S. 225. Die Gesamtzahl der Toten der Stalin-Epoche wird auf 20 Millionen geschätzt (siehe Conquest, Der Große Terror, S. 551).
707 Vgl. Bracher, Die deutsche Diktatur, S. 393.
708 Vgl. Schwarz, Das Gesicht des Jahrhunderts, S. 321. – Nicht inbegriffen sind die in den Konzentrationslagern bis Kriegsbeginn durch Hunger und Krankheit Gestorbenen. Bis 1939 sind in den Konzentrationslagern mehr als 4.000 Menschen zu Tode gekommen (Drobisch/Wieland, System der NS-Konzentrationslager 1933-1939, S. 303).
709 Vgl. Koenen, Utopie der Säuberung, S. 275.

Zweifellos sah sich der Westen einer doppelten Herausforderung gegenüber. Bei nüchterner Betrachtung jedoch hätte die zivilisationszerstörerische Gefahr des Bolschewismus nicht verkannt und wohl auch kaum unterschätzt werden können. Allein der 1938 erschienene und bis August 1939 in zehn Auflagen von insgesamt hunderttausend Exemplaren verbreitete Erlebnisbericht des deutschen Forstingenieurs Karl Albrecht,[710] in dem dieser seinen zehnjährigen Aufenthalt als überzeugter und gläubiger Kommunist in der Sowjetunion, insbesondere seine Odyssee durch sowjetische Gefängnisse beschreibt und das barbarische, unrechtsstaatliche Funktionieren dieses totalitären Staates deutlich werden lässt, hätte aufhorchen lassen müssen. Er hätte ein heilsames Erschrecken vor einem System erzeugt, in dem das Leben eines Einzelnen wenig galt und jederzeit einem vermeintlichen kollektiven Nutzen aufgeopfert werden konnte. Ein realistischeres Bild auf die Stalinsche Sowjetunion hätte nicht nur die Erkenntnis reifen lassen, dass man auch dort eine andere „Religion" hatte, sondern dazu führen können, sowohl die Ängste Hitlers vor einem expansiven Bolschewismus als auch die mit einem Erstarken der Sowjetunion verbundenen Gefahren ernster zu nehmen.

Aber hatte es dieses realistischeren Bildes überhaupt bedurft? War man im Westen nicht sehr wohl über den Charakter des bolschewistischen Systems unterrichtet? In der Tat dürfte Churchill über die Natur der bolschewistischen Herrschaft keine Illusionen gehabt haben. In seinem 1930 erschienen Buch „Nach dem Kriege" berichtete er unter Berufung auf zeitgenössische Untersuchungen über Massenerschießungen durch die bolschewistischen Diktatoren sowie über die „ungeheure Einbuße der russischen Bevölkerung an Menschenleben, die infolge von Hungersnot zugrunde gingen"[711]. Er sprach von der russischen „Schreckensherrschaft", davon, dass es „in bezug auf Lebensvernichtung von Männern und Frauen" kein asiatischer Eroberer mit Lenin aufnehmen könne, und stellte bezogen auf 1922 fest, Russland läge „unter der härtesten Tyrannei danieder, die jemals in Asien gesehen ward".[712] Auch über den weltrevolutionären Charakter des Bolschewismus war sich Churchill im Klaren. Für die „nach der Weltrevolution schmachtende Internationale", so vermutete er, seien geographische Grenzen „nicht von gar so großer Bedeutung" gewesen; zunächst einmal habe man sich in Russland festsetzen wollen, „und von dieser Basis aus sollte dann der Bürgerkrieg in allen übrigen Ländern Verbreitung finden".[713] Und in geradezu Goebbelsscher Manier stieß er aus: „Rußland, ein Selbstverstoßener, wetzt seine Bajonette in der arktischen Nacht und verkündet mit trotzig-hungrigem Munde seine Lehre des Hasses und des Todes."[714]

---

710 Siehe Albrecht, Der verratene Sozialismus.
711 Vgl. Churchill, Nach dem Kriege, S. 71 f.
712 Ebd., S. 71, 435.
713 Ebd., S. 80.
714 Ebd., S. 440.

Dass man es bei der bolschewistischen Herrschaft mit einer „Erscheinung" zu tun hatte, „die sich von allem unterschied, was man bisher auf Erden gesehen", eine Erscheinung, „vom Schrecken genährt",[715] stand also zumindest für Churchill außer Zweifel. Doch in der Frage einer Allianz mit der Sowjetunion ging es nicht um Ideale, auch nicht darum, das Sowjetsystem zu retten oder den Völkern der Sowjetunion Nothilfe zu leisten, sondern um nationale Interessen. Die von Hitler gewünschte Allianz gegen den Bolschewismus war schon mit der wortbrüchigen Zerstörung des noch nicht besetzten Teils der „Tschechei" und seiner Eingliederung ins Deutsche Reich als „Protektorat" unwahrscheinlich, wenn nicht chancenlos geworden.[716] Jetzt ging es für England um die Ausschaltung Deutschlands und die Sicherung des britischen Weltreiches, und zu diesem Zweck war Churchill bereit, mit jeder geeigneten Macht der Welt zu paktieren. Schon vor dem Ausbruch des Zweiten Weltkrieges war ihm strategisch klar, wo er seinen Verbündeten in Europa zu suchen habe. So erklärte er am 19. Mai 1939 vor dem britischen Unterhaus, dass es „ohne eine effektive Ostfront keine ausreichende Verteidigung" britischer Interessen im Westen und ohne Russland keine effektive Ostfront geben werde.[717]

Sowjetrussland als Kriegspartei

Nach dem deutschen Angriff auf Polen war die Sowjetunion ab dem 17. September 1939 in Ostpolen eingerückt und beteiligte sich an den Kämpfen, um ihr nach dem Ersten Weltkrieg zugesprochenes, in der Zwischenzeit aber von Polen widerrechtlich besetztes Territorium zurückzuholen. Stalin zeigte sich einerseits von der Geschwindigkeit der deutschen Offensive überrascht, hatte aber andererseits seinen Einmarsch, auf den sich die Rote Armee seit Anfang September vorbereitete, bewusst hinausgezögert bis die polnische Regierung handlungsunfähig geworden (aber nicht, wie mehrere Jahrzehnte in der sowjetischen Geschichtsschreibung behauptet, außer Landes) war.[718] Die von der sowjetischen Führung genannte Rechtfertigung, damit habe der polnische Staat zu existieren aufgehört und die mit ihm geschlossenen Verträge seien mit dem Wegfall der einen Vertragspartei aufgehoben, gilt als völkerrechtlich unhaltbar.[719] Die Sowjetunion war damit zu einer „Partei" geworden, „die zusammen mit Deutschland den Krieg führte".[720] In einem geheimen Zusatzprotokoll[721] zum Hitler-Stalin-Pakt vom 23. August 1939, mit dessen

---

715 Ebd., S. 67 f.
716 Vgl. Nolte, Der europäische Bürgerkrieg 1917-1945, S. 285 ff.
717 Churchill, [Rede am 19. Mai 1939 im Unterhaus], Sp. 1848.
718 Slutsch, 17. September 1939, S. 225, 251, sowie ders., Der 22. Juni 1941 und die Frage nach dem Eintritt der Sowjetunion in den Zweiten Weltkrieg, S. 57.
719 Slutsch, 17. September 1939, S. 251 f.
720 Ebd.
721 Abgedruckt in: Hillgruber/Hildebrand, Kalkül zwischen Macht und Ideologie, S. 64 f.

Abschluss die sowjetische Regierung gegen den bis Ende 1945 gültigen Nichtangriffsvertrag zwischen der UdSSR und Polen verstieß[722], hatten Deutschland und die Sowjetunion für den Fall einer „territorial-politischen Umgestaltung" der zu den baltischen Staaten und zum polnischen Staat „gehörenden Gebiete" ihre „Interessensphären" abgesteckt.[723] Damit hatten beide Diktatoren für den Fall, dass es zum Krieg kommt, Polen, diese „Mißgeburt des Versailler Vertrages"[724], wie sich Molotow in der *Prawda* vom 1. November 1939 auszudrücken pflegte, unter sich aufgeteilt. Dieser Vertrag war nach dem Urteil Klaus Hildebrands machtpolitischem Kalkül entsprungen und hatte „wesentlich zur Auslösung des europäischen Krieges" beigetragen.[725] Michail I. Semirjaga hält es für nicht ausgeschlossen, dass Hitler ohne Rückendeckung durch den Vertrag mit Stalin ein militärisches Abenteuer gegen Polen nicht riskiert hätte.[726] Im Jahre 1959 stellte das US-Außenministerium – offenbar in Abweichung von der in Nürnberg vertretenen These von der Alleinschuld Deutschlands am Ausbruch des Zweiten Weltkrieges – fest, die Molo-

---

722 Slutsch, 17. September 1939, S. 249.
723 Die DDR-Geschichtsschreibung stellte diesen Sachverhalt wie folgt dar: „Das Schicksal Polens war als Folge einer verfehlten Außenpolitik seiner Machthaber besiegelt worden, bevor noch der erste Schuß fiel. Da die herrschenden Kreise in Warschau während der Monate, die seit dem deutschen Einmarsch in Prag verstrichen waren, sich nicht zu einem Zusammengehen mit dem einzigen Staat hatten entschließen können, der Polen wirklich militärisch beistehen konnte, waren die Führer der UdSSR darauf angewiesen, den Schaden für das eigene Land und dessen Zukunft zu begrenzen, der ihm aus der bevorstehenden Katastrophe Polens erwachsen mußte" (Kalisch, Von der „Globallösung" zum „Fall Weiß", S. 400). Günter Rosenfeld diagnostizierte eine „antikommunistische Richtung in der nichtmarxistischen Historiographie", deren Vertreter, wie unter anderem Klaus Hildebrand, auf Basis der „Totalitarismus-Doktrin" „aus dem Abschluß des Nichtangriffsvertrages die Mitschuld der UdSSR am zweiten Weltkrieg ableiten" und das „Geheime Zusatzprotokoll" dazu benutzen, „um eine ,Komplizenschaft' Hitlers und Stalins zu konstruieren" und die Sowjetunion, „die Hauptkraft im Kampf für den Frieden", „des ,Expansionsdrangs' zu bezichtigen" (Rosenfeld, Die Sowjetunion und das faschistische Deutschland am Vorabend des Zweiten Weltkrieges, S. 346 f., 379). Noch heute folgt die offizielle russische Sicht einer Darstellung, die einen aggressiven Akt der ehemaligen UdSSR gegen Polen leugnet. Wie es aus Anlass zum 60. Jahrestag des 17. September 1939 in einer Presseerklärung des Außenministeriums der Russischen Föderation vom 14. September 1999 heißt, waren die damaligen Handlungen des Stalinschen Regimes „nicht so sehr vom Bestreben der Aneignung fremder Territorien diktiert", „als vielmehr von der Notwendigkeit, die Sicherheit des Landes zu gewährleisten" (zit. nach: Slutsch, 17. September 1939, S. 222). Ingeborg Fleischhauer schrieb 1991 (auch unter Hinweis auf den genannten Beitrag von Rosenfeld): „In letzter Zeit ist dabei zwischen den Standpunkten der Zeitgeschichtler der UdSSR und der DDR und denen der westlichen Geschichtsforschung eine zunehmende Annäherung festzustellen" (Fleischhauer, Die sowjetische Außenpolitik und die Genese des Hitler-Stalin-Paktes, S. 19).
724 Zit. nach: Slutsch, Der 22. Juni 1941 und die Frage nach dem Eintritt der Sowjetunion in den Zweiten Weltkrieg, S. 57.
725 Hildebrand, Der Hitler-Stalin-Pakt als ideologisches Problem, S. 43 f.
726 Semirjaga, Die sowjetisch-deutschen Beziehungen 1939-1941 aus der Sicht Moskaus, S. 80.

tow-Ribbentrop-Abkommen hätten die „für eine koordinierte nazistisch-sowjetische Aggression in Osteuropa erforderlichen Garantien" geschaffen und den Zweiten Weltkrieg ausgelöst[727]. Wie Reinhard Merkel bemerkt, habe der Umstand, dass der deutsche Einmarsch in Polen „unter vorsätzlicher und konspirativer Rückendeckung durch die Sowjetunion erfolgt" war, schon dem Gerichtshof in Nürnberg die „größte Verlegenheit" bereitet, denn es war „nicht zweifelhaft, daß dies den Tatbestand des Verbrechens gegen den Frieden im Modus der ‚Beteiligung' nach Art. 6a der Londoner Charta erfüllte – und zwar der Beteiligung an eben dem Aggressionskrieg, über dessen Urheber auch die Sowjetunion in Nürnberg zu Gericht saß".[728]

Der Inhalt des Geheimabkommens, dessen Existenz die Sowjetunion bis 1989 leugnete, war schon tags darauf US-Präsident Roosevelt zugespielt worden, ohne dass dieser Polen und die Regierungen in London und Paris darüber informierte.[729] Noch am letzten Tag vor dem Krieg versicherte der US-Botschafter in Paris seinem polnischen Kollegen unter Berufung auf eine verlässliche Quelle, ein eventuell existierendes geheimes Zusatzabkommen zum Hitler-Stalin-Pakt betreffe nicht Polen, sondern nur die drei baltischen Staaten.[730] Dirk Bavendamm vermutet, dass es sich dabei um eine bewusste Desinformation handelte, die die polnische Regierung von einer Revision ihrer „überzogenen Position"[731] abhalten sollte. In der Tat bedarf das amerikanische Verhalten einer Erklärung. Walter Post schreibt:

„Die einzig mögliche Erklärung für dieses Verhalten ist die, daß Roosevelt eine diplomatische Beilegung der europäischen Krise, ein zweites ‚München', verhindern wollte. Hätte Chamberlain von dem Geheimen Zusatzprotokoll erfahren, hätte die britische Regierung ihre Garantieerklärung für Polen wahrscheinlich zurückgezogen und wäre auf den von Hitler angebotenen Ausgleich eingegangen. Unter diesen Umständen hätte sich möglicherweise auch Oberst Beck [der polnische Außenminister – L.F.] noch eines anderen besonnen und die deutschen Verhandlungsvorschläge akzeptiert. Die von Roosevelt mühsam aufgebaute Einkreisungsfront gegen Deutschland wäre zerbrochen. Roosevelts vorrangiges Ziel war aber nicht der Erhalt des Friedens, sondern die Vernichtung Hitlers und damit Krieg."[732]

---

727 Die sowjetische Berlin-Note, S. 4.
728 Merkel, Der Nürnberger Prozeß, S. 129.
729 Vgl. Schultze-Rhonhof, 1939 – Der Krieg, der viele Väter hatte, S. 444, 504, sowie Magenheimer, Kriegsziele und Strategien der großen Mächte 1939-1945, S. 27.
730 Vgl. Bavendamm, Roosevelts Weg zum Krieg, S. 604.
731 Ebd., S. 605.
732 Post, Die Ursachen des Zweiten Weltkrieges, S. 372. – Zu Roosevelts Politik vor Ausbruch des Krieges siehe auch die von Joseph P. Kennedy, amerikanischer Botschafter in London, überlieferte Auffassung Chamberlains (ebd., S. 428 f.).

Am 19. September drohten die französische und die britische Regierung der Sowjetunion mit Krieg, falls diese ihre Truppen aus Polen nicht wieder abziehe.[733] Stalin ignorierte diese Drohung – ohne dass eine Kriegserklärung folgte. Stattdessen nahmen Briten und Franzosen vier Wochen später geheime Verbindungen zu den Sowjets auf, um sie „zum Kriege gegen Deutschland einzuladen"[734]. In der Zwischenzeit praktizierten Hitler und Stalin eine florierende wirtschaftliche und militärische Zusammenarbeit bei der Besetzung und territorialen Teilung Polens, die mit dem deutsch-sowjetischen Vertrag vom 28. September 1939 festgeschrieben wurde.[735] Ende November des gleichen Jahres überfiel die Sowjetunion Finnland und wurde daraufhin aus dem Völkerbund ausgeschlossen. Am 30. November 1939 veröffentlichte die *Prawda* eine Erklärung Stalins, in der Frankreich und England der Aggression gegen Deutschland bezichtigt werden und ihnen vorgeworfen wird, die Friedensvorschläge Deutschlands abgelehnt zu haben.[736] Schon Ende Oktober 1939 hatte Molotow vor dem Obersten Sowjet Briten und Franzosen wegen ihrer „Weiterführung des Krieges gegen Deutschland" scharf angegriffen (vgl. Kapitel 13).[737] Im Jahr darauf wurden die baltischen Staaten und Bessarabien annektiert. Stalin hatte mit diesen Gebietseroberungen das Territorium seines Herrschaftsgebietes um 426.000 qkm vergrößert und seine (potentielle) Aufmarschbasis nach

---

733 Vgl. Schultze-Rhonhof, 1939 – Der Krieg, der viele Väter hatte, S. 508 f. Laut einem geheimen Protokoll richtete sich das britisch-polnische Militärbündnis vom 25. August 1939 ausschließlich gegen Deutschland als einen potentiellen Aggressor (vgl. Magenheimer, Kriegsziele und Strategien der großen Mächte 1939-1945, S. 24 f.).
734 Schultze-Rhonhof, 1939 – Der Krieg, der viele Väter hatte, S. 509.
735 Siehe Slutsch, 17. September 1939, S. 228 ff.
736 Es handelt sich hierbei um ein Dementi einer Meldung der französischen Nachrichtenagentur *Havas* über eine Politbürositzung vom 19. August 1939 (vgl. Strauss, Unternehmen Barbarossa und der russische Historikerstreit, S. 95 ff., 107 ff.), auf der Stalin den Gedanken geäußert haben soll, der „Krieg möge möglichst lange dauern, damit sich die kriegführenden Seiten gegenseitig erschöpfen" (zit. nach: Hass, 23. August 1939, Dok. 144, S. 273). Der Text Stalins, der die *Havas*-Meldung dementiert, hat folgenden Wortlaut: „Diese Veröffentlichung der Agentur Havas stellt, wie viele andere Meldungen, eine Lüge dar. Ich weiß selbstverständlich nicht, in welchem Kaffeehaus diese Lüge fabriziert worden ist. Wie auch immer die Herren von Havas lügen, können auch sie nicht bestreiten, daß a) nicht Deutschland Frankreich und England angegriffen hat, sondern Frankreich und England haben Deutschland angegriffen und damit die Verantwortung für den gegenwärtigen Krieg auf sich genommen; b) nach dem Ausbruch der Feindseligkeiten hat Deutschland Frankreich und England Friedensvorschläge gemacht, und die Sowjetunion hat die Friedensvorschläge Deutschlands öffentlich unterstützt, weil sie dachte und immer noch denkt, ein rasches Ende des Krieges würde die Lage aller Länder und Völker radikal erleichtern; c) die herrschenden Kreise Frankreichs und Englands haben beide Deutschlands Friedensvorschläge und die Bemühungen der Sowjetunion nach rascher Beendigung des Krieges in verletzender [sic!] Weise zurückgewiesen. Das sind die Tatsachen. Was können die Kaffeehauspolitiker der Agentur Havas diesen Tatsachen entgegenstellen?" (Zit. nach: Ebd., S. 273 f.).
737 Zit. nach: Wolkogonow, Stalin, S. 543.

Westen deutlich verbessert.[738] In der Zeit vom 17. September 1939 bis 22. Juni 1941 erfolgten Inhaftierungen und Massendeportationen aus den annektierten ostpolnischen Gebieten. Insgesamt sollen 400.000 Menschen inhaftiert oder deportiert worden sein.[739] Die menschlichen Folgen der „sowjetischen Invasion"[740] Ostpolens waren dramatisch. Der amerikanische Historiker Jan T. Gross schreibt:

„Wenn wir die Schäden vergleichend bewerten, die die nationalsozialistische und die sowjetische Verwaltung im jeweils von ihr beherrschten Teil Polens vom September 1939 bis Juni 1941 – also *vor* Beginn des ‚Holocaust' – anrichteten, und wenn wir die Qualen der polnischen Bürger an der Zahl der Toten, an den Leiden, die ihnen die Zwangsumsiedlung zufügte, und an den materiellen Verlusten durch Beschlagnahme und steuerliche Maßnahmen beurteilen, dann erweisen sich die Handlungen der Sowjets im Verhältnis als viel grausamer als die der Nationalsozialisten."[741]

Und Sergej Slutsch resümiert:

„Die Zahl der Opfer, wie überhaupt das Ausmaß an menschlichem Leid, aber auch der materielle Schaden, der Ostpolen durch die sowjetische Okkupation zugefügt wurde, ist erst noch auf der Grundlage von Akten zu bestimmen. Doch ist schon jetzt offensichtlich, daß sie vollkommen vergleichbar sind mit jenen Opfern und Demütigungen, die zur gleichen Zeit der Bevölkerung des von den Deutschen besetzten Teils Polens widerfuhren, ja diese vielleicht sogar übertrafen."[742]

Stalin war also lange vor dem deutschen Angriff auf die Sowjetunion selbst zum Aggressor geworden. Dies hielt ihn freilich nicht davon ab, sich der „Atlantik-Charta" Churchills und Roosevelts vom 13. August 1941 später anzuschließen, in der es unter anderem hieß, dass die Angreifernationen entwaffnet werden müssten.

Kurz nach Kriegsbeginn hatte Stalin zudem die Bevölkerung der Wolgadeutschen Republik nach Sibirien deportieren lassen. Die geschätzte Todesrate auf dem wochenlangen Transport lag bei 20 Prozent. Andere nicht-russische Völker ereilte ein ähnliches Schicksal; auch sie wurden zwangsweise umgesiedelt. Im Frühjahr 1940 erschossen die Sowjets bei Katyn in der Nähe von Smolensk, in Charkow und anderen Orten insgesamt etwa 15.000 gefangene polnische Offiziere, Berufssoldaten und Reserveoffiziere, darunter viele Hochschullehrer, Wissenschaftler, Künstler und Ärzte. Massenerschießungen von jeweils mehreren Tausend Menschen, insbeson-

---

738 Vgl. Hoffmann, Stalins Vernichtungskrieg 1941-1945, S. 27.
739 Vgl. Slutsch, 17. September 1939, S. 248.
740 Weinberg, Eine Welt in Waffen, S. 74.
741 Gross, Die Sowjetisierung Ostpolens 1939-1941, S. 72.
742 Slutsch, 17. September 1939, S. 248.

re Polen und Ukrainern, wurden von den vorrückenden deutschen Truppen unter anderem in Lemberg und Vinica aufgedeckt – und von der nationalsozialistischen Presse propagandistisch ausgeschlachtet[743].

Expansionistische Außenpolitik

Auch wenn offenbleiben muss, inwieweit Briten und Amerikaner von all diesen Vorgängen Kenntnis hatten: Stalin hatte ganz offenkundig – ähnlich wie Hitler und auch Polen nach 1918 – eine im Ergebnis expansionistische Außenpolitik betrieben. Er hatte sowohl Territorien hinzugewonnen als auch sein politisch-soziales System exportiert. Dies schließt nicht aus, dass Stalin selbst die eigene Politik zumindest auch als eine Form der Gefahrenabwehr begriff. Gleichsam „umkreist" von kapitalistischen Ländern, bedeutete jeder territoriale Zuwachs ein Hinausschieben der potenziell bedrohten Grenzen. Wie alle beteiligten Akteure betrieb er auch Realpolitik unter dem Gesichtspunkt des zwischenstaatlichen Kräfteverhältnisses. Die Bestandssicherung des sowjetischen Imperiums mag sogar an erster Stelle auf Stalins Prioritätenliste gestanden haben. Es wäre jedoch unbegründet zu glauben, dass er jemals die für die kommunistische Ideologie konstitutive revolutionäre Langzeitstrategie aus dem Auge verloren hätte. Stalin begriff die Union der Sozialistischen Sowjetrepubliken als „Vorbild der kommenden Sozialistischen Weltrepublik der Sowjets"[744]. Dass man den Sozialismus zunächst in *einem*, nämlich im eigenen Land aufbauen wollte, bedeutete für ihn keinen Verzicht auf die Weltrevolution. Am 14. Februar 1938 erklärte er den Lesern der *Prawda*, der „endgültige Sieg des Sozialismus im Sinne einer vollen Garantie gegen eine Restauration bürgerlicher Verhältnisse" sei „nur im internationalen Maßstab möglich".[745] Der Krieg – zunächst zwischen kapitalistischen Ländern geführt – dürfte ihm daher entgegengekommen sein,[746] denn er war objektiv geeignet, durch eine Zerrüttung der wirtschaftlichen Grundlagen der kapitalistischen Hauptländer und eine Verelendung der arbeitenden Massen jene revolutionäre Situation zu schaffen, die einen Export des Kommunismus ermögliche. Einen neuen Krieg „unter den Imperialisten", der „in einigen Jahren" „unvermeidlich" werden könne, hatte er jedenfalls schon 1925 vorausgesagt. Dabei werde man „nicht untätig zusehen können", man werde „auftreten müssen", aber, so der Sowjetführer, „wir werden als letzte auftreten", und zwar, „um das entscheidende Gewicht in die Waagschale zu werfen".[747] Natürlich dürfen Äuße-

---

743 Vgl. Longerich, „Davon haben wir nichts gewusst!", S. 159 f., 267 ff., sowie Pohl, Das NS-Regime und das internationale Bekanntwerden seiner Verbrechen, S. 102 f.
744 Stalin, Über die Bildung der Union der Sozialistischen Sowjetrepubliken, S. 140.
745 Zit. nach: Suworow, Stalins verhinderter Erstschlag, S. 63.
746 Vgl. Rauch, Geschichte des bolschewistischen Rußland, S. 411 f.
747 Stalin, Rede auf der Plenartagung des ZK der KPR (B), S. 11.

rungen nicht mit handlungsleitenden Motiven verwechselt werden. Äußerungen haben ihre Adressaten und damit nicht unbedingt nur die Funktion der Informationsübermittlung. Im vorliegenden Fall allerdings decken sich Stalins Äußerungen aus den zwanziger Jahren mit Grundsatzüberlegungen, die er in einem Gespräch am 7. September 1939 Georgi Dimitroff auseinandergesetzt hatte, nämlich wie sich im Krieg des „kapitalistischen Systems", so Stalin, „die eine Seite gegen die andere aufhetzen" lässt, „damit sie sich um so heftiger gegenseitig zerfleischen"[748]. Den Aufzeichnungen Dimitroffs zufolge – die Dokumente der Kommunistischen Internationale wurden 1994 veröffentlicht – hatte Stalin unter anderem gesagt:

> „Der Krieg wird zwischen zwei Gruppen kapitalistischer Staaten (armen und reichen in bezug auf Kolonien, Rohstoffe usw.) um die Aufteilung der Welt und um die Weltherrschaft geführt. Wir haben nichts dagegen, wenn sie ordentlich gegeneinander Krieg führen und sich gegenseitig schwächen. Es wäre nicht schlecht, wenn durch die Hand Deutschlands die Position der reichsten kapitalistischen Länder (besonders Englands) zerrüttet werden würde."[749]

Nun wird man zu bedenken haben, dass sich Dimitroff als Chef der Kommunistischen Internationale seit dem „Schock" des deutsch-sowjetischen Freundschafts- und Nichtangriffspaktes – der nicht wenige KP-Mitglieder bewog, ihre Parteibücher zurückzugeben oder zu verbrennen[750] – seiner eigenen Klientel gegenüber in einem Erklärungsnotstand befand und Stalin daher Grund hatte, seinen Gesprächspartner von der höheren ideologischen Weisheit dieses taktischen Schachzuges zu überzeugen. In diesem Zusammenhang könnte er auf bekannte Ideologeme, wie das von der wechselseitigen Schwächung kapitalistischer Staatengruppen, zurückgegriffen haben. Doch, selbst wenn man in Rechnung stellt, dass es Stalin auch darum gegangen sein könnte, Dimitroff gleichsam im Sinne der Komintern-Ideologie zu motivieren, verliert seine Äußerung, die den Willen zum Vertragsabschluss mit Deutschland zumindest ein Stück weit erklären kann, nicht jede Glaub-

---

748 Zit. nach: Bonwetsch, Stalins Äußerungen zur Politik gegenüber Deutschland 1939-1941, S. 146.
749 Ebd. – Interessanterweise finden sich in der von der Nachrichtenagentur *Havas* Stalin zugeschriebenen Politbürorede vom 19. August 1939 ganz ähnliche Gedanken. Vgl. Post, Die Ursachen des Zweiten Weltkrieges, S. 356 ff. Walter Post hält die Frage der Echtheit des Textes der Politbürorede für nicht zweifelsfrei geklärt (ebd., S. 360); Bernd Bonwetsch bezeichnet den Text als höchstwahrscheinlich gefälscht (Bonwetsch, Stalins Äußerungen zur Politik gegenüber Deutschland 1939-1941, S. 149). – Man mag über die Kaltschnäuzigkeit und Menschenverachtung der Stalinschen Einlassung gegenüber Dimitroff erschrecken, dieses Denken ist aber keineswegs singulär. Von Harry Truman ist aus der Frühphase des Krieges folgende Sentenz überliefert: „Wenn wir sehen, dass Deutschland siegt, sollten wir Russland beistehen, und wenn Russland am Gewinnen ist, helfen wir Deutschland, und auf diese Weise lassen wir sie gegenseitig möglichst viele Leute umbringen" (zit. nach: Chomsky, Der gescheiterte Staat, S. 163).
750 Vgl. Leonhard, Der Schock des Hitler-Stalin-Paktes, z. B. S. 199.

würdigkeit. Es erscheint keineswegs abwegig, Stalin ein Interesse am Ausbruch und der Verschärfung des Krieges (solange dieser innerhalb des kapitalistischen Systems stattfand) zu unterstellen. Ja, nimmt man Stalins Einlassungen gegenüber Dimitroff ernst, kann man Bernd Bonwetsch sogar darin folgen, dass Stalins Erläuterungen den Schluss nahelegen, „daß er den Nichtangriffsvertrag mit Deutschland nicht nur schloß, um die Sowjetunion wenigstens eine Zeitlang aus diesem Krieg herauszuhalten, sondern um ihn sogar absichtlich zu fördern, um womöglich weitergehende Pläne zu verfolgen"[751].

In den neueren Diskussionen um den Anteil Stalins am Ausbruch und der Eskalation des Zweiten Weltkrieges sind neben dem Hitler-Stalin-Pakt und der Besetzung Ostpolens vor allem Stalins Forderungen nach Ausdehnung der sowjetischen „Interessensphäre" auf Bulgarien, Rumänien, Ungarn, Jugoslawien, Griechenland und Finnland, ja ganz Skandinavien, die Molotow am 12./13. November 1940 in Berlin überbrachte, von besonderer Bedeutung, weil sie von Hitler, so Ernst Topitsch, als eine kaum verhüllte Aufforderung zur Unterwerfung betrachtet werden mussten.[752] Stefan Scheil kommentiert den Vorgang wie folgt:

„In den vergangenen Monaten war außerdem bereits deutlich geworden, und dies verstärkte die Brisanz dieser Formulierung, daß die UdSSR unter dem Begriff ‚Interessensphäre' ganz konkret jene Länder und Regionen verstand, die besetzt und in die Sowjetunion eingegliedert werden sollten. Alle Gebiete, die der UdSSR 1939 zugestanden worden waren, teilten zum Zeitpunkt des Molotov-Besuchs bereits dieses Schicksal. Die einzige Ausnahme Finnland sollte in Kürze folgen, daran ließ Molotov in Berlin keinen Zweifel."[753]

Dass der besagte Molotow-Besuch einen neuralgischen Punkt in den deutsch-sowjetischen Beziehungen darstellte und möglicherweise einen entscheidenden Grund für eine strategische Neuorientierung Hitlers geliefert hat, ist allerdings keine neue Vermutung. In einer Analyse des US-Außenministeriums aus dem Jahre 1959, die sich die seinerzeitige deutsche Sichtweise nunmehr in den propagandistischen Auseinandersetzungen des Kalten Krieges zueigen machte, hieß es:

---

751 Bonwetsch, Stalins Äußerungen zur Politik gegenüber Deutschland 1939-1941, S. 147.
752 Vgl. Topitsch, Stalins Krieg, S. 97. Joachim Hoffmann: „Diese in einer sich versteifenden Kriegslage überbrachten Insinuationen waren so herausfordernd, daß sie Deutschland praktisch nur noch die Wahl ließen, sich zu unterwerfen oder zu kämpfen. Es handelte sich um eine vorsätzlich berechnete Provokation, bei der vor allem das psychologische Motiv von Interesse ist, weil es erkennen läßt, wie sicher und überlegen sich Stalin zu diesem Zeitpunkt schon gefühlt haben muß" (Hoffmann, Stalins Vernichtungskrieg 1941-1945, S. 28). Vgl. zum Molotow-Besuch in Berlin auch Hillgruber, Hitlers Strategie, S. 304 ff.; Förster, [Hitlers Entscheidung für den Krieg gegen die Sowjetunion], S. 29 ff., Post, Die Ursachen des Zweiten Weltkrieges, S. 517-530 sowie Scheil, 1940/41 – Die Eskalation des Zweiten Weltkriegs, S. 287 ff., bes. 291 f., 361 f., 373.
753 Scheil, 1940/41 – Die Eskalation des Zweiten Weltkriegs, S. 293.

„Die Zusammenarbeit zwischen Sowjets und Nazis geriet erst gegen Ende des Jahres 1940 ernstlich ins Stocken, als die Sowjets das deutsche Ansinnen, die Sowjetunion möge ihre Expansion nur in südlicher Richtung zum Indischen Ozean forcieren, zurückwiesen und vergeblich versuchten, die Deutschen zur Anerkennung der sowjetischen Hegemonieansprüche auf Finnland und Bulgarien und des Wunsches nach sowjetischen Stützpunkten an den türkischen Meerengen und im Gebiet südlich von Batum und Baku (im Mittleren Osten) zu bewegen."[754]

Auf die sowjetischen Forderungen einzugehen war für die deutsche Führung undenkbar, da wichtige wirtschaftliche Interessen, insbesondere die Versorgung mit Nickel und Erdöl, und damit die politische und militärische Handlungsfreiheit Deutschlands auf dem Spiel standen.[755] Hitler scheint in dieser Situation die Überzeugung gewonnen zu haben, „die Ambitionen der Sowjetunion in Mittel- und Osteuropa unbedingt, auch mit Gewalt, vereiteln" zu müssen.[756] Von Interesse sind aber auch viele, teilweise erst in den letzten 15 Jahren bekannt gewordene Tatsachen und Erklärungen, die sowohl die sowjetische Kriegslehre betreffen (der zufolge der Krieg „mit der vollständigen Zerschmetterung des Gegners" auf dessen Territorium enden soll[757]) als auch auf die Vorbereitung eines als „revolutionären Befreiungskrieg" verstandenen Angriffskriegs gegen Deutschland *deuten* oder zumindest von manchen Historikern so *verstanden* werden.

Joachim Hoffmann versucht zu zeigen, dass die Sowjets entsprechende Pläne entwickelten und materielle Vorbereitungen für einen offensiv geführten Krieg trafen.[758] Inwieweit sich aus diesen Indizien auf einen konkreten Angriffswillen Stalins schließen lässt, ist unter Historikern umstritten. Hoffmann jedenfalls gelangt zu dem Ergebnis, „daß Hitler nur knapp einem mit Hochdruck vorbereiteten Angriff Stalins zuvorgekommen ist"[759], und befindet sich insoweit in Übereinstimmung mit dem russischen Historiker M. Nikitin (Pseudonym), demzufolge die sowjetische Führung die Absicht hatte, „Deutschland im Sommer 1941 zu überfallen" mit dem Ziel „der Erweiterung der ‚Front des Sozialismus' auf das größtmögliche territoriale Ausmaß hin, im Ideal auf ganz Europa"[760]. Viktor Suworow (Pseudonym für Wladimir Resun) behauptet sogar, die britische Diplomatie habe Druck auf die Sowjetführung ausgeübt, um diese zu einem Angriff auf Deutschland zu bewegen

---

754 Die sowjetische Berlin-Note, S. 9.
755 Vgl. Post, Die Ursachen des Zweiten Weltkrieges, S. 523 ff.
756 Magenheimer, Kriegsziele und Strategien der großen Mächte 1939-1945, S. 69. Siehe auch Veale, Der Barbarei entgegen, S. 159 f.
757 Hoffmann, Stalins Vernichtungskrieg 1941-1945, S. 32.
758 Vgl. ebd., S. 32 f., 50-83.
759 Ebd., S. 80.
760 Zit. nach: Ebd.

und Hitler in einen Zweifrontenkrieg zu verwickeln.[761] Diese Auffassungen stoßen in Teilen der Geschichtswissenschaft auf scharfen Widerspruch. So gelangt Gabriel Gorodetsky zu der gegenteiligen Auffassung, nämlich „dass in den frühen Stadien des Krieges" seitens der Sowjetunion „kein Masterplan vorlag, nach dem man die Zermürbung der Krieg führenden Staaten für die eigene militärische Expansion nutzen wollte".[762] Die Frage, welche Absichten Stalin im Sommer 1941 verfolgte, dürfte immer noch offen sein. Walter Post schreibt:

> „Aufgrund der Dokumentenlage ist bis heute nicht zweifelsfrei zu entscheiden, was Stalin und die sowjetische Führung im Sommer 1941 wirklich vorhatten. Wollte Moskau tatsächlich einen militärischen Großangriff wagen, oder sollte der Aufmarsch der Roten Armee nur eine Drohung sein, um von Deutschland politische und territoriale Zugeständnisse zu erpressen? Es sei an dieser Stelle daran erinnert, daß Hitler im Juni 1941 seinem Gesprächspartner Marschall Antonescu das Problem in gleicher Weise schilderte. Die Dynamik, die einem militärischen Aufmarsch dieser Größenordnung innewohnt, deutet darauf hin, daß die Rote Armee im Laufe des Sommers 1941 tatsächlich angreifen wollte. [...] Dieser Aufmarsch stellte für die deutsche Ölversorgung aus Rumänien eine so schwere Bedrohung dar, daß Hitler und der Wehrmachtführung kaum eine andere Wahl blieb, als nicht länger abzuwarten, sondern den ersten Schlag zu führen."[763]

Unabhängig davon, ob Stalin über einen konkreten Angriffsplan verfügte und einen Angriffstermin im Auge hatte – die in Verfolgung der weltrevolutionären Ambitionen zunehmend offensive Ausrichtung der Stalinschen Außenpolitik dürfte kaum bezweifelbar sein. „Die Sowjetunion verfolgte in Wirklichkeit weniger eine ‚prinzipienfeste' Außenpolitik, um ‚eine Ausweitung des Krieges zu verhindern'[764], als vielmehr eine Politik der vollen Handlungsfreiheit und der Sicherung ihrer weitgesteckten Einflußsphäre."[765] Stalin musste einerseits verhindern, dass sich die Länder des kapitalistischen Imperialismus, insbesondere England und Deutschland, gegen die Sowjetunion zusammenschließen, andererseits beabsichtigte er, jede sich bietende Gelegenheit zu einer Sowjetisierung Kontinentaleuropas zu nutzen. Einem Besprechungsprotokoll einer Sitzung des Hauptkriegsrates zufolge, hatte Schdanow, nach der Ermordung Kirows Parteichef von Leningrad und damals Leiter der Hauptabteilung Agitation und Propaganda des ZK, am 4. Juni 1941 erklärt, dass die

---

761 Vgl. Suworow, Stalins verhinderter Erstschlag, S. 139 ff.
762 Gorodetsky, Die große Täuschung, S. 169.
763 Post, Die Ursachen des Zweiten Weltkrieges, S. 640 f. Der im letzten Satz enthaltenen Begründung für den Präventivkrieg hatte Molotow bereits am 22. Juni widersprochen, als der deutsche Botschafter in Moskau, Friedrich Graf von der Schulenburg, die Kriegserklärung überreichte (vgl. ebd., S. 554).
764 Deutschland im zweiten Weltkrieg, Bd. 1, S. 371.
765 Förster, [Hitlers Entscheidung für den Krieg gegen die Sowjetunion], S. 31.

Kriege mit Polen und Finnland „keine Verteidigungskriege" waren und man „den Weg der offensiven Politik bereits eingeschlagen" habe.[766]

Export des sowjetischen Gesellschaftsmodells

Man kann fragen, ob damit eine marxistische Grundüberzeugung, nämlich dass revolutionäre Situationen den Widersprüchen innerhalb der kapitalistischen Gesellschaften entspringen, Revolutionen allerdings durch Kriege indirekt gefördert werden können, nicht faktisch aufgegeben worden war. Eine Analyse der Marx/Engelsschen Verlautbarungen zur Problematik „Krieg" führt jedoch, wie Panajotis Kondylis gezeigt hat, zu keinem klaren Ergebnis. Zwar hatte Marx den „Krieg der Geknechteten gegen ihre Unterdrücker" als den „einzig rechtmäßigen Krieg in der Geschichte"[767] bezeichnet, wobei er darunter Klassenkämpfe und Bürgerkriege verstand; es blieb aber offen, ob sich unter diesen Grundsatz nicht auch Kriege zwischen unterdrückenden und unterdrückten Nationen subsumieren lassen, sodass letztlich die Frage unbeantwortet war, ob nach marxistischer Auffassung ein gerechter Krieg strategisch defensiv bleiben muss oder auch Ziele verfolgen kann, die über den Zweck der Verteidigung hinausreichen.[768] Diesbezügliche Zweifel hat wahrscheinlich erst Mao Tse-tung vollständig beseitigt. Für ihn waren nicht nur alle revolutionären Kriege gerecht, er war darüber hinaus überzeugt, dass, wenn Kommunisten das Banner des gerechten Krieges nicht hochhalten und nicht revolutionäre Kriege zur „Abschaffung des Krieges" führen, „die große Mehrzahl der Menschheit der Vernichtung preisgegeben sein" wird.[769] Aber wie dem auch sei: Eine ideologische Rechtfertigung für die eigene offensive Ausrichtung hatte man in der Sowjetunion leicht bei der Hand. Schon Lenin habe, so Schdanow, während des Ersten Weltkrieges in seinem Aufsatz „Über die Losung der Vereinigten Staaten von Europa"[770] gesagt, „falls es notwendig" sein wird, werde „das siegreiche Proletariat gegen die kapitalistischen Staaten auch mit kriegerischen Mitteln auftreten"; die „Politik der Offensive" sei also von Lenin festgelegt worden.[771]

Im Ergebnis des Zweiten Weltkrieges hatte die Sowjetunion Gebiete Polens, Deutschlands, Finnlands, Rumäniens, der Slowakei, Japans und die baltischen Staaten okkupiert, mit Duldung der Westmächte die Vertreibung von mehr als 12 Millionen Deutschen und 2 Millionen Polen bewirkt und halb Europa ein Gesellschaftsmodell

---

766 Das Protokoll ist in deutscher Übersetzung vollständig zit. in: Musial, „Wir werden den ganzen Kapitalismus am Kragen packen", S. 58-60.
767 Marx, Der Bürgerkrieg in Frankreich, S. 358.
768 Vgl. Kondylis, Theorie des Krieges, S. 207 f.
769 Mao Tse-tung, Theorie des Guerillakrieges oder Strategie der Dritten Welt, S. 39.
770 Lenin, Über die Losung der Vereinigten Staaten von Europa, insbes. S. 346.
771 Zit. nach: Musial, „Wir werden den ganzen Kapitalismus am Kragen packen", S. 59.

aufgezwungen, in dem es (wie es Stalin im eigenen Land vorgeführt hatte) zumindest möglich war, selbst in Friedenszeiten Millionen Tote zu „produzieren". Abgesehen von Kriegsopfern und fahrlässigen technisch-industriellen Tötungen (etwa im Zuge von Unfällen in der Industrie) wurden von sowjetischen Kommunisten „von 1917-1956 und auch noch danach eine vielfache Anzahl von Menschen im Vergleich zu der Zahl der von den deutschen Nationalsozialisten umgebrachten Menschen ermordet".[772] Im Schulterschluss mit der diktatorischen Sowjetunion hatten die westlichen Demokratien einen, wie es Lew Kopelew ausdrückte, „Triumph der Stalinschen Terrorherrschaft"[773] befördert; sie hatten dafür gesorgt, dass dieses neben Hitler-Deutschland gefährlichste und verbrecherischste totalitäre Regime zur Supermacht aufstieg. Boris Baschanow, der nach Frankreich geflüchtete ehemalige Sekretär Stalins, meinte gar, „allerlei Churchills und Roosevelts" hätten „alles für die Rettung des Kommunismus getan, als ihm Gefahr drohte, und es so ermöglicht, daß er die halbe Welt erobern und zur Basis der Bedrohung des Menschengeschlechtes werden konnte".[774]

Gerade wenn man den Erfahrungshorizont der Akteure mitbedenkt, verwundert die unerbittliche Konsequenz, mit der Churchill alle Versuche zur Deeskalation des Konflikts mit Deutschland unterband, selbst Vermittlungsgespräche ablehnte und gleichzeitig die Koalition mit Stalin suchte – und dies alles zu einem Zeitpunkt, zu dem Stalin seine Hauptverbrechen bereits begangen hatte. Als es ihm dämmerte, dass mit der auf der Konferenz in Jalta nicht verabredeten Verschiebung der polnischen Westgrenze bis zur westlichen (statt nur bis zur, wie von Amerikanern und Briten akzeptiert, östlichen) Neiße „ein Unrecht im Werden" sei, „gegen das unter dem Gesichtspunkt der künftigen Befriedung Europas Elsaß-Lothringen und der Polnische Korridor nicht viel mehr als Kleinigkeiten waren"[775], war es bereits zu spät.[776] Der Punkt, an dem man der Sowjetregierung – „nicht weniger aber auch den Polen", die „eifrig damit beschäftigt" waren, „sich aus Deutschland gewaltige Stücke herauszuschneiden"[777] – hätte Einhalt gebieten müssen, war längst verpasst. Roosevelt hatte sich lange Zeit seinen illusionären Hoffnungen hingegeben, in Stalin einen Partner zu haben, der bereit sei, seine gegebenen Versprechen einzuhalten, und mit dem sich gemeinsam eine Friedensordnung begründen ließe.[778] Es war nur folgerichtig, wenn er, wie Bavendamm feststellt, vor und nach 1941 fast um jeden Preis verhinderte, dass die Weltöffentlichkeit Stalin und Hitler als Aggressoren in ei-

---

772 Jahn, Der Holodomor im Vergleich, S. 31.
773 Kopelew, Waffe Wort, S. 108.
774 Baschanow, Ich war Stalins Sekretär, S. 136.
775 Churchill, Der Zweite Weltkrieg, S. 1094.
776 Zu den Verhandlungen auf den Konferenzen von Jalta und Potsdam siehe etwa de Zayas, Die deutschen Vertriebenen, S. 133 ff.
777 Churchill, Der Zweite Weltkrieg, S. 1097.
778 Vgl. dazu von Krockow, Churchill, S. 190.

ne Reihe stellte.[779] Aber auch Truman und Churchill hatten zu spät erkannt, dass Sowjetrussland, wie Letzterer in seiner Geschichte des Zweiten Weltkrieges schrieb, „zu einer tödlichen Gefahr für die freie Welt"[780] geworden war.

Dieses aus britischer und amerikanischer Sicht gänzlich unerwünschte Ergebnis, an dessen Verhängnis für insbesondere die osteuropäischen Völker Churchill keinen Zweifel ließ,[781] wirft die Frage auf, welche Ziele aus westalliierter Sicht eigentlich erreicht werden sollten, die es hätten rechtfertigen können, den Krieg bis zu diesem Ergebnis fortzusetzen und dafür Millionen Menschenopfer in Kauf zu nehmen. War die vom Hitler-Regime – später von einem militärisch geschlagenen Hitler-Regime – ausgehende Gefahr tatsächlich so groß, dass selbst der dauerhafte Vorstoß Stalins nach Ost- und Mitteleuropa und das damit verbundene Leiden einer großen Anzahl von Menschen gegenüber einer Kompromisslösung mit Deutschland als das kleinere Übel erschien? Natürlich: Die endgültige politische Gestalt, die Europa nach der Niederwerfung Deutschlands gewinnen würde, war während des Krieges nicht im Detail absehbar. Aber konnte ein vernünftiger Zweifel bestehen, dass Stalin alles daran setzen wird, sein Imperium auszuweiten und das sowjetkommunistische System zu exportieren?

Illusionen und Ressentiments

Wir sind hier mit dem generellen Problem der Voraussagbarkeit menschlichen Handelns und historischer Entwicklungen konfrontiert. Jede Abschätzung von Folgen und Nebenwirkungen muss zudem – günstigstenfalls – mit Wahrscheinlichkeiten operieren. Dies gilt jedoch auch für die Bewertung von Gefahren, die man glaubt bekämpfen zu müssen. Die letztlich entscheidende Frage ist, auf welche Art mutmaßlicher Gefahrenanalysen man ein Handeln stützen darf, das mit großer Wahrscheinlichkeit massenhaft Tod erzeugt.

Dass sich nach der Niederwerfung Deutschlands durch die Alliierten eine Konfrontation zwischen Westmächten und Sowjetrussland ergeben wird, war durchaus naheliegend. Bereits im Juni 1944 begannen unter den Führungseliten Großbritanniens Debatten um die richtige Strategie zur Wahrung der nationalen Interessen nach dem Sieg über Deutschland. Im Sommer dieses Jahres legte ein Planungsstab des britischen Generalstabs ein mehrfach überarbeitetes Memorandum vor, „in dem die UdSSR als gefährlicher Gegner Deutschland gleichgestellt" wurde und „Einzelheiten einer militärischen Offensive gegen die UdSSR erwogen" wurden.[782]

---
779 Vgl. Bavendamm, Roosevelts Krieg, S. 174.
780 Zit. nach: von Krockow, Churchill, S. 191.
781 Vgl. Churchill, Der Zweite Weltkrieg, S. 1078-1087.
782 Giordano, Wenn Hitler den Krieg gewonnen hätte, S. 339, 343.

Wer hofft, die Strategie der Flächenbombardements sowie insbesondere ihre Fortsetzung bis zur vollständigen Niederwerfung Deutschlands über die Denkfigur des äußersten Notfalls rechtfertigen zu können, wird sich auch diesen Fragen widmen müssen. Er wird zu zeigen haben, weshalb es notwendig war, den totalen Sieg anzustreben. Die schlichte Behauptung, dass der Sieg „eine unbedingte Notwendigkeit" gewesen sei, dass um dessen Realisierung willen „die Sowjetunion im Krieg zu halten" war und dass auch deshalb die Bombardements fortgesetzt werden mussten,[783] wird dem Erklärungsdefizit nicht gerecht. Sie lässt eben gerade offen, warum man „bis zum Äußersten"[784] ging – und dabei gleichzeitig den Aufstieg eines totalitären Staates mit Weltmachtambitionen beförderte. Ja, selbst eine *diffuse* Angst – etwa vor Hitlers „Geheimwaffen"[785] – wäre kein hinreichender Grund gewesen, Tausende menschliche Leben auszulöschen. Tötungen auf Verdacht sind weder moralisch noch rechtlich akzeptabel.

Was das Zustandekommen des Bündnisses des Westens mit dem kommunistischen System Stalins anlangt, so scheint die Interpretation Detlef Junkers der Sache näher zu kommen:

> „Roosevelt brauchte die Sowjetunion im Kriege, weil er einen amerikanischen Krieg führen und gewinnen mußte, d.h. mit beispiellosem Materialeinsatz und vergleichsweise geringen Opfern an amerikanischen Menschenleben. Die USA brauchten die sowjetischen Soldaten, um die deutschen und japanischen Landheere niederzuringen. Nur so konnte Roosevelt hoffen, die gewaltige Kriegsanstrengung politisch zu überleben. [...] Für jeden Amerikaner, der im Krieg fiel, starben 15 Deutsche und 53 Russen."[786]

Richtig ist, dass, nachdem der Pakt mit Stalin geschlossen war, die Sowjetunion im Krieg gehalten werden sollte. Die Fixierung auf die bedingungslose Kapitulation kann in diesem Zusammenhang als ein Signal an Stalin verstanden werden, dass der Westen keinen Sonderfriedensvertrag mit den Achsenmächten anstrebt.[787] Der Pakt mit Stalin hat jedoch eine gedankliche Voraussetzung, über die nachzudenken lohnt: Roosevelt, so Junker, konnte sich eine „Zusammenarbeit mit der Sowjetunion in Europa, im Fernen Osten, in den Vereinten Nationen, vielleicht sogar beim

---

783 Overy, Barbarisch, aber sinnvoll, S. 186.
784 Ebd., S. 187.
785 Tatsächlich gingen die Briten Mitte 1943 (zutreffenderweise) davon aus, dass die Deutschen mit der Entwicklung der Atombombe „keine entscheidenden Fortschritte" gemacht hatten (Churchill, Der Zweite Weltkrieg, S. 816). Sie sorgten sich um Raketen und ferngesteuerte Flugzeuge. Siehe dazu auch Weinberg, Eine Welt in Waffen, S. 610 f. Zur Frage der Hitlerschen Bombe neuerdings auch Karlsch, Hitlers Bombe.
786 Junker, Deutschland im politischen Kalkül der Vereinigten Staaten 1933-1945, S. 67 f.
787 Vgl. ebd., S. 68, sowie Kettenacker, „Unconditional Surrender" als Grundlage der angelsächsischen Nachkriegsplanung, S. 177.

Aufbau einer neuen Weltwirtschaftsordnung" vorstellen, „weil er Stalin nicht für einen kommunistischen Weltrevolutionär und die Sowjetunion, im Gegensatz zum nationalsozialistischen Deutschland und imperialistischen Japan, nicht für einen grundsätzlich expansiven und aggressiven Staat hielt".[788] Roosevelt glaubte aber nicht nur, dass die Partnerschaft mit der Sowjetunion während des Krieges zu einer langfristigen Zusammenarbeit ausgebaut werden könne; vielmehr gab er in privaten Unterhaltungen mit engen Freunden wie Averell Harriman und Sumner Welles wiederholt „seiner Hoffnung Ausdruck, daß sich die beiden Systeme einander angleichen würden – ein Prozeß, den spätere Wissenschaftler als Konvergenz bezeichnet haben"[789]. Die Alternative zur Zusammenarbeit mit der Sowjetunion sah er in der Vorbereitung auf einen dritten Weltkrieg; somit blieb aus seiner Sicht nur eine globale Gleichgewichtspolitik.[790] Im Unterschied dazu und ganz in Übereinstimmung mit seinen antideutschen Ressentiments, die er bereits als Jugendlicher pflegte, betrachtete er schon vor Ausbruch des Ersten Weltkrieges Deutschland als eine Nation, „die die Sicherheit und Wohlfahrt der USA gefährden könnte"[791].

Offenbar spricht vieles für die Vermutung, dass genausowenig wie Churchill auch Roosevelt keiner Idee von einem „äußersten Notfall" folgte, jedenfalls diese Idee für die Entscheidungsfindung nicht ausschlaggebend war. In seinem Denken spielten neben der Überzeugung, Amerika sei berufen, der Welt Freiheit und Demokratie zu bringen, nationale Interessen eine wesentliche Rolle, und dementsprechend waren für ihn (welt-)machtpolitische Gesichtspunkte ausschlaggebend. Dass Hitler für ihn „keine Ausnahmeerscheinung" war, sondern er vielmehr glaubte, der Nationalsozialismus spiegele „einen Grundzug des aggressiven, preußisch-deutschen Nationalcharakters wider",[792] ist nicht das schlechteste Indiz dafür. Er betrachtete Deutschland beziehungsweise die Deutschen insgesamt als eine Bedrohung und war bereit, sein politisches Handeln an dieser Einschätzung auszurichten. Roosevelt in einem Gespräch am 19. August 1944 gegenüber Henry Morgenthau:

> „Wir müssen hart mit Deutschland umgehen, und ich meine das deutsche Volk, nicht nur die Nazis. Entweder man muss die Deutschen kastrieren oder sie so behandeln, dass sie nicht weiter Nachwuchs zeugen können, der dann immer so weitermachen will wie in der Vergangenheit."[793]

---

788 Junker, Deutschland im politischen Kalkül der Vereinigten Staaten 1933-1945, S. 70.
789 Harriman/Abel, In geheimer Mission, S. 144.
790 Vgl. Schwarz, Vom Reich zur Bundesrepublik, S. 52.
791 Junker, Deutschland im politischen Kalkül der Vereinigten Staaten 1933-1945, S. 71.
792 Ebd., S. 71.
793 The Presidential Diaries of Henry Morgenthau, Jr., S. 1387.

Selbst wenn man derlei Aussagen ignoriert: Es gibt keine hinreichenden Anhaltspunkte dafür, dass die Westalliierten in ihren Entscheidungsprozessen, die zur Strategie der Flächenbombardements sowie zum (innerhalb der Anti-Hitler-Koalition gemeinsam vertretenen) Kriegsziel der bedingungslosen Kapitulation führten, vom *gegenwärtigen* Bestehen einer *Äußersten-Notfall-Gefahr* ausgegangen wären. Da sie ganz offensichtlich nicht annahmen, dass die Fortsetzung des Krieges bis zur bedingungslosen Kapitulation und zu diesem Zweck Flächenbombardements unverzichtbar sind, um eine tödliche Bedrohung für die Menschheit oder wenigstens für die Alliierten selbst sowie deren Lebensart abzuwenden, haben sie auch keinen *aktuell* gegebenen äußersten Notfall unterstellt. Das heißt, dass auch (siehe Kapitel 17) die *fünfte* Annahme (die Gegenwärtigkeit der Gefahr) so nicht, jedenfalls nicht dauerhaft bestand.

Festzuhalten ist vielmehr: Man wird die maßgeblich von Roosevelt zu verantwortende Entscheidung, den Krieg gemeinsam mit der Sowjetunion bis zur bedingungslosen Kapitulation zu führen, nicht diskutieren können, ohne Roosevelts Deutung des Charakters des Sowjetregimes zu berücksichtigen.

19. Kapitel
Die Feststellung eines äußersten Notfalls

Die Ausführungen der beiden vorangegangenen Kapitel sollten plausibel gemacht haben, dass auf Seiten der westlichen Alliierten die notwendigen Annahmen (Kapitel 17), die die Entscheidungen, den Krieg bis zur bedingungslosen Kapitulation weiterzuführen und dazu gegen Deutschland das Mittel der Flächenbombardements einzusetzen, möglicherweise rechtfertigen könnten, nicht bestanden oder wenigstens für das Handeln nicht ausschlaggebend waren. Anders gesagt: Für die Entscheidungen der Briten und Amerikaner war die Annahme eines äußersten Notfalls keine Voraussetzung. Sie trafen zentrale Entscheidungen, ohne vom Vorliegen *einer solchen* Extremsituation auszugehen oder eine entsprechende Gefahr abwehren zu wollen.

Trotzdem könnte die Situation des äußersten Notfalls natürlich – dauerhaft oder zeitweise – bestanden haben. Es könnte durchaus der Fall gewesen sein, dass (1) zum Zeitpunkt der Entschlussfassung beziehungsweise des Handelns der Alliierten die Vernichtung oder Versklavung von Völkern oder ethnischen Gruppen gedroht hat, dass (2) selbst die „Kosten", die das alliierte Engagement zur Abwehr dieser extremen Gefahr verursachte, als „verhältnismäßig" zu beurteilen waren, das heißt angesichts der besonderen Qualität der Gefahr (echte) Verhältnismäßigkeitsüberlegungen als bedeutungslos gelten durften, dass (3) tatsächlich nur die bedingungslose Kapitulation Deutschlands diese Extremgefahr dauerhaft bannen konnte, dass (4) dazu tatsächlich Flächenbombardements – vielleicht sogar mit dem unmittelbaren Ziel der Demoralisierung der Zivilbevölkerung durch absichtliche Tötungen – unumgänglich waren, und dass (5) die genannte Gefahr tatsächlich gegenwärtig war und daher der Kampf ohne wesentlichen Zeitverzug aufgenommen werden musste. Für den Fall, dass diese fünf Voraussetzungen gemeinsam gegeben waren, hätten die Alliierten *womöglich* etwas Richtiges getan – allerdings, wie wir sahen, wahrscheinlich aus nicht akzeptablen Motiven heraus. Allerdings ist zu beachten: Auch in einer Extremsituation, wie sie durch die Denkfigur des äußersten Notfalls definiert wird, müssen die eingesetzten Mittel zumindest tauglich und erforderlich sein.

Wie schon gesagt (Kapitel 17), soll an dieser Stelle das Vorliegen dieser Voraussetzungen nicht eigens geprüft werden. Allerdings hatten wir bereits gesehen (Kapitel 8), dass die Wirksamkeit speziell des *moral bombing* schon beizeiten hätte in Zweifel gezogen werden müssen und dass selbst von der militärischen Notwendigkeit von Flächenbombardements nicht pauschal hätte ausgegangen werden dürfen (vgl. die Kapitel 9, 10 sowie 11). Damit waren zumindest zwei der für ein erweitertes Verteidigungsrecht notwendigen Bedingungen nicht dauerhaft gegeben.

Generell sollte man sich im Klaren sein, welch enorme Rechtfertigungslast man zu tragen hat, wenn man sich auf eine derartige Notfallsituation zu berufen gedenkt. Allein plausibel zu machen, dass die Fortführung des Krieges bis zur bedingungslosen Kapitulation nicht ein (unerlaubter) Akt *präventiver* Selbstverteidigung, sondern im Zuge der Abwehr einer aktuellen Bedrohung notwendig (und daher gerechtfertigt) war, dürfte nicht leicht sein. Darüber hinaus wäre zu zeigen, dass, selbst wenn Flächenbombardements anfangs notwendig waren, man auch zu keinem späteren Zeitpunkt auf sie verzichten konnte (siehe Kapitel 21).

Ganz unabhängig davon, wie man die Gefahr, die von Hitlers Regime nach dem britischen Sieg in der Luftschlacht um England ausging, im Einzelnen beurteilt, so hätte man doch in jedem Fall darzutun, dass diese Gefahr *gegenwärtig* in dem Sinne war, dass mit den Flächenangriffen unverzüglich begonnen werden musste. Man hätte zu zeigen, dass jeder Aufschub des Beginns des Bombenkrieges gegen deutsche Städte oder gar die Sondierung der Möglichkeit eines Kompromissfriedens eine tödliche Bedrohung für die Menschheit oder wenigstens für die Briten selbst sowie deren Lebensart bedeutete.

Eine Situation, wie sie von der Denkfigur des äußersten Notfalls erfasst wird, sieht der Rechtsgelehrte Preuß im Zweiten Weltkrieg tatsächlich als gegeben an. Er beschreibt den Kampf der Alliierten (einschließlich des Stalin-Regimes) gegen die Nationalsozialisten als einen „Kampf der Kräfte der menschlichen Zivilisation gegen die Mächte der Regression in die Barbarei":

> „Hätten sie [die Nazis – L.F.] gesiegt, so wäre die menschliche Zivilisation in höchste Gefahr geraten. In diesem Krieg standen sich Kräfte gegenüber, die unversöhnlich-feindliche Prinzipien menschlichen Zusammenlebens repräsentierten. Der Sieg über den Feind konnte nur dessen bedingungslose Unterwerfung bedeuten; er konnte sich nicht im ‚Wehrlosmachen des Gegners' erschöpfen, denn der Kampf ging letztlich ums Ganze, um Sieg oder Niederlage unvereinbarer moralischer Prinzipien. Folgerichtig versank die Bedeutung der Unterscheidung zwischen militärischen und zivilen Zielen in dem wechselseitigen Haß der Kriegsparteien, die noch stärker als im Ersten Weltkrieg alle Energien mobilisierten, um in diesem wahrhaft existentiellen Kampf auf Leben und Tod nicht unterzugehen."[794]

In dieser Behauptung wird die Möglichkeit und auch die Sinnhaftigkeit eines Kompromisses zwischen beiden Lagern kategorisch verneint. Danach dürfte es zu keinem Zeitpunkt verantwortbar gewesen sein, mit Hitler auch nur in Verhandlungen zu treten. Ja, wäre es nach dieser Logik nicht die Pflicht der Alliierten gewesen, Hitlers Regime ganz unabhängig davon zu vernichten, dass Hitler Angriffskriege vom Zaun gebrochen hatte – mithin einen Präventivkrieg gegen ihn zu führen? Preuß

---
[794] Preuß, Krieg, Verbrechen, Blasphemie, S. 33 f.

suggeriert zumindest, dass die Koalition von westlichen Demokratien und bolschewistischer Stalin-Diktatur es mit dem Wehrlosmachen des nationalsozialistischen Gegners nicht bewenden lassen durfte, wenn sie die „menschliche Zivilisation" nicht in „höchste Gefahr" bringen wollte. Dies ist eine Behauptung, die in ihrer Radikalität an die fundamentalistische Logik totalitärer Ideologen erinnert. Gerade Ideologen dieser Couleur rechtfertigen die exzessive Verletzung des Verbots der Tötung Unschuldiger, die Missachtung von Verhältnismäßigkeitsabwägungen sowie den von ihnen propagierten Kampf „um jeden Preis" mit dem angeblich drohenden Totalverlust ihres gesellschaftlichen Projekts. Eine derart starke Behauptung bedürfte einer detaillierten Begründung, die Preuß jedoch nicht annähernd vorlegt.

Dazu nur Folgendes: Wesentlich ist für ihn der Umstand, dass beide Parteien gleichsam in sich wechselseitig ausschließenden „moralischen Welten" lebten. Diese Begründung ist allerdings schon deshalb zu hinterfragen, weil sie die strukturellen Ähnlichkeiten zwischen der nationalsozialistischen und der kommunistischen, genauer gesagt der marxistisch-leninistischen Ideologie, also jener sich auf Marx und Engels berufenden, aber über sie „hinausgehenden" und sie partiell verratenden Parteiideologie, wie sie sich im bolschewistischen Totalitarismus unter Lenin und Stalin herauskristallisiert hat, verkennt. Beide Ideologien – um hier nur *eine* wesentliche strukturelle Parallelität zu nennen – implizierten krude, weitgehend unreflektierte utilitaristische Rechtfertigungen für die Inkaufnahme von Opfern, und Stalin war nicht weniger als Hitler bereit, selbst Millionen von Menschen das Leben zu nehmen oder es aufs Spiel zu setzen, um anderen Menschen das Leben zu bewahren oder noch Ungeborenen das Leben zu ermöglichen oder zukünftigen Generationen ein besseres Leben zu verschaffen. Beide Diktatoren betrachteten Menschen und ganze Völker als Manövriermassen, die sie zur Realisierung von politischen Zielen einsetzen zu dürfen glaubten. Der einzelne Mensch galt ihnen als eine Verrechnungseinheit, sodass der Tod der Einzelnen durch einen Zuwachs an Lebensmöglichkeiten anderer Einzelner aufgewogen werden konnte – allerdings nach Hitler auch aufgewogen werden musste.[795] Deshalb hielt Hitler Kriege, die „einen Ersatz des vergossenen Blutes nicht gewährleisten", für „Sünde an der Zukunft eines Volkes",[796] und zwar des je eigenen Volkes. Was für die *West*alliierten zweifellos zutraf, nämlich dass sie – objektiv – gegen einen Gegner aus einer anderen moralischen Welt kämpften, kann für Stalin in dieser Form (trotz bestehender inhaltlicher Unterschiede zwischen kommunistischer und nationalsozialistischer Weltanschauung) nicht behauptet werden. Die Situationsbeschreibung von Preuß wird der Komplexität der Problemlage nicht gerecht. Sie erscheint als eine jener Rechtfertigungsargumentationen, die von vornherein darauf abzielt, sich der moralischen Problematik des alliierten Kriegshandelns nicht stellen zu müssen.

---

795 Vgl. Fritze, Kommunistische und nationalsozialistische Weltanschauung, bes. S. 140-143.
796 Hitler, [Zweites Buch], S. 7.

Unberührt von allen Überlegungen, was die eigentlichen (Haupt-)Motive der Alliierten waren, welchen Charakter sie dem nationalsozialistischen System zumaßen, welche Ziele sie ihm unterstellten und von welcher Bedrohungsanalyse sie ausgegangen waren – es bleibt die objektive Gefährlichkeit Hitlers und seines Regimes. Die Exzeptionalität der Gefahr, die von diesem terroristischen und rassistischen Regime möglicherweise für die gesamte Welt ausging, muss bei der Beurteilung der objektiven Wirkungen des alliierten Handelns stets mitgedacht werden. Insofern befinden wir uns an dem für die Beurteilung des alliierten Kriegshandelns wahrscheinlich wichtigsten Punkt. Wenn gezeigt werden kann, dass ein äußerster Notfall bestand, sodass die Strategien der bedingungslosen Kapitulation und der Flächenbombardements notwendig waren, um sich selbst oder „die Zivilisation" zu retten, dann könnte das westalliierte Kriegshandeln (solange dieser Notfall bestand) gerechtfertigt gewesen sein – ohne dass deshalb auch die Akteure moralisch akzeptabel und vorbildlich gehandelt haben müssten. Letzteres könnte nur dann der Fall gewesen sein, wenn sie in der Absicht gehandelt hätten, genau eine solche Gefahr, eine Gefahr des äußersten Notfalls, zu bekämpfen. Noch einmal: Diese Gefahr müsste für Briten oder Amerikaner selbst oder auch für andere von Deutschland angegriffene demokratisch oder autoritär regierte Völker oder auch für bestimmte Bevölkerungsgruppen innerhalb des Aggressorstaates bestanden haben. In diesem Fall erscheint selbst das Zweckbündnis mit dem stalinistischen Terrorregime in einem anderen Licht. Es kann dann samt der Kosten des Krieges das kleinere Übel im Vergleich zum Übel des nicht abgewendeten äußersten Notfalls sein. Ein – im Sinne der Doktrin des äußersten Notfalls – *erweitertes* Nothilferecht zugunsten eines totalitären Regimes vom Typ des stalinistischen Systems, scheint mir hingegen nicht allgemein begründbar zu sein. Eine Äußerste-Notfall-Gefahr könnte bestenfalls für die Kultur und Identität des Volkes bestehen, nicht aber für das totalitäre Gesellschaftssystem selbst.

Die Feststellung eines äußersten Notfalls hat sich freilich nach denselben, strengen Kriterien zu richten, die auch für die Feststellung des „einfachen" Selbstverteidigungs- beziehungsweise Nothilferechts gelten und insbesondere eine präventive Verteidigung, eine Verteidigung gegen potentielle Gefahren (Kapitel 16), ausschließen. Aus politischen Absichtserklärungen etwa, deren Funktion häufig unklar ist, oder militärischen Planspielen, die zum Geschäft von Militärs gehören, kann jedenfalls nicht auf eine *unmittelbar* bevorstehende Aggression geschlossen werden – eine Situation, die allein ein präventives Vorgehen rechtfertigen könnte.

Dass für einen Großteil der europäischen Juden ein äußerster Notfall mit Beginn der systematischen Vernichtungsaktionen objektiv bestand, ist hingegen unbestreitbar. Allerdings fielen wesentliche Entscheidungen der Westalliierten nicht nur bevor diese bekannt wurden, sondern auch bevor diese begannen (Kapitel 12). Bestimmte Strategien oder Kampfformen, die man zur Abwehr dieses äußersten

Notfalls für legitim halten mag, wurden noch verfolgt oder praktiziert, als dieser längst abgewehrt war.

20. Kapitel
Ist die Doktrin vom äußersten Notfall akzeptabel?

Aber selbst wenn ein äußerster Notstand – zeitweilig oder bis zur bedingungslosen Kapitulation – bestand, bliebe immer noch offen, ob das für solche Situationen in Anspruch genommene *erweiterte* Selbstverteidigungsrecht moralisch akzeptabel ist – ob sich also organisierte Menschengruppen vernünftigerweise auf ein solches Selbstverteidigungsrecht einigen und sich wechselseitig zubilligen könnten, ob also die Doktrin vom äußersten Notfall überhaupt rational begründet werden kann.

Diese Doktrin beruht, wie gesagt, auf der Annahme, dass Gemeinschaften, denen Auslöschung oder Versklavung droht, andere und weitgreifendere Selbstverteidigungsrechte haben als Einzelpersonen. Sie erhebt mithin die Forderung, dass bei der Beurteilung dessen, was erlaubt ist, die tatsächlichen Gefahren für die *Menschen* nicht den alleinigen Ausschlag geben sollen. Zwar sagt Walzer als Vertreter dieser Doktrin selbst, dass er sich nicht sicher sei, ob er damit „dem gemeinschaftlichen Leben eine Art von Transzendenz" zuschreibe, für ihn ist es aber wesentlich, dass das „Überleben und die Freiheit politischer Gemeinschaften, deren Mitglieder eine bestimmte Lebensart teilen, die von ihren Vorvätern überliefert und an ihre Kinder weitergegeben wurde", die „höchsten Werte der Völkergemeinschaft" darstellen. Es sei, so Walzer, möglich, „in einer Welt zu leben, in der einzelne Menschen eines gewaltsamen Todes sterben müssen" (weil sie nur ihren Angreifer angreifen dürfen, nicht aber Unschuldige – selbst wenn dies für ihre Verteidigung notwendig wäre); es sei aber „buchstäblich nicht erträglich, in einer Welt zu leben, in der ganze Völker versklavt oder niedergemetzelt werden".[797]

Die Doktrin vom äußersten Notfall beruht nicht nur auf der im völkerrechtlichen und moralischen Denken weithin unterstellten Analogie zwischen Individuen und Staaten – derzufolge Staaten über ähnlich gelagerte Notrechte verfügen wie einzelne Menschen –, sondern sie überbietet diese Analogie zugunsten des Staates beziehungsweise vermeintlicher Interessen von Nationen oder ethnisch identifizierbarer Gruppen. Danach werden solchen Gruppen Notrechte zugebilligt, die über jene von Individuen hinausreichen. Ist dies wirklich begründet? Oder sollte man nicht zu der gerade entgegengesetzten Konsequenz gelangen? Während nur wirkliche Menschen empirisch existieren, sind Staaten, Nationen oder ethnisch definierte Gruppen abstrakte Entitäten ohne jeden Eigenwert. Sie besitzen Wert allein insofern ihnen ein solcher von realen Menschen zugeschrieben wird. Ein Recht zur Verteidigung dieser Le-

---
797 Walzer, Gibt es den gerechten Krieg?, S. 362 f.

benszusammenhänge kann nur aus dem Selbstverteidigungsrecht wirklicher Menschen entspringen. Es kann daher nicht legitim sein, Menschen zu opfern oder sie zur Selbstaufopferung zu zwingen, nur um den Fortbestand eines Kollektivwesens zu sichern oder für seine Machterweiterung zu sorgen. Wenn ein Nachbarstaat Deutschland überfiele, ohne uns zu töten oder zu versklaven oder unsere Lebensgrundlagen signifikant zu beschneiden und ohne die Institutionen, die das gedeihliche Leben aller rechtlich schützen, zu eliminieren – wäre es dann nicht vernünftiger, lieber Franzose oder Pole zu werden, anstatt im Kampf für die Unabhängigkeit Deutschlands zu sterben? Ich bin jedenfalls nicht Michael Walzers Auffassung, dass Aggressionen „in all ihren Formen" Rechte bedrohen, „für die sich zu sterben lohnt".[798] Der Einsatz des Lebens kann sich nur dann lohnen, wenn existenziell wichtige Interessen erheblich berührt sind. Solange es um nationale oder ethnische Identitäten geht, ist dies in der Regel nicht der Fall. Auch wenn manch einer sein Leben für diese Dinge freiwillig aufs Spiel setzt: Unfreiwillige dürfen dafür nicht missbraucht werden. Sollten daher Staaten statt mehr, nicht weniger Rechte zugebilligt werden?

Der Begriff des äußersten Notfalls erfasst Extremsituationen, die die Grenzen einer legitimen Selbstverteidigung beziehungsweise Nothilfe um die Erlaubnis zur direkt-vorsätzlichen, ja absichtlichen Tötung Unschuldiger erweitern. Über die Akzeptabilität einer solchen moralischen Erlaubnis besteht kein Konsens. Ethische Fundamentalisten wie Robert Spaemann, die von strikten moralischen Verboten ausgehen, deren Verbindlichkeit weder situations- noch kulturabhängig ist, fordern, das Verbot der direkt-vorsätzlichen und erst recht der absichtlichen Tötung Unschuldiger ausnahmslos zu beachten:

> „Es ist stets unerlaubt, absichtlich unschuldige Menschen zu töten oder ihre Tötung zu veranlassen, welche Vorteile auch immer für wie viele Menschen auch immer aus einer solchen Tötung folgen mögen. Wo wir vor einem unbedingten Selbstzweck stehen, da endet jede Güterabwägung und jeder Kalkül. Daraus folgt etwa [...] das Verbot von Bombardements auf offene Wohngebiete im Krieg usw."[799]

Allerdings lässt sich dieser Fundamentalismus nicht wirklich stringent begründen. Moralische Normen dienen dem Schutz menschlicher Interessen und können daher keine allgemeine Geltung beanspruchen, wenn sie dem wohlverstandenen allgemeinen Interesse, das (fast) jeder Einzelne hat, zuwider laufen. Ein absolutes Verbot der Tötung auch nur *eines* Unschuldigen, „welche Vorteile auch immer für wie viele Menschen auch immer aus einer solchen Tötung folgen mögen", forderte dazu auf, auch Rettungsmöglichkeiten für Unschuldige grundsätzlich *nicht* zu ergreifen. Da von der gesellschaftlichen Ingeltungsetzung dieser Norm der Einzelne gera-

---

798 Ebd., S. 91.
799 Spaemann, Gut und böse – relativ?, S. 12.

de nicht profitierte, zerstörte dieses Verbot seine eigenen Geltungsbedingungen. Ich halte daher die direkt-vorsätzliche Tötung von Unschuldigen dem Prinzip nach dann für moralisch erlaubt, wenn dadurch andere Unschuldige in einer immens größeren Anzahl gerettet werden.[800] Eine solche Erlaubnis dürfte nur in extremen Ausnahmesituationen in Betracht kommen – in Fällen, in denen die Zahl der Geretteten die Zahl der Geopferten in einem Maße übersteigt, dass die Nicht-Zustimmung zur Opferung rational nicht mehr begründbar erscheint. Aber wie an diesem Kriterium schon selbst ersichtlich ist, können Verhältnismäßigkeitsabschätzungen auch hier nicht als überflüssig gelten.

Wie auch immer man sich in dieser Frage positionieren mag: Wir sollten einen äußersten Notfall nicht schon dann als gegeben betrachten, wenn es „lediglich" um die nationale Selbstbehauptung oder die völkische Identität oder die Wahrung einer gemeinschaftlichen Lebensform oder gar nur um die Machterhaltungsinteressen eines Staates geht. Dies gilt umso mehr, als Staaten ohnehin nur sehr bedingt als homogene kollektive Identitäten vorgestellt werden können.[801] Eine Überbetonung der nationalen beziehungsweise völkischen Selbstbehauptung, so dass um ihrer willen Unschuldige direkt-vorsätzlich oder gar absichtlich angegriffen werden dürfen oder Verhältnismäßigkeitsüberlegungen moralisch nicht mehr geboten erscheinen, wenn diese Güter auf dem Spiel stehen, entspricht dem Denken von Hitler. Für ihn war klar, dass moralische Überlegungen – er sprach insbesondere vom Begriff der Humanität – dann, wenn ein Volk um sein Dasein kämpft, „nur untergeordnete Bedeutung" haben, ja „als bestimmend für die Formen des Kampfes vollständig aus[scheiden], sobald durch sie die Selbsterhaltungskraft eines im Kampfe liegenden Volkes gelähmt werden könnte".[802]

Ein äußerster Notfall sollte – falls man überhaupt auf diese vage, aus dem kommunitaristischen Denken stammende Doktrin zurückgreifen will[803] – niemals angenommen werden, wenn nicht das *Leben* einer großen, sich zusammengehörig fühlenden Gruppe von Menschen bedroht ist. Allerdings wird man annehmen dürfen, dass genau dies der Fall ist, wenn die Unterwerfung unter einen totalitären *Terrorstaat* droht. Um eine solche Unterwerfung abwenden zu können, erscheint es rational, jedem rechtlich geordneten Gemeinwesen, das die elementaren Menschenrech-

---

800 Vgl. Fritze, Die Tötung Unschuldiger, Kap. II. – Freilich kann man skeptisch sein, ob die Bedingungen, unter denen eine entsprechende Tötungshandlung als moralisch erlaubt betrachtet werden könnte, im realen Leben je erfüllt sein können. Doch dies ist eine andere Frage (vgl. ebd., S. 85 f., 219).
801 Vgl. dazu Holderegger, Nachlese zur Lehre des „gerechten Krieges", S. 91.
802 Hitler, Mein Kampf, S. 195.
803 Zur Kritik siehe Coady, Was ist Terrorismus?, S. 82-84, sowie Fritze, Die Tötung Unschuldiger, S. 155 f.

te wirksam schützt, ein erweitertes Notwehrrecht zuzubilligen – ein Notwehrrecht, das über das bereits erweiterte Notwehrrecht, das die Hinnahme von Kollateraltötungen (beim gezielten Bombenabwurf) erlaubt (Kapitel 9), noch hinausgeht. Dieses Recht findet seine Begründung im Schutz der Lebensinteressen von Menschen und nicht in der Bewahrung von Traditionen oder der Wahrung der Identität von Kollektivwesen. Ein Recht, auch ein Gemeinwesen – etwa in Gestalt eines demokratischen Verfassungsstaates – unter Inkaufnahme der Tötung Unschuldiger zu verteidigen, kann sich allein aus dessen Fähigkeit zum wirksamen Schutz der Lebensinteressen menschlicher Individuen ergeben.

21. Kapitel
Die Bombardements der letzten Kriegsmonate

Intensivierung des Terrors

Angenommen nun, man hält Flächenbombardements und folgerichtigerweise auch die vorsätzliche Tötung von Unschuldigen unter moralischem Gesichtspunkt für prinzipiell rechtfertigungsfähig. Um die damit verbundenen Rechtfertigungslasten zu tragen, hätte man dann *zumindest* zu zeigen, dass das Mittel des Flächenbombardements entweder geeignet ist, zu einer deutlichen Reduzierung der Opferbilanz des Krieges beizutragen (wobei die Zivilisten des Feindes gleichermaßen zu berücksichtigen sind wie Bürger und Soldaten des eigenen Landes), oder aber, falls sich dies nicht plausibel machen lässt, dass es unverzichtbar ist, um einen feindlichen Angriff oder, im Fall eines äußersten Notfalls, die Gefahr dauerhaft abzuwehren. Die zuletzt genannte *Ultima-ratio*-Voraussetzung der Rechtfertigbarkeit der Tötung von Unschuldigen unter der Zivilbevölkerung hatte bereits de Victoria in seinem kriegstheoretischen Klassiker formuliert, wo er ausführte, es sei „niemals erlaubt", „Unschuldige zu töten, auch nicht nebenbei und unabsichtlich, außer wenn ein gerechter Krieg auf andere Weise nicht verfolgt und nicht geführt werden kann"[804]. Dies sind Minimalanforderungen, die an eine Rechtfertigung zu stellen sind, obgleich – wie im Kapitel 9 gesehen – sie keineswegs ausreichen, um für jedermann moralisch akzeptabel zu erscheinen.

Zur Debatte steht Folgendes: Es liegt auf der Hand, dass selbst die Schwierigkeiten, wenigstens eine der zwei genannten Forderungen zu erfüllen, in dem Maße wuchsen, in dem einerseits der deutsche Angreifer in die Defensive geriet und die Alliierten selbst (trotz intensiver deutscher Gegenwehr und zeitweiliger Misserfolge wie etwa in der Ardennenschlacht Ende 1944/Anfang 1945) auf dem Vormarsch waren und andererseits sich die Möglichkeiten des Präzisionsbombardements verbesserten. Natürlich: Die Grenze, ab der eine bis dahin (möglicherweise) erlaubte Art zu kämpfen nicht mehr gerechtfertigt werden kann, ist nur schwer und nur diffus zu bestimmen. Denn selbst wenn die normativen Fragen geklärt sind, ist noch lange nicht klar, ob man zu einer hinreichend präzisen Beurteilung der konkreten Situation gelangt. Dazu sind insbesondere empirische Fragen zu klären – eine Aufgabe, die im Fall von *Ex-post*-Betrachtungen maßgeblich von Historikern zu bewältigen ist.

---

804 de Victoria, Vorlesungen über die kürzlich entdeckten Inder und das Recht der Spanier zum Kriege gegen die Barbaren, S. 153 (De Jure Belli, Nr. 37).

Nun haben die Westalliierten ihre Luftangriffe auf deutsche Städte ab der zweiten Jahreshälfte 1944 bis in die ersten Monate des Jahres 1945 hinein intensiviert. In den letzten 10 Kriegsmonaten fielen 72 Prozent aller auf Deutschland abgeworfenen Bomben.[805] Im März 1945 lud das *Bomber Command* die größte Monatsmenge an Bomben über Deutschland ab, nur geringfügig weniger als die Gesamttonnage der in den ersten drei Kriegsjahren abgeworfenen Bomben.[806] Jörg Friedrich:

> „Als die Flugzeugindustrie, ein strikt militärisches Ziel, in Trümmern lag, war die Bodenlage in Deutschland zur Luft hin ein Zustand vollendeter Ohnmacht. [...] Eine von militärischen Zwecken fast entbundene, von jedem Gefechtsrisiko befreite Vernichtungswalze bearbeitete von Januar bis Mai 1945 noch einmal das Land."[807]

Nach den Angriffen auf Dresden vom 13./14. Februar 1945 folgten unter anderem in der Nacht vom 23. auf den 24. Februar die Angriffe auf Pforzheim (17.600 Tote), am 5. März auf Chemnitz (3.700 Tote), am 11. März auf Essen (897 Tote), am 16. März auf Würzburg (5.000 Tote), vom 14. auf den 15. April auf Potsdam[808] (5.000 Tote). Am 3. und 4. April erfolgte ein Doppelschlag auf Nordhausen, bei dem 8.800 Tote, darunter rund 6.000 Einwohner Nordhausens (14 Prozent der ansässigen Bevölkerung), 1.500 Soldaten, Kriegsgefangene, sogenannte Fremdarbeiter und Flüchtlinge sowie 1.300 Häftlinge des KZ-Außenlagers Boelcke-Kaserne, zu verzeichnen waren.[809] Der Auftrag für beide britischen Angriffe war es nicht, die Produktionsstätten der deutschen Fernwaffen zu zerstören, sondern das Nazi- und Militärpersonal in den Kasernenanlagen zu töten, das aus Berlin geflüchtet war.[810] Manfred Schröter hält fest:

> „Die Zielgenauigkeit der britischen Bombenschützen war beim entscheidenden zweiten Angriff recht gut. Die Bombenteppiche vernichteten überwiegend zivile Ziele, was dem Charakter eines reinen Terrorangriffs und dem besonderen Ziel und Zweck der Zerstörung Nordhausens voll entsprach. Alle Krankenhäuser und Lazarette wurden dabei mit zerstört. [...] Dagegen blieben die Bahnanlagen, die Rüstungsbetriebe und das gefährli-

---

805 Vgl. Bergander, Dresden im Luftkrieg, S. 347.
806 Vgl. Taylor, Dresden, S. 409.
807 Friedrich, Der Brand, S. 107 f.
808 Zielpunkt waren die Kaserne des preußischen Garderegiments und die Bahnanlagen im Zentrum der Stadt. Es habe sich daher, so Taylor, um keinen Flächenangriff gehandelt (Taylor, Dresden, S. 416). Groehler zufolge hatte Potsdam auf „jeder Zielliste ob seiner untergeordneten industriellen Bedeutung nur beiläufige Erwähnung gefunden"; in „weiten Kreisen Großbritanniens" wäre es jedoch als „Hort des reaktionären Preußentums" angesehen worden (Groehler, Der Bombenkrieg gegen Deutschland, S. 436).
809 Schröter, Die Zerstörung Nordhausens, S. 60.
810 Vgl. Groehler, Bombenkrieg gegen Deutschland, S. 432. Siehe auch Schröter, Die Zerstörung Nordhausens, S. 55.

che 5-Millionen-Liter-Spritlager im Süden und Westen der Stadt fast vollkommen unberührt. Selbst der Flugplatz wurde nur leicht beschädigt [...]."[811]

Zur Eskalation des Bombenkrieges schreibt Friedrich zusammenfassend:

„Im Bombenkrieg fielen im Jahr 1944 im Tagesdurchschnitt 127 Personen. Von Januar 1945 bis zur Kapitulation tötete er täglich 1023 Personen, insgesamt 130 000. Die vier letzten Monate sind der Gipfel der Kampagne. Beide Luftflotten werfen 370 000 Tonnen Munition ab, Bomber Command schickt seine Maschinen zu 72 880 Feindflügen. Die Angriffe umfassen die Begleitoperationen zum Bodenfeldzug, die Öl- und Verkehrsangriffe und die Strafaktionen."[812]

Auch wenn nicht vergessen werden darf, dass zur gleichen Zeit durch verbrecherische V1- und V2-Angriffe auf Antwerpen, Lüttich, Maastricht, Paris, London und Südengland wahllos Tausende von Zivilisten getötet wurden[813] – insgesamt fanden in England, Belgien und Frankreich mehr als 15.000 Menschen durch sogenannte V-Waffen den Tod[814], davon 8.938 in England[815] –, erscheint dieses Vorgehen moralisch nicht akzeptabel. Die fortgesetzten, sich in der Intensität steigernden und jedem Völkerrecht ohnehin Hohn sprechenden Angriffe auf die Zivilbevölkerung waren nicht notwendig, um in Gestalt der bedingungslosen Kapitulation Deutschlands einen totalen Sieg zu erringen, und sie standen in keinem Verhältnis zum militärischen Nutzen. Selbst wenn man also in Abweichung von der Lehre vom gerechten Krieg eine absichtliche Tötung Unschuldiger unter bestimmten Bedingungen für moralisch erlaubt hielte (weil man etwa bereit ist, die Konsequenzen eines solchen Vorgehens gegen die Konsequenzen des Unterlassens zu verrechnen), so kann doch im vorliegenden Fall weder im Nachhinein plausibel gemacht werden, dass diese Bedingungen tatsächlich vorlagen, noch lässt sich zeigen, dass es damals mit der in solchen Fragen geforderten Wahrscheinlichkeit[816] plausibel war, das Gegebensein dieser Bedingungen anzunehmen.

Statt einer Fortsetzung, ja Steigerung des *area bombing* wären gezielte Angriffe auf die deutsche Treibstoffindustrie, auf Kraftwerke und Verkehrsknotenpunkte militärisch wirkungsvoller gewesen (vgl. Kapitel 9). Wolfgang Bönitz vermutet sogar, dass „bei einem früheren konzentrierten Beginn der Angriffe auf Verkehrsanlagen" die deutschen Militärs es nicht mehr geschafft hätten, „die Transporte für die Arden-

---

811 Schröter, Die Zerstörung Nordhausens, S. 58.
812 Friedrich, Der Brand, S. 168. Vgl. auch Groehler, Bombenkrieg gegen Deutschland, S. 316 ff.
813 Vgl. Bönitz, Feindliche Bomberverbände im Anflug, S. 104-106; Friedrich, Der Brand, S. 130 ff.; Taylor, Dresden, S. 439.
814 Blank, Kriegsalltag und Luftkrieg an der „Heimatfront", S. 460 f.
815 Boog, Strategischer Luftkrieg in Europa und Reichsluftverteidigung 1943-1944, S. 411.
816 Siehe dazu Glover, Humanity, S. 85.

nenoffensive über die Rangierbahnhöfe in Köln, Bonn, Koblenz und Remagen mit der Remagener Brücke abzuwickeln".[817] Ganz in diesem Sinne gab der britische Historiker Liddell Hart zu bedenken:

„Angesichts dieser neuen Perfektion im gezielten Bombenabwurf und der Schwäche des Widerstandes ist es zweifelhaft, ob es, sowohl militärisch als auch moralisch gesehen, wirklich klug war, wenn das Bomberkommando in diesem Zeitraum [Oktober bis Dezember 1944 – L.F.] 53 Prozent seiner Bomben auf Stadtgebiete abwarf, dagegen nur 14 Prozent auf Ölraffinerien und 15 Prozent auf Verkehrsziele."[818]

Und Manfred Messerschmidt gelangt zu dem Resümee:

„In der Endphase des Krieges, seit Mitte 1944, stellte der Bomber nicht mehr das einzige Kriegsmittel in der Hand der Alliierten dar. Die Verbesserung der Zielvorrichtungen erlaubte nunmehr auch Präzisionsangriffe. Daß dennoch am Area-Bombardement gegen die Moral der Bevölkerung festgehalten wurde, zeigt, daß die Rüstungsstruktur und die seit dem Ersten Weltkrieg im Bomber Command entwickelten strategischen Denkweisen ein nicht mehr eingrenzbares Gewicht in der Gesamtstrategie und Politik gewonnen hatten und geradezu selbsttätig agierten."[819]

Diese „Verselbständigungsthese" wird auch von anderen Autoren in der einen oder anderen Form geteilt. Richard H. Kohn etwa schreibt, dass Bombenangriffe zu einem gewissen Grad als „Patentrezept" angesehen wurden, ja er macht für die Entscheidung der Briten und Amerikaner für das strategische Bombardement einen Faktor namhaft, den er als „bürokratische Realitäten" bezeichnet: „Nachdem die Mittel zugeteilt waren, mußte dieses Instrument auch eingesetzt werden, oder die Bevölkerung dieser Demokratien hätte mit höchster Empörung reagiert."[820]

Dass eine solche Feststellung bestenfalls etwas über das faktische Zustandekommen von Entscheidungen in einer Demokratie aussagt, aber nicht geeignet ist, eine Strategie zu legitimieren, bei der unschuldige Menschen anderer Länder zu Tode kommen, muss nicht eigens begründet werden. Selbst wenn sich kein bestimmter Zeitpunkt für die Gebotenheit eines Strategiewechsels angeben lassen sollte, bleibt doch festzuhalten, dass diese Frage keineswegs angemessen erörtert wurde. Der fortgesetzte Einsatz einmal zugeteilter Mittel, ohne dass sich die militärische Notwendigkeit dieses Einsatzes und ohne dass sich (wenigstens) sein Nutzen im Sinne einer Reduzierung der Gesamtopferzahlen zeigen ließe, ist moralisch nicht zu rechtfertigen.

---

817 Bönitz, Feindliche Bomberverbände im Anflug, S. 213.
818 Liddell Hart, Geschichte des Zweiten Weltkrieges, S. 757 f.
819 Messerschmidt, Strategischer Luftkrieg und Völkerrecht, S. 360.
820 Kohn, Kommentar, S. 474 f.

Die Illegitimität der späten Flächenbombardements

Die Fortsetzung der Bombardierungen deutscher Städte fast bis zum Ende des Krieges findet denn auch eine breite Ablehnung. So heißt es bei dem amerikanischen Philosophen Michael Walzer:

„[...] in Wahrheit war der ‚äußerste Notfall' längst vorbei, bevor die englischen Bombardierungen ihren Höhepunkt erreichten. Der weitaus größte Teil der deutschen Zivilisten, die bei den Terrorbombardierungen ums Leben kamen, starb ohne moralischen (und wahrscheinlich auch ohne militärischen) Grund."[821]

Ähnlich argumentierte John Rawls. Seiner Auffassung nach müssen in einer äußersten Notlage, in der Zivilisten ausnahmsweise „direkt angegriffen" werden dürfen, die Bombardierungen „etwas beachtlich Gutes bewirken"; sie sind also nicht schon „durch zweifelhafte und geringfügige Vorteile" gerechtfertigt. Rawls, wie Walzer ein Vertreter der Doktrin vom äußersten Notfall, hielt es für möglich, dass es „während des Zweiten Weltkrieges Zeiten [gab], zu denen Großbritannien zu Recht die Auffassung vertreten konnte, dass die strikte Geltung des Zivilistenstatus aufgehoben war". Aus zwei Gründen nämlich durfte nach Rawls „nicht zugelassen werden", „dass Deutschland den Krieg gewinnen würde". Zum einen habe der Nationalsozialismus „ein nicht kalkulierbares moralisches und politisches Übel für das zivilisierte Leben überall auf der Welt" bedeutet; zum anderen habe die konstitutionelle Demokratie in Europa und der ganzen Welt auf dem Spiel gestanden. Gleichzeitig war Rawls jedoch überzeugt, dass diese Zeitspanne bestenfalls bis zur deutschen Niederlage in der Schlacht um Stalingrad im Februar 1943 reichte und die Bombardierung von Dresden „klarerweise zu spät" war.[822] Georg Meggle lehnt direkte Angriffe auf Unschuldige sowie Methoden, die per se gegen das Prinzip der Schadensminimierung verstoßen, grundsätzlich ab und charakterisiert daher die Bombardierung Dresdens als „Kriegsverbrechen".[823]

Selbst wenn man im Hinterkopf behält, dass Carl von Clausewitz diejenigen Irrtümer im Krieg, welche aus Rücksichtnahme auf den Feind – er sprach von „Gutmütigkeit" – entstehen, für die Schlimmsten hielt,[824] bin ich doch überzeugt, dass es nicht gelingen wird, die Last der moralischen Rechtfertigung im Fall der Flächenbombardements in den letzten Kriegsmonaten wirklich zu tragen. Ja, ich würde es als kühn be-

---

821 Walzer, Gibt es den gerechten Krieg?, S. 372. Ähnlich auch Primoratz, Staats-Terrorismus und Gegen-Terrorismus, S. 62 f.
822 Rawls, Das Recht der Völker, S. 123 f.
823 Meggle, Terror & Gegen-Terror, S. 37.
824 von Clausewitz, Vom Kriege, S. 192.

trachten, eine Argumentation vorlegen zu wollen, dass es in der damaligen Situation moralisch erlaubt war, Zehntausende überwiegend unschuldige Menschen zu töten.

Moralische Bedenken?

Aber haben sich die Strategen des Flächenbombardements diese Fragen überhaupt gestellt? Haben sie sich ernsthaft gefragt, ob die massenhafte und teilweise bestialische Tötung von Zivilisten, ausländischen Zwangsarbeitern und Kriegsgefangenen (insgesamt wurden in Deutschland 42.000 Fremde bei Bombenangriffen getötet)[825] unter moralischem Gesichtspunkt zu rechtfertigen ist? Michael Walzer schreibt über die Debatte unter britischen Politikern und Generälen über den Sinn und Zweck strategischer Bombardements:

„Diese Debatte wurde, soweit ich es anhand der verfügbaren Memoiren und historischen Darstellungen beurteilen kann, in einer rein strategischen Sprache geführt – das Prinzip des besonderen Schutzes für Nichtkombattanten fand keine Erwähnung. Die Fragen, um die es ausschließlich ging, lauteten: Wie groß sind die Chancen, mit Hilfe der verfügbaren Navigations- und Peilinstrumente militärische Ziele zu treffen? Wie groß wären die Verluste der RAF, flöge sie ihre Angriffe bei Tageslicht, um die Treffgenauigkeit (leicht) zu verbessern? Wie würde sich die Bombardierung städtischer Wohngebiete auf die Moral der Zivilbevölkerung und folglich auf die Produktion und Bereitstellung von Rüstungsgütern auswirken?"[826]

Dazu passt der Befund Max Hastings, über die Bombenkriegsstrategie gegen deutsche Städte habe es weder in Downing Street noch im Luftfahrtministerium eine moralische Debatte gegeben.[827] Die moralische Problematik der vorsätzlichen Tötung von Zivilisten blieb in den britischen Entscheidungszentren offenbar weitgehend unreflektiert. Churchill jedenfalls hat fast bis zum Ende des Krieges an Fragen der Verhältnismäßigkeit keinen Gedanken verschwendet. Er wollte vielmehr, wie er in einem Memorandum am 6. Juli 1944 schrieb, „darauf vorbereitet sein, *alles* zu unternehmen, was den Feind am empfindlichsten treffen würde"[828]. Zu diesem Zweck forderte er, den Giftgaseinsatz auf deutsche Städte – ungestört von „psalmensingenden uniformierten Miesmachern" – zu planen, um gegebenenfalls „Deutschland mit Giftgas zu durchtränken", sodass „der größte Teil der Bevölkerung eine ständige medizinische Betreuung benötigt".[829] Zwei Tage später äußerte

---
825 Vgl. Friedrich, Der Brand, S. 327.
826 Walzer, Was ist falsch am Terrorismus?, S. 80 f.
827 Vgl. Hastings, Bomber Command, S. 123.
828 Churchill, Memorandum vom 6. Juli 1944. Zit. nach: Groehler, Bombenkrieg gegen Deutschland, S. 330.
829 Ebd.

sich Portal auf einer Sitzung der britischen Stabschefs zum Gaseinsatz skeptisch, weil er es nicht für wahrscheinlich hielt, eine ausreichende Gaskonzentration bei Flächenangriffen zu erreichen. Die moralischen Aspekte einer solchen Kriegführung wurden nicht erörtert.[830]

Gleichwohl hatte es auch in England – und zwar nicht erst in den letzten Kriegsmonaten – warnende Stimmen gegeben, die sich für die Beachtung moralischer Grundsätze einsetzten. Eine Reihe von Abgeordneten des englischen Unterhauses – so etwa Richard Stokes, James McGovern oder der Abgeordnete Hopkinson – brachten ihre Bedenken über die britische Kriegführung zum Ausdruck und machten sich Sorgen darüber, ob man nicht selbst moralisch Schaden nehmen könne.[831] Am 9. Februar 1944 erklärte George Bell im britischen Oberhaus:[832]

„Ich verlange, dass die Regierung Stellung bezieht (*to challenge the Government*) zur Politik der Bombardierung feindlicher Städte im gegenwärtigen Umfang, insbesondere hinsichtlich von Zivilisten, Nichtkombattanten, sowie von nicht-militärischen und nicht-industriellen Zielen. [...] Ich bin mir darüber völlig im Klaren, dass bei Angriffen auf Zentren der Kriegsindustrie und des Transportwesens die Tötung von Zivilisten, soweit sie sich als Resultat einer in gutem Glauben durchgeführten Militäraktion ergibt, unvermeidlich ist. Aber hier muss eine Verhältnismäßigkeit (*fair balance*) zwischen den eingesetzten Mitteln und dem erreichten Zweck bestehen. Eine ganze Stadt auszulöschen, nur weil sich an einigen Orten militärische und industrielle Einrichtungen befinden, zerstört die Verhältnismäßigkeit."[833]

Und Bischof Bell stand nicht allein. Namhafte Persönlichkeiten, darunter die Schriftstellerin Vera Brittain, der Historiker A. J. P. Taylor und Basil Liddell Hart forderten öffentlich die Einstellung der Flächenbombardements, weil sie sie für moralisch nicht vertretbar hielten.[834] Kaplan John Collins, Mitglied im Stab des

---

830 Vgl. ebd.
831 Vgl. Boog, Strategischer Luftkrieg in Europa und Reichsluftverteidigung 1943-1944, S. 82 f.
832 Zu Bells mutigem Auftritt siehe Czesany, Europa im Bombenkrieg 1939-1945, S. 385-388.
833 Bell, [Rede am 9. Februar 1944 im Oberhaus], Sp. 737, 740. – Anlässlich von Bells Tod schrieb Liddell Hart: „Die Weisheit und Voraussicht von George Bells Kriegsreden im House of Lords [...] werden jetzt weithin anerkannt – insbesondere von Militärhistorikern des Krieges. Kaum einer würde heute die Wahrheit seiner wiederholten Warnungen hinsichtlich der Torheit der Unconditional-Surrender-Formel der Alliierten in Frage stellen" (zit. nach: Garrett, Ethics and Airpower in World War II, S. 114). Wie behauptet wird, soll George Bell seinen Mut damit bezahlt haben, dass ihm die erwartete Ernennung zum Erzbischof von Canterbury verwehrt wurde (vgl. Glover, Humanity, S. 86). Churchill soll Bell sein Auftreten im Oberhaus nie verziehen und Außenminister Eden ihn „diese Pest von einem Pfaffen" genannt haben. Dazu sowie zu Bells (vergeblichen) Bemühungen, einen Kontakt zwischen dem deutschen Widerstand und der britischen Regierung herzustellen siehe Schlingensiepen, Dietrich Bonhoeffer, S. 280 f., 312-314.
834 Vgl. Neillands, Der Krieg der Bomber, S. 307.

Bomber Command, protestierte gegen die Entfachung eines Feuersturms beim Angriff auf Hamburg.[835] Am 5. März 1945 gab der sozialdemokratische Unterhausabgeordnete Richard Stokes, Katholik und Waffenfabrikant, seinem Zweifel hinsichtlich der Vorteile des *„strategic bombing"* Ausdruck und fragte, ob in dieser Phase des Krieges das unterschiedslose Bombardement gegen große Bevölkerungszentren, die voller Flüchtlinge sind, weise ist; *„terror bombing"* aber lehnte er unter allen Umständen ab.[836]

Selbst Churchill, unbedingter Befürworter der Flächenbombardements, begann Ende März 1945 an der Richtigkeit dieser Strategie zu zweifeln. Als Verteidigungsminister forderte Churchill in einem geheimen Memorandum vom 28. März seinen Stabschef General Ismay auf, die Frage zu überprüfen, „ob deutsche Städte bombardiert werden sollen, *nur um den Terror zu verstärken*, wenn auch unter anderen Vorwänden"[837]. Dieses – selbstverräterische – Papier sorgte intern für einige Irritationen und wurde am folgenden Tag von seinem Urheber zurückgezogen. Luftwaffenchef Portal sah in Churchills Vorstoß den Versuch, die Verantwortung für die bestehende Praxis, insbesondere den Angriff auf Dresden, seinem Stab aufzubürden und setzte sich zur Wehr – zumal der Premier den wahren Charakter der Angriffe offen eingestand. Während des gesamten Krieges hatte Luftfahrtminister Sinclair sämtliche Anfragen (so in den Unterhausdebatten vom 24. November 1942, vom 11. März 1943, vom 1. Dezember 1943 sowie vom 6. März 1945), ob es eine Veränderung in der *„bombing policy"* gegeben habe, von Seiten der Regierung dahingehend beantwortet, das *Bomber Command* würde ausschließlich militärische und industrielle Ziele bombardieren.[838]

> „Für ihn [Sinclair – L.F.] war es ein Maximum an Zugeständnis, einzuräumen, daß bei Nachtangriffen angesichts der Lage militärisch bedeutsamer Objekte gelegentlich auch Wohnviertel unbeabsichtigt in Mitleidenschaft gezogen werden könnten. Die britische Regierung und deren Sprecher bestritten stets, daß sich ein Großteil der Angriffe seit Februar 1942 ausschließlich gegen dichtbesiedelte Wohngebiete richtete."[839]

In dieser unaufrichtigen Weise, nämlich indem er Verluste unter der Zivilbevölkerung lediglich als unbeabsichtigte Nebenwirkungen hinstellte, hatte Sinclair auch eine Anfrage Lord Salisburys beantwortet, der in einem Schreiben vom November 1943 seine Besorgnis erklärte, Großbritannien könne mit der Kampagne der Flä-

---

835 Vgl. ebd.
836 Stokes, [Rede am 5. März 1945 im Unterhaus], Sp. 1898-1900.
837 Churchill, Memorandum vom 28. März 1945. Zit. nach: Taylor, Dresden, S. 412 (Hervorhebung von mir). Vgl. auch Groehler, Bombenkrieg gegen Deutschland, S. 426.
838 Vgl. Groehler, Bombenkrieg gegen Deutschland, S. 427.
839 Ebd.

chenbombardierungen seine moralische Überlegenheit gegenüber den Deutschen verlieren.[840]

Churchills Eingeständnis bestätigte jedoch nur, was die Taten längst hatten offenkundig werden lassen. Allerdings offenbarte es auch die Kompromisslosigkeit und Radikalität seines Denkens. Er sprach ohne Umschweife und ohne jeden Versuch einer semantischen Verklärung aus, was für ihn eine Selbstverständlichkeit war und was er bis dahin jedenfalls für gerechtfertigt hielt – nämlich, dass die Bombardierungen deutscher Städte längst nur der Verstärkung des Terrors dienten.

Ich glaube, es ist augenscheinlich, dass eine unter rein strategischen Gesichtspunkten geführte Debatte über die Bombardierung von Städten sowohl der völkerrechtlichen als auch der moralischen Problematik, die mit der Tötung von unschuldigen Zivilisten verbunden ist, in keiner Weise gerecht wird. Eine rein strategische Debatte hat deshalb als gänzlich unangemessen zu gelten, weil unabhängig davon, ob man die direkt-vorsätzliche oder gar absichtliche Tötung von Nichtkombattanten unter bestimmten Umständen für erlaubt hält, grundsätzlich gilt, dass Nichtkombattanten möglichst zu verschonen sind.

Dieser Grundsatz, der in der Forderung zum Ausdruck kommt, nur *erforderliche* Mittel einzusetzen, wäre eben auch in einer Situation des äußersten Notfalls, in der man zum Zweck der Verteidigung genötigt ist, gegnerische Zivilisten entweder absichtlich oder, zwar nicht absichtlich, aber in ungezielten Flächenangriffen zu töten, nicht außer Kraft gesetzt. Selbst in einer solchen Situation, in der Rettung nur noch von diesem letzten Mittel zu erwarten ist, könnte man in die Lage geraten, zu viele Unschuldige getötet zu haben, weil man diese überflüssigerweise getötet hat. Von jedem, der zu einem solchen Mittel greift und Zivilisten massenhaft tötet, ist daher zu erwarten – und dies gilt auch für politisch handelnde Menschen –, dass er sich die moralische Problematik seines Handelns in aller Ernsthaftigkeit bewusst macht. Wer dies nicht tut, unterschreitet das Reflexionsniveau, das sich schuldfähige Personen wechselseitig unterstellen und das sie auch einklagen. Es kann, glaube ich, kein Zweifel bestehen, dass auch die Alliierten aus der Katastrophe des Zweiten Weltkrieges etwas zu lernen haben.

Eine Frage der Mode?

Ich halte es aus moralphilosophischer Sicht deshalb für nicht akzeptabel, die Flächenbombardements auf deutsche Städte pauschal unter Rückgriff auf *Hosea* 8,7 dahingehend zu kommentieren, dieses Land habe selbst den Wind gesät, „der

---
840 Vgl. Neillands, Der Krieg der Bomber, S. 307.

dann als verheerender Sturm Deutschlands Großstädte niederfegte"; der Bombenkrieg habe eben *zurückgeschlagen*[841]. Formulierungen dieser Art suggerieren – gewollt oder nicht – eine mechanische Kausalität zwischen Aktion und Reaktion, die es dort, wo Menschen Entscheidungen treffen, Handlungen ausführen oder diese unterlassen, nicht gibt. Zu Ende gedacht, folgt aus dieser Insinuation die Auffassung, einem Feind Hitlers war alles erlaubt. Diese Konsequenz auszusprechen heißt, sie zu verwerfen. Natürlich kann die Vorgeschichte der alliierten Luftangriffe – die nicht Gegenstand dieses Buches ist und deshalb nur eine kurze Erwähnung fand – zum Teil erklären und damit auch ein Stück weit nachvollziehbar machen, warum insbesondere die Briten in dieser Form auf die deutschen Luftangriffe reagierten. Dies gilt vor allem dann, wenn man annimmt, dass den britischen Strategen aufgrund der verheerenden Wirkungen nicht klar gewesen sein könnte, dass die ersten Angriffe der deutschen Luftwaffe gegen englische Städte (siehe Kapitel 3), die immer wieder zur Rechtfertigung des eigenen Vorgehens herangezogen wurden, auf militärische Ziele gerichtet waren. Wer jedoch die Forderung aufgibt, dass auch im Kampf gegen den gefährlichsten Feind moralische Regeln zu gelten haben, ist selbst in das Lager der gefährlichsten Menschenfeinde übergewechselt. Diese Position impliziert nämlich die Bereitschaft, beliebig negative Folgen zu tragen, um negative Folgen zu vermeiden. Eine solche Einstellung wird man kaum als vernünftig bezeichnen wollen und schon gar nicht als moralisch vertretbar.

Dass Churchill genau diese Einstellung vertreten hat, hängt wohl mit seiner aberwitzigen Auffassung zusammen, moralische Argumente für modeabhängig zu halten. Dabei war ihm nicht nur bekannt, dass die Bombardierung ungeschützter Städte im letzten Krieg als verboten angesehen wurde, er selbst hatte noch in einem Aufsatz in den *News of the World* vom 1. Mai 1938, in dem er sich auch für eine Erhöhung der Bomberproduktion einsetzte, ausgeführt:

> „Ich glaube nicht an Repressalien gegen die feindliche Zivilbevölkerung. Im Gegenteil, je mehr sie unsere Frauen und Kinder zu töten versuchen, um so mehr sollten wir uns darauf konzentrieren, ihre Kämpfer zu töten und den technischen Apparat zu zerschlagen, von dem die Lebenskraft ihrer Armeen abhängt. Dies ist der weitaus beste Weg der Verteidigung Londons und der Verteidigung der hilflosen Massen gegen die Bestialität des modernen Krieges."[842]

---

841 Groehler, Der strategische Luftkrieg und seine Auswirkungen auf die deutsche Zivilbevölkerung, S. 336. – Bereits Harris hatte von diesem Rechtfertigungsslogan Gebrauch gemacht. Vgl. Harris, Bomber Offensive, S. 52.
842 Dokumentiert in: Gilbert, Winston S. Churchill, Vol. V, S. 938.

Flugzeugbesatzungen, die auf die Zivilbevölkerung Bomben abwürfen, so beteuerte er in diesem Artikel, könne man nur als ruchlose Mörder („*accursed air-murderer*") bezeichnen.[843] Nur wenige Jahre später vertrat er in derselben Frage die Auffassung:

> „Ich wünsche von Ihnen, daß Sie sehr ernsthaft über das Problem, Gas einzusetzen, nachdenken. [...] Es ist absurd, dieses Thema von der moralischen Seite her zu betrachten, da es im letzten Krieg jeder, ohne irgendeinen Einspruch der Moralisten oder der Kirche, benutzt hat. Andererseits sah man die Bombardierung ungeschützter Städte im letzten Krieg als verboten an. Jetzt tut es jeder, als ob es sich um eine Selbstverständlichkeit handeln würde. Es ist ganz einfach eine Frage der Mode, die hier genauso wechselt, wie zwischen langen und kurzen Frauenkleidern."[844]

Dass die Forderung nach Immunität der Nichtkombattanten nicht als eine Frage der Mode begriffen werden kann, sondern sich die Anerkennung dieses Prinzips vielmehr als Konsequenz aus den Prämissen der Lehre vom gerechten Krieg ergibt, hatte bereits Victoria klargemacht: Der „Grund des gerechten Krieges", so argumentierte dieser, ist das „Unrecht des Gegners"; Unrecht aber werde nicht von Unschuldigen begangen; daher stehe fest, „daß Unschuldige sich gegen jeden verteidigen dürfen, der versucht, sie zu töten". Ohne Beachtung des Prinzips der Immunität der Nichtkombattanten wäre daher „der Krieg auf beiden Seiten gerecht" (was, wie Victoria glaubt gezeigt zu haben, nicht sein kann).[845]

---

843 Ebd., S. 937.
844 Churchill, Memorandum vom 6. Juli 1944. Zit. nach: Groehler, Bombenkrieg gegen Deutschland, S. 330.
845 de Victoria, Vorlesungen über die kürzlich entdeckten Inder und das Recht der Spanier zum Kriege gegen die Barbaren, S. 151 (De Jure Belli, Nr. 35).

22. Kapitel
Atombomben auf japanische Städte

Machtpolitik in Fernost

Weizsäckers Deutung der Anti-Hitler-Koalition lässt – wie in Kapitel 18 gesehen – durchaus Fragen offen. Insbesondere aber kann sie nicht erklären, warum sich die USA gegenüber Japan ähnlich verhielten wie die Alliierten gegenüber Deutschland. Weizsäckers Argument, der Westen und die Nationalsozialisten hätten verschiedene Religionen beziehungsweise derart unterschiedliche Weltanschauungen gehabt, dass eine Verständigung nicht zustandekommen konnte, scheint im Fall Japans jedenfalls nicht in der gleichen Weise zu verfangen. Auch Rawls' Kriterium für das Vorliegen eines äußersten Notfalls im Fall des Kampfes gegen den Nationalsozialismus – „ein nicht kalkulierbares moralisches und politisches Übel für das zivilisierte Leben überall auf der Welt" (Kapitel 21) – scheint in Bezug auf Japan nicht erfüllt gewesen zu sein. Rawls hielt daher sowohl das *„firebombing"* als auch die Atombombenangriffe gegen japanische Städte für ein großes Unrecht.[846] Wenn auch nicht zu bestreiten ist, dass die japanische Invasion in China barbarische Züge trug und wohl auch von rassistischen Motiven begleitet war, so kämpfte Japan doch für die Stabilisierung und Ausweitung seiner Vormachtstellung im Fernen Osten, und seine Zugehörigkeit zu den Achsenmächten Deutschland und Italien speiste sich weniger aus einer Sympathie mit dem Faschismus.

> „Japan strebte nach regionaler Vormacht in Ostasien, jedoch nicht nach weltanschaulich fundierter und universal entworfener Herrschaft im Sinne des deutschen Nationalsozialismus, des sowjetischen Kommunismus oder der liberalen Weltzivilisation der Amerikaner."[847]

Japan war nationalistisch und imperialistisch orientiert und bestrebt, als Kolonialmacht zu expandieren. Seine traditionalistisch geprägte Kultur war jedoch kaum empfänglich, so Stanley Payne, für die radikalen neuen Ideen, die sich mit dem Faschismus verbanden.[848] Dies hinderte die US-Amerikaner nicht, mit Japan in derselben unbarmherzigen Weise zu verfahren, wie es die alliierte Politik gegenüber Deutschland praktiziert hatte. Im Sommer 1945 – der Krieg in Europa

---

846 Vgl. Rawls, Fifty Years after Hiroshima, S. 565, 570.
847 Hildebrand, Krieg im Frieden und Frieden im Krieg, S. 29.
848 Payne, Geschichte des Faschismus, S. 434 f.

war beendet – befand sich Japan nach allgemeiner Überzeugung in einer militärisch ausweglosen Situation. Die Kapitulation Japans galt unter führenden Militärs als alternativlos – insbesondere nachdem Stalin im Februar 1945 Roosevelt die Zusage gegeben hatte, drei Monate nach Beendigung des Krieges mit Deutschland in den Krieg gegen Japan einzutreten.[849] Churchill bestätigt in seinem Erinnerungswerk über den Zweiten Weltkrieg, dass die Niederlage Japans eine „Folge der überwältigenden maritimen Macht seiner Gegner" und „schon vor dem Abwurf der ersten" Atombombe „eine Gewißheit" war.[850] Der im Juli 1946 erschienene Bericht des *U.S. Strategic Bombing Survey* gelangt denn auch zu der Einschätzung:

> „Aller Wahrscheinlichkeit nach hätte Japan vor dem 1. November 1945 kapituliert, selbst wenn die Atombomben nicht abgeworfen worden wären, Russland nicht in den Krieg eingetreten und keine Invasion geplant oder erwogen worden wäre."[851]

Auch wenn diese Einschätzung spekulativ sein mag, zeigt sie doch, dass nicht nur schlechthin verschiedene Optionen erwogen werden mussten, sondern dass eine realistische Möglichkeit bestand, die kriegerische Auseinandersetzung mit Japan auf eine Weise beizulegen, die sehr viel weniger Menschen das Leben gekostet hätte. Amerikaner und Briten hingegen verfolgten die möglichst schnelle und vor allem bedingungslose Kapitulation der japanischen Streitkräfte. Menschenleben des Feindes scheinen in ihrem Kalkül keine wirklich relevante Rolle gespielt zu haben. Die Flugblattaktionen zur Warnung vor bevorstehenden Bombardements konnten die Selbstrettung der Stadtbevölkerung nicht induzieren. Nachdem der neue Präsident Harry Truman – Roosevelt war im April 1945 verstorben – über die Atombombe verfügte, schien ihm ein Sieg auch ohne Beteiligung der Sowjets möglich. Ein amerikanischer Sieg würde die Position der USA in Ostasien stärken und zugleich die Möglichkeiten sowjetischer Einflussnahme beschneiden. Deshalb konnte nicht abgewartet werden, ob die Japaner nicht ohnehin kapitulierten. Es galt jetzt, dem sowjetischen Kriegseintritt zuvorzukommen. Mit der Atombombe, so Churchill, habe sich die „helle und tröstliche Aussicht" ergeben, „ein oder zwei zerschmetternde Schläge" könnten den Krieg gegen Japan beenden und damit „gnädig abkürzen". Dabei habe die Verwendung oder Nichtverwendung der Atombombe „nie zur Diskussion gestanden"; vielmehr sei das Einvernehmen mit den Amerikanern „bedenkenlos, einstimmig und automatisch" gewesen.[852]

---

849 Vgl. Coulmas, Hiroshima, S. 13 ff.
850 Churchill, Der Zweite Weltkrieg, S. 1092.
851 Zit. nach: Coulmas, Hiroshima, S. 14.
852 Churchill, Der Zweite Weltkrieg, S. 1090 f.

Die Entscheidung zum Abwurf

Das verheerende Bombardement Tokios am 10. März 1945, einer fast ausschließlich aus Holzhäusern bestehenden Stadt, soll nicht weniger als 100.000 Opfer gekostet haben. Im *U.S. Strategic Bombing Survey* hieß es, dass bei diesem Angriff „innerhalb von sechs Stunden wahrscheinlich mehr Menschen durch Feuer umgekommen sind als zu irgendeiner anderen Zeit in der Menschheitsgeschichte"[853]. Auch die Bombardierung weiterer Städte konnte die Japaner nicht zur Kapitulation bewegen. Noch bevor die Atombomben abgeworfen worden waren, hatten mindestens 300.000 Zivilisten (manche Schätzungen sprechen von 900.000) ihr Leben verloren.[854] Curtis LeMay, amerikanischer Luftwaffen-Kommandeur, sagte nach dem Krieg, „Japaner zu töten" habe ihm „zur damaligen Zeit keine Seelenqualen bereitet (*didn't bother me*)".[855] Am 26. Juli erging nun die ultimative Aufforderung zu kapitulieren. Darin drohten die Amerikaner die unverzügliche und völlige Zerstörung an. Für die Japaner stellte sich mit einer bedingungslosen Kapitulation vor allem die Frage nach einer Garantie für den Erhalt der Monarchie, der in ihrer Kultur eine zentrale Bedeutung für die japanische Nation zukommt. Dieses Dokument, bekannt als „Potsdamer Deklaration", „enthielt zwar allerlei Zusicherungen an die Japaner, jedoch absichtlich nicht die entscheidende Zusage, daß sie ihren Kaiser behalten dürften", denn die Kapitulation Japans war vor dem Einsatz der Atombombe „gar nicht erwünscht".[856] Nachdem die japanische Regierung, der sich zudem der Charakter der angedrohten Gewalt nicht erschließen konnte, das Ultimatum unverantwortlicherweise ignoriert hatte, wurde am 6. August die erste Atombombe gegen Hiroshima, eine Großstadt von etwa 300.000 Einwohnern, eingesetzt. Wie auf der Konferenz von Potsdam angekündigt, erklärte die UdSSR am 8. August Japan den Krieg. Am 9. August wurde schließlich eine zweite Bombe auf Nagasaki abgeworfen, „nicht zuletzt, wenn nicht vor allem, um Stalin und der Welt zu zeigen, dass die erste Bombe nicht die einzige war"[857].

Die Wirkung der Bomben war infernalisch, das Ergebnis verheerend. Bis Dezember 1945 waren in Hiroshima 130.000 bis 150.000 und in Nagasaki 70.000 bis 80.000 Menschen gestorben. Hinzu kommen die Zahlen der von den Spätfolgen Betroffenen. Zehntausende von ihnen starben in den kommenden Jahren und Jahrzehnten an der „Strahlenkrankheit" – teilweise nach jahrelangem Siechtum. Manchen Schätzungen zufolge sollen zuzüglich der an den Spätfolgen Gestorbenen insgesamt über eine halbe Million Menschen durch die Atombombenabwürfe getötet

---

853 Zit. nach: Chomsky, War Against People, S. 117.
854 Vgl. Neillands, Der Krieg der Bomber, S. 394.
855 Zit. nach: Garrett, Ethics and Airpower in World War II, S. 42.
856 Benz, Potsdam 1945, S. 106.
857 Coulmas, Hiroshima, S. 17.

worden sein.[858] Unter den Opfern von Hiroshima und Nagasaki befanden sich 20.000 bis 30.000 Koreaner, die gegen ihren Willen während des Krieges zur Zwangsarbeit nach Japan gebracht worden waren.[859]

Kernwaffen töten unterschiedslos. Es liegt in der Natur dieser Bomben (von atomaren Gefechtsfeldwaffen ist hier nicht die Rede), dass sie nicht zielgenau gegen legitime militärische Objekte eingesetzt werden können. Damit werden die Menschen selbst zum Ziel; ihre Tötung wird zu einem Mittel für die Erreichung eines Endzwecks.[860] Abgesehen von der unrealistischen Ausnahmesituation, dass es sich bei sämtlichen Betroffenen um Kombattanten oder Verbrecher handelt, werden diese Waffen allein durch ihren Einsatz zu Mitteln der Massenvernichtung von unschuldigen Menschen. Ihr Gebrauch, die Androhung desselben, ja „ihre bloße Existenz"[861] sind daher immer wieder schärfstens verurteilt worden. Weil Atombomben wehrlose Zivilisten töten, ist ihr Einsatz, wie Ernst Tugendhat formuliert, „unter allen Umständen moralisch verwerflich" – „und zwar auch als Mittel der Verteidigung". Daher wäre es, so Tugendhat, „auch moralisch nicht zu rechtfertigen gewesen, gegen Hitlerdeutschland die Atombombe einzusetzen".[862]

Am 9. August 1945 erklärte Präsident Truman der Öffentlichkeit, die Atombombe sei auf Hiroshima, einem „Militärstützpunkt" (*military base*), abgeworfen worden – und zwar deshalb, „weil wir bei diesem ersten Angriff die Tötung von Zivilisten, soweit wie möglich, vermeiden wollten".[863] Tatsächlich jedoch zielte der Einsatz der Atombomben noch nicht einmal auf die Zerstörung der in den Städten gelegenen Rüstungsanlagen oder Militärhäfen. Die Tötung der Zivilbevölkerung wurde nicht lediglich in Kauf genommen, sondern erfolgte mit direktem Vorsatz. Ziel sei es gewesen, so rechtfertigte Truman in einer Rede am 11. August die massenhafte Tötung von Zivilisten, „die Leiden des Krieges abzukürzen" und „das Leben von Tausenden und aber Tausenden" jungen Amerikanern zu retten.[864] Tatsächlich aber ist der Vermutung kaum zu widersprechen, dass das kalkulierte Inferno nicht nur einen Schock bei der japanischen Regierung auslösen sollte. Dokumente, die die Entscheidung über den Atomwaffeneinsatz zu rekonstruieren gestatten, zeigen, dass diese Entscheidung „nicht primär militärischen Erwägungen oder militärischen Ratschlägen"[865] entsprang. Die Dokumente beweisen, so schreibt Gar Alperovitz, der nahezu ein Forscherleben dem Atombombenabwurf gewidmet hat, „daß die

---

858 Vgl. Reichel, Das „Geschenk des Himmels", S. 13.
859 Vgl. Coulmas, Hiroshima, S. 18, 25.
860 Vgl. Anscombe, Mr. Truman's Degree, S. 64, 66.
861 Rothbard, Die Ethik der Freiheit, S. 195.
862 Tugendhat, Nachdenken über die Atomkriegsgefahr und warum man sie nicht sieht, S. 54.
863 Truman, Radio Report to the American People on the Potsdam Conference. August 9, 1945, S. 212.
864 Zit. nach: Coulmas, Hiroshima, S. 40.
865 Alperovitz, Hiroshima, die Barbarei und die Demokratie, S. 51.

Atombombe nicht notwendig war (und fast mit Sicherheit schon damals als nicht notwendig erkannt worden ist)".[866] Es dürfte heute, so Samuel Walker, Konsens darüber bestehen, „dass es verschiedene Alternativen gab, den Krieg ohne Invasion zu beenden, und Truman und seine ihm nahestehenden Berater sich dieser Optionen sehr wohl bewusst waren".[867] Vielmehr spielten im Kalkül der Entscheidungsträger außenpolitische Überlegungen hinsichtlich der künftigen Beziehungen zur Sowjetunion eine wichtige Rolle. Wohl auch deshalb wurden „Vorschläge, die Bombe auf rein militärische Anlagen oder unbewohntes Gebiet abzuwerfen, um ihre Wirkung zu demonstrieren"[868], verworfen. Deshalb muss der Abwurf der Atombomben als ein exemplarischer Fall eines Terrorbombardements begriffen werden:

> „Die Vernichtung galt nicht einmal den Opfern selbst, den Bewohnern Hiroshimas, denn das Publikum, für das das Schauspiel ihrer Tötung gedacht war, saß in Tokyo und in Moskau."[869]

Trumans Rechtfertigungsversuche

Nach dem Krieg behauptete Truman immer wieder die militärische Notwendigkeit der Atombombenabwürfe. Sie seien notwendig gewesen, um eine Invasion Japans überflüssig zu machen und dadurch Hunderttausende amerikanische Soldaten zu retten und noch mehr Japaner zu verschonen.[870] Dabei sprach er wahlweise von 500.000, manchmal auch von einer Million geretteten Amerikanern. Am 28. April 1959 sagte er in der *Columbia University*:

> „Der Abwurf der Bomben hat den Krieg beendet, Millionen von Leben gerettet."[871]

Der Historiker Barton Bernstein von der *Stanford University* hat gezeigt, dass diese Zahlen erst nach Kriegsende erfunden wurden und weder eine Grundlage in den Fakten noch in militärischen Planspielen haben. Nachdem Truman das Weiße Haus verlassen hatte, nannte er immer höhere Zahlen.[872] Florian Coulmas, Direktor des Deutschen Instituts für Japanstudien in Tokio, kommentiert Trumans Rechtfertigung wie folgt:

---

866 Ebd.
867 Walker, History, Collective Memory, and the Decision to Use the Bomb, S. 321.
868 Coulmas, Hiroshima, S. 18.
869 Ebd., S. 67 f.
870 Ebd., S. 14, 40.
871 [Truman], Truman Speaks, S. 67.
872 Bernstein, A postwar myth: 500.000 U.S. lives saved, S. 38 ff. – Zur „Verlustdebatte" siehe Alperovitz, Hiroshima, S. 560 ff.

„Vor der Entscheidung zum Einsatz der Bomben hat niemand je Truman solche Zahlen genannt. In militärischen Planungen war von weniger als einem Zehntel Toter und Verletzter die Rede. Da aber die vermeintliche Rettung so vieler amerikanischer Menschenleben die beste Rechtfertigung für die Verwendung der Bombe abgab, wurde diese fiktive Zahl Teil der amerikanischen Erinnerung an Hiroshima."[873]

Dieser Mythos wird bis in die Gegenwart kolportiert. 1991 erklärte Präsident George W. Bush, der Atombombenabwurf hätte Millionen von amerikanischen Leben verschont (*„spared millions of American lives"*), und diese Behauptung, so Walker, wird von den meisten Amerikanern ohne ernsthaften Vorbehalt akzeptiert.[874]

Wer gleichwohl geneigt wäre, der Trumanschen Argumentation eine gewisse Plausibilität für den Atombombeneinsatz in Hiroshima zuzugestehen, stünde dann vor der noch größeren Schwierigkeit, den Einsatz in Nagasaki zu rechtfertigen. Ein solcher Rechtfertigungsversuch erscheint mir aussichtslos. Selbst Telford Taylor, bei den Nürnberger Prozessen Ankläger für die Vereinigten Staaten, musste einräumen, nie eine plausible Rechtfertigung für Nagasaki gehört zu haben, und sah dementsprechend in der Bombardierung der Stadt ein Kriegsverbrechen.[875] Zudem stand eine dritte Bombe einsatzbereit zur Verfügung und sollte gegebenenfalls abgeworfen werden.[876]

Hohe amerikanische Militärs, darunter Admiral William D. Leahy, haben den Atombombeneinsatz später als barbarisch und nicht notwendig bezeichnet.[877] Der spätere Präsident Dwight D. Eisenhower, im Krieg Oberkommandierender der US-Truppen in Europa, bestritt sogar die *Erforderlichkeit* des Einsatzes der Bombe zur Rettung amerikanischer Leben.[878] Dem ist nur zuzustimmen, da die Behauptung von der Rettung amerikanischer Soldaten die Notwendigkeit unterstellt, den Krieg bis zur bedingungslosen Kapitulation führen zu müssen.

Eine solche Notwendigkeit lässt sich aber nicht begründen. Vielmehr bemühte sich Japan um einen Verhandlungsfrieden, an dem Truman allerdings nicht interessiert war. Welchen moralisch akzeptablen Grund sollte Truman gehabt haben, den Krieg bis zur bedingungslosen Kapitulation fortzusetzen? Margaret Anscombe betrachtete das Insistieren auf *„unconditional surrender"* als die Wurzel allen Übels.[879] Und für John Rawls war es „offenkundig, dass die Ausnahme einer äußersten Notlage für

---

873 Coulmas, Hiroshima, S. 14.
874 Walker, History, Collective Memory, and the Decision to Use the Bomb, S. 320.
875 Vgl. Coulmas, Opfer auf den Altar, S. 13.
876 [Tibbets], „Eine kochende Wolke", S. 139.
877 Vgl. Raico, Harry S. Truman: Advancing the Revolution, S. 580.
878 Vgl. Coulmas, Hiroshima, S. 14, sowie Glover, Humanity, S. 95.
879 Anscombe, Mr. Truman's Degree, S. 62.

die Vereinigten Staaten in ihrem Krieg mit Japan niemals vorlag". Demgemäß hielt er es für ein „Versagen der Staatskunst", „dass keine Verhandlungen mit den Japanern in Betracht gezogen wurden, bevor es zu so drastischen Maßnahmen kam wie dem Abwurf von Brandbomben über japanischen Städten im Frühling 1945 und der Bombardierung von Hiroshima und Nagasaki". Einen Grund für dieses Versagen sah Rawls in den Auffassungen Trumans, der die Japaner als „Bestien" beschrieb, die „als solche behandelt werden müssten".[880] Angesichts japanischer Gräuel gegen alliierte Kriegsgefangene[881] mag eine solche Einstellung menschlich sogar nachvollziehbar sein, sobald aber Entscheidungsträger sie in Politik umsetzten, würde ihr Handeln gleichwohl verwerflich. Rawls gelangte zu der Feststellung:

> „Als ein liberales demokratisches Volk schuldeten die Vereinigten Staaten dem japanischen Volk ein Angebot zu Verhandlungen zur Beendigung des Krieges."[882]

Während die Trumansche Behauptung von der mutmaßlich leidverkürzenden Wirkung des Atomwaffeneinsatzes nicht nur auf tönernen Füßen steht, sondern eben deshalb falsch ist, weil eine humanitäre Notwendigkeit zur Invasion Japans nicht bestand, wurde tatsächlich das Leben Hunderttausender Menschen vorzeitig beendet. Auch wenn man hinsichtlich der Motive der Handelnden letztlich eine Gemengelage unterstellt – wobei bei Truman, der öffentlich zugab, „die Japs" zu hassen, möglicherweise sogar rassistische Motive eingeflossen sind[883] –, so dürften die Weltmachtinteressen der USA doch ausschlaggebend gewesen sein. Wenn dies zutreffend ist, dann fehlte es dem Atombombenabwurf bereits an der *rechten Absicht*.

Insofern ist es letztlich auch uninteressant, ob während des Krieges Mutmaßungen über eine Opferreduzierung durch *moral bombing* angestellt wurden oder nicht. Zumindest von Arthur Harris sind nämlich einschlägige Spekulationen mit aus der Luft gegriffenen Zahlen bekannt. So schlug er am 29. März 1945 in einem Brief an Luftmarschall Norman Bottomley, stellvertretender RAF-Stabschef, vor, mit den japanischen Städten ähnlich zu verfahren wie mit den deutschen:

> „Machen wir seine [Japans – L.F.] Städte dem Erdboden gleich – wie in Deutschland – und bahnen wir den Bodentruppen den Weg – wie in Frankreich und Deutschland – oder bombardieren wir nur ihre abseits gelegenen Fabriken und bezahlen wir die Invasion folglich mit drei bis sechs Millionen Gefallenen?"[884]

---
880 Rawls, Das Recht der Völker, S. 124-126. Ebenso Walzer, Gibt es den gerechten Krieg?, S. 382.
881 Siehe etwa Friedrich, Das Gesetz des Krieges, S. 142 f.
882 Rawls, Das Recht der Völker, S. 126.
883 So die Vermutung von Coulmas, Hiroshima, S. 18. Zu rassistischen Vorurteilen in den USA vgl. Besier/Lindemann, Im Namen der Freiheit, S. 120 f.
884 Zit. nach: Overy, Die alliierte Bombenstrategie als Ausdruck des „totalen Krieges", S. 44.

Selbst wenn man die von Truman gegebene Beschreibung der amerikanischen Intention für bare Münze nähme, so bliebe das Vorgehen doch völlig inakzeptabel. Denn dann wären unsägliche Gräuel inszeniert und namenloses Leid produziert worden auf die vage Hoffnung hin, dass es dadurch zu einer Verkürzung des Krieges und womöglich zu einer Reduzierung der Gesamtopferzahlen käme. Abgesehen davon, dass diese Begründungen nachgeschoben wirken: Die Verantwortung für ein opferträchtiges Handeln dieser Dimension kann kein Mensch tragen. Sie sich anzumaßen ist nichts als Hybris – irrationale Vermessenheit und frevelhafter Übermut. Unser Wissen ist stets unsicher, unsere Informationslage defizitär und die Zukunft in einem Maße offen, dass die Opferung Hunderttausender Menschen, um Gutes zu tun, unter keinerlei Bedingungen des Zweiten Weltkrieges vertretbar war. Selbst wenn also die *Strategie* des *moral bombing*, das heißt die Grundsatzentscheidung, den Luftkrieg systematisch in der Form von Flächenbombardements mit dieser besonderen Zweckbestimmung zu führen, sich als tauglich erwiesen hätte – wie dies im Fall des Atombombenabwurfs auf Hiroshima und Nagasaki zumindest auf der amerikanischen Seite noch immer von vielen behauptet wird –, änderte dies an der moralischen Verwerflichkeit, einen solchen Entschluss zu fassen, nichts.

Gerade am Fall Japans lässt sich aber auch zeigen, wie ein nur scheinbarer Erfolg einer Handlung fälschlicherweise zu ihrer moralischen Rechtfertigung missbraucht werden kann. Japan kapitulierte zwar wenige Tage nach Nagasaki, sodass eine Kausalität zwischen den Atombombenabwürfen und dem Entschluss zur Kapitulation zu bestehen schien. Tatsächlich jedoch hatten, wie Bert V. A. Röling nach seiner Einsichtnahme in Protokolle des japanischen Ministerrats und des Kronrats mitteilte, nicht die Atombomben zur Kapitulation geführt.[885] Als die Bomben fielen, war die Entscheidung zur Kapitulation durch die japanische Regierung bereits gefällt worden. Der Oberste Kriegsrat mit Kaiser Hirohito hatte, so auch John Kenneth Galbraith in seinen Lebenserinnerungen, die Kapitulationsentscheidung bereits am 20. Juni 1945 gefasst.[886] Die Durchführung dieser Entscheidung brauchte jedoch wegen regierungsinterner politischer Rivalitäten und Umständlichkeiten innerhalb der japanischen Bürokratie Zeit – Zeit, die Washington nicht eingeräumt hatte.[887]

Zusammenfassend betrachtet, können die für die Atombombenabwürfe gegebenen Erklärungen und Rechtfertigungsversuche nicht überzeugen. In Fragen dieser Bedeutung sollte man sich nicht mit vagen Überlegungen abspeisen lassen. Dies heißt nicht, dass jede Erklärung, die in Rechtfertigungsabsicht gegeben wird, falsch sein müsste. Nur, wenn es zur Tötung unschuldiger Menschen gekommen ist und erst recht, wenn es sich um eine Massentötung handelt, sollte die Pflicht einer genaues-

---

885 Vgl. Coulmas, Hiroshima, S. 42.
886 Vgl. Galbraith, Leben in entscheidender Zeit, S. 233.
887 Vgl. Coulmas, Hiroshima, S. 104.

ten Prüfung anerkannt werden, ob diese Tötung wirklich notwendig war. Der Versuch, die absichtliche Tötung unschuldiger Menschen zu rechtfertigen, stellt nicht nur eine moralphilosophische Herausforderung dar. Auch sollte sich jeder, der es unternimmt, eine konkrete Tötung dieser Art zu rechtfertigen, der damit verbundenen moralischen Verantwortung bewusst sein. Unschuldige Menschen vorsätzlich oder gar absichtlich zu töten ist ein Vorgang, der skrupulöse Aufklärung verlangt. Wir erwarten, dass insbesondere die Entscheidungsträger Rechenschaft ablegen. Wenn jedoch Truman rundweg erklärt, seine Entscheidung habe ihm niemals auch nur den geringsten Schlaf gekostet („*I never lost any sleep over my decision*"[888]), so wird nicht deutlich, dass seine Auseinandersetzung mit dem Problem, von jener Ernsthaftigkeit und Nachdenklichkeit geprägt war, die allein als angemessen erscheint. Diese Äußerung erregt vielmehr den Eindruck einer skandalösen Leichtfertigkeit, und es irritiert der darin zum Ausdruck kommende Mangel an Mitgefühl. Es ist die Art, über diese Dinge hinwegzugehen, die aufhorchen lässt. Mit der schlichten Behauptung, durch die Tötung einiger Hunderttausend Menschen seien insgesamt Menschenleben gerettet worden, kann sich niemand ohne Weiteres zufrieden geben. Schon die Kaltschnäuzigkeit, mit der letztlich versucht wird, berechtigte Fragen abzubügeln, sollte auch denjenigen nachdenklich stimmen, der glaubt, eine moralische Verurteilung der Atombombenabwürfe nicht nachvollziehen zu können.

---

888 Zit. nach: Steinberg, The Man from Missouri, S. 259.

23. Kapitel
Rechtfertigung und Entschuldigung

Das moralisch Gebotene

Was die alliierten Flächenbombardements anlangt, hat Hans-Ulrich Wehler in einem Interview gefordert, sich „vor moralisierenden Urteilen" zu hüten – andernfalls bliebe „letztlich nur der moralische Vorwurf an den Anderen übrig".[889] Er hat aber nicht gesagt, warum man moralische Vorwürfe, sofern sie sich begründen lassen, nicht erheben sollte. Damit hängt seine Aufforderung zur Urteilsabstinenz in der Luft. Gleichzeitig räumt er ein, man könne, wenn man wolle, das britische Vorgehen als Kriegsverbrechen brandmarken, es frage sich aber, was man damit gewinnt.[890] Nun, diese Frage lässt sich leicht beantworten.

Wenn wir sagen, dass ein bestimmtes Vorgehen nicht gerechtfertigt war, sagen wir, dass man so nicht hätte vorgehen dürfen; wir sagen, dass es gemessen an Grundsätzen oder Kriterien, die wir für akzeptiert oder zumindest für rational akzeptierbar halten, falsch war, die betreffenden Handlungen auszuführen. Wenn wir also beispielsweise sagen, dass es für die Einäscherung Dresdens keinen Rechtfertigungsgrund gab, sagen wir, dass die britischen Entscheidungsträger verpflichtet waren, dieses Flächenbombardement zu unterlassen. Feststellungen dieser Art können sowohl im völkerrechtlichen als auch im moralischen Sinne getroffen werden. Der Sinn solcher Überlegungen besteht darin, die Regeln zu identifizieren, denen das untersuchte Handeln folgte, und sie mit den Regeln zu vergleichen, denen zu folgen wir als völkerrechtlich oder moralisch geboten betrachten. Der von Wehler infrage gestellte Gewinn besteht in der Erkenntnis, ob ein bestimmtes historisch reales Handeln moralisch erlaubt oder gar vorbildhaft war.

Ist nun mit einer Feststellung, dass es für ein bestimmtes Handeln keinen Rechtfertigungsgrund gab, auch schon eine Schuldzuweisung oder ein Vorwurf verbunden? Nein! Ein solcher Automatismus besteht nicht. Nicht jeder, der unrecht handelt, ist deshalb schon schuldig. Unsere Rechts- und Moralordnung kennt sowohl Schuldausschließungs- als auch Schuldminderungsgründe. Auch wenn eine Handlung nicht zu rechtfertigen ist, können die Voraussetzungen für das Vorliegen von Schuld fehlen, oder es kann die Schuld des Handelnden auf ein Maß reduziert sein, das sie gleichsam nicht nennenswert erscheinen lässt. In beiden Fällen ist ein mo-

---
889 [Wehler], „Vergleichen – nicht moralisieren", S. 43.
890 Vgl. ebd., S. 44.

ralischer Vorwurf unangebracht. Es kann eben Gründe geben, warum man einer moralischen Verpflichtung nicht nachkommen konnte oder ihr nicht nachgekommen ist.

Obwohl Lothar Kettenacker schreibt: „Kaum ein Historiker ist heute noch bereit, die flächenmäßige Bombardierung deutscher Städte zu rechtfertigen, weder strategisch noch erst recht moralisch"[891], besteht doch, zumal in der Geschichtswissenschaft, die Neigung, Entschuldigungs- und Schuldminderungsgründe anzuführen, noch bevor die Fragen der Rechtmäßigkeit beziehungsweise moralischen Erlaubtheit geklärt sind. Historiker haben unter anderem die Aufgabe, die Entscheidungs- und Handlungssituationen der Akteure zu erforschen und in ihrer Komplexität darzustellen. Es gibt jedoch die Tendenz, die Beschreibung der Schwierigkeiten, vor denen die Entscheidungsträger standen, die Darstellung der zu beachtenden Interessen, der geforderten Rücksichtnahmen, der Konfliktlagen, der Unsicherheit des Wissens etc. mit Argumenten zu vermischen, die der Rechtfertigung oder Entschuldigung dienen, ohne zum einen den bewertenden Charakter der damit verbundenen Urteile offenzulegen und zum anderen zwischen Rechtfertigungs- und Entschuldigungsurteilen zu unterscheiden.

Wird eine komplexe Entscheidungssituation, in der es um Leben und Tod und das Schicksal von Nationen geht, differenziert und ausgewogen dargestellt, empfinden wir häufig ein nachsichtiges Verständnis für diejenigen, die in diesen Situationen Entscheidungen zu treffen hatten und an deren Stelle wir nicht gern gestanden hätten. Und trotzdem gilt: Eine Handlungsweise kann menschlich verständlich und doch moralisch falsch sein.

Ein solches Vorgehen, nämlich zwischen Fragen der Rechtfertigung und Entschuldigung zu unterscheiden, hat Wehler selbst implizit praktiziert. So erklärt er zunächst den Angriff auf Dresden als nicht zu rechtfertigen:

„Dresden ist unter jedem militärischen oder politischen Kalkül ein reines Massaker. Da sehe ich überhaupt keine Form der Rechtfertigung."[892]

Anschließend fügt er zwei Entschuldigungsgründe (über deren Akzeptierbarkeit freilich gesondert zu urteilen wäre) hinzu, die er allerdings nicht als solche kennzeichnet:

„Das Fatale und Teuflische ist aber, dass der Gegner, auch wenn er andere Normen des Zusammenlebens und des politischen Systems verteidigt, in einen Sog gerät, um seinen

---
891 Kettenacker, Churchills Dilemma, S. 55.
892 [Wehler], „Vergleichen – nicht moralisieren", S. 45.

Feind zu kontern und – was natürlich auch eine große Rolle spielt – um Rache zu nehmen für das, was einem angetan worden ist."[893]

Zuvor schon hatte Wehler – generell bezogen auf Flächenbombardements – folgenden, an die Denkfigur des Notwehrexzesses (§ 33 StGB) gemahnenden Entschuldigungsgrund angeführt:

„Das englische Kalkül zielte auf das Auslöschen leicht entzündlicher Stadtteile, Wohngebiete eingeschlossen. Die Engländer sahen die Möglichkeit, durch Flächenbombardements ohne Truppeneinsatz Gegner auszuschalten. Wenn solche Pläne einmal ausgearbeitet sind, und es gibt eine Drucksituation wie seit 1941, ist die Versuchung unwiderstehlich, das jetzt auch zu praktizieren."[894]

Unsere Aufgabe als urteilende Betrachter der Geschichte ist es, moralisch akzeptable von moralisch inakzeptablen Handlungsweisen zu unterscheiden. Erst wenn diese Unterscheidung geleistet ist, können wir über Bedingungen, Umstände und Gründe nachdenken, die uns ein nicht gerechtfertigtes Handeln entschuldbar erscheinen oder zumindest nachsichtig beurteilen lassen. Es wäre aber – und zwar in unser aller Interesse – als ein Fehler zu betrachten, diesen zweiten Schritt vor dem ersten zu tun. Unser Wohl und Wehe hängt maßgeblich von Entscheidungen von Politikern ab, zumal im Krieg, und es ist daher nur rational, diese Entscheidungen an strengsten Maßstäben zu messen.

Dabei kann es für den politisch Handelnden im Einzelfall schwer sein, vielleicht sogar eine heroische Anstrengung erfordern, den moralischen Anforderungen zu genügen. Dies aber kann unter keinen Umständen ein Argument dafür sein, moralische Normen, die stets für jeden und in jeder Situation gleichermaßen als verbindlich angesehen werden, für suspendiert zu halten. Moralische Normen bedürfen vor allem deshalb einer expliziten Erwähnung, weil Menschen nicht von sich aus (jedenfalls nicht in jeder Handlung) den von ihnen akzeptierten Grundsätzen folgen. Dass es Situationen gibt, in denen es menschlich schwierig (obschon möglich) ist, das moralisch Richtige zu tun, muss bei der Bildung unseres moralischen Urteils berücksichtigt werden; es kann aber nicht unser Urteil über das moralisch Gebotene beeinflussen. Das moralisch Gebotene bildet den Maßstab der Beurteilung; der Grad und die Art der Abweichung sowie die Gründe des Abweichens von diesem Soll-Wert sind maßgeblich für das bewertende Urteil.

---

893 Ebd.
894 Ebd., S. 44.

Ungültige Rechtfertigungsgründe

Wenn selbst sensible und um ausgewogene Urteile bemühte Autoren den Unterschied zwischen Rechtfertigung und Entschuldigung offenbar verkennen, sollte dies hellhörig machen. Ein Beispiel: Nachdem er zunächst eingeräumt hat, dass „[m]it kühlem Kopf und mit Fantasie in die Zukunft blickende Politiker und Militärs" in dieser letzten Kriegsphase „vielleicht" den Entschluss hätten „fassen sollen", „Flächenangriffe gegen Städte einzustellen", schreibt Götz Bergander weiter:

> „[W]er im Rückblick auf diese Ereignisse verlangt, die Strategie hätte plötzlich einschneidend geändert werden müssen, der unterbewertet die Kompliziertheit der auf Hochtouren laufenden Kriegsmaschinerie, aber auch die Macht der Gewohnheit, die Schwerfälligkeit der zivilen und militärischen Bürokratie, die Routine in Ministerien, Hauptquartieren und Stäben. Und er unterschätzt die Fantasielosigkeit der Akteure auch hier."[895]

Diese Aussage ist nicht zu akzeptieren. Denn: Man kann durchaus eine Änderung der Strategie verlangen, ohne deshalb die Kompliziertheit der Kriegsmaschinerie zu unterschätzen. Man kann auch sehr wohl um die Schwierigkeiten wissen, Gewohnheiten, Routinen und Phantasielosigkeit zu bekämpfen, ohne deshalb der Meinung zu sein, ein solcher Kampf sei von vornherein vergeblich. Wenn wir es aber prinzipiell für möglich halten, die angesprochene Veränderung zu bewerkstelligen, sind wir auch verpflichtet, das Tun des moralisch Gebotenen zu fordern. Was Bergander womöglich meint, ist, dass wir dann, wenn es nicht getan wird, Nachsicht walten lassen sollten. Unter bestimmten Voraussetzungen mag dies möglich sein. Aber das ist eine Frage der Entschuldbarkeit – eine Frage, die sich überhaupt erst dann stellt, wenn geklärt ist, was rechtlich oder moralisch gefordert war.

Rechtfertigungs- und Entschuldigungsgründe werden auch von anderen Autoren undifferenziert vorgebracht. So hat beispielsweise W. G. Sebald auf das hohe Maß an „Eigendynamik" eines Unternehmens von den materiellen und organisatorischen Dimensionen der Bomberoffensive hingewiesen. Dadurch seien „kurzfristige Kurskorrekturen und Einschränkungen so gut wie ausgeschlossen", zumal der „gesunde Wirtschaftsinstinkt" sich gegen die Nichtnutzung der „Zerstörungskapazität" gesträubt hätte. Außerdem sei wahrscheinlich der „zur Stützung der britischen Moral geradezu unabdingbare Propagandawert", den die „systematische Zerstörungsarbeit" gehabt habe, für die Entscheidung zur Fortsetzung der Offensive entscheidend gewesen.[896] Taylor wiederum verweist auf die mutmaßlichen Reaktionen der britischen

---
895 Bergander, Dresden im Luftkrieg, S. 347 f.
896 Sebald, Luftkrieg und Literatur, S. 27.

Öffentlichkeit, die eine Beendigung der Bomberoffensive und die Ablösung des zum Heroen aufgebauten Befehlshabers des Bomberkommandos hervorgerufen hätte, sowie auf die Schwierigkeiten, die mit einer Änderung der operativen Vorgehensweisen, also dem Übergang zu Präzisionsangriffen, verbunden gewesen wären.[897]

Diese und ähnliche Gründe sind nicht geeignet, das betreffende Vorgehen zu rechtfertigen, das heißt, diese Gründe ändern nichts an dem Urteil, dass man diese Handlungen nicht hätte ausführen sollen. Des Weiteren halte ich es sogar für fraglich, ob die von Bergander, Sebald und Taylor genannten Gesichtspunkte zu einer vollständigen Exkulpation führen könnten. Zum einen waren die genannten Schwierigkeiten teilweise selbst verschuldet, zum anderen dürften sie keineswegs unüberwindbar gewesen sein. Natürlich hätte es der Übergang zu Präzisionsbombardements notwendig gemacht, Bomberbesatzungen für die Nutzung der vorhandenen Navigations- und Zielfindungsinstrumente zu schulen – aber dies, so Stephen A. Garrett, war eine Möglichkeit, die Harris und seinen Kollegen offenstand.[898] Zudem wurde im Oktober 1944 eine Begrenzung der Flächenbombardements selbst im *Air Staff* in Erwägung gezogen. Harris widersprach. Und noch am 4. April 1945 hatte sich Portal in einer offiziellen Antwort an Churchill für die Fortsetzung der Flächenbombardements eingesetzt.[899] Dies macht deutlich: Für die Fortsetzung der einmal eingeschlagenen Strategie war – wenigstens zu diesem späten Zeitpunkt – weder die Macht der Gewohnheit noch die Schwerfälligkeit der Bürokratie noch mangelnde Phantasie ausschlaggebend; hier lag vielmehr eine bewusste Entscheidung vor, die, wenn man anders gewollt hätte, auch anders ausgefallen wäre.

Natürlich dürfen die Schwierigkeiten, das rechte Maß zu finden, nicht geleugnet werden. Es mag nicht einmal selten sein, dass Entscheidungsträger über das Ziel hinausschießen und militärische Operationen durchführen, die sich faktisch als ungeeignet oder nicht erforderlich oder unverhältnismäßig erweisen. Allerdings ist unter dem Gesichtspunkt der Legitimität ohnehin nur zu fordern, dass in der Wahl der Mittel sowie ihres Einsatzes eine angemessene Sorgfalt aufgewendet wird. Der faktische Erfolg – ob hinsichtlich der Tauglichkeit, der Erforderlichkeit oder der Verhältnismäßigkeit der Mittel – kann in einem komplexen Geschehen, wie es Kriege darstellen, nie garantiert sein. Der Akteur muss aber alles, was in seiner Macht steht und auch zumutbar ist, getan haben, um Mittelwahl und -einsatz unter den genannten Gesichtspunkten zu begrenzen. Hat er diese Pflicht erfüllt, ist ihm, selbst wenn der Erfolg ausbleibt, kein Vorwurf zu machen. Und selbst wenn bei einem ehrlichen Bemühen Nachlässigkeiten auftreten, wird man in einem erbittert ge-

---
897 Vgl. Taylor, Strategische Bedeutung des alliierten Bombenkrieges, S. 50 f.
898 Garrett, Ethics and Airpower in World War II, S. 185.
899 Vgl. Bönitz, Feindliche Bomberverbände im Anflug, S. 146, 205.

führten Krieg über Entschuldigungen nachdenken. Stets jedoch muss erkennbar sein, den Krieg gerecht, das heißt auf eine moralisch akzeptable Weise führen zu wollen.

Dieselben Forderungen gelten für die Bestimmung von Zielen. Aber auch hier ist bei der Beurteilung der Akteure zu bedenken, wie schwierig es ist, zum Beispiel die Gewaltbereitschaft des politischen Gegners oder sein Militärpotential abzuschätzen, oder wie schnell man dazu tendiert, eine Bedrohung zu übertreiben. Die Tatsache, dass Politiker, deren Nationen nicht in politischen Organisationen kooperieren, unter massiven Informationsdefiziten handeln müssen, dürfte überhaupt eine der wesentlichen Kriegsursachen sein. Aus dem Blickwinkel der eigenen Sicherheit wird die wechselseitige Bedrohung überschätzt und der Ausbau des Militärpotentials ruft beim Gegner eine analoge Reaktion hervor. Beide Seiten geraten in das bekannte „Sicherheitsdilemma" – das Streben nach einseitiger Sicherheit gebiert noch mehr Unsicherheit. Ein verantwortlicher Umgang mit diesen Phänomenen ist eine moralische Forderung, der sich jeder Politiker zu stellen hat.

Mitunter werden Erwägungen angestellt, die wohl Entschuldigungsgesichtspunkte benennen sollen, dafür aber kaum geeignet sind. So etwa führt Bergander an, man dürfe bei der Betrachtung der flächendeckenden Zerstörung deutscher Städte nicht außer Acht lassen, „daß Hitler und Göring keine Sekunde gezögert hätten, Englands Städte auszuradieren, wenn sie nur die Mittel dazu gehabt hätten"[900]. Dies mag sein. Hitler und Göring gelten aber nicht umsonst als Verbrecher. Aus dem Umstand, dass sich Verbrecher wie Verbrecher verhalten, wenn sie die Gelegenheit dazu haben, lässt sich aber weder eine Rechtfertigung noch eine Entschuldigung dafür gewinnen, selbst verbrecherisch zu handeln. Die Bergandersche Überlegung ist selbst in einem nationalistischen Denken befangen. Abgesehen davon, dass sie auf hypothetischen Elementen beruht („daß Hitler und Göring keine Sekunde gezögert *hätten*"), folgt sie, ethisch betrachtet, einem „Auge um Auge, Zahn um Zahn!". Zu fragen ist, ob es in einer Welt von Massenvernichtungsmitteln tatsächlich im wohlverstandenen eigenen Interesse liegen kann, dieser Maxime zu folgen. Die Frage, welche Entschuldigungsgründe wir akzeptieren sollten, ist nicht nur von Bedeutung für die Bewertung *vergangenen* Handelns.

An die Urteils- und Willensbildung von denjenigen, die in Grundsatzentscheidungen über Tod und Leben befinden, sind strenge Anforderungen zu stellen. Wir erwarten von Staatsmännern, die sich zum Kriegführen entschließen, aber auch von Militärs, die Strategien entwerfen, Nachdenklichkeit, Ernsthaftigkeit und Sorgfalt – und wir erwarten darüber hinaus Mitgefühl mit den Unschuldigen, die Opfer ihrer Entschlüsse werden. Ich glaube, es ist die erschreckende Missachtung dieser morali-

---
900 Bergander, Dresden im Luftkrieg, S. 340.

schen Forderungen, die uns auch bei der Bewertung des individuellen Verhaltens mancher wichtiger Politiker und Militärs, wie etwa Churchill, letztlich zu einem negativen Urteil tendieren lässt.

Für die Feststellung individueller Schuld ist das Unrechtsbewusstsein von zentraler Bedeutung. Im Unterschied zu Churchill, der, wie wir sahen (Kapitel 21), zumindest zum Schluss des Krieges Ansätze eines moralischen Unrechtsbewusstseins im Hinblick auf die Strategie oder wenigstens die Fortsetzung der Strategie des Flächenbombardements entwickelte, dürfte es unter den höchsten britischen Entscheidungsträgern auch solche gegeben haben, darunter Arthur Harris, denen *dieses* Unrechtsbewusstsein nicht unterstellt werden kann. Wahrscheinlich nahmen jene an, ihr Vorgehen sei unter den gegebenen Bedingungen gerechtfertigt, sodass sie zumindest über die moralische und vielleicht auch die völkerrechtliche Erlaubtheit dieser Art von Kriegführung im Irrtum waren. Allerdings: Dieser (indirekte Verbots-)Irrtum begründet keine Schuldausschließung. Denn auch ihnen muss klar gewesen sein, dass diese Fragen selbst in den eigenen Reihen und erst recht international umstritten waren. Harris selbst hatte mit seiner Intervention im eigenen Ministerium (Kapitel 5) darauf gedrungen, dass die tatsächliche Praxis der Bombardements ausdrücklich anerkannt wird, und er hatte die Vorbehalte registriert, die ein öffentliches Bekenntnis seitens der britischen Regierung verhinderten. Er war sich bewusst, dass mit der Tötung Unschuldiger moralische Fragen höchster Dringlichkeit und Brisanz verbunden sind. Keiner, der so dachte wie er, durfte sich daher angesichts der Bedeutung dieser Fragen ohne Weiteres über mahnende Stimmen hinwegsetzen, und keiner durfte mit der tatsächlich zu beobachtenden Selbstverständlichkeit, Kaltschnäuzigkeit und Menschenverachtung auf eine derart opferträchtige Strategie setzen – zumal deren Zweckmäßigkeit, Notwendigkeit und Verhältnismäßigkeit alles andere als gewiss war.

Auch wenn manche Protagonisten (insbesondere) der (späten) Flächenbombardements für den Unrechtscharakter ihres Handelns blind gewesen sein sollten: Diese Blindheit beruhte auf einer Verletzung von Sorgfaltspflichten bei der Urteils- und Willensbildung. Zudem kann diese Pflichtverletzung auch den Protagonisten selbst nicht entgangen sein; sie war ihnen bewusst. Die *Fahrlässigkeit* bei der Annahme[901] rechtfertigender Sachverhalte oder auch eines Rechtfertigungsgrundes war daher selbst verschuldet. Und eine vermeidbare, bewusst fahrlässige Verletzung zumutbarer Sorgfaltspflichten ist vorwerfbar.

---

901 Dieses Ergebnis steht nicht in Widerspruch zu der Tatsache, dass die Angriffe auf die Zivilbevölkerung vorsätzlich erfolgten. Hier geht es um die irrtümliche Annahme von Sachverhalten oder Gründen, die zur Rechtfertigung des Handelns führten, wenn sie vorlägen. Die Feststellung von Fahrlässigkeit bezieht sich auf dieses Annehmen.

24. Kapitel
Wehrpflichtige und Berufssoldaten

Ausgehend von der völkerrechtlichen Unterscheidung zwischen Kombattanten und Nichtkombattanten habe ich ausschließlich Fragen der Zulässigkeit der Tötung von Zivilisten diskutiert. Soldaten blieben außerhalb der Betrachtung. Aber auch Soldaten haben Rechte, und sie haben Anspruch darauf, nicht sinnlos getötet zu werden. Fraglich ist zudem, ob Soldaten zu jeder Zeit und unter allen Umständen oder nur während Kampfeinsätzen getötet werden dürfen.

Spezielle Fragen stellen sich für die Behandlung von Wehrpflichtigen. Während Berufssoldaten freiwillig auf ihr Recht, nicht getötet zu werden, verzichtet haben, muss dies bei Wehrpflichtigen keineswegs der Fall sein. Obwohl auch Letzteres denkbar ist, besteht doch kein Grund für die Annahme, auch Wehrpflichtige seien bereit, sich für die jeweils umkämpfte Sache töten zu lassen. Ist es dann überhaupt richtig, wenn der Staat Nichtfreiwillige rekrutiert, um sie in einen Krieg und womöglich in den Tod zu schicken? Und unter welchen Voraussetzungen dürfen Wehrpflichtige in einem Krieg getötet werden?

Rüdiger Bittner beispielsweise hält Kriegführung gestützt auf Wehrpflichtige (und ebenso Kriegführung gegen Wehrpflichtige) für unrecht. Da in allen Kriegen etwa der letzten hundert Jahre Unwillige in die Schlacht geschickt wurden – Menschen, die auf ihr Recht, nicht getötet zu werden, nicht verzichtet haben –, seien alle diese Kriege verwerflich gewesen.[902] Bittner versucht mit diesen Überlegungen plausibel zu machen, dass es nicht wahr ist, „dass die Grenze zwischen den Menschen, gegen die man im Krieg militärische Aktionen richten darf, und denen, gegen die man sie nicht richten darf, mit der Grenze zwischen Kombattanten und Nicht-Kombattanten zusammenfällt"[903].

Nur so viel sei dazu angemerkt: Für die Relevanz der Unterscheidung von Kombattanten und Nichtkombattanten spricht die Tatsache, dass auch Wehrpflichtige Kämpfer sind. Unser Selbstverteidigungsrecht kann nicht deshalb eingeschränkt sein, weil der Angreifer nicht freiwillig handelt, sondern unter Sanktionsdrohungen steht. Vielmehr ist vom Wehrpflichtigen gefordert, statt zu töten, die Sanktion für die Wehrdienstverweigerung zu tragen. Dies gilt zumindest, solange nicht die Todesstrafe droht.[904] Tut er dies nicht, sondern greift er uns stattdessen an, kann er im

---

902 Siehe Bittner, Gute Kriege, böse Feinde, S. 10, 12.
903 Ebd., S. 12.
904 Vgl. Fritze, Die Tötung Unschuldiger, S. 198.

Prinzip behandelt werden wie einer, der dies freiwillig tut. Letzteres gilt aber tatsächlich nur, solange eine unmittelbare Bedrohung besteht. Gleichwohl wird unser Verhältnis zu Wehrpflichtigen ein anderes sein als zu einem Feind, der aus sich heraus uns Unrecht antun will.

Unser Recht auf Selbstverteidigung kann aber auch nicht deshalb eingeschränkt sein, weil der uns angreifende Wehrpflichtige irrtümlicherweise glaubt, an einem gerechten Krieg teilzunehmen. Sein Irrtum, ob vermeidbar oder nicht, berührt nicht die Unrechtmäßigkeit seines Tuns. Allerdings böte der Fall, dass der Soldat *unvermeidbarerweise* (etwa in Folge von ideologischer Indoktrination) annimmt, auf der gerechtfertigten Seite zu kämpfen, eine besondere moralische Problematik. Ein solcher Soldat, obwohl Kombattant, müsste im moralischen Sinne als unschuldig betrachtet werden. Aber auch dann würde die Forderung an den Angegriffenen, sich für den unschuldigen *Angreifer* durch Verzicht auf sein Selbstverteidigungsrecht aufzuopfern, wohl von einer deutlichen Mehrheit als unzumutbar betrachtet.[905]

Jedoch sollen diese Überlegungen hier nicht fortgeführt werden. Es sollte lediglich deutlich geworden sein, dass der Krieg und die Kriegführung mehr Fragen aufwerfen als hier behandelt wurden.

---

905 Vgl. zu diesem Problem auch Steinhoff, Moralisch korrektes Töten, S. 125.

25. Kapitel
Befreiung durch Kriegsverbrechen?

Hass und Rache

Die Lehre vom gerechten Krieg umfasst nicht nur Überlegungen, unter welchen Voraussetzungen und auf welche Weise ein Krieg geführt werden darf, sondern auch wie er zu beenden ist. Wer den Grundsatz akzeptiert, dass Krieg nur um des Friedens willen geführt werden darf, hat zu bedenken, wie Frieden nach einem gewonnenen Krieg zu gewinnen, das heißt langfristig zu bewahren ist. Von besonderer Bedeutung sind dafür unter anderem die Art und Weise der Kriegführung sowie die Art und Weise, in der sich die Sieger den Besiegten präsentieren und mit deren Bevölkerung verfahren. Denn die Erinnerungen daran leben im kollektiven Gedächtnis von Gesellschaften fort. Sie können die Grundlage abgeben für langfristig wirkende Ressentiments, für Völkerhass, ja sogar für einen zukünftigen Krieg. Der Deutschland nach dem Ersten Weltkrieg aufgezwungene Vertrag von Versailles ist dafür ein Menetekel. Daher ist es stets die Pflicht jeder Staatsführung, das eigene Vorgehen aus einer Perspektive zu betrachten, die diese übergeordneten, langfristigen Zusammenhänge mitbedenkt.[906] Das alliierte Handeln sowohl in der letzten Phase des Krieges als auch in der unmittelbaren Nachkriegszeit wirft diesbezüglich eine Reihe von Fragen auf, von denen einige angesprochen werden sollen.

Zweifellos war der 8. Mai 1945 *auch* ein Tag der Befreiung, nämlich ein Tag der Befreiung vom nationalsozialistischen Herrschaftssystem. Gleichwohl gehört es zur historischen Wahrheit, dass sich die Befreier vor und teilweise auch nach dem Kriegsende nicht wie wirkliche Befreier benommen haben und daher der Mehrheit der deutschen Bevölkerung keinen Anlass boten, den Untergang des Nationalsozialismus zugleich als ihre eigene Befreiung zu verstehen.

Im Fall der sowjetischen Streitkräfte bedarf dies keines Kommentars. Das Wüten der Roten Armee vor allem in den deutschen Gebieten östlich von Oder und Neiße ist allgemein bekannt. In welchem Maße man angesichts der obwaltenden Umstände bei der Beurteilung der Vorgänge auch Nachsicht üben will – es kann nicht in Abrede gestellt werden, dass viele der Soldaten Stalins als Rächer kamen und sich als unmenschliche Verbrecher aufführten. Die in ihren Heimatorten zurückgebliebenen oder auf der Flucht von sowjetischen Truppen eingeholten Deutschen erlebten in den Wochen und Monaten nach dem Januar 1945 „eine Zeit blutigster Aus-

---

906 Vgl. dazu Rawls, Das Recht der Völker, S. 121.

schreitungen und schlimmster Drangsalierungen"[907]. Plünderungen und Brandschatzungen, Verschleppungen und Deportationen, Tötungsverbrechen, ja selbst Massentötungen Dutzender von Menschen und immer wieder brutalste, oftmals mehrfache Vergewaltigungen – von der achtzigjährigen Greisin bis zum zehnjährigen Kind, nicht selten mit Todesfolge – waren an der Tagesordnung. Die Zahl der ermordeten Deutschen – sie kamen aus allen Alters-, Sozial- und Berufsgruppen und waren in der Regel keineswegs NS-Funktionäre – wird auf über 100.000 geschätzt.[908] Selbst Zwangsarbeiterinnen, die ursprünglich auf ihre Befreiung durch die Rote Armee gehofft hatten, wurden massenhaft missbraucht. Ganze Ortskerne wurden mitunter aus reiner Zerstörungswut systematisch abgebrannt.[909] Erschrocken über das barbarische Vorgehen einer aufgehetzten Soldateska, notierte Jurij Uspenskij, ein sowjetischer Oberleutnant, in seinem Tagebuch:

> „Ich hasse Hitler und das Hitler-Deutschland von ganzem Herzen, aber dieser Haß rechtfertigt nicht solches Vorgehen."[910]

Dieser Hass mag eine menschlich nachvollziehbare Reaktion auf deutsche Untaten gewesen sein. Die Heimat des Sowjetsoldaten war von deutschen Truppen zerstört worden. Jeder von ihnen hatte Kameraden sterben sehen. Die Barbarei des Krieges hinterließ bei vielen psychische Verletzungen. Hinzu kamen Alkohol und die Gelegenheit, Rache zu nehmen und ganz individuell Vergeltung zu üben.

Dieser Hass war aber auch das Ergebnis einer zügellosen Propaganda, an der der Schriftsteller Ilja Ehrenburg – neben anderen bekannten Größen der sowjetischen Literatur – keinen geringen Anteil hatte.[911] Jahrelang hatte er, als die unter Frontsoldaten populärste Figur der Kriegspublizistik, eine Gleichsetzung des deutschen Volkes mit den Nationalsozialisten propagiert und eine Verantwortlichkeit aller Deutschen für die Verbrechen des Nationalsozialismus suggeriert. Die nazistische Propaganda vom russischen „Untermenschentum" verkehrte er in ihr Gegenteil und bezeichnete in einem Beitrag von Anfang April 1945 die Deutschen als verachtungswürdige „Anthropoiden", die nach Beendigung des Krieges wenigstens auf das Niveau zurückgebliebener menschlicher Wesen zu heben seien. Mit seinen Hetzartikeln in Frontzeitungen – „Wölfe sind sie, Wölfe bleiben sie", „Warum wir sie verachten" –, seinen zur Vergeltung anstachelnden Aufrufen – „Töte den Deutschen!", „Die Abrechnung hat begonnen", „Für die Qualen Leningrads hat Berlin noch nicht

---

907 Zeidler, Kriegsende im Osten, S. 143.
908 Vgl. ebd., S. 145.
909 Vgl. Zeidler, Die Rote Armee auf dem Boden Deutschlands, Abschn. 2.2.
910 Zit. nach: Zeidler, Kriegsende im Osten, S. 154.
911 Ich stütze mich hier auf: Zeidler, „Denn ich sah vor mir unser Heer, voll des großen Zornes", S. 16. Siehe auch Hoffmann, Stalins Vernichtungskrig 1941-1945, Kap. 9.

bezahlt" – sorgte er (und viele andere) für eine geistige Aufrüstung, die sich beim Zusammentreffen mit der deutschen Bevölkerung entsprechend niederschlug. Anfang 1945 schrieb er in einem Beitrag für die Armeezeitung:

> „Wir werden niemanden fragen, ob er Preuße oder Sachse, SS oder SA, Sturmführer oder Sonderführer ist. Wir werden keine Fragen stellen [...], weil das Herz eines jeden von uns voll ist von Schmerz, sind wir entschlossen, mit ihnen ein für allemal abzurechnen."[912]

Und noch am 3. März 1945 ließ sich Ehrenburg so vernehmen:

> „Die einzige historische Mission, wie ich sie sehe, besteht bescheiden und ehrenwert darin, die Bevölkerung von Deutschland zu vermindern."[913]

Diese aufputschende Propaganda blieb nicht nur Tirade eines Literaten, sondern fand ihren Niederschlag in Ansprachen und Befehlen höchster sowjetischer Kommandeure. Am 12. Januar 1945 wandte sich Marschall Tschernjakowskij, der den Angriff auf Ostpreußen leitete, mit diesen Worten an seine Soldaten:

> „Zweitausend Kilometer sind wir marschiert und haben die Vernichtung all dessen gesehen, was wir in zwanzig Jahren aufgebaut haben. Nun stehen wir vor der Höhle, aus der heraus die faschistischen Angreifer uns angegriffen haben. Wir bleiben erst stehen, nachdem wir sie gesäubert haben. Gnade gibt es nicht – für niemanden, wie es auch keine Gnade für uns gegeben hat. [...] Das Land der Faschisten muss zur Wüste werden."[914]

Für solcherart Ansprachen – gedacht zur Motivation junger Männer, bereit zu sein, ihr Leben hinzugeben – mag mancher Verständnis entwickeln; doch sie infiltrierten auch die Hirne der siegreich Überlebenden. Lew Kopelew, der als Offizier der Roten Armee an der „Befreiung" Deutschlands teilnahm und 1945 wegen „Mitleid mit dem Feind" zu zehn Jahren Straflager verurteilt wurde, schrieb in seinen Lebenserinnerungen:

> „[...] wir alle – Generäle und Offiziere – verhalten uns nach Ehrenburgs Rezept. Welche Rache lehren wir: deutsche Weiber aufs Kreuz legen, Koffer, Klamotten wegschleppen. [...] Begreif doch: in ein, zwei Monaten treffen wir mit den Engländern und Amerikanern zusammen. Die Deutschen fliehen vor uns zu ihnen. Und stell dir vor, was wird später aus unseren Soldaten, die zu Dutzenden über eine Frau herfielen? Die Schulmäd-

---
912 Zit. nach: Zeidler, „Denn ich sah vor mir unser Heer, voll des großen Zornes", S. 16.
913 Zit. nach: Hoffmann, Stalins Vernichtungskrig 1941-1945, S. 282.
914 Ursachen und Folgen. Vom deutschen Zusammenbruch 1918 und 1945 bis zur staatlichen Neuordnung Deutschlands in der Gegenwart, Nr. 3584a.

chen vergewaltigten, alte Frauen ermordeten? Sie kommen zurück in unsere Städte zu unseren Mädchen. Das ist schlimmer als jede Schande. Das sind Hunderttausende von Verbrechern, künftigen Verbrechern, grausame und dreiste mit den Ansprüchen von Helden."[915]

Lässt man diese Tatsachen auf sich wirken, wird man sagen: In der Tat, „die Russen" hielten, was die NS-Propaganda, allen voran Goebbels, „versprochen" hatte. In dieser Situation konnte von einer „Pflicht aller moralischen Menschen, für einen Sieg der Alliierten zu kämpfen"[916], keine Rede sein. Wie hätte man von einem deutschen Normalbürger – die Vernichtungsaktionen in Auschwitz (von denen er in der Regel keine Ahnung hatte) waren zudem Ende November 1944 eingestellt worden – erwarten dürfen, Stalins Endsieg *in Berlin* zu erhoffen oder auf die Seite seiner Truppen überzulaufen, während diese auf deutschem Territorium Verbrechen begehen? Der Militärhistoriker Manfred Zeidler ist zu folgender Einschätzung gelangt:

> „Auch bei aller gebotenen Zurückhaltung im Urteil kann eines zumindest festgestellt werden: Von einer Befreiungsmission der Roten Armee gegenüber dem deutschen Volk ist dem gewöhnlichen Rotarmisten – sei es Soldat oder Truppenoffizier – in den Januartagen 1945 noch nichts bekannt gewesen."[917]

Selbst nach Beendigung des Krieges, nach dem Tag der „Befreiung", kam es auf dem späteren Gebiet der DDR zu brutalen Übergriffen von Rotarmisten, insbesondere zu massenhaften Schändungen deutscher Frauen und Mädchen.[918] Den Exzessen durch Angehörige der Roten Armee wurde seitens der militärischen Führung mehrere Wochen lang zumindest nicht angemessen entgegengetreten. Wahrscheinlich erst als man erkannte, dass die Verwahrlosung der Truppe zu einem Problem für die Armee selbst werden könnte, versuchte man energischer, die militärische Disziplin wiederherzustellen.

Eine Lektion erteilen

Während Stalin dafür sorgte, dass sich in dem von ihm kontrollierten Teil Deutschlands ein Gesellschaftsmodell nach sowjetischem Vorbild etablierte, schufen die Westalliierten in ihren Besatzungszonen die Voraussetzungen für das Entstehen eines demokratischen Verfassungsstaates. Aber auch im Fall der westlichen Alliierten waren die vorausgegangenen Bombardements auf deutsche Städte eben nicht im

---
915 Kopelew, Aufbewahren für alle Zeit!, S. 129.
916 Hösle, Moral und Politik, S. 1026.
917 Zeidler, Kriegsende im Osten, S. 134.
918 Vgl. Knabe, Tag der Befreiung?, S. 72 ff.

Geist von Befreiern ausgeführt worden. Die deutschen Zivilisten mussten mehrheitlich als Gefangene eines verbrecherischen Regimes gesehen werden, das die längst fällige Kapitulation bis zur totalen Niederlage verweigerte. Dessen ungeachtet glaubte man, das Leben dieser Menschen im Zuge militärischer Operationen beliebig aufs Spiel setzen zu dürfen. Eine Idee von Rücksichtnahme und Schonung ist nicht einmal ansatzweise erkennbar. Selbst in seinem (zurückgezogenen) Memorandum (Kapitel 21), in dem Churchill empfiehlt, man solle sich „künftig stärker auf militärische Ziele konzentrieren", heißt es zur Begründung: „mehr in unserem eigenen Interesse als in dem des Feindes".[919] Es mag sein, dass Churchill auch aus taktischen Erwägungen eine solche Begründung anführte – aber auch das zeigte doch nur, welches Denken im Bomberkommando vorherrschte.

In keiner Weise lassen die Bombardements der *Royal Air Force* gegen deutsche Städte erkennen, dass man bei der Verfolgung der eigenen Kriegsziele gleichzeitig darauf bedacht gewesen wäre, Zivilisten möglichst zu verschonen. Ganz abgesehen von der Sprengung der Möhne- und der Edertalsperre im Mai 1943, wobei insgesamt etwa 1.600 Menschen in den Flutwellen ertranken,[920] darunter 750 Insassen eines Zwangsarbeitslagers, zeugen zu viele der Militäroperationen von einem Kalkül, in dem ein Wille zur Rücksichtnahme auf Zivilisten keine Rolle spielt. So nennt Jörg Friedrich den Angriff auf Heilbronn am 4. Dezember 1944 ein „pures Zivilmassaker"[921], und auch eine Reihe anderer Städteangriffe wird man kaum anders bezeichnen können. Das ernsthafte Bestreben, Zivilisten möglichst zu schonen, muss aber bei jeder Militäraktion vorausgesetzt werden, um von einer gerechten und moralisch akzeptablen Kriegführung sprechen zu können. Vielleicht enthüllt gerade die Ignoranz dem menschlichen Leiden gegenüber die wahre Natur der Ziele und des Denkens der verantwortlichen Führer. Wir können von jedem Politiker, Befehlshaber und Offizier erwarten, dass er sich nicht nur für die Menschen der eigenen Nation verantwortlich fühlt, sondern auch das Leiden der gegnerischen Bevölkerung mitbedenkt.

Faktisch jedoch war das Gegenteil der Fall. Selbst gegen nichtdeutsche Städte wurden im Zuge des alliierten Vormarsches zunächst rüde Angriffe geflogen – während etwa ein Angriff auf die in amerikanischem Besitz befindlichen Ford-Werke in Deutschland unterblieb.[922] Erst nachdem Charles de Gaulle wegen alliierter Bombenangriffe auf französische Städte mit großen Zivilverlusten protestiert hatte,

---

919 Churchill, Memorandum vom 28. März 1945. Zit. nach: Taylor, Dresden, S. 412.
920 Vgl. Friedrich, Der Brand, S. 104. Da die gleichzeitige Sprengung der Sorpetalsperre misslang, blieben die erwarteten Wirkungen für die Ruhrindustrie und ihre Bevölkerung aus; noch im Herbst des Jahres waren die Talsperren wiederhergestellt.
921 Vgl. ebd., S. 340.
922 Vgl. Müller, Der Bombenkrieg 1939-1945, S. 164.

wurde in *Air-Staff*-Direktiven an das *Bomber Command* „verschiedentlich darauf hingewiesen, bei Angriffen auf Ziele im deutschbesetzten Gebiet Rücksicht auf die dortige Zivilbevölkerung zu nehmen, weil diese zu den Alliierten gehörte".[923] Die Empfehlung zur Rücksichtnahme beruhte auf einer entsprechenden Weisung Eisenhowers und einer Direktive des *Air Ministry* vom 29. Oktober 1942, in der die Bomberbesatzungen angewiesen wurden, nur militärisch relevante Ziele zu bombardieren und Angriffe mit unverhältnismäßig hohen Zivilverlusten zu unterlassen. Diese Forderung galt ausdrücklich nur für die von Deutschland okkupierten Länder, sie galt nicht, wenn es sich um Ziele in Deutschland, Italien oder Japan handelte.[924] W. Hays Parks stellt fest:

> „In den von den Deutschen besetzten Staaten gingen die Bomberstreitkräfte der Alliierten, um die Zahl der Zivilopfer auf ein Mindestmaß zu reduzieren, mit einem größeren Maß an Sorgfalt vor als beim Angriff auf Ziele in Deutschland."[925]

Ungeachtet der Anweisung, bei Angriffen auf Ziele in den verbündeten Ländern Präzision walten zu lassen, kam es immer wieder zu großen Schäden, die Proteste der Exilregierungen in Großbritannien auslösten. So machte der niederländische Vertreter nach einem amerikanischen Angriff gegen Rotterdam vom 31. März 1943 darauf aufmerksam, dass die niederländische Regierung nicht bereit sei, die Fortsetzung der „Angriffe gegen dichtbesiedelte Stadtviertel weiter hinzunehmen".[926] Wie die niederländische Regierung betonte, stünde der Ruf der RAF in den Niederlanden auf dem Spiel. Zudem verstünden es die Deutschen, Kapital aus den Angriffen zu schlagen – indem sie an der Reparatur der Häuser mitwirkten, Sonderrationen verteilten und den Opfern gegenüber eine allgemein „nette" Haltung an den Tag legten.[927] Die zumeist flächendeckende Bombardierungstaktik wurde nichtsdestotrotz fortgesetzt und forderte immer wieder hohe Verluste unter der europäischen Bevölkerung. Am 24. April 1944 wurden in Rouen 400 französische Zivilisten getötet.

Alles in allem dürfte die Vermutung nur schwer abweisbar sein, dass es zumindest dem britischen Gegner um eine Befreiung des deutschen Volkes von einem unerträglichen Regime nicht gegangen sein kann – und zwar auch nicht sekundär, nachdem man die legitime Aufgabe der Selbstverteidigung beziehungsweise Nothilfe bewältigt hatte. Deutschland sollte als Feindstaat besetzt werden, um über sein

---

923 Boog, Strategischer Luftkrieg in Europa und Reichsluftverteidigung 1943 bis 1944, S. 24.
924 Vgl. ebd.
925 Parks, Luftkrieg und Kriegsvölkerrecht, S. 414 f.
926 Zit. nach: Groehler, Bombenkrieg gegen Deutschland, S. 158.
927 Vgl. ebd.

künftiges Geschick nach eigenem Gutdünken entscheiden zu können.[928] Und gleichzeitig wurden unschuldige Zivilisten – Kinder, Frauen, Greise, Zwangsarbeiter, Kriegsgefangene, KZ-Häftlinge – instrumentalisiert, um zum einen (ausgehend von einer Kollektivschuldannahme) dem deutschen Volk eine „Lektion" zu erteilen und zum anderen eine psychologische Wirkung auf Dritte zu erzielen. Sidney Bufton, verantwortlich für die Planung der britischen Bomberoperationen, hatte sich noch am 15. August 1944 für die Idee eines Vernichtungsschlages gegen das „Nervenzentrum Deutschlands" stark gemacht und die Operation „Donnerschlag" gegen Berlin befürwortet:

> „Es wird darauf hingewiesen, daß eine spektakuläre und handgreifliche endgültige Lektion für das deutsche Volk über die Folgen einer weltweiten Aggression auch in der Nachkriegsperiode von dauerndem Wert sein würde. Außerdem würde die totale Verwüstung des Zentrums einer so ungeheuer großen Stadt wie Berlin vor aller Welt ein unwiderlegliches Zeugnis für die Macht einer modernen Bomberstreitmacht ablegen. Es wird daran erinnert, daß ein solcher Beweis es wesentlich erleichtern würde, die besetzten Gebiete weitgehend mittels der Luftstreitkräfte zu befrieden. Darüber hinaus würde es unseren russischen Verbündeten und die Neutralen von der Wirksamkeit anglo-amerikanischer Luftmacht überzeugen. Wenn alliierte Truppen in die Lage kämen, Berlin zu besetzen, oder es von neutralen Vertretern besucht wird, würde ihnen ein lange fortbestehendes Denkmal von den Wirkungen vorgeführt werden, die das strategische Bombardement in diesem Krieg hervorgerufen hat und jederzeit wiederholen könnte."[929]

Die britischen Planungsexperten erwarteten jenseits des militärischen Nutzens und der erhofften Kapitulation Deutschlands langfristige Nebenfolgen, die zur Begründung der Notwendigkeit und zur Rechtfertigung von *Thunderclap* mit herangezogen wurden. Das geplante infernalische Zerstörungswerk sollte nebenher das „deutsche Volk" abschrecken und gleichzeitig vor allem den (noch) verbündeten Sowjets die Stärke eines künftigen Gegners demonstrieren. Dass es schließlich nicht zur Ausführung der geplanten Operation gegen Berlin kam, lag nicht daran, dass man etwa die von Bufton zum Ausdruck gebrachte Intention verworfen hätte. Es waren die Amerikaner, die das als kombinierten Großangriff von USAAF und RAF geplante Flächenbombardement mit der Begründung ablehnten, ein solches Vorge-

---

928 Die Vorstellungen Charles de Gaulles sahen während des Krieges nicht anders aus. Am 25. August 1941 äußerte er persönlich Bedenken gegen die Atlantik-Charta, die von der Wahrung des Selbstbestimmungsrechts der Völker ausging. Ihm schwebte eine Kontrolle des Rheinlands und des Ruhrgebiets vor (zeitweise dachte er auch an die Schaffung eines eigenen, von Frankreich kontrollierten rheinischen Staates), und er glaubte an die Erneuerung des französisch-russischen Bündnisses gegen Deutschland nach dem Krieg (vgl. Soutou, Frankreich und die Deutschlandfrage 1943 bis 1945, S. 77).
929 Zit. nach: Ebd., S. 339.

hen entspräche weder der amerikanischen Bombardierungsphilosophie noch sei es erfolgversprechend.[930]

Unabhängig davon, inwieweit diese zweifellos auch propagandistischen, auf Überredung angelegten Äußerungen mit den moralischen oder Rechtsüberzeugungen des Sprechers übereingestimmt haben mögen, dieserart Argumente sind nicht wirkungslos geblieben. Was man tat, deckte sich häufig mit den menschenverachtenden Auslassungen, wie sie in vielen Dokumenten überliefert sind.

Alte Rechnungen begleichen

Nicht zu verschweigen ist schließlich die anglo-amerikanische Mitverantwortung für die Vertreibung, Umsiedlung und Verschleppung von Deutschen nach Ende des Krieges.[931] Schon auf den Konferenzen von Teheran, Ende 1943, und Jalta, Februar 1945, hatten die sogenannten Großen Drei, Roosevelt, Churchill und Stalin, die Westverschiebung Polens provisorisch verhandelt.[932] Auf der Potsdamer Konferenz, Mitte Juli 1945, trafen Truman und Churchill und nach dessen Abwahl als Premierminister Clement Attlee gemeinsam mit Stalin eine Vereinbarung über die Oder-Neiße-Linie[933] sowie die „ordnungsgemäße" Überführung der deutschen Bevölkerung aus Polen, der Tschechoslowakei und Ungarn[934] – aus Siedlungsgebieten, in denen Deutsche seit Generationen, in einigen Regionen seit tausend Jahren ansässig waren. Durch diesen Beschluss wurde die ethnische Grenze wiederhergestellt wie sie etwa im Jahre 1000 n. Chr. bestand.[935] Truman und Churchill trugen damit ihren Teil zur größten Völkervertreibung der Weltgeschichte[936] und zu einer humanitären Katastrophe gewaltigen Ausmaßes bei, gegen die sie, auch als sie offenkundig geworden war, praktisch nichts oder jedenfalls viel zu wenig unternahmen.[937]

---

930 Vgl. Neillands, Der Krieg der Bomber, S. 361. – Ronald Schaffer hingegen bestreitet, dass ethische Gründe eine Rolle spielten. Er zeigt vielmehr, dass die amerikanische Luftwaffenführung keine moralischen Einwände hatte, unterschiedslose Bombardements gegen die deutsche Zivilbevölkerung durchzuführen (vgl. Schaffer, American Military Ethics in World War II, S. 326).
931 Die Frage der Behandlung deutscher Kriegsgefangener in amerikanischen und französischen Lagern in den Jahren 1945/46 soll an dieser Stelle nicht thematisiert werden.
932 Siehe dazu Hartenstein, Die Geschichte der Oder-Neiße-Linie, S. 62-64, 83-87.
933 Siehe ebd., S. 117-128, 239.
934 Vgl. Faust, Das Potsdamer Abkommen und seine völkerrechtliche Bedeutung, S. 182-185.
935 Vgl. Keegan, Der Zweite Weltkrieg, S. 862.
936 So Nawratil, Schwarzbuch der Vertreibung 1945 bis 1948, S. 73.
937 Siehe de Zayas, Die Nemesis von Potsdam, Kap. 5 und 6; vgl. auch Darnstädt/Wiegrefe, „Eine teuflische Lösung".

Zweifellos: Diese Ereignisse haben eine Vorgeschichte, und sie hätten nicht stattgefunden ohne die Hitlerschen Angriffskriege und die Verbrechen des NS-Regimes gegen die osteuropäischen Völker. Gleichzeitig hatte dieser Krieg die Gelegenheit geschaffen, das Problem der deutschsprachigen Minderheiten in Osteuropa einer radikalen Lösung zuzuführen. Zum einen war schon kurz nach Kriegsausbruch 1939 deutlich geworden, dass die polnische Exilregierung eine Westverschiebung der deutsch-polnischen Grenze erstrebte.[938] Zum anderen hatte sich Eduard Benesch, tschechoslowakischer Staatspräsident der von den drei Alliierten anerkannten Exilregierung, Ende 1941 zum Prinzip des Bevölkerungstransfers bekannt und stieß schon Ende 1942 auf Zustimmung bei den Engländern und später auch bei Amerikanern und Sowjets.[939] Nun sollte doch klar sein, dass, falls man überhaupt erzwungene Bevölkerungsumsiedlungen als eine Konfliktlösungsmöglichkeit ins Auge fasst, eine solche Aktion in geordneten Bahnen zu verlaufen hat und dies durch die Verantwortlichen zu garantieren ist. Man wird also logistische Hilfestellung sowie ernsthafte Anstrengungen erwarten dürfen, ein derartiges – moralisch höchst fragwürdiges und völkerrechtlich illegitimes[940] – Projekt wenigstens human verträglich durchzuführen. Tatsächlich aber dürften noch nach dem Krieg mehrere Hunderttausend Menschen durch Vertreibung und durch Besatzungsherrschaft zu Tode gekommen sein.[941]

Auch wenn viele der „Umsiedlungen" ohne Zustimmung der Westalliierten und im Widerspruch zu den von ihnen geforderten Richtlinien erfolgten: Briten und Amerikaner waren sowohl durch gemeinsame Beschlüsse mit der Sowjetunion als auch durch teilweise wissentliche Duldung an völkerrechtswidrigen und moralisch verwerflichen Praktiken direkt und indirekt beteiligt.[942] Churchill und Roosevelt waren Vordenker der Vertreibung, die sich schon während des Krieges mit dem Gedanken der Lösung des mittel- und osteuropäischen Minderheitenproblems durch Bevölkerungstransfers beschäftigten. Im Februar 1945 waren zudem beide auf der Konferenz von Jalta auf Stalins Forderung eingegangen, deutsche Zivilpersonen zu deportieren und zum Zweck des Wiederaufbaus als Arbeitskräfte zu nutzen.

In Potsdam schließlich widersetzten sich Amerikaner und Briten nur halbherzig den Stalinschen Forderungen, insbesondere in den Fragen der polnischen Westgrenze, der Umsiedlungen und der Reparationen. Zwar hatte die Sowjetarmee be-

---

938 Vgl. Hartenstein, Die Geschichte der Oder-Neiße-Linie, S. 53-56, 237, 248 f.
939 Vgl. Brumlik, Wer Sturm sät, S. 42 f.
940 Vgl. de Zayas, Art. „Vertriebene", S. 735.
941 Vgl. de Zayas, Die Nemesis von Potsdam, S. 158. Zu den deutschen Gesamtverlusten durch Flucht, Vertreibung und Verschleppung siehe ebd., S. 32 f., sowie Nawratil, Schwarzbuch der Vertreibung 1945 bis 1948, S. 70-80.
942 Vgl. de Zayas, Die deutschen Vertriebenen, bes. S. 221 ff.

reits Realitäten geschaffen, aber es hätte doch klar gewesen sein sollen, mit wem man in Potsdam an einem Tisch saß. Jedenfalls bot der amerikanische Außenminister Byrnes seinem sowjetischen Amtskollegen Molotow in einem bilateralen Gespräch die Zustimmung zur Westgrenze Polens, einschließlich der westlichen Neiße an – was eher mehr war als verlangt[943] –, wobei die endgültige Festlegung der territorialen Gestalt Polens einer Friedenskonferenz vorbehalten bleiben sollte. Einen Tag später, auf der elften Plenarsitzung am 31. Juli 1945 – Churchill war inzwischen durch Attlee als neuem Premierminister und Verhandlungspartner in Potsdam abgelöst worden – führte Stalin in Bezug auf die Umsiedlungen aus, dass es sich nicht darum handele, die Deutschen aus diesen Ländern herauszujagen. So einfach sei die Sache nicht. Vielmehr würden die Deutschen „in eine solche Lage versetzt, daß es für sie unmöglich ist, dort zu leben"[944].

Amerikaner und Briten waren an Entscheidungen beteiligt, die den Normen der Behandlung unschuldiger Menschen Hohn sprechen. Aber wer von den alliierten Staatsmännern kümmerte sich schon um das Wohl und Wehe von Menschen? Die Deutschen jedenfalls konnten Mitgefühl nicht erwarten.[945] In Potsdam wurden die Machtpositionen und Interessensphären der Großmächte fixiert, die aus dem Krieg als Sieger hervorgegangen waren. Robert Boothby:

„Yalta ebnete den Weg nach Potsdam, wo [...] zwischen Rußland, Polen und Deutschland Grenzen gezogen wurden, die mit Ausnahme der Curzonlinie nicht den Schatten einer geographischen oder ethnographischen Berechtigung hatten und die wirtschaftlichen Gegebenheiten völlig unberücksichtigt ließen. Dies führte unmittelbar zu den Zwangsdeportationen. Millionen von Polen und Deutschen wurden wie das Vieh, nicht einmal in Viehwagen, weggetrieben. Von Deutschland wurde ein Viertel seiner bestellten Fläche abgetrennt. Durch das Hereinströmen der Flüchtlingsmassen von allen Seiten in den verstümmelten Rumpf wurden weitere Millionen praktisch dem Hungertode preisgegeben [...]."[946]

In der Tat: Die Vorgänge am Ende des Zweiten Weltkrieges und danach zeigten, wie wenig sich die Siegermächte „der ihnen gestellten Aufgabe einer gedeihlichen und einigermaßen gerechten Neuordnung der Dinge bewußt wurden"[947].

Ich halte es für unzulässig, diese Vorgänge als Ursache-Wirkungs-Zusammenhänge zu beschreiben. Zu sagen, das „schwere Schicksal", das etwa die Sudetendeutschen

---

943 Vgl. Benz, Potsdam 1945, S. 109.
944 Zit. nach: de Zayas, Die Nemesis von Potsdam, S. 185.
945 So Benz, Potsdam 1945, S. 103.
946 Boothby, Europa vor der Entscheidung, S. 426 f.
947 Schweitzer, Das Problem des Friedens in der heutigen Welt, S. 6.

im Zuge ihrer Aussiedlung zu erleiden hatten, sei „die schlüssige Konsequenz moralischer Fehlhandlungen"[948] des größten Teils der sudetendeutschen Bevölkerung gewesen, verleiht den zugrunde liegenden politischen Entscheidungen den Nimbus der Unausweichlichkeit. Zumindest würde damit die völkerrechtswidrige und moralisch höchst problematische Entscheidung zur Vertreibung beziehungsweise Ausweisung einer bedeutenden Bevölkerungsminderheit als politisch alternativlos bezeichnet. Von einer solchen Notwendigkeit kann aber keine Rede sein. Viel plausibler ist dagegen die Annahme, dass ein völkischer Nationalismus, die Begleichung „alte[r] Rechnungen"[949], Rache für erlittenes Unrecht und – im Fall der deutschen Ostgebiete – die Schaffung eines Ersatzes für die von der Sowjetunion annektierten Gebiete Polens die ausschlaggebenden Motive waren. Niemand wird bestreiten, dass die nationalsozialistischen Verbrechen ihren Teil dazu beigetragen haben, die, wie Theodor Schieder schrieb, „moralischen Hemmungen gegen eine solche Politik" zu beseitigen[950]. Man wird aber auch nicht darüber hinwegsehen können, dass auf allen beteiligten Seiten handfeste nationale Interessen im Spiel waren, deren Durchsetzung durch ein bestimmtes Denken ideologisch verbrämt und begünstigt wurde.

Attlee, damals noch stellvertretender Premierminister Großbritanniens, brachte seine Sicht der Dinge in einer Rede am 1. März 1945 im Unterhaus zum Ausdruck. Wenn es für notwendig befunden wird, so sagte er, bestimmte Gebiete zu nehmen, damit die Polen ein freies, erfülltes Leben führen können, werde er sich nicht beklagen – und er glaube auch nicht, dass die Deutschen ein Recht haben, sich zu beklagen.[951] Denn, so hatte er zuvor ausgeführt:

> „Sie [die deutschen Führer und die Deutschen – L.F.] haben die alten Schranken eingerissen, und deshalb sage ich, daß sie sich nicht auf das alte Europa berufen können. Falls sie sich fügen, falls sie wiedergutmachen müssen, haben sie kein Recht, die Grundlage der Moralgesetze zu beschwören, die sie selbst nicht beachtet haben, oder auf Mitleid und Gnade zu rechnen, die sie niemals anderen zuteil werden ließen."[952]

Hier wurde einem ganzen Volk das Recht auf eine moralisch korrekte Behandlung abgesprochen. Auch wenn Briten und Amerikaner später keineswegs nach diesem Grundsatz verfuhren, so hatte doch zeitweilig auch bei ihnen ein Denken Einfluss gewonnen, das inhumane politische Entscheidungen ermöglichte und eine menschliche Katastrophe wie das Vertreibungsgeschehen letztlich hinzunehmen erlaubte.

---

948 Brumlik, Wer Sturm sät, S. 66.
949 Naimark, Flammender Haß, S. 172.
950 Schieder, Die Vertreibung der Deutschen aus dem Osten als wissenschaftliches Problem, S. 12.
951 Attlee, [Rede am 1. März 1945 im Unterhaus], Sp. 1617.
952 Ebd. (deutsche Übersetzung nach: de Zayas, Die Nemesis von Potsdam, S. 52 f.).

26. Kapitel
Vom Nutzen der Aufarbeitung

Aufklärung und Nachsorge

Wir haben gesehen, dass auch die Alliierten nicht unbeträchtliche Rechtfertigungslasten zu tragen haben. Diese resultieren – was die Flächenbombardements anlangt – aus dem moralischen Grundprinzip, dass auch der zu Recht Kriegführende bestimmte Grundsätze der Kriegführung, die darauf gerichtet sind, die mit dem Krieg verbundenen Übel möglichst zu begrenzen, beachten muss. Dieses Grundprinzip dürfte nicht nur unter Vertretern einer Menschenrechtsethik unbestritten, sondern überhaupt weitgehend konsensfähig sein.

Noch wichtiger scheint mir jedoch, dass die Art und Weise, wie wir über den Zweiten Weltkrieg sprechen, das heutige Denken und Handeln von Politikern nicht unbeeinflusst lässt. Die Notwendigkeit der schärfsten Verurteilung von Hitler und des gesamten nationalsozialistischen Regimes ist unbestreitbar. Dabei kann eine kritische Analyse des Gesamtereignisses „Zweiter Weltkrieg" aber nicht stehen bleiben. Weitere Aspekte dieses unfassbaren Geschehens bedürfen einer möglichst vorurteilslosen Beleuchtung.

In dieser Hinsicht besteht – wenn vielleicht auch nicht in der Wissenschaft, so doch in der Öffentlichkeit – Nachholbedarf. Die Siegermächte haben in den von ihnen besetzten Gebieten eine strikte Kontrolle über die Medien ausgeübt und damit auch die Sicht auf die Ereignisse des Zweiten Weltkrieges langfristig geprägt. An einer kritischen Analyse ihrer eigenen Motive, ihrer politischen Zielsetzungen und ihres militärischen Handelns hatten sie offenbar kein Interesse. Dass womöglich auch sie sich Verbrechen – wenngleich Verbrechen minder schwerer Art – haben zu Schulden kommen lassen, kam ihnen, so ist zu vermuten, nicht in den Sinn. Der naive Glaube, selbst das absolut Gute im Kampf gegen das absolut Böse zu verkörpern, machte sie weithin unfähig, auch das eigene Tun als aufarbeitungsbedürftig zu erkennen.

Nebenbei gesagt, liegen hier auch Gründe, warum man einer von Siegermächten betriebenen „Umerziehung" der Bevölkerung des vormaligen Feindes grundsätzlich, also unabhängig vom vorliegenden Fall, mit Skepsis begegnen sollte. Propaganda ist selbst ein Mittel der Kriegführung. Und es scheint unwahrscheinlich, dass es dem Sieger, sofern er überhaupt den Willen dazu aufbringt, rasch gelingen könnte, einen neutralen Standpunkt zu gewinnen und sich von seiner eigenen, interessengesteuerten Propaganda zu lösen. Dass das deutsche Volk nach zwölf Jahren nationalsozialistischer Herrschaft einer an demokratischen Werten orientierten „re-education" bedurfte, liegt auf der Hand; daraus folgt aber nicht, dass sämtliche Inhalte von Umerziehungsmaßnahmen unkritisch hinzunehmen wären.

Florian Coulmas hat für die Nachkriegszeit in Japan gezeigt, in welch massiver und für ein demokratisches Land geradezu unglaublicher Weise die USA mit dem Mittel der Zensur alle Berichte über die Bombardements verhinderten und dafür sorgten, dass Hiroshima und Nagasaki totgeschwiegen wurden.[953] Berichte darüber, dass an den Orten des „nuklearen Holocaust"[954] – so eine Bezeichnung, die vor allem amerikanische Besatzungsoffiziere verwendeten – noch immer Menschen und Tiere an den Folgen der radioaktiven Verseuchung starben, wurden von amerikanischen Militärs als japanische Propaganda bezeichnet. Bis 1952, dem Ende der Besatzungszeit, war es verboten, Fotografien über Hiroshima und Nagasaki zu zeigen und die Negative solcher Fotos zu besitzen. Es wurde alles getan, um Informationen über die atomare Zerstörung und ihre Folgen zurückzuhalten, ja es wurden selbst medizinische Veröffentlichungen über Aspekte der sogenannten Strahlenkrankheit unterdrückt.

„Nach Kriegsende inhibierten die Besatzungsbehörden jede Kommunikation zwischen den Überlebenden der bombardierten Städte, insbesondere den Erfahrungsaustausch zwischen den wenigen funktionstüchtigen Kliniken. Medizinische Unterlagen, Blut- und Gewebeproben wurden beschlagnahmt, und die japanische Verwaltung wurde gezwungen, vom Internationalen Roten Kreuz angebotene medizinische Hilfe abzulehnen."[955]

Das Totschweigen sollte, so Coulmas, die Gefahr von Unruhen im Fall einer Diskussion der Abwürfe bannen und verhindern, dass es zu einer Aufrechnung der „unmenschlichen Taten beider Seiten"[956] kommen konnte. Fragen nach den Folgen der atomaren Katastrophe und der Schuld an ihr wurden tabuisiert. Als im Spätsommer 1945 eine Gruppe aus dem Atomforschungsteam von Robert Oppenheimer nach Japan reiste, um vor Ort die Folgen des Atombombeneinsatzes zu untersuchen, blieben nicht nur die gemachten Aufnahmen unveröffentlicht, sondern man unterließ es, die untersuchten Opfer zu behandeln, „um nicht den Eindruck eines impliziten Schuldbekenntnisses entstehen zu lassen".[957]

---

953 Siehe zu den folgenden Ausführungen Coulmas, Hiroshima, S. 44-48, 82.
954 Vgl. ebd., S. 7, 109, 118, Anm. 1.
955 Ebd., S. 18.
956 Ebd., S. 45.
957 Ebd., S. 48.

Gegenwartsorientierung

Ein solcher Umgang mit geschichtlichen Ereignissen kann sich letztlich nur als verderblich erweisen. Wie Historiker, Völkerrechtler und Philosophen über den Zweiten Weltkrieg urteilen, entscheidet schon heute wesentlich darüber, welche Rechtfertigungsargumente für das Kriegführen von der Öffentlichkeit akzeptiert werden. Ich teile die Besorgnis von Harald Wohlrapp:

> „Das Wissen über den Zweiten Weltkrieg, aus dem bis 1989 Argumente gegen Kriege gebildet wurden, wird nun, da jener endgültig vorbei und halbwegs überschaubar geworden ist, umstrukturiert und ausgemünzt zu einer theoretischen Basis für die Rechtfertigung von Kriegen. Zukünftige Kriege werden aus Vergleichen mit dem Zweiten Weltkrieg ihr behauptetes Gerechtigkeitspotenzial beziehen, Potentaten, die über die Stränge schlagen, werden als Nachfolger von Hitler erkannt und Appelle, Verhandlungslösungen mit ihnen zu suchen, werden mit dem Verweis auf München 1938 gekontert werden. Das alles konnte im Golfkrieg ansatzweise und im Jugoslawienkrieg voll entwickelt beobachtet werden."[958]

Bedenkt man, dass die Vereinigten Staaten von Amerika nach dem Ende des Zweiten Weltkrieges nicht weniger als 25 Länder bombardierten,[959] so kann der Rechtfertigungsbedarf allein der USA kaum überschätzt werden. Seit dieses Land nach der Auflösung der Sowjetunion zur globalen Hegemonialmacht aufgestiegen ist, hat dessen gewaltsames außenpolitisches Engagement keineswegs nachgelassen. Bereits am 20. Dezember 1989 ließ George Bush senior den panamaischen Diktator Manuel Noriega, der sich geweigert hatte, Washingtons Befehlen zu folgen, mit militärischer Gewalt aus dem Amt jagen. Bei den Bombenangriffen auf Panama City sollen zwischen 3.000 und 4.000 Zivilisten ums Leben gekommen sein (wobei von den Vereinigten Staaten nichts unternommen wurde, dies genauer aufzuklären).[960]

Um die jeweils aktuelle Politik zu rechtfertigen oder auch die Notwendigkeit eines bestimmten Handelns zu begründen, wird auch in den US-amerikanischen Debatten immer wieder auf den Zweiten Weltkrieg zurückgegriffen. Gegenwärtiger Bezugspunkt ist vor allem der Anti-Terror-Kampf in Afghanistan und der Irak-Krieg. Der schon erwähnte John Podhoretz beispielsweise meint, so wie man im Zweiten Weltkrieg Nazi-Deutschland und das imperialistische Japan niedergerungen und in „kapitalistische Demokratien (*capitalist democracies*)" umgeformt hätte, ginge es heute darum, die arabischen Staaten zu besetzen und demokratisch umzuerziehen.[961]

---
958 Wohlrapp, Krieg für Menschenrechte?, S. 129.
959 Vgl. Blum, Schurkenstaat, S. 135.
960 Vgl. Johnson, Der Selbstmord der amerikanischen Demokratie, S. 95 f.
961 Vgl. Podhoretz, How to Win World War IV, S. 29.

Diese Art von Bezugnahmen auf den Zweiten Weltkrieg sollten deutlich werden lassen, dass es falsch wäre, die geschichtliche und moralphilosophische Aufarbeitung des Bombenkrieges als ein Aufrechnungsgeschäft im Dienste der Befriedigung nationaler Eitelkeiten zu verstehen. Das primäre Anliegen ist nicht Schuldzuweisung, sondern Gegenwartsorientierung.

Bei der Erörterung all dieser Fragen wird man nicht vergessen, dass der Krieg gegen Deutschland in den westlichen Demokratien als notwendig zur Wahrung von Menschenrechten und zur Verteidigung humanistischer Werte gerechtfertigt wurde. Dass der Kampf gegen den Nationalsozialismus der Durchsetzung von Menschenrechten und humanistischen Werten förderlich war, wird niemand bestreiten wollen. Man wird allerdings auch zu bedenken haben, dass, wenn sich in Demokratien Kriege nur auf diese Weise vor der Öffentlichkeit rechtfertigen lassen, dies nicht heißt, dass sie ausschließlich wegen dieser Ziele geführt werden. Dieter Blumenwitz hat zu Recht auf die „Gefahr einer Symbiose von humanitärer Selbstlosigkeit und imperialer Zweckmäßigkeit"[962] hingewiesen, der auch demokratische Gemeinwesen erliegen können. Dies sollte Grund genug sein, auch das Handeln demokratischer Politiker kritisch zu diskutieren.

Eine Analyse der alliierten Kriegsziele zeigt, dass neben der Niederwerfung des europäischen Faschismus eigene machtpolitische Interessen verfolgt wurden. Der Krieg gegen Deutschland und Japan wurde mit einer Zielstellung und in einer Art und Weise geführt, dass nicht klar ist, wie man die Schlussfolgerung vermeiden will, dass die Grenze, bis zu der es sich um einen gerechten Verteidigungs- beziehungsweise Nothilfekrieg handelte, überschritten wurde. Die hier speziell betrachteten Flächenbombardements auf deutsche und japanische Städte sind das vielleicht augenscheinlichste Indiz dafür.

Die alliierten Bombardements haben zudem den starken Eindruck erzeugt, dass nicht nur die Achsenmächte, sondern auch die Alliierten dem moralisch inakzeptablen Grundsatz folgten, eigene Schäden notfalls zu Lasten der gegnerischen Zivilbevölkerung zu minimieren. Sie haben insofern ihren Anteil zur Barbarisierung des modernen Krieges beigetragen. Wer diese Einstellung auch heute noch rechtfertigt, hilft seinerseits, Praktiken zu perpetuieren, die gerade in der Epoche der Massenvernichtungsmittel stigmatisiert gehören. Die sarkastische Bemerkung Martin Shaws sollte zu denken geben:

> „Das Leben der Soldaten der eigenen Nation zu schonen, selbst um den Preis, eine weit größere Zahl von Zivilisten der Gegenseite zu töten, war im Westen immer einer der Hauptgründe, andere zu töten – von Hiroshima bis Kosovo."[963]

---

962 Blumenwitz, Die völkerrechtlichen Aspekte des Irak-Konflikts, S. 324.
963 Shaw, War and Genocide, S. 114 (deutsche Übersetzung nach: Coulmas, Hiroshima, S. 116).

Wie leichtfertig auch in der Gegenwart über Fragen der Verhältnismäßigkeit hinweggegangen wird, zeigen die Kriege im Kosovo, in Afghanistan und im Irak. In diesen Kriegen wurden bei Bombardements auf militärische Ziele Tausende von Zivilisten getötet, ohne dass Kosten und Nutzen dieser Angriffe hinreichend und mit der gebotenen Ernsthaftigkeit erörtert worden wären. Schon eine Zusammenstellung nur weniger Einzelfälle wirkt erschütternd und die Kaltschnäuzigkeit, mit der manche – demokratisch gewählte – Politiker unschuldige Leben auslöschen, lässt erschaudern.[964] Die zivilen Todesopfer im Kosovo-Krieg werden auf 500[965] bis 1.500[966] beziehungsweise 2.000[967] veranschlagt. Im Afghanistan-Krieg wurden nach Berechnungen von Marc Herold, Wirtschaftsprofessor an der *University of New Hampshire*, bis Ende Juli 2002 durch amerikanische Bombardierungen zwischen 3.125 und 3.620 Zivilisten getötet; rechnet man die durch indirekte Kriegsfolgen wie Hunger, Krankheit und Kälte zu Tode gekommenen zivilen Opfer hinzu, kommt man nach vorsichtigen Schätzungen des britischen *Guardian* auf eine Zahl zwischen 10.000 und 20.000 Menschen.[968] Die Zahl der zivilen Todesopfer, die der Irak-Krieg von 2003 während der Invasion forderte, werden auf 4.100 bis 5.200 geschätzt.[969]

Unabhängig davon jedoch, dass viele der Entscheidungen, die zu diesen Kriegen führten, höchst fragwürdig waren – um hier das Mindeste zu sagen –, macht die Tatsache betroffen, dass in den derzeitigen politischen Systemen der Demokratien des Westens die Entscheidungsträger nicht genötigt sind, die Entscheidungsprozesse wenigstens im Nachhinein transparent zu machen, ihre Entscheidungen zu begründen und sich mit den Folgen ihrer Entscheidungen öffentlich auseinanderzusetzen. Der propagandistische Aufwand, der auch von Politikern im Vorfeld ihrer Entscheidungen medial betrieben wird, steht in keinem Verhältnis zu den spärlichen Informationen, mit denen man das Wahlvolk über die Ergebnisse von „humanitären Interventionen" oder von „Befreiungskriegen" abzuspeisen pflegt. In Demokratien kann man diese Diskrepanz nur als Skandal empfinden. Statt aufzuklären, wird verschleiert, vertuscht und eigenes Versagen bemäntelt. Es sollte als Pflicht gelten, dass gerade dann, wenn politische Entscheidungen zur Tötung Unschuldiger führten, von den Politikern selbst eine schonungslose Aufarbeitung betrieben wird. Wer sich über das wichtigste Gebot menschlicher Moral, eben das

---

964 Siehe Singer, Der Präsident des Guten und Bösen, S. 70-78.
965 Steinkamm, Völkerrecht, Humanitäre Intervention und Legitimation des Bundeswehr-Einsatzes, S. 347.
966 Pfoh, Eine Bilanz des Luftkriegs der NATO gegen Jugoslawien, S. 64.
967 Galtung, Die Bombardierung Jugoslawiens, S. 208. Zu den Zahlen für den Kosovo-Krieg siehe auch Mandel, Pax Pentagon, S. 102.
968 Vgl. Mandel, Pax Pentagon, S. 60 f.
969 Vgl. ebd., S. 24.

Verbot der Tötung Unschuldiger, hinwegsetzt, hat eine anspruchsvolle Rechtfertigungslast übernommen. Wer diese nicht in aller Offenheit und aus eigenem Bemühen heraus trägt, hat sich bereits desavouiert und sollte als unwählbar gelten. Gemessen an diesen Maßstäben erscheinen die Verhältnisse auch in den westlichen Demokratien als bestürzend, verwerflich und gefährlich.

Ich fürchte, dass Geschichtsschreibung und historische Bildung nicht das Nötige getan haben, um die problematischen Facetten des Engagements der Sieger des Zweiten Weltkrieges aufzuarbeiten. Dadurch blieb zum einen die kaum gebändigte Bereitschaft, notfalls das Leben großer Massen von Zivilisten und Soldaten machtpolitischen Interessen aufzuopfern, unterbelichtet. Wer einem solchen Denken, in dem insbesondere Verhältnismäßigkeitsabwägungen im Grunde genommen keine Rolle spielen, Einhalt gebieten will, kann zum Beispiel eine Äußerung wie die von Churchill nicht kritiklos durchgehen lassen – eine Äußerung, der er die ihr entsprechenden Taten folgen ließ. Wenige Tage nach seiner Regierungsübernahme sagte er im Parlament in seiner berühmt gewordenen „Blut, Schweiß und Tränen"-Rede:

> „Sie fragen: Was ist unser Ziel? Ich kann es in einem Wort nennen: Sieg – Sieg um jeden Preis, Sieg trotz allem Schrecken, Sieg, wie lang und beschwerlich der Weg dahin auch sein mag [...]."[970]

Zum anderen sind speziell der von Amerika gepflegte missionarische Eifer und die damit einhergehende moralische Selbstermächtigung zu selten durchschaut worden, obwohl sie im Ersten und Zweiten Weltkrieg und in allen Kriegen, die die USA nach 1945 geführt haben, zum Tragen kamen. Coulmas zufolge gründet das amerikanische Selbstverständnis „in dem Anspruch auf die moralische Überlegenheit einer ‚neuen Welt'". Demgemäß wird Krieg nicht als eine Auseinandersetzung zwischen Kontrahenten begriffen, welche eigene Interessen mit Gewalt durchzusetzen suchen, sondern Krieg wird geführt, „um dem Krieg ein Ende zu machen und dem Gemeinwohl bzw. dem Wohl der Menschheit zu dienen"[971]. Für Coulmas gehört es zu „den erstaunlichsten Illusionen, die die Weltgeschichte im zwanzigsten Jahrhundert bewegten", dass „Amerika diesem Ziel nachstrebt und immer wieder das Kriegführen damit rechtfertigen konnte".[972]

Die Vorstellung, die USA seien prädestiniert und legitimiert, der Welt den Weg zu Freiheit, Demokratie und Wohlstand – notfalls mit Gewalt – zu ebnen, ist zur herrschenden amerikanischen Ideologie geworden. Diese Ideologie hat eine lange Tra-

---

970 Churchill, Blut, Schweiß und Tränen, S. 13 f.
971 Coulmas, Hiroshima, S. 115.
972 Ebd.

dition; sie hat Wurzeln, die bis ins 18. und 19. Jahrhundert zurückreichen.[973] Interessanterweise hat die besagte Idee eine große Ähnlichkeit mit der Denkfigur vom „letzten Gefecht", wie wir sie aus der kommunistischen Ideologie kennen. Noch einmal sollen schlechte Mittel angewendet werden, um die Notwendigkeit der Anwendung schlechter Mittel ein für alle Mal abzuschaffen. Die Selbstlegitimierung zur gerechtfertigten Gewaltanwendung steht in Zusammenhang mit einer Verteufelung des jeweiligen Gegners und sorgt für die erschreckende moralische Selbstgewissheit, die selbst dann noch zur Schau getragen wird, wenn man dabei ist, den Tod von Zehntausenden, Hunderttausenden oder gar Millionen Menschen schuldhaft zu verursachen.

Die alliierten Kriegszielbestimmungen und die Art und Weise der alliierten Kriegführung sind aber auch wesentlich aus den machtpolitischen Interessen dieser Mächte zu verstehen. Wer die Katastrophe des Zweiten Weltkrieges begreifen will, kann sich daher nicht ausschließlich auf die Absichten und das Handeln Hitlers konzentrieren; er wird auch die Rolle der Alliierten kritisch zu thematisieren haben. Und er wird sich fragen, ob, wie noch Theodor Eschenburg formulierte, „die Erkenntnis von der unbestrittenen und alleinigen Schuld Hitlers" am Zweiten Weltkrieg tatsächlich „eine Grundlage der Politik der Bundesrepublik"[974] bilden kann.

Vergegenwärtigung und Begründung von Maßstäben

Aber können Schuldzuweisungen an die Siegermächte nicht zu einer Relativierung der Verbrechen des Nationalsozialismus führen? Diese durchaus verbreitete Befürchtung beruht auf einem Missverständnis. Denn, was auch immer man sich unter einer „Relativierung" vorstellen mag, es gilt: Kein Verbrechen wird dadurch weniger schlimm, dass es auch andere Verbrechen gegeben hat. Kein Verbrecher wird weniger schuldig, wenn seine Opfer unangemessen zurückschlagen und dabei selbst schuldig werden. Aber wird, wenn sowohl Täter als auch Opfer Schuld auf sich geladen haben, nicht der Unterschied zwischen Täter und Opfer relativiert? Dies stimmt! Und dies sollte man auch nicht vermeiden wollen! Durch die Feststellung der Schuld des Opfers verringert sich ganz unvermeidlich die Differenz im Grad des Schuldigseins zwischen Täter und Opfer. Die Schuld des Täters wird dadurch aber nicht geringer.

Es gibt menschliche Verfehlungen, an deren Beurteilung sich nichts änderte, selbst wenn jeder sich ihrer schuldig gemacht hätte. Ein Mord wird nicht umso weniger verwerflich, je mehr Mörder es gibt. Denn ein Mord ist nicht nur eine rechtswidri-

---
973 Vgl. Besier/Lindemann, Im Namen der Freiheit, bes. S. 123 ff.
974 Eschenburg, Seebohms Geschichtsbild, S. 164.

ge, sondern auch eine dauerhaft, das heißt eine das ganze Leben lang vermeidbare Handlung. Selbst wenn wir mit einer Menschengruppe konfrontiert wären, deren sämtliche Mitglieder im Laufe ihres Lebens wenigstens einmal gemordet hätten, würden wir Mord nicht als eine Verfehlung von der Art betrachten, der ein Mensch nicht ein Leben lang zu entgehen vermag – wie etwa einem Verkehrsdelikt. Die bloße Tatsache, dass alle Mitglieder einer Gruppe Mörder sind, führt nicht zu einer „Relativierung" der Schuld des einzelnen Mörders – die moralisch illegitime Tötung eines Menschen bleibt auch dann eine Tat, von der wir in aller Bestimmtheit sagen, dass sie nicht ausgeführt werden darf.

Und trotzdem: Wird mit einer wechselseitigen Aufrechnung nicht Wasser auf die Mühlen von Unbelehrbaren gegossen – von solchen Zeitgenossen, die die Schuld der Nationalsozialisten nicht anerkennen wollen? Dies kann niemand ausschließen. Jedoch ist daraus weder ein Argument für das Verschweigen der Wahrheit zu gewinnen, noch ist es erwiesen, ja es ist geradezu höchst unwahrscheinlich, dass das Verschweigen der Wahrheit und die Errichtung von Tabus langfristig weniger gefährlich wären.

Die Wahrheit auszusprechen kann nur begrüßt werden. Und sie aussprechen darf jeder. Deshalb ist es auch belanglos, dass der Begriff „Bombenterror" schon in der NS- und DDR-Propaganda verwandt worden ist.[975] Wer dieses „Recht zur Wahrhaftigkeit" mit pragmatischen Argumenten bestreiten möchte, weil er etwa befürchtet, das Aussprechen der Wahrheit könnte negative Konsequenzen zeitigen, sollte sich die darin liegende Implikation verdeutlichen: Er würde dafür plädieren, einen Bewusstseinszustand aufrechtzuerhalten, der zu seiner Stabilisierung wenn nicht der Lüge, so doch der bewussten Ausblendung der Wahrheit bedarf. Eine Vergangenheitsbewältigung, die aus volkspädagogischen Erwägungen zur Unwahrhaftigkeit tendiert, gebiert jedoch Irrationalitäten und dürfte im Ausland eher Befremden auslösen.

Wer aber glaubt, die Problematik des alliierten Kriegshandelns sei hinreichend geklärt, hat nichts zu „befürchten". Eine erneute Thematisierung kann dann an der bereits erkannten Wahrheit nichts Grundsätzliches ändern. Allerdings könnte es sein, dass er gezwungen wird, seine Argumentation zu verbessern. So gelänge es ihm vielleicht, die Wahrheit auch Zweiflern zu vermitteln, sie gegenüber Uneinsichtigen überzeugender zu vertreten oder Böswillige zu entmutigen. Und auch dies wäre ein nicht zu verachtender Nutzen! Voraussetzung dafür ist, dass alle Fragen offen angesprochen werden.

---

975 Zu dieser Begriffsverwendung siehe Widera, Gefangene Erinnerung, S. 126. – Allerdings sprach auch der frühere SPD-Ministerpräsident Sachsens Alfred Fellisch, NS-Gegner und selbst ausgebombt, ganz unbefangen vom „Bombenterror" (Fellisch, Hitlers Gewissenlosigkeit).

Es geht weder um eine Relativierung deutscher Kriegsverbrechen noch um eine Konsolidierung des Nationalbewusstseins und schon gar nicht darum, durch eine Aufrechnung von Opfern deutsche – oder auch japanische – Schuld geringer erscheinen zu lassen. Ein wesentlicher Sinn dieser Reflexionen besteht in der Vergegenwärtigung und Begründung von Maßstäben, an denen *gegenwärtiges* Handeln zu beurteilen ist. Noch leben Zeitzeugen des Geschehens, und für sie mag ein Urteil darüber von Bedeutung sein, ob es legitim war, möglichst viele deutsche Zivilisten töten zu wollen, um das Arbeitskräftepotential zu reduzieren, um Schrecken und Panik auszulösen und vielleicht damit den Krieg zu verkürzen. Dieser Aspekt der individuellen Lebensbewältigung wird jedoch im Laufe der Zeit in den Hintergrund treten. In dreißig oder vierzig Jahren, wenn Zeitzeugen und Beteiligte nicht mehr am Leben sein werden, wird das Betrachten der Geschichte ganz im Dienste des kollektiven Lernens stehen.

Auf ein Lernen aus der Geschichte beruft sich auch die gegenwärtige amerikanische Regierung. Dies hat die Kriegsrede von Präsident Bush vom 17. März 2003 deutlich gemacht (Vorwort), in der der Krieg gegen Husseins Irak mit Berufung auf die Gefährlichkeit einer Beschwichtigungspolitik begründet wurde. Die amerikanische Irak-Politik und auch die im Jahre 2002 verkündete Nationale Sicherheitsstrategie der Vereinigten Staaten (Kapitel 16) werden als Konsequenzen eines Lernergebnisses dargestellt, welches den Umgang mit „mörderischen Diktatoren" betrifft. Dabei glaubt man, im 20. Jahrhundert die geschichtliche Erfahrung gemacht zu haben, dass sich die von ihnen ausgehenden Bedrohungen nur deshalb zum Völkermord und Weltkrieg ausweiten konnten, weil die freien Nationen es vorzogen, diese Diktatoren zu beschwichtigen, anstatt sie zu einem Zeitpunkt offensiv zu bekämpfen, als ihre Bestrebungen noch zu vereiteln waren. Diese, so die Überlegung in amerikanischen Führungskreisen, schon damals falsche Appeasement-Politik könnte im Zeitalter chemischer, biologischer und nuklearer Waffen zu Zerstörungen bisher nicht gekannten Ausmaßes führen. Bedrohungen dieser Art und Gefährlichkeit müssen daher, so lautet die Konsequenz, bekämpft werden, noch während sie im Entstehen sind und noch bevor sie sich vollständig manifestiert haben.

Das in diesen Überlegungen angesprochene Problem der Gefahrenabwehr ist zweifellos real und ernst zu nehmen, ja es ist von einer Bedeutung für unser aller Leben, die man kaum überschätzen können wird. Die mit ihm aufgeworfenen Fragen bilden den gedanklichen Hintergrund des vorliegenden Buches.

Schluss

Welche Mittel und Vorgehensweisen sollen im Kampf gegen Unrecht und Tyrannei erlaubt sein? Sofern in der Geschichts-, aber auch der Politikwissenschaft diese Frage überhaupt gestellt wird, können die gegebenen Antworten häufig nicht befriedigen. Wenn es beispielsweise heißt: „Churchill hat Hitler besiegt, und dafür können wir ihm dankbar sein"[976], so wird diese Äußerung der Komplexität des durch die alliierte Kriegführung aufgeworfenen moralischen Problems nicht gerecht. Diese Auffassung formuliert nicht nur einen nachträglichen Freibrief für beliebiges Vorgehen, sondern bringt die maßgeblichen Interessen *allein der Überlebenden* zum Ausdruck. Mit dieser Einseitigkeit verstößt sie selbst gegen einen nahezu universell akzeptierten moralischen Grundsatz der Unparteilichkeit, welcher fordert, die Interessen aller Betroffenen gleichmäßig zu berücksichtigen. Ein Ereignis mit einer Schadensbilanz von über 50 Millionen Toten kann man nicht ausschließlich aus der Sicht derer beurteilen, die danach sicherer weiterleben konnten.

Auf das sich aus der Zerstörungskraft moderner Kriegstechnik ergebende moralische Problem hatte Albert Schweitzer in seiner Rede anlässlich der Entgegennahme des Friedensnobelpreises hingewiesen:

„Wir haben es geschehen lassen, daß in den Kriegen Menschen in Menge [...] vernichtet wurden, daß durch Atombomben ganze Städte mit ihren Bewohnern zu nichts wurden, daß durch Brandbomben Menschen zu lodernden Fackeln wurden. Wir nahmen solche Geschehnisse in Radiosendungen und in Zeitungen zur Kenntnis und beurteilten sie danach, ob sie einen Erfolg der Völkergruppe, der wir zuhörten, oder unserer Gegner bedeuteten. Wenn wir uns eingestanden, daß dieses Geschehen aus einem unmenschlichen Tun bestehe, taten wir es mit dem Gedanken, daß wir durch die gegebene Tatsache des Krieges dazu verurteilt seien, es geschehen zu lassen. Indem wir uns so ohne weiteres in dieses Schicksal ergeben, machen wir uns der Unmenschlichkeit schuldig."[977]

Wenn es unter moralischem Gesichtspunkt unzulässig ist, dem Unrecht in beliebig zweckrationaler Weise zu widerstehen, so folgt daraus nicht, dass man es hinzunehmen habe. Es gibt nie nur eine Möglichkeit, sich gegen Verbrecher zur Wehr zu setzen. Um Alternativen zu erkennen benötigt man allerdings Einfallsreichtum und um sie zu ergreifen Mut und Standvermögen.

---
976 Müller, Der Bombenkrieg 1939-1945, S. 230.
977 Schweitzer, Das Problem des Friedens in der heutigen Welt, S. 11.

Eine menschliche Tragödie vom Ausmaß des Zweiten Weltkrieges lässt sich nicht aufarbeiten, indem man alles daransetzt, eine der beteiligten Seiten zu rechtfertigen. Ein wesentlicher Sinn geschichtlicher Betrachtungen liegt in der Erkenntnis, was falsch gelaufen ist. Dazu bedarf es nicht nur der Beschreibung des Geschehens, sondern des kritischen Blicks auf Handlungsalternativen und menschliche Versäumnisse. Unter diesem Gesichtspunkt wird man die Grundsatzentscheidung, den Krieg gegen Deutschland keinesfalls durch einen Verständigungsfrieden zu beenden, bedenken; man wird darüber nachzudenken haben, warum dieser Krieg bis zum totalen Sieg der Anti-Hitler-Koalition geführt werden musste und warum es – entgegen der Logik des machtpolitischen Handelns – nicht möglich gewesen sein soll, auf einen Kompromiss mit Deutschland zumindest hinzuarbeiten. Der Hinweis auf den verbrecherischen Charakter des nationalsozialistischen Systems und seine unter rassenpolitischen Gesichtspunkten auf Ausrottung, Umsiedlung, Kolonialisierung und Unterdrückung abzielenden Pläne[978] ist in diesem Zusammenhang wichtig, erspart aber nicht die Diskussion dieser Fragen. Sofern man sich überhaupt um ein Lernen aus der Geschichte bemüht, wird man insbesondere die Mechanismen und die Qualität politischer Entscheidungsfindungen zu beleuchten haben. Eine Einschätzung Kettenackers, die sich auf die britische Politik bezieht, aber sicherlich nicht nur für diese gültig sein dürfte, gibt in diesem Zusammenhang zu denken:

> „Die gravierendsten Entscheidungen im Zweiten Weltkrieg waren nicht das Ergebnis eines rationalen Diskurses über bestimmte Optionen, sie waren vielmehr allzu häufig Ausdruck unreflektierter Grundannahmen, die nicht zur Debatte standen, weil sie sich durch ihren common sense, eben auch als Lektionen der Vergangenheit, empfahlen."[979]

Man wird es zudem für erklärungsbedürftig halten, dass demokratische Verfassungsstaaten mit Grundwerteordnungen, die das Leben jedes einzelnen Menschen schützen, sich bereit fanden, Kampfformen zu praktizieren, die für die gegnerische Bevölkerung derart verlustreich waren. Man wird es vielleicht mit dem britischen Militärhistoriker Liddell Hart für paradox halten, „daß man die europäische Zivilisation dadurch zu bewahren versuchte, daß man die unzivilisiertesten Mittel und Wege der Kriegführung praktizierte, welche die Welt seit den mongolischen Verwüstungen erlebt hatte"[980]. Und man wird sich auch die Frage vorlegen, wie die westlichen Demokratien in dieser Weise in dem Kampf zweier totalitärer Weltanschauungsstaaten, die es offenbar wechselweise auf Vernichtung abgesehen hatten,

---

978 Siehe etwa Eichholtz, Der „Generalplan Ost", sowie Giordano, Wenn Hitler den Krieg gewonnen hätte, bes. S. 153 ff.
979 Kettenacker, Der britische Rahmenplan für die Besetzung Deutschlands und seine unerwarteten Folgen, S. 54.
980 Liddell Hart, Revolution of Warfare, S. 95.

Partei ergreifen und wie sie letztlich dem einen dieser Staaten Teile des anderen und
darüber hinaus halb Europa zur Erweiterung seines Herrschaftsbereiches hinwerfen
konnten, anstatt eine Strategie zu entwickeln, Hitler zu entmachten und gleichzeitig das Eindringen Sowjetrusslands und des Stalinismus in Zentraleuropa möglichst zu verhindern. Waren Briten und Franzosen am 3. September 1939 nicht angetreten, um den angegriffenen Polen Nothilfe zu leisten? Im Ergebnis des Krieges
verblieb Ostpolen gegen den Willen der polnischen Exilregierung in den Händen
des Aggressors, der die Aufteilung Polens mit Hitler verabredet und ein Stück weit
gemeinsam bewerkstelligt hatte. Und hatten Briten und Amerikaner in der „Atlantik-Charta" vom 14. August 1941 nicht die Unabhängigkeit der Völker beschworen
und territoriale Zugewinne ohne ausdrückliche Einwilligung der betroffenen Bevölkerung ausgeschlossen? Dass mit einer siegreichen Sowjetunion neue Probleme
entstehen würden, ist den westlichen Alliierten allmählich bewusst geworden. Aber
war es nicht von vornherein offensichtlich, dass es zwischen den westlichen Alliierten auf der einen Seite und der sowjetischen Diktatur auf der anderen zwar eine gemeinsame Bestimmung des Kriegszieles, aber keine darüber hinaus reichende Zielbestimmung für den Frieden danach geben konnte – auch wenn Roosevelt und
Truman[981] entsprechende Illusionen gehegt haben mögen? Bedenkt man schließlich, dass Churchill 1953 „die freien Nationen der Welt vor den Gefahren eines dritten Weltkrieges"[982] sah, so stellt sich die Frage, ob der *totale* Sieg über Deutschland
in jeder Hinsicht seinen Preis wert war. In den Unterlagen, die Roosevelt auf jener
berüchtigten Pressekonferenz im Januar 1943 in Casablanca, auf der er zur Überraschung Churchills das Kriegsziel der bedingungslosen Kapitulation ausgegeben
hatte (Kapitel 11), zur Verfügung standen, hieß es, dass „nur durch die völlige Eliminierung der deutschen und japanischen Kriegsmacht" der „Weltfriede auf Generationen hinaus einigermaßen gesichert ist".[983]

Wer über diesen Krieg, das größte staatlich organisierte Massenschlachten der Geschichte, nachdenkt, wird dessen Ende und Ergebnisse bedenken. Er wird sich fragen, ob nicht viele der unsäglichen Leiden überflüssig oder vermeidbar waren. Und
er wird Fehler und Verbrechen auch der Gegner Hitlers als solche benennen wollen
– um möglichst zu verhindern, dass die durch jene Handlungen exemplifizierten
Verhaltensgrundsätze Vorbildcharakter gewinnen und zur Rechtfertigung zukünftiger Handlungen dieser Art missbraucht werden können.

---

981 Siehe Chomsky, Der gescheiterte Staat, S. 163.
982 Churchill, Der Zweite Weltkrieg, S. 1084. – George Marshall, der Schöpfer des nach ihm benannten Marshallplanes, glaubte, nun drohe eine Aggression seitens der Sowjetunion und diese sei viel
 größer als diejenige, die Hitler seinerzeit dargestellt habe (vgl. Radnitzky, Das verdammte 20.
 Jahrhundert, S. 322).
983 Zit. nach: Harriman/Abel, In geheimer Mission, S. 158.

Noch einmal: Ich vertrete nicht die Auffassung, dass man jedes Unrecht ertragen soll. Ich vertrete ebensowenig die Auffassung, dass die Hinnahme der Tötung Unschuldiger im Zuge der Gefahrenabwehr unter allen Umständen moralisch unzulässig ist (Kapitel 11). Insofern geht es nicht um die Frage, *ob* man zur Gefahrenabwehr Krieg führen darf, sondern allein *unter welchen Umständen* und *wie* man einen solchen Krieg führen darf. Die Zahl der allein im zwanzigsten Jahrhundert in staatlich geführten Kriegen getöteten Menschen ist immens. Man darf wohl annehmen, dass nach Überzeugung ihrer Protagonisten ein Großteil dieser Kriege, wenn nicht alle, geführt wurden, um Schlimmeres zu verhindern. Sie betrachteten den jeweiligen Krieg als das kleinere Übel, das man hinnimmt, um ein größeres zu vermeiden. Der Inhalt dieser Überlegung ist es, eine Rechtfertigung für ein bestimmtes Handeln zu gewinnen, indem man die wahrscheinlichen Folgen des Nichthandelns bedenkt. Ich halte diese Überlegung für grundsätzlich erlaubt, ja geboten. Um zu klären, unter welchen Voraussetzungen eine Gefahrenabwehr im Rahmen einer rationalen Ethik als legitim gelten kann, sind insbesondere zwei Fragen zu beantworten. Erstens: Welche Folgen des Nichthandelns darf man für abwehrfähig halten, wenn bei der Gefahrenabwehr Unschuldige getötet werden müssen? Und zweitens: Welche Anforderungen muss man an die Erkenntnis der Folgen des Nichthandelns stellen? Die Relevanz der ersten Frage resultiert vor allem aus der moralischen Bedeutung des Verbots der Tötung Unschuldiger. Die zweite Frage ist umso brisanter, wenn man es mit einem Fall zu tun hat, in dem die Risiken des Nichthandelns schwerer einschätzbar sind als die des Handelns.

Der Versuch, Machtpolitik von Staaten oder Imperien unter moralischem Gesichtspunkt zu beleuchten, mag manchem „Realisten" als abwegig erscheinen. Jeder weiß: Vieles, was in der Welt allenthalben getan wird, ist weit entfernt vom moralisch Gebotenen. Aber gerade weil die realpolitische Praxis Maßstäben, die in unserer Kultur akzeptiert sind und verbal hochgehalten werden, mitunter gravierend widerspricht, tut es not, auf deren Missachtung hinzuweisen.

ANHANG

Literaturverzeichnis

Albrecht, Karl I.: Der verratene Sozialismus. Zehn Jahre als hoher Staatsbeamter in der Sowjetunion. 11. Auflage. Berlin/Leipzig 1941.
Allen, Martin: Churchills Friedensfalle. Das Geheimnis der [!] Heß-Fluges 1941. Stegen/Ammersee 2003.
Alperovitz, Gar: Hiroshima, die Barbarei und die Demokratie. In: Mittelweg 36, 3 (1994) 4, S. 9-59.
– Hiroshima. Die Entscheidung für den Abwurf der Bombe. Hamburg 1995.
Ambos, Kai/Arnold, Jörg (Hrsg.): Der Irak-Krieg und das Völkerrecht. Berlin 2004.
Anscombe, Gertrude Elizabeth Margaret: Mr. Truman's Degree. In: Dies.: The collected philosophical papers of G. E. M. Anscombe. Vol. 3: Ethics, religion and politics. Oxford 1981, S. 62-71.
Arendt, Hannah: Elemente und Ursprünge totaler Herrschaft. Antisemitismus – Imperialismus – Totale Herrschaft. München 1991.
Aristoteles: Politik. Übersetzt von Eug. Rolfes. Leipzig 1948.
Attlee, Clement: [Rede am 1. März 1945 im Unterhaus]. In: Parliamentary Debates. House of Commons. Vol. 408. London o. J., Sp. 1616-1621.
Auhagen, Otto: Wirtschaftslage in der Sowjetunion im Sommer 1932. In: Osteuropa, (1932) 7, S. 644-655.
Aust, Stefan/Burgdorff, Stephan (Hrsg.): Die Flucht. Über die Vertreibung der Deutschen aus dem Osten. Bonn 2003.
Auswärtiges Amt: Dokumente über die Alleinschuld Englands am Bombenkrieg gegen die Zivilbevölkerung. Achtes Weißbuch der Deutschen Regierung, 1943, Nr. 8 (= Faksimile der vom Auswärtigen Amt der Deutschen Regierung herausgegebenen Originalausgabe, wie sie 1943 in Berlin gedruckt wurde). Viöl 1995.
Backes, Uwe: Auf der Suche nach einer international konsensfähigen Terrorismusdefinition. In: Jahrbuch Öffentliche Sicherheit (2002/2003), S. 153-165.
Baldwin, Stanley: [Rede am 10. November 1932 im Unterhaus]. In: Parliamentary Debates. House of Commons. Fifth Series, Vol. 270. London 1932, Sp. 630-638.
Baschanow, Boris: Ich war Stalins Sekretär. Frankfurt am Main/Berlin/Wien 1977.
Bavendamm, Dirk: Roosevelts Weg zum Krieg. Amerikanische Außenpolitik 1914-1939. München/Berlin (1983).
– Roosevelts Krieg. Amerikanische Politik und Strategie 1937-1945. München/Berlin 2002.
Bell, A. C.: Die englische Hungerblockade im Weltkrieg 1914-15. Bearbeitet und eingeleitet durch Viktor Böhmert. Essen 1943.
Bell, George: [Rede am 11. Februar 1943 im Oberhaus]. In: Parliamentary Debates. House of Lords. Vol. 125. London o.J., Sp. 1078-1084.

– [Rede am 9. Februar 1944 im Oberhaus]. In: Parliamentary Debates. House of Lords. Vol. 130. London 1944, Sp. 737-746.
Benz, Wolfgang: Potsdam 1945. Besatzungsherrschaft und Neuaufbau im Vier-Zonen-Deutschland, 4., aktualisierte Neuausgabe. München 2005.
– Der Holocaust. München 1995.
Bergander, Götz: Dresden im Luftkrieg. Vorgeschichte – Zerstörung – Folgen. Weimar/Köln/Wien 1994.
– Kalkül und Routine. Dresdens Rolle in der britisch-amerikanischen Luftkriegsplanung (= Vorträge aus dem Hannah-Arendt-Institut für Totalitarismusforschung, Heft 4). Dresden 1995.
– Der Luftkrieg über Deutschland im Spiegel von Tatsachen, erlebter Geschichte, Erinnerung, Erinnerungsverzerrung. In: Stamm-Kuhlmann/Elvert/Aschmann, Geschichtsbilder, S. 591-616.
– Wahrnehmung der Luftangriffe aus der Perspektive der Zivilbevölkerung. In: Fritze/Widera, Alliierter Bombenkrieg, S. 97-107.
Bernstein, Barton J.: A postwar myth: 500.000 U.S. lives saved. In: The Bulletin of the Atomic Scientists, (1986) Juni/Juli, S. 38-40.
Besier, Gerhard/Lindemann, Gerhard: Im Namen der Freiheit. Die amerikanische Mission. Göttingen 2005.
[Besymenski, Lew]: „Bürger, Luftalarm". Der Moskauer Historiker Lew Besymenski über der deutschen Bombenangriff auf Stalingrad im August 1942. In: Burgdorff/Habbe, Als Feuer vom Himmel fiel, S. 61-64.
Betz, Herman Dieter: Das OKW und seine Haltung zum Landkriegsvölkerrecht im Zweiten Weltkrieg. Würzburg 1970.
Binder, Gerhart: Geschichte im Zeitalter der Weltkriege. Unsere Epoche von Bismarck bis heute. Erster Band: 1870 bis 1945. Stuttgart 1977.
Bittner, Rüdiger: Gute Kriege, böse Feinde. In: Information Philosophie, (2003), 4, S. 7-14.
– Humanitäre Interventionen sind unrecht. In: Meggle, Humanitäre Interventionsethik, S. 99-106.
Blank, Ralf: Kriegsalltag und Luftkrieg an der „Heimatfront". In: Das Deutsche Reich und der Zweite Weltkrieg, Bd. 9/1, S. 357-461.
Blum, William: Schurkenstaat. Berlin 2006.
Blumenwitz, Dieter: Der Präventivkrieg und das Völkerrecht. In: Politische Studien, 54 (2003), S. 21-32.
– Die völkerrechtlichen Aspekte des Irak-Konflikts. In: Zeitschrift für Politik, 50 (2003) 3, S. 301-334.
Boberach, Heinz: Die Auswirkungen des alliierten Luftkrieges auf die Bevölkerung im Spiegel der SD-Berichte. In: Müller/Dilks, Großbritannien und der deutsche Widerstand 1933-1944, S. 229-241.
Böhler, Jochen: Auftakt zum Vernichtungskrieg. Die Wehrmacht in Polen 1939. Bonn 2006.
Bölsche, Jochen: „So muss die Hölle aussehen". In: Burgdorff/Habbe, Als Feuer vom Himmel fiel, S. 18-38.

– Eine Frage der Mode. Wie Churchill den Einsatz von B- und C-Waffen gegen Deutschland vorbereiten ließ. In: Burgdorff/Habbe, Als Feuer vom Himmel fiel, S. 132-135.
Bond, Briand: Liddell Hart. A Study of his Military Thought. London 1977.
Bönitz, Wolfgang: Feindliche Bomberverbände im Anflug. Zivilbevölkerung im Luftkrieg. Berlin 2003.
Bonwetsch, Bernd: Stalins Äußerungen zur Politik gegenüber Deutschland 1939-1941. Quellenkritische Bemerkungen. In: Ueberschär/Bezymenskij, Der deutsche Angriff auf die Sowjetunion 1941, S. 145-154.
Boog, Horst: [Die Anti-Hitler-Koalition]. In: Das Deutsche Reich und der Zweite Weltkrieg, Bd. 6, S. 3-94.
– Der anglo-amerikanische strategische Luftkrieg über Europa und die deutsche Luftverteidigung. In: Das Deutsche Reich und der Zweite Weltkrieg, Bd. 6, S. 429-565,
– (Hrsg.): Luftkriegführung im Zweiten Weltkrieg. Ein internationaler Vergleich. Herford/Bonn 1993.
– Luftwaffe und unterschiedsloser Bombenkrieg bis 1942. In: Ders., Luftkriegführung im Zweiten Weltkrieg, S. 435-468.
– Schlußbemerkungen. In: Ders., Luftkriegführung im Zweiten Weltkrieg, S. 813-824.
– Bombenkrieg, Völkerrecht und Menschlichkeit im Luftkrieg. In: Poeppel u.a., Die Soldaten der Wehrmacht, S. 256-323.
– Strategischer Luftkrieg in Europa und Reichsluftverteidigung 1943 bis 1944. In: Das Deutsche Reich und der Zweite Weltkrieg, Bd. 7, S. 3-415.
– Der strategische Bombenkrieg der Alliierten gegen Deutschland 1939-1945. In: Fritze/Widera, Alliierter Bombenkrieg, S. 11-31.
– Auf der Schleimspur der Political Correctness. Der ZDF-Fernsehfilm „Dresden" offenbarte viele Fehler und Schwächen, besonders in der historischen Einordnung des Bombenkrieges. In: *Junge Freiheit* vom 24. März 2006, S. 20.
Boothby, Robert: Europa vor der Entscheidung. Erinnerung und Ausblick eines englischen Politikers. Düsseldorf 1951.
Bothe, Michael: Der Irak-Krieg und das völkerrechtliche Gewaltverbot. In: Archiv des Völkerrechts, 41 (2003), S. 255-271.
Bouhler, Philipp (Hrsg.): Der großdeutsche Freiheitskampf. I. Band: Reden Adolf Hitlers vom 1. September 1939 bis 10. März 1940. München 1941.
– Der großdeutsche Freiheitskampf. II. Band: Reden Adolf Hitlers vom 10. März 1940 bis 16. März 1941. München 1942.
Bracher, Karl Dietrich: Die deutsche Diktatur. Entstehung, Struktur, Folgen des Nationalsozialismus. Köln 2003.
Bracher, Karl Dietrich/Funke, Manfred/Jacobsen, Hans-Adolf (Hrsg.): Nationalsozialistische Diktatur 1933-1945. Eine Bilanz. Bonn 1986.
– Deutschland 1933-1945. Neue Studien zur nationalsozialistischen Herrschaft. Bonn 1992.
Brechtken, Magnus: „Madagaskar für die Juden". Antisemitische Idee und politische Praxis 1885-1945. München 1997.

Breitman, Richard: Staatsgeheimnisse. Die Verbrechen der Nazis – von den Alliierten toleriert. München 2001.

Browning, Christopher R.: Ganz normale Männer. Das Reserve-Polizeibataillon 101 und die „Endlösung" in Polen. Reinbek bei Hamburg 2002.

Bruha, Thomas/Bortfeld, Matthias: Terrorismus und Selbstverteidigung. Voraussetzungen und Umfang erlaubter Selbstverteidigungsmaßnahmen nach den Anschlägen vom 11. September 2001. In: Vereinte Nationen, 46 (2001) 5, S. 161-167.

Brumlik, Micha: Wer Sturm sät. Die Vertreibung der Deutschen. Berlin 2005.

Burckhardt, Carl J.: Meine Danziger Mission 1937-1939. München 1962.

Burgdorff, Stephan/Habbe, Christian (Hrsg.): Als Feuer vom Himmel fiel. Der Bombenkrieg in Deutschland. München 2005.

Burleigh, Michael: Die Zeit des Nationalsozialismus. Eine Gesamtdarstellung. Frankfurt am Main 2000.

Bush, George W.: „Leave Iraq within 48 hours". In: www.cnn.com/2003/WORLD/meast/03/17/sprj.irq.bush.transcript (Stand: 22.11.2005).

Byers, Michael: Kriegsrecht. Berlin 2005.

Cannadine, David: Winston Churchill. Abenteurer, Monarchist, Staatsmann. Berlin (2005).

Chamberlain, [Neville]: [Rede am 21. Juni 1938 im Unterhaus]. In: Parliamentary Debates. House of Commons. Vol. 337. London 1938, Sp. 937 f.

– [Rede am 17. November 1938 im Unterhaus]. In: Parliamentary Debates. House of Commons. Vol. 341. London 1938, Sp. 1194-1198.

Charmley, John: Churchill. Das Ende einer Legende. Berlin 1995.

– Der Untergang des Britischen Empires. Roosevelt – Churchill und Amerikas Weg zur Weltmacht. Graz 2005.

Chomsky, Noam: War Against People. Menschenrechte und Schurkenstaaten. Hamburg/Wien 2001.

– Hybris. Die endgültige Sicherung der globalen Vormachtstellung der USA. München 2006.

– Der gescheiterte Staat. München 2006.

Churchill, Winston S.: Nach dem Kriege. Zürich/Leipzig/Wien 1930.

– Reden 1938-1940. New York (1941).

– Hitlers Angriff auf Russland (= Der Zweite Weltkrieg, III. Bd., 1. Buch). Stuttgart 1951.

– Von Teheran bis Rom (= Der Zweite Weltkrieg, V. Bd., 2. Buch). Stuttgart/Hamburg 1953.

– War Speeches 1939-45. Vol. 2. Compiled by Charles Eade. London 1965.

– His Complete Speeches 1897-1963. Edited by Robert Rhodes James. Volume VI, 1935-1942. New York/London 1974.

– Blut, Schweiß und Tränen. Antrittsrede im Unterhaus nach der Ernennung zum Premierminister am 13. Mai 1940. Mit einem Essay von Herfried Münkler. Hamburg 1995.

– Reden in Zeiten des Kriegs. Ausgewählt, eingeleitet und erläutert von Klaus Körner. Hamburg/Wien 2002.

– Krieg. Rede am 3. September 1939 im Unterhaus. In: Ders., Reden 1938-1940, S. 204-205.

– [Rede am 19. Mai 1939 im Unterhaus]. In: Parliamentary Debates. House of Commons. Vol. 347. London 1939, Sp. 1840-1849.

- Westward, look, the land is bright. April 27, 1941. In: Ders., His Complete Speeches, S. 6378-6384.
- Überfall auf die Sowjetunion. 22. Juni 1941, Rundfunk. In: Ders., Reden in Zeiten des Kriegs, S. 134-140.
- „Do your worst – and we will do our best". In: Churchill, War Speeches 1939-45, Vol. 2, S. 22-27.
- Der Zweite Weltkrieg. Mit einem Epilog über die Nachkriegsjahre. Frankfurt am Main 2004.

Clausewitz, Carl von: Vom Kriege. Vollständige Ausgabe. Neunzehnte Auflage. Bonn 1980.

Clemens, Björn: Der Begriff des Angriffskrieges und die Funktion seiner Strafbarkeit. Berlin 2005.

Clewing, Konrad/Reuter, Jens (Koordination): Der Kosovo-Konflikt. Ursachen – Akteure – Verlauf. München 2000.

Coady, C. A. J. (Tony): Was ist Terrorismus? In: Meggle, Terror & der Krieg gegen ihn, S. 71-88.

Collier, Basil: The Defence of the United Kingdom. London 1957.

Colville, John: Downing Street Tagebücher 1939-1945. Berlin 1988.

Connelly, Mark: Die britische Öffentlichkeit, die Presse und der strategische Luftkrieg gegen Deutschland, 1939-1945. In: Kettenacker, Ein Volk von Opfern?, S. 72-92.

Conquest, Robert: Der Große Terror. Sowjetunion 1934-1938. München 1992.

Corum, James S.: The Luftwaffe. Creating the operational air war 1918-1940. Lawrence 1997.

Coulmas, Florian: Hiroshima. Geschichte und Nachgeschichte. München 2005.

- Opfer auf den Altar. Das zweite atomare Verbrechen drei Tage nach dem ersten: Nagasaki. Trotzdem stand die Vernichtung der Stadt immer im Schatten Hiroshimas. In: *Süddeutsche Zeitung* vom 5. August 2005, S. 13.

Courtois, Stephane u. a. (Hrsg.): Das Schwarzbuch des Kommunismus. Unterdrückung, Verbrechen und Terror. Rheda-Wiedenbrück 1998.

Czempiel, Ernst-Otto: Die Realismusfalle des „realistischen" Paradigmas. In: Küng/Senghaas, Friedenspolitik, S. 122-144.

Czesany, Maximilian: Europa im Bombenkrieg 1939-1945. Graz/Stuttgart 1998.

Darnstädt, Thomas/Wiegrefe, Klaus: „Eine teuflische Lösung". In: Aust/Burgdorff, Die Flucht, S. 103-115.

Das Deutsche Reich und der Zweite Weltkrieg. Bd. 2. Herausgegeben vom Militärgeschichtlichen Forschungsamt. Stuttgart 1979.

Das Deutsche Reich und der Zweite Weltkrieg. Bd. 4. Herausgegeben vom Militärgeschichtlichen Forschungsamt. Stuttgart 1983.

Das Deutsche Reich und der Zweite Weltkrieg. Bd. 6. Herausgegeben vom Militärgeschichtlichen Forschungsamt. Stuttgart 1990.

Das Deutsche Reich und der Zweite Weltkrieg. Bd. 7. Herausgegeben vom Militärgeschichtlichen Forschungsamt. Stuttgart/München 2001.

Das Deutsche Reich und der Zweite Weltkrieg. Bd. 9/1. Herausgegeben vom Militärgeschichtlichen Forschungsamt. München 2004.

Das Deutsche Reich und der Zweite Weltkrieg. Bd. 10. Herausgegeben vom Militärgeschichtlichen Forschungsamt. (Im Druck).

Das Urteil von Nürnberg 1946. München 1962.

Davies, Rhys: [Rede am 1. März 1945 im Unterhaus]. In: Parliamentary Debates. House of Commons. Vol. 408. London o. J., Sp. 1621-1626.

Davis, Mike: Angriff auf „German Village". In: Burgdorff/Habbe, Als Feuer vom Himmel fiel, S. 85-88.

Deist, Wilhelm/Messerschmidt, Manfred/Volkmann, Hans-Erich/Wette, Wolfram: Ursachen und Voraussetzungen des Zweiten Weltkrieges. Frankfurt am Main 1989.

Deist, Wilhelm: Die Aufrüstung der Wehrmacht. In: Deist/Messerschmidt/Volkmann/Wette, Ursachen und Voraussetzungen des Zweiten Weltkrieges, S. 439-637.

Der deutsche Gegenschlag in Holland und Belgien. In: Monatshefte für Auswärtige Politik, 7 (1940) 5, S. 360-366.

Deutschland im zweiten Weltkrieg. Bd. 1: Vorbereitung, Entfesselung und Verlauf des Krieges bis zum 22. Juni 1941. Von einem Autorenkollektiv unter der Leitung von Gerhart Hass. Köln 1974.

Die Enthüllung der Kriegsausweitungspläne der Alliierten. In: Monatshefte für Auswärtige Politik, 7 (1940) 5, S. 352-358.

Die Heilige Schrift. Nach der deutschen Übersetzung Dr. Martin Luthers. Berlin 1957.

Die Konferenzen von Malta und Jalta. Department of State USA. Dokumente vom 17. Juli 1944 bis 3. Juni 1945. Düsseldorf o. J.

Die sowjetische Berlin-Note. Eine Analyse des US-Außenministeriums. Hrsg. vom US-Informationsdienst. Bad Godesberg 1959.

Dohrn, Verena: „Spione, Kommissare und Spekulanten": Juden bei Rot und Weiß. Ein neuer Forschungsbeitrag zur bolschewistischen Revolution und ihren Feinden versucht Differenzierungen auf einem verminten Gebiet. In: *Frankfurter Allgemeine Zeitung* vom 22. November 2006, S. N 3.

Domarus, Max: Hitler. Reden und Proklamationen 1932-1945. Band I, Zweiter Halbband 1935-1938. Wiesbaden 1973.

– Hitler. Reden und Proklamationen 1932-1945. Band II, Erster Halbband 1939-1940. Wiesbaden 1973.

– Hitler. Reden und Proklamationen 1932-1945. Band II, Zweiter Halbband 1941-1945. Wiesbaden 1973.

Douhet, Giulio: Luftherrschaft. Berlin (1935).

Drobisch, Klaus/Wieland, Günther: System der NS-Konzentrationslager 1933-1939. Berlin 1989.

Dülffer, Jost: Der Beginn des Krieges 1939: Hitler, die innere Krise und das Mächtesystem. In: Bracher/Funke/Jacobsen, Nationalsozialistische Diktatur 1933-1945, S. 317-344.

Effenberger, Wolfgang/Löw, Konrad: Pax americana. Die Geschichte einer Weltmacht von ihren angelsächsischen Wurzeln bis heute. München (2004).

Eichholtz, Dietrich: Der „Generalplan Ost". Über eine Ausgeburt imperialistischer Denkart und Politik. In: Jahrbuch für Geschichte, Bd. 26, Berlin 1982, S. 217-253.

– /Pätzold, Kurt (Hrsg.): Der Weg in den Krieg. Berlin 1989.
Elter, Andreas: Die Kriegsverkäufer. Geschichte der US-Propaganda 1917-2005. Frankfurt am Main 2005.
Entscheidungen des Bundesverfassungsgerichts, 39. Band, Tübingen 1975.
Enzensberger, Hans Magnus: Aussichten auf den Bürgerkrieg. Frankfurt am Main 1996.
Eschenburg, Theodor: Seebohms Geschichtsbild (I). In: Ders.: Zur politischen Praxis der Bundesrepublik. Kritische Betrachtungen 1957 bis 1961. München 1964, S. 162-165.
Evans, Richard J.: Zwei deutsche Diktaturen im 20. Jahrhundert? Essay. In: Aus Politik und Zeitgeschichte, Heft 1-2/2005, S. 3-9.
Faust, Fritz: Das Potsdamer Abkommen und seine völkerrechtliche Bedeutung, 3., neubearbeitete Auflage. Frankfurt am Main/Berlin 1964.
Fellisch, Alfred: Hitlers Gewissenlosigkeit. In: Schwarzenberger Zeitung vom 9. Juni 1945.
Ferdowsi, Mir A.: Sicherheit und Frieden zu Beginn des 21. Jahrhunderts. Konzeptionen – Akteure – Regionen. 3., aktualisierte und erweiterte Auflage. München 2004.
Fest, Joachim C.: Hitler. Eine Biographie. Frankfurt am Main/Berlin 1995.
Fischer, Alexander: Antifaschismus und Demokratie. Zur Deutschlandplanung der UdSSR in den Jahren 1943-1945. In: Potsdam und die deutsche Frage. Mit Beiträgen von Ernst Deuerlein und anderen. Köln 1970, S. 6-33.
Fischer, Horst: Friedenssicherung und friedliche Streitbeilegung. In: Ipsen, Völkerrecht, S. 1065-1194.
Fischer, Joschka: Rede zum Nato-Einsatz im Kosovo. In: Rathgeb, Eberhard: Deutschland kontrovers. Debatten 1945 bis 2005. Bonn 2005, S. 415-417.
Fleck, Dieter (Hrsg.): Handbuch des humanitären Völkerrechts in bewaffneten Konflikten. München 1994.
Fleischhauer, Ingeborg: Die sowjetische Außenpolitik und die Genese des Hitler-Stalin-Paktes. In: Wegner, Zwei Wege nach Moskau, S. 19-39.
Förster, Jürgen: [Hitlers Entscheidung für den Krieg gegen die Sowjetunion]. In: Das Deutsche Reich und der Zweite Weltkrieg, Bd. 4, S. 3-37.
– Das Unternehmen „Barbarossa" als Eroberungs- und Vernichtungskrieg. In: Das Deutsche Reich und der Zweite Weltkrieg, Bd. 4, S. 413-447.
Friedrich II. von Preußen: Schriften und Briefe. Leipzig 1985.
– Der Antimachiavell oder Untersuchungen zum „Fürsten" von Machiavelli (Auszüge). In: Friedrich II von Preußen, Schriften und Briefe, S. 95-135.
Friedrich, Jörg: Das Gesetz des Krieges. Das deutsche Heer in Rußland 1941-1945. Der Prozeß gegen das Oberkommando der Wehrmacht. München 2003.
– Der Brand. Deutschland im Bombenkrieg 1940-1945. Berlin 2004.
Fritze, Lothar: Rechtfertigen, Entschuldigen, Vorwerfen. Zur Theorie des moralischen Urteilens. In: Religion – Staat – Gesellschaft, 4 (2003) 1, S. 75-96.
– Die Tötung Unschuldiger. Ein Dogma auf dem Prüfstand. Berlin/New York 2004.
– Verführung und Anpassung. Zur Logik der Weltanschauungsdiktatur. Berlin 2004.
– Kommunistische und nationalsozialistische Weltanschauung – Strukturelle Parallelen und inhaltliche Unterschiede. In: Totalitarismus und Demokratie, 2 (2005), S. 101-152.

– Der Zweite Weltkrieg als Legitimationsressource? In: Fritze/Widera, Alliierter Bombenkrieg, S. 135-151.
– /Widera, Thomas (Hrsg.): Alliierter Bombenkrieg. Das Beispiel Dresden. Göttingen 2005.
Frowein, Jochen Abr.: Der Terrorismus als Herausforderung für das Völkerrecht. In: Zeitschrift für ausländisches öffentliches Recht und Völkerrecht, 62 (2002), S. 879-905.
Fuller, J. F. C.: Der erste der Völkerbundskriege. Seine Zeichen und Lehren für kommende. Stuttgart/Berlin 1939.
Galbraith, John Kenneth: Leben in entscheidender Zeit. Memoiren. München 1982.
Galtung, Johan: Die Bombardierung Jugoslawiens. Diverse Lesarten. In: Meggle, Humanitäre Interventionsethik, S. 203-228.
Gardiner, A. G.: Genius Without Judgment: Churchill at Fifty. In: Stansky, Peter (Hrsg.): Churchill. A profile. London/Basingstoke 1973, S. 48-53.
Garrett, Stephen A.: Ethics and Airpower in World War II. The British Bombing of German Cities. New York 1997.
Gaulle, Charles de: Memoiren. Der Ruf. 1940-1942. Frankfurt am Main 1955.
Gedenkstätte Buchenwald (Hrsg.): Konzentrationslager Buchenwald 1937-1945. Begleitband zur ständigen historischen Ausstellung. Erstellt von Harry Stein. o.O. 2004.
Gellermann, Günther W.: Geheime Wege zum Frieden mit England ... Ausgewählte Initiativen zur Beendigung des Krieges 1940/42. Bonn 1995.
Gerstenmaier, Eugen: Der Kreisauer Kreis. Zu dem Buch Gerrit van Roons „Neuordnung im Widerstand". In: Vierteljahrshefte für Zeitgeschichte, 15 (1967) 3, S. 221-246.
Geschichte des Zweiten Weltkrieges 1939-1945 in zwölf Bänden. Hrsg. von einer Hauptredaktionskommission unter dem Vorsitz von A. A. Gretschko. Fünfter Band: Das Scheitern der Aggressionspläne des faschistischen Blocks. Berlin 1978.
Gilbert, Martin: Winston S. Churchill, Vol. V: 1922-1939. London 1976.
– Auschwitz und die Alliierten. München 1982.
Giordano, Ralph: Wenn Hitler den Krieg gewonnen hätte. Die Pläne der Nazis nach dem Endsieg. Köln 2004.
Glover, Jonathan: Humanity. A Moral History of the Twentieth Century. New Haven/London 2000.
Goebbels, [Joseph]: Der Bolschewismus in Theorie und Praxis (= Rede auf dem Parteikongreß in Nürnberg 1936). München 1936.
– Die Tagebücher. Sämtliche Fragmente. Hrsg. von Elke Fröhlich. Teil I: Aufzeichnungen 1924-1941. Bd. 3: 1.1.1937-31.12.1939. München u. a. 1987.
– Reden 1932-1945. Hrsg. von Helmut Heiber. Bindlach 1991.
– Tagebücher. 1924-1945. Hrsg. von Ralf Georg Reuth. Bd. 5: 1943-1945. Erweiterte Sonderausgabe. München 1999.
Gorodetsky, Gabriel: Die große Täuschung. Hitler, Stalin und das Unternehmen „Barbarossa". Berlin 2003.
Greiner, Bernd: Die Morgenthau-Legende. Zur Geschichte eines umstrittenen Plans. Hamburg 1995.

Gretzschel, Matthias: Als Dresden im Feuersturm versank. Hamburg 2004.
Groehler, Olaf: Geschichte des Luftkriegs 1910 bis 1980. Berlin 1981.
– Bombenkrieg gegen Deutschland. Berlin 1990.
– Der strategische Luftkrieg und seine Auswirkungen auf die deutsche Zivilbevölkerung. In: Boog, Luftkriegführung im Zweiten Weltkrieg, S. 329-349.
Groscurth, Helmuth: Tagebücher eines Abwehroffiziers 1938-1940. Mit weiteren Dokumenten zur Militäropposition gegen Hitler. Stuttgart 1970.
Gross, Jan T.: Die Sowjetisierung Ostpolens 1939-1941. In: Wegner, Zwei Wege nach Moskau, S. 56-74.
Grotius, Hugo: De jure belli ac pacis (1625). Drei Bücher vom Recht des Krieges und des Friedens. Hrsg. von Walter Schätzel. Tübingen 1950.
Gruchmann, Lothar: Der Zweite Weltkrieg. Kriegführung und Politik. München 1967.
Gundelach, Karl: Kommentar. In: Boog, Luftkriegführung im Zweiten Weltkrieg, S. 569-581.
Haager Abkommen IV, In: Völkerrechtliche Verträge, S. 713-720.
Hailbronner, Kay: Die Grenzen des völkerrechtlichen Gewaltverbots. In: Berichte der Deutschen Gesellschaft für Völkerrecht, 26 (1986), S. 49-107.
Halder, [Franz] Generaloberst: Kriegstagebuch. Bd. II: Von der geplanten Landung in England bis zum Beginn des Ostfeldzuges. Bearbeitet von Hans-Adolf Jacobsen. Stuttgart (1963).
Hamerow, Theodore S.: Die Attentäter. Der 20. Juli – von der Kollaboration zum Widerstand. München 1999.
Hanke, Heinz Marcus: Luftkrieg und Zivilbevölkerung. Der kriegsvölkerrechtliche Schutz der Zivilbevölkerung gegen Luftbombardements von den Anfängen bis zum Ausbruch des Zweiten Weltkrieges. Frankfurt am Main u. a. 1991.
Hanke, Marcus: Die Bombardierung Dresdens und die Entwicklung des Kriegsvölkerrechts. In: Schmidt-Recla/Schumann/Theisen, Sachsen im Spiegel des Rechts, S. 273-292.
Harriman, W. Averell/Abel, Elie: In geheimer Mission. Als Sonderbeauftragter Roosevelts bei Churchill und Stalin 1941-1946. Stuttgart 1979.
Harris, Arthur: Bomber Offensive (1947). Yorkshire 2005.
Hartenstein, Michael A.: Die Geschichte der Oder-Neiße-Linie. München 2006.
Hass, Gerhart: 23. August 1939. Der Hitler-Stalin-Pakt. Dokumentation. Berlin 1990.
Hastings, Max: Bomber Command. London 1980.
Heeck, Stefan van: Der Einfluß der Kriegsverbrecherprozesse auf die Genfer Abkommen am Beispiel der Hinrichtung von Zivilpersonen durch die Besatzungsmacht. In: Jahrbuch der Juristischen Zeitgeschichte, Bd. 4 (2002/2003), S. 453-479.
Heimann, Bernhard/Schunke, Joachim: Eine geheime Denkschrift zur Luftkriegskonzeption Hitler-Deutschlands vom Mai 1933. In: Zeitschrift für Militärgeschichte, 3 (1964) 1, S. 72-86
Heintze, Hans-Joachim: Das Völkerrecht wird unterschätzt: internationale Antworten auf den internationalen Terrorismus. In: Internationale Politik und Gesellschaft, 11 (2004) 3, S. 38-60.

Herbert, Ulrich/Schildt, Axel: Kriegsende in Europa. In: Dies. (Hrsg.): Kriegsende in Europa. Vom Beginn des deutschen Machtzerfalls bis zur Stabilisierung der Nachkriegsordnung 1944-1948. Essen 1998, S. 7-34.

Herwarth, Hans von: Zwischen Hitler und Stalin. Erlebte Zeitgeschichte 1931-1945. Frankfurt am Main/Berlin 1988.

Hildebrand, Klaus: Der Hitler-Stalin-Pakt als ideologisches Problem. Zur Benutzbarkeit des Faschismus- und Totalitarismusbegriffs. In: Hillgruber/Hildebrand, Kalkül zwischen Macht und Ideologie, S. 35-61.

– Krieg im Frieden und Frieden im Krieg. Über das Problem der Legitimität in der Geschichte der Staatengesellschaft 1931-1941. In: Michalka, Der Zweite Weltkrieg, S. 25-48.

Hillgruber, Andreas: Hitlers Strategie. Politik und Kriegführung 1940-1941. München 1982.

– Deutsche Großmacht- und Weltpolitik im 19. und 20. Jahrhundert. Düsseldorf 1979.

– Bilanz des Zweiten Weltkrieges. In: Michalka, Der Zweite Weltkrieg, S. 189-202.

Hillgruber, Andreas/Hildebrand, Klaus (Hrsg.): Kalkül zwischen Macht und Ideologie. Der Hitler-Stalin-Pakt: Parallelen bis heute? Zürich/Osnabrück 1980.

Himmler, Heinrich: Geheimreden 1933 bis 1945 und andere Ansprachen. Hrsg. von Bradley F. Smith und Agnes F. Peterson. Frankfurt am Main/Berlin/Wien 1974.

– Rede vor den Reichs- und Gauleitern in Posen am 6.10.1943. In: Himmler, Geheimreden 1933 bis 1945 und andere Ansprachen, S. 162-183.

Hinrichs, Per: Test für den Terror. In: Burgdorff/Habbe, Als Feuer vom Himmel fiel, S. 65-69.

Hinsch, Wilfried/Janssen, Dieter: Menschenrechte militärisch schützen. Ein Plädoyer für humanitäre Interventionen. München 2006.

Hirsch, Hans-Joachim: Strafgesetzbuch. Leipziger Kommentar, 1. Bd., 9., völlig neu bearbeitete Auflage. Berlin/New York 1974.

Hitler, Adolf: Mein Kampf. München 1940.

– [Rede am 5. November 1937]. In: Domarus, Hitler. Band I, Zweiter Halbband 1935-1938, S. 748-756.

– [Reichstagsrede am 1. September 1939]. In: Domarus, Hitler, Band II, Erster Halbband, S. 1312-1317.

– Rede am 6. Oktober 1939 in Berlin vor dem Reichstag. In: Bouhler, Der großdeutsche Freiheitskampf, I. Band, S. 67-100.

– [Rede am 10. Oktober 1939 im Berliner Sportpalast]. In: Domarus, Hitler, Band II, Erster Halbband, S. 1395-1398.

– [Geheimrede vor Reichs- und Gauleitern am 21. Oktober 1939 in Berlin]. In: Groscurth, Tagebücher eines Abwehroffiziers, S. 385.

– [Rede am 23. November 1939]. In: Domarus, Hitler, Band II, Erster Halbband, S. 1421-1427.

– [Rede am 24. Februar 1940]. In: Domarus, Hitler, Band II, Erster Halbband, S. 1463-1469.

– [Rede am 19. Juli 1940]. In: Domarus, Hitler, Band II, Erster Halbband, S. 1540-1560.

– [Rede am 4. September 1940 im Berliner Sportpalast]. In: Domarus, Hitler, Band II, Erster Halbband, S. 1575-1583.

- Rede am 30. Januar 1941 in Berlin. In: Bouhler, Der großdeutsche Freiheitskampf, II. Band, S. 195-223.
- [Proklamation an das deutsche Volk, 22. Juni 1941]. In: Domarus, Hitler, Band II, Zweiter Halbband, S. 1725-1732.
- [Rede am 8. November 1942]. In: Domarus, Hitler, Band II, Zweiter Halbband, S. 1933-1944.
- [Rede am 8. November 1943]. In: Domarus, Hitler, Band II, Zweiter Halbband, S. 2050-2059.
- Denkschrift Hitlers über die Aufgaben eines Vierjahresplans. In: Vierteljahrshefte für Zeitgeschichte, 3 (1955), S. 204-210.
- [Zweites Buch]. In: Ders.: Reden, Schriften, Anordnungen. Februar 1925 bis Januar 1933. Bd. II A: Außenpolitische Standortbestimmung nach der Reichstagswahl Juni – Juli 1928. München u. a. 1995.
- Monologe im Führerhauptquartier 1941-1944. Aufgezeichnet von Heinrich Heim, herausgegeben von Werner Jochmann. München 2000.

Hoffmann, Bruce: Terrorismus – der unerklärte Krieg. Neue Gefahren politischer Gewalt. Bonn 2002.

Hoffmann, Joachim: Stalins Vernichtungskrieg 1941-1945. Planung, Ausführung und Dokumentation. München 2001.

Hoffmann, Peter: Stauffenberg und die Kontakte der Umsturzverschwörung mit England 1943-1944. In: Müller/Dilks, Großbritannien und der deutsche Widerstand 1933-1944, S. 95-104.

Holderegger, Adrian: Nachlese zur Lehre des „gerechten Krieges". Wolfgang Göbel zum 65. Geburtstag. In: Trierer Theologische Zeitschrift, 114 (2005) 2, S. 85-93.

Honderich, Ted: Nach dem Terror. Ein Traktat. Erweiterte, revidierte und neu übersetzte Ausgabe. Neu-Isenburg 2003/2004.

Hösle, Vittorio: Moral und Politik. Grundlagen einer Politischen Ethik für das 21. Jahrhundert. München 1997.

Hubatsch, Walther: Hitlers Weisungen für die Kriegführung 1939-1945. Dokumente des Oberkommandos der Wehrmacht. Bonn o. J.

Huston, John W.: General H. H. Arnold und der strategische Bombenkrieg. In: Boog, Luftkriegführung im Zweiten Weltkrieg, S. 757-785.

Ignatieff, Michael: Freiheit und Armageddon. Wie können sich Demokratien gegen nuklearen Terror verteidigen? In: Internationale Politik, 60 (2005) 11, S. 52-62.

IMT = Der Prozess gegen die Hauptkriegsverbrecher vor dem Internationalen Militärgerichtshof. Nürnberg, 14. November 1945 – 1. Oktober 1946. 23. Bände. Nürnberg 1947-1949 (Reprint).

Ipsen, Knut (Hrsg.): Völkerrecht. 5. Auflage. München 2004.
- Bewaffneter Konflikt und Neutralität. In: Ipsen, Völkerrecht, S. 1195-1290.

Irving, David: Der Untergang Dresdens. Gütersloh 1964.

Jäckel, Eberhard: Hitlers Weltanschauung. Entwurf einer Herrschaft. Erweiterte und überarbeitete Neuausgabe. Stuttgart 1991.

Jahn, Egbert: Der Holodomor im Vergleich. Zur Phänomenologie der Massenvernichtung. In: Osteuropa, 54 (2004) 12, S. 13-32.

James, Robert Rhodes: Churchill: Study in Failure 1900-1939. Harmondsworth 1973.

Janssen, Dieter/Quante, Michael (Hrsg.): Gerechter Krieg. Ideengeschichtliche, rechtsphilosophische und ethische Beiträge. Paderborn 2003.

Johe, Werner: Strategisches Kalkül und Wirklichkeit: Das „Unternehmen Gomorrha". Die Großangriffe der RAF gegen Hamburg im Sommer 1943. In: Müller/Dilks, Großbritannien und der deutsche Widerstand 1933-1944, S. 217-227.

Jones, H. A.: The War in the Air. Being the Story of the part played in the Great War by the Royal Air Force (= Official History of the War). Vol. VI. Oxford 1937.

Johnson, Chalmers: Der Selbstmord der amerikanischen Demokratie. München 2003.

Junker, Detlef: Deutschland im politischen Kalkül der Vereinigten Staaten 1933-1945. In: Michalka, Der Zweite Weltkrieg, S. 57-73.

Kaiser, Wolf (Hrsg.): Täter im Vernichtungskrieg. Der Überfall auf die Sowjetunion und der Völkermord an den Juden. Berlin/München 2002.

Kalisch, Johannes: Von der „Globallösung" zum „Fall Weiß". Die deutsch-polnischen Beziehungen 1938/39. In: Eichholtz/Pätzold, Der Weg in den Krieg, S. 381-402.

Kant, Immanuel: Zum ewigen Frieden. Ein philosophischer Entwurf. In: Ders.: Werke in zehn Bänden. Hrsg. von Wilhelm Weischedel. Darmstadt 1983, Bd. 9, S. 195-251.

Karlsch, Rainer: Hitlers Bombe. Die geheime Geschichte der deutschen Kernwaffenversuche. München 2005.

Keegan, John: Der Zweite Weltkrieg. Berlin 2004.

Kern, Erich (Hrsg.): Verheimlichte Dokumente. München o. J.

Kettenacker, Lothar (Hrsg.): Das „Andere Deutschland" im Zweiten Weltkrieg. Stuttgart 1977.

– Die britische Haltung zum deutschen Widerstand während des Zweiten Weltkrieges. In: Ders., Das „Andere Deutschland" im Zweiten Weltkrieg, S. 49-76.

– Krieg zur Friedenssicherung. Die Deutschlandplanung der britischen Regierung während des Zweiten Weltkrieges. Göttingen/Zürich 1989.

– „Unconditional Surrender" als Grundlage der angelsächsischen Nachkriegsplanung. In: Michalka, Der Zweite Weltkrieg, S. 174-188.

– Der nationalkonservative Widerstand aus angelsächsischer Sicht. In: Schmädeke/Steinbach, Der Widerstand gegen den Nationalsozialismus, S. 712-731.

– Der britische Rahmenplan für die Besetzung Deutschlands und seine unerwarteten Folgen. In: Volkmann, Ende des Dritten Reiches – Ende des Zweiten Weltkriegs, S. 51-73.

– (Hrsg.): Ein Volk von Opfern? Die neue Debatte um den Bombenkrieg 1940-45. Berlin 2003.

– Churchills Dilemma. In: Ders., Ein Volk von Opfern?, S. 48-55.

– Die britische Bevölkerung und der Bombenkrieg. In: Fritze/Widera, Alliierter Bombenkrieg, S. 83-95.

Kimminich, Otto: Der gerechte Krieg im Spiegel des Völkerrechts. In: Steinweg, Reiner (Redaktion): Der gerechte Krieg: Christentum, Islam, Marxismus. Frankfurt am Main 1980, S. 206-223.

Kleemeier, Ulrike: Krieg, Recht, Gerechtigkeit – Eine ideengeschichtliche Skizze. In: Janssen/Quante, Gerechter Krieg, S. 11-28.
Klemperer, Klemens von: Die „Außenpolitik" des deutschen Widerstandes. In: Müller/Dilks, Großbritannien und der deutsche Widerstand 1933-1944, S. 83-94.
Knabe, Hubertus: Tag der Befreiung? Das Kriegsende in Ostdeutschland. Berlin 2005.
Koenen, Gerd: Utopie der Säuberung. Was war der Kommunismus? Berlin 1999.
Kohn, Richard H.: Kommentar. In: Boog, Luftkriegführung im Zweiten Weltkrieg, S. 469-476.
Kondylis, Panajotis: Theorie des Krieges. Clausewitz – Marx – Engels – Lenin. Stuttgart 1988.
Kopelew, Lew: Aufbewahren für alle Zeit! Hamburg 1976.
– Waffe Wort. Göttingen 1991.
Krause, Joachim (Hrsg.): Kosovo. Humanitäre Intervention und kooperative Sicherheit in Europa. Opladen 2000.
Kriegsende in Deutschland. Mit einer Einleitung von Ralph Giordano. Hamburg 2005.
Krockow, Christian Graf von: Churchill. o.O. 2000.
Küng, Hans/Senghaas, Dieter (Hrsg.): Friedenspolitik. Ethische Grundlagen internationaler Beziehungen. München 2003.
Kurowski, Franz: Dresden. Februar 1945. Wien 2003.
Lamb, Richard: Der verfehlte Frieden. Englands Außenpolitik 1935-1945. Frankfurt am Main/Berlin 1989.
Laqueur, Walter: Was niemand wissen wollte. Die Unterdrückung der Nachrichten über Hitlers „Endlösung". Frankfurt am Main/Berlin/Wien 1981.
–/Breitman, Richard: Der Mann, der das Schweigen brach. Wie die Welt vom Holocaust erfuhr. Berlin 1987.
Lauterpacht, H.: The Problem of the Revision of the Law of War. In: The British Year Book of International Law, 29 (1952), S. 360-382.
Lenckner, Theodor in: Schönke/Schröder, Strafgesetzbuch.
Lenin, W. I.: Über die Losung der Vereinigten Staaten von Europa. In: Ders.: Werke. Bd. 21, Berlin 1960, S. 342-346.
– Rede auf der Konferenz der Vorsitzenden der Exekutivkomitees der Kreis-, Amtsbezirks- und Dorfsowjets des Moskauer Gouvernements, 15. Oktober 1920. In: Ders.: Werke. Bd. 31, Berlin 1959, S. 309-325.
Leonhard, Wolfgang: Der Schock des Hitler-Stalin-Paktes. Erinnerungen aus der Sowjetunion, Westeuropa und USA. Freiburg im Breisgau 1986.
Liddell Hart, B. H.: The Revolution of Warfare. New Haven 1947.
– Strategie. Wiesbaden o. J.
– Lebenserinnerungen. Düsseldorf/Wien 1966.
– Geschichte des Zweiten Weltkrieges. Wiesbaden 1985.
Liessmann, Konrad Paul: Der Vater aller Dinge. Nachdenken über den Krieg. Wien (2001).
Link, Werner: Hegemonie und Gleichgewicht der Macht. In: Ferdowsi, Sicherheit und Frieden zu Beginn des 21. Jahrhunderts, S. 43-61.

Loest, Erich: Durch die Erde ein Riß. Ein Lebenslauf. Leipzig (1990).
Longerich, Peter: „Davon haben wir nichts gewusst!" Die Deutschen und die Judenverfolgung 1933-1945. Bonn 2006.
Ludendorff, [Erich]: Der totale Krieg. München 1936.
Lukacs, John: Churchill und Hitler. Der Zweikampf. Stuttgart 1992.
– Fünf Tage in London. England und Deutschland im Mai 1940. Berlin 2000.
Magenheimer, Heinz: Kriegsziele und Strategien der großen Mächte 1939-1945. Bielefeld/Bonn 2006.
Maiski, I. M.: Wer half Hitler? Aus den Erinnerungen eines sowjetischen Diplomaten. Moskau o. J.
Mandel, Michael: Pax Pentagon. Wie die USA der Welt den Krieg als Frieden verkaufen. Frankfurt am Main 2005.
Mann, Thomas: Zeit und Werk. Tagebücher, Reden und Schriften zum Zeitgeschehen (= Gesammelte Werke, Zwölfter Band). Berlin 1955.
Mao Tse-tung: Theorie des Guerilakrieges oder Strategie der Dritten Welt. Reinbek bei Hamburg 1968.
Mark, Rudolf A./Simon, Gerhard: Die Hungersnot in der Ukraine und anderen Regionen der Sowjetunion 1932 und 1933. In: Osteuropa, 54 (2004) 12, S. 5-12.
Martin, A[llan] W[illiam]: Robert Menzies. A Life. Vol. 1: 1894-1943. Melbourne 1993.
Marx, Karl: Der Bürgerkrieg in Frankreich. In: Ders./Friedrich Engels: Werke, Bd. 17. Berlin 1971, S. 313-365.
Maser, Werner: Fälschung, Dichtung und Wahrheit über Hitler und Stalin. München o. J.
Meggle, Georg (Hrsg.): Terror & der Krieg gegen ihn. Öffentliche Reflexionen. Paderborn 2003.
– Terror & Gegen-Terror. Einleitende Reflexionen. In: Ders., Terror & der Krieg gegen ihn, S. 31-43,
– (Hrsg.): Humanitäre Interventionsethik. Was lehrt uns der Kosovo-Krieg? Paderborn 2004.
– NATO-Moral & Kosovo-Krieg. Ein ethischer Kommentar ex post. In: Ders., Humanitäre Interventionsethik, S. 31-58.
Melgunow, S. P.: Der rote Terror in Rußland 1918-1923. Berlin (1924).
Merkel, Reinhard: Der Nürnberger Prozeß. In: Hamburger Institut für Sozialforschung (Hrsg.): 200 Tage und 1 Jahrhundert. Gewalt und Destruktivität im Spiegel des Jahres 1945. Hamburg 1995, S. 105-137.
– (Hrsg.): Der Kosovo-Krieg und das Völkerrecht. Frankfurt am Main 2000.
– Das Elend der Beschützten. Rechtsethische Grundlagen und Grenzen der sog. humanitären Intervention und die Verwerflichkeit der NATO-Aktion im Kosovo-Krieg. In: Ders. (Hrsg.), Der Kosovo-Krieg und das Völkerrecht, S. 66-98.
Merker, Barbara: Die Theorie des gerechten Krieges und das Problem der Rechtfertigung von Gewalt. In: Janssen/Quante, Gerechter Krieg, S. 29-43.
Messerschmidt, Manfred: Außenpolitik und Kriegsvorbereitung. In: Deist/Messerschmidt/Volkmann/Wette, Ursachen und Voraussetzungen des Zweiten Weltkrieges, S. 641-850.

– Strategischer Luftkrieg und Völkerrecht. In: Boog, Luftkriegführung im Zweiten Weltkrieg, S. 351- 362.
– Der verbrecherische Befehl im Kontext der „Kriegsnotwendigkeit". In: Schafranek/Streibel, 22. Juni 1941, S. 63-74.
Michalka, Wolfgang (Hrsg.): Der Zweite Weltkrieg. Analysen – Grundzüge – Forschungsbilanz. München 1990.
Middlebrook, Martin: The Battle of Hamburg. Allied Bomber Forces against a German City in 1943. London 1980.
Moltmann, Günter: Goebbels' Rede zum totalen Krieg am 18. Februar 1943. In: Vierteljahrshefte für Zeitgeschichte, 12 (1964), S. 13-43.
Mommsen, Hans: Der Nationalsozialismus und die deutsche Gesellschaft. Reinbek bei Hamburg 1991.
– Die Realisierung des Utopischen. Die „Endlösung der Judenfrage" im „Dritten Reich". In: Ders., Der Nationalsozialismus und die deutsche Gesellschaft, S. 184-232.
– Auschwitz, 17. Juli 1942. Der Weg zur europäischen „Endlösung der Judenfrage". München 2002.
– Moralisch, strategisch, zerstörerisch. In: Kettenacker, Ein Volk von Opfern?, S. 145-151.
– Wie die Bomber Hitler halfen. In: Burgdorff/Habbe, Als Feuer vom Himmel fiel, S. 115- 121.
Mommsen, Wolfgang J.: Der Erste Weltkrieg. Anfang vom Ende des bürgerlichen Zeitalters. Bonn 2004.
Müller, Klaus-Jürgen: Der deutsche Widerstand und das Ausland (= Beiträge zum Widerstand 1933-1945, Nr. 29). Berlin 1986.
Müller, Klaus-Jürgen/Dilks, David N. (Hrsg.): Großbritannien und der deutsche Widerstand 1933-1944. Paderborn u.a. 1994.
Müller, Rolf-Dieter: Der Bombenkrieg 1939-1945. Unter Mitarbeit von Florian Huber und Johannes Eglau. Berlin 2004.
Münkler, Herfried: Der bedingungslose Wille zum Widerstand. In: Churchill, Blut, Schweiß und Tränen, S. 15-57.
– Imperien. Die Logik der Weltherrschaft. Bonn 2005.
Murray, Williamson: Der Luftkrieg von 1914 bis 1945. Berlin 2000.
Murswiek, Dietrich: Die amerikanische Präventivkriegsstrategie und das Völkerrecht. In: Neue Juristische Wochenschrift, (2003) 14, S. 1014-1020.
Musial, Bogdan: „Wir werden den ganzen Kapitalismus am Kragen packen". Sowjetische Vorbereitungen zum Angriffskrieg in den dreißiger und Anfang der vierziger Jahre. In: Zeitschrift für Geschichtswissenschaft, 53 (2006) 1, S. 45-64.
Naimark, Norman M.: Flammender Haß. Ethnische Säuberung im 20. Jahrhundert. München 2004.
Nawratil, Heinz: Schwarzbuch der Vertreibung 1945 bis 1948. Das letzte Kapitel unbewältigter Vergangenheit. München 2000.
Neillands, Robin: Der Krieg der Bomber. Arthur Harris und die Bomberoffensive der Alliierten 1939-1945. Berlin 2002.
Niehaus, Werner: Die Radarschlacht 1939-45. Stuttgart 1977.

Nolte, Ernst: Die Deutschen und ihre Vergangenheiten. Erinnerung und Vergessen von der Reichsgründung Bismarcks bis heute. Berlin 1995.
– Der europäische Bürgerkrieg 1917-1945. Nationalsozialismus und Bolschewismus. München 2000.
– Konsens oder Streit um den 8. Mai 1945? In: Sezession, Heft 10/Juli 2005, S. 10-21.
Note des Auswärtigen Amtes an die Sowjetregierung vom 21. Juni 1941. In: Monatshefte für Auswärtige Politik, 8 (1941) 7, S. 551-563.
Overy, Richard H.: Luftmacht im Zweiten Weltkrieg: historische Themen und Theorien. In: Boog, Luftkriegführung im Zweiten Weltkrieg, S. 23-47.
– Die alliierte Bombenstrategie als Ausdruck des „totalen Krieges". In: Kettenacker, Ein Volk von Opfern?, S. 27-47.
– Barbarisch, aber sinnvoll. In: Kettenacker, Ein Volk von Opfern?, S. 183-187.
Parks, W. Hays: Luftkrieg und Kriegsvölkerrecht. In: Boog, Luftkriegführung im Zweiten Weltkrieg, S. 363-433.
Parliamentary Debates. House of Commons. Volume 352, No. 182, 12th Oct. 1939, London o.J.
Pauer-Studer, Herlinde: Ethik des gerechten Krieges. In: Liessmann, Der Vater aller Dinge, S. 93-117.
Paxton, Robert O.: Anatomie des Faschismus. München 2006.
Payne, Stanley: Geschichte des Faschismus. Aufstieg und Fall einer europäischen Bewegung. Wien 2006.
Pfoh, Bernhard: Eine Bilanz des Luftkriegs der NATO gegen Jugoslawien. In: Krause, Kosovo, S. 55-88.
Picker, Henry: Hitlers Tischgespräche im Führerhauptquartier. Entstehung, Struktur, Folgen des Nationalsozialismus. Berlin 1997.
Pietrow-Ennker, Bianka (Hrsg.): Präventivkrieg? Der deutsche Angriff auf die Sowjetunion. Frankfurt am Main 2000.
Pillar, Paul R.: Der Bush-Betrug. In: *Rheinischer Merkur* vom 16. März 2006, S. 8.
Podhoretz, Norman: How to Win World War IV. In: Commentary, 113 (2002) 2, S. 19-29.
– Too Nice to Win? Israel's Dilemma. In: *New York Post* vom 28. Juli 2006.
Poeppel, Hans/Prinz von Preußen, Wilhelm-Karl/von Hase, Karl-Günther (Hrsg.): Die Soldaten der Wehrmacht. München 1999.
Pohl, Dieter: Das NS-Regime und das internationale Bekanntwerden seiner Verbrechen. In: Bajohr, Frank/Pohl, Dieter: Der Holocaust als offenes Geheimnis. Die Deutschen, die NS-Führung und die Alliierten. München 2006, S. 84-129.
Pommerin, Reiner: Zur Einsicht bomben? Die Zerstörung Dresdens in der Luftkrieg-Strategie des Zweiten Weltkriegs. In: Ders. (Hrsg.): Dresden unterm Hakenkreuz. Köln/Weimar/Wien 1998, S. 227-145.
Post, Walter: Die Ursachen des Zweiten Weltkrieges. Ein Grundriß der internationalen Diplomatie von Versailles bis Pearl Harbor. Tübingen 2004.
Präsident Roosevelt, Amerika und Deutschland 1936-1945. Auszüge aus Reden und Dokumenten. Herausgegeben im Auftrag der Regierung der Vereinigten Staaten. o. O., o. J.

Preuß, Ulrich K.: Krieg, Verbrechen, Blasphemie. Zum Wandel bewaffneter Gewalt. Berlin (2002).
– Und Irak: Krieg auf Verdacht oder ein imperialer Gründungskrieg? In: Ders.: Krieg, Verbrechen, Blasphemie. Gedanken aus dem alten Europa. Erweiterte Taschenbuchausgabe. Berlin 2003, S. 209-227.
Primoratz, Igor: Staats-Terrorismus und Gegen-Terrorismus. In: Meggle, Terror & der Krieg gegen ihn, S. 53-68.
– Civilian immunity in war. In: The Philosophical Forum, 36 (2005) 1, S. 41-58.
Probert, H[enry] A.: Die Auswirkungen des strategischen Luftkrieges auf die deutsche Moral 1940-1945. Britische Erwartungen und deutsche Reaktionen. In: Müller/Dilks, Großbritannien und der deutsche Widerstand 1933-1944, S. 197-216.
– Die Führung der Royal Air Force im Zweiten Weltkrieg. In: Boog, Luftkriegführung im Zweiten Weltkrieg, S. 787-807.
Radnitzky, Gerard: Das verdammte 20. Jahrhundert. Erinnerungen und Reflexionen eines politisch Unkorrekten. Hildesheim 2006.
Raico, Ralph: Rethinking Churchill. In: Denson, John V. (Hrsg.): The Costs of War. America's Pyrrhic Victories. 2., erweiterte Auflage. New Brunswick/London 1999, S. 321-360.
– Harry S. Truman: Advancing the Revolution. In: Denson, John V. (Hrsg.): Reassessing the Presidency. The Rise of the Executive State and the Decline of Freedom. Auburn, Alabama 2001, S. 547-586.
Rauch, Georg von: Geschichte des bolschewistischen Rußland. Wiesbaden 1956.
Rauchensteiner, Manfred: Betrachtungen über die Wechselbeziehung von politischem Zweck und militärischem Ziel. In: Clausewitz-Gesellschaft (Hrsg.): Freiheit ohne Krieg? Beiträge zur Strategie-Diskussion der Gegenwart im Spiegel der Theorie von Carl von Clausewitz. Bonn 1980, S. 57-74.
Rawls, John: Fifty Years after Hiroshima (1995). In: Ders.: Collected Papers. Edited by Samuel Freeman. Cambridge, Massachusetts/London 1999, S. 565-572.
– Das Recht der Völker. Enthält: „Nochmals: Die Idee der öffentlichen Vernunft". Berlin/New York 2002.
Reichel, Peter: Das „Geschenk des Himmels". Wie Japan die Katastrophe nutzte, um die eigene Schuld vergessen zu machen und sich zur Opfernation zu stilisieren. In: *Süddeutsche Zeitung* vom 5. August 2005, S. 13.
Riklin, Alois: Gerechter Krieg? Die sechs Kriterien einer neualten Theorie. In: Küng/Senghaas, Friedenspolitik, S. 279-287.
Rohde, Horst: Hitlers erster „Blitzkrieg" und seine Auswirkungen auf Nordosteuropa. In: Das Deutsche Reich und der Zweite Weltkrieg, Bd. 2, S. 79-156.
Roosevelt, Franklin D.: The Public Papers and Addresses. New York 1941.
– Amerika und Deutschland 1936-1945. Auszüge aus Reden und Dokumenten. Herausgegeben im Auftrag der Regierung der Vereinigten Staaten. o. O., o. J.
– Die Schuld der Militaristen. In: Präsident Roosevelt, Amerika und Deutschland 1936-1945, o. O., o. J., S. 67-72.

Rosenfeld, Günter: Die Sowjetunion und das faschistische Deutschland am Vorabend des zweiten Weltkrieges. In: Eichholtz/Pätzold, Der Weg in den Krieg, S. 345-380.

Rothbard, Murray N.: Die Ethik der Freiheit. Sankt Augustin 2000.

Rothfels, Hans: Die deutsche Opposition gegen Hitler. Eine Würdigung. Frankfurt am Main/Hamburg 1958.

Rousseau, Jean-Jacques: Der Gesellschaftsvertrag, 3., veränderte Auflage. Leipzig 1978.

Rowland, Peter: Lloyd George. London 1975.

Schaffer, Ronald: American Military Ethics in World War II: The Bombing of German Civilians. In: Journal of American History, 67 (1980) 2, S. 318-334.

Schafranek, Hans/Streibel, Robert: 22. Juni 1941. Der Überfall auf die Sowjetunion. Wien 1991.

Schaller, Christian: Massenvernichtungswaffen und Präventivkrieg – Möglichkeiten der Rechtfertigung einer militärischen Intervention im Irak aus völkerrechtlicher Sicht. In: Zeitschrift für ausländisches öffentliches Recht und Völkerrecht, 62 (2002), S. 641-668.

Scheil, Stefan: Logik der Mächte. Europas Problem mit der Globalisierung der Politik. Überlegungen zur Vorgeschichte des zweiten Weltkrieges. Berlin 1999.

– Fünf plus Zwei. Die europäischen Nationalstaaten, die Weltmächte und die vereinte Entfesselung des Zweiten Weltkriegs. Berlin 2004.

– 1940/41 – Die Eskalation des Zweiten Weltkriegs. München 2005.

Schieder, Theodor: Die Vertreibung der Deutschen aus dem Osten als wissenschaftliches Problem. In: Vierteljahrshefte für Zeitgeschichte, 8 (1960) 1, S. 1-16.

Schlingensiepen, Ferdinand: Dietrich Bonhoeffer 1906-1945. Eine Biographie. München 2005.

Schmädeke, Jürgen/Steinbach, Peter (Hrsg.): Der Widerstand gegen den Nationalsozialismus. Die deutsche Gesellschaft und der Widerstand gegen Hitler. München/Zürich 1986.

Schmidt, Helmut: „Die Deutschen bleiben ein gefährdetes Volk". In: *Frankfurter Allgemeine Zeitung* vom 9. April 2005, S. 36.

Schmidt, Rainer F.: Rudolf Heß – „Botengang eines Toren"? Der Flug nach Großbritannien vom 10. Mai 1941. Düsseldorf 1997.

Schmidt-Recla, Adrian/Schumann, Eva/Theisen, Frank (Hrsg.): Sachsen im Spiegel des Rechts. Ius Commune Propriumque. Köln/Weimar/Wien 2001.

Schmücker, Reinold: Gibt es einen gerechten Krieg? In: Deutsche Zeitschrift für Philosophie, 48 (2000) 2, S. 319-340.

Schnatz, Helmut: Tiefflieger über Dresden? Legenden und Wirklichkeit. Köln/Weimar/Wien 2000.

Schönke, Adolf /Schröder, Horst (Hrsg.): Strafgesetzbuch. Kommentar. 25. Auflage. München 1997.

Schreiber, Gerhard: Deutsche Politik und Kriegführung 1939 bis 1945. In: Bracher/Funke/Jacobsen, Deutschland 1933-1945, S. 333-356.

Schröter, Manfred: Die Zerstörung Nordhausens und das Kriegsende im Kreis Grafschaft Hohenstein 1945. o.O. (1988).

Schultze-Rhonhof, Gerd: 1939 – Der Krieg, der viele Väter hatte. Der lange Anlauf zum Zweiten Weltkrieg. München 2005.

Schulz, Heinz: Rüstungsproduktion im Raum Dresden 1933-1945 (= Militärhistorische Schriften des Arbeitskreises Sächsische Militärgeschichte e. V., Heft 11). Dresden 2003.

Schwarz, Hans-Peter: Vom Reich zur Bundesrepublik. Deutschland im Widerstreit der außenpolitischen Konzeptionen in den Jahren der Besatzungsherrschaft 1945-1949. Neuwied und Berlin 1966.

– Das Gesicht des Jahrhunderts. Monster, Retter und Mediokritäten. Frankfurt am Main 1999.

Schweitzer, Albert: Das Problem des Friedens in der heutigen Welt. Rede bei der Entgegennahme des Nobel-Friedenspreises in Oslo am 4. November 1954. München 1954.

Schwenck, Hans-Günter: Die kriegerische Handlung und die Grenzen ihrer strafrechtlichen Rechtfertigung. In: Warda u. a., Festschrift für Richard Lange zum 70. Geburtstag, S. 97-118.

Schwinge, Erich: Churchill und Roosevelt aus kontinentaleuropäischer Sicht, 4. Auflage. Marburg 1986.

Sebald, W. G.: Luftkrieg und Literatur. Mit einem Essay zu Alfred Andersch. München/Wien (1999).

Seidel, Gerd: Quo vadis Völkerrecht? In: Archiv des Völkerrechts, 41 (2003), S. 449-483.

Semirjaga, Michail I.: Die sowjetisch-deutschen Beziehungen 1939-1941 aus der Sicht Moskaus. In: Ueberschär/Bezymenskij, Der deutsche Angriff auf die Sowjetunion 1941, S. 77-89.

Shaw, Martin: War and Genocide. Organized Killing in Modern Society. Cambridge 2003.

Simma, Bruno (Hrsg.): Charta der Vereinten Nationen. Kommentar. München 1991.

Singer, Peter: Der Päsident des Guten und Bösen. Die Ethik George W. Bushs. Erlangen 2004.

Slutsch, Sergej: Der 22. Juni 1941 und die Frage nach dem Eintritt der Sowjetunion in den Zweiten Weltkrieg. In: Schafranek/Streibel, 22. Juni 1941, S. 53-61.

– 17. September 1939. Der Eintritt der Sowjetunion in den Zweiten Weltkrieg. In: Vierteljahrshefte für Zeitgeschichte, 48 (2000), S. 219-254.

Smith, Malcolm: Die Luftbedrohung und die britische Außen- und Innenpolitik. Der Hintergrund der strategischen Luftoffensive. In: Boog, Luftkriegführung im Zweiten Weltkrieg, S. 701-721.

Sontheimer, Michael: „Sind wir Bestien?". In: Burgdorff/Habbe, Als Feuer vom Himmel fiel, S. 122-128.

Soutou, Georges-Henri: Frankreich und die Deutschlandfrage 1943 bis 1945. In: Volkmann, Ende des Dritten Reiches – Ende des Zweiten Weltkriegs, S. 75-116.

Spaemann, Robert: Gut und böse – relativ? Über die Allgemeingültigkeit sittlicher Normen. Freiburg 1982.

Spaight, J. M.: Bombing vindicated. London 1944.

Später, Jörg: Vansittart. Britische Debatten über Deutsche und Nazis 1902-1945. Göttingen 2003.

Speer, Albert: Erinnerungen. Berlin 1970.
– Spandauer Tagebücher. Frankfurt am Main/Berlin/Wien 1975.
Spetzler, Eberhard: Luftkrieg und Menschlichkeit. Die völkerrechtliche Stellung der Zivilpersonen im Luftkrieg. Göttingen/Berlin/Frankfurt 1956.
Stalin, J. W.: Werke. Berlin 1950-1955.
– Über die Bildung der Union der Sozialistischen Sowjetrepubliken. Referat auf dem I. Sowjetkongreß der UdSSR, 30. Dezember 1922. In: Stalin, Werke, Bd. 5, S. 138-140.
– Rede auf der Plenartagung des ZK der KPR (B), 19. Januar 1925. In: Stalin, Werke, Bd. 7, S. 9-12.
– Über den Großen Vaterländischen Krieg der Sowjetunion. Berlin 1951.
Stamm-Kuhlmann, Thomas/Elvert, Jürgen/Aschmann, Birgit (Hrsg.): Geschichtsbilder. Festschrift für Michael Salewski zum 65. Geburtstag. Stuttgart 2003.
Statut für den Internationalen Militärgerichtshof. In: IMT, Bd. 1, S. 10-18.
Steinberg, Alfred: The Man from Missouri. The Life and Times og Harry S. Truman. New York 1962.
Steinhoff, Uwe: Moralisch korrektes Töten. Zur Ethik des Krieges und des Terrorismus. Neu Isenburg 2005.
Steinkamm, Armin A.: Völkerrecht, Humanitäre Intervention und Legitimation des Bundeswehr-Einsatzes. Völker- und wehrrechtliche Aspekte des Kosovo-Konfliktes 1999. In: Clewing/Reuter, Der Kosovo-Konflikt, S. 335-362.
Stokes, [Richard]: [Rede am 5. März 1945 im Unterhaus]. In: Parliamentary Debates. Vol. 408. House of Commons. Third Volume of Session 1944-45. London 1945, Sp. 1897-1901.
Strauss, Wolfgang: Unternehmen Barbarossa und der russische Historikerstreit. München (1998).
Summary of Principal Peace Feelers, September 1939-März 1941. In: Kettenacker, Das „Andere Deutschland" im Zweiten Weltkrieg, S. 164-187.
Sutor, Bernhard: Vom gerechten Krieg zum gerechten Frieden? Stationen und Chancen eines geschichtlichen Lernprozesses. Schwalbach/Ts. (2004).
Suworow, Viktor: Der Eisbrecher. Hitler in Stalins Kalkül. Stuttgart 1989.
– Stalins verhinderter Erstschlag. Hitler erstickt die Weltrevolution. Selent 2004.
Talmon, Stefan: Grenzen der „Grenzenlosen Gerechtigkeit". Die völkerrechtlichen Grenzen der Bekämpfung des internationalen Terrorismus nach dem 11. September 2001. In: März, Wolfgang (Hrsg.): An den Grenzen des Rechts. Kolloquium zum 60. Geburtstag von Wolfgang Graf Vitzthum. Berlin 2003, S. 101-183.
Taylor, A. J. P.: English History 1914-1945 (1965). Oxford 1990.
Taylor, Frederick: Dresden, Dienstag, 13. Februar 1945. Militärische Logik oder blanker Terror? München 2004.
– Strategische Bedeutung des alliierten Bombenkrieges. Der Umgang mit dem Verhängnis. In: Fritze/Widera, Aliierter Bombenkrieg, S. 33-55.
Taylor, Telford: Die Nürnberger Prozesse. Hintergründe, Analysen und Erkenntnisse aus heutiger Sicht. München 2001.

Terraine, John: Theorie und Praxis des Luftkrieges: die Royal Air Force. In: Boog, Luftkriegführung im Zweiten Weltkrieg, S. 537-568.

Thamer, Hans-Ulrich: Verführung und Gewalt. Deutschland 1933-1945. München 2004.

The National Security Strategy of the United States of America, September 2002. In: www.whitehouse.gov/nsc/nss.pdf (Stand: 5.10.2005).

The Presidential Diaries of Henry Morgenthau, Jr. (1938-1945). The Presidential Documents. Series President Franklin D. Roosevelt. University Publications of America/Frederick, MD, 1981.

Thies, Jochen: Hitlers „Endziele": Zielloser Aktionismus, Kontinentalimperium oder Weltherrschaft? In: Bracher/Funke/Jacobsen, Nationalsozialistische Diktatur 1933-1945, S. 390-406.

Thomas von Aquino: Summe der Theologie. Bd. 3: Der Mensch und das Heil. Zusammengefaßt, eingeleitet und erläutert von Joseph Bernhart, 3., durchgesehene und verbesserte Auflage. Stuttgart 1985.

[Tibbets, Paul]: „Eine kochende Wolke". US-General Paul Tibbets über den Abwurf der Atombomben auf Hiroshima und Nagasaki 1945. Interview von Axel Frohn und Gerhard Spörl. In: Burgdorff/Habbe, Als Feuer vom Himmel fiel, S. 136-140.

Tomuschat, Christian: Präventivkrieg zur Bekämpfung des internationalen Terrorismus? In: Jahrbuch Menschenrechte 2004. Hrsg. vom Deutschen Institut für Menschenrechte u. a. Frankfurt am Main 2004, S. 121-130.

Topitsch, Ernst: Stalins Krieg. Die sowjetische Langzeitstrategie gegen den Westen als rationale Machtpolitik. München 1985.

– Wider ein Reich der Lüge. In: Uhle-Wettler, Wagnis Wahrheit, S. 85-95.

Toynbee, Arnold J.: Krieg und Kultur. Der Militarismus im Leben der Völker. Frankfurt am Main/Hamburg 1958.

Trenkle, Fritz: Die deutschen Funkstörverfahren bis 1945. Frankfurt am Main 1982.

Trevor-Roper, Hugh Redwald: Hitlers Kriegsziele. In: Vierteljahrshefte für Zeitgeschichte, 8 (1960) 2, S. 121-133.

Tröndle, [Herbert]/Fischer, [Thomas]: Strafgesetzbuch und Nebengesetze. 50., neu bearbeitete Auflage. München 2001.

Truman, Harry S.: Radio Report to the American People on the Potsdam Conference. August 9, 1945. In: Public Papers of the Presidents of the United States: Harry S. Truman. April 12 to December 31, 1945. Washington 1961, S. 203-214.

– Truman Speaks. New York 1960.

Tugendhat, Ernst: Nachdenken über die Atomkriegsgefahr und warum man sie nicht sieht. 2., erweiterte Auflage. Berlin 1988.

Ueberschär, Gerd R.: Hitlers Entscheidung zum Krieg gegen die Sowjetunion und die Präventivkriegsdiskussion in der neueren Literatur. In: Schafranek/Streibel, 22. Juni 1941, S. 13-33.

– Die Entwicklung der deutsch-sowjetischen Beziehungen von 1939 bis 1941 und Hitlers Entschluß zum Überfall auf die UdSSR. In: Ders./Bezymenskij, Der deutsche Angriff auf die Sowjetunion 1941, S. 3-20.

Ueberschär, Gerd R./Bezymenskij, Lev A. (Hrsg.): Der deutsche Angriff auf die Sowjetunion 1941. Die Kontroverse um die Präventivkriegsthese. Darmstadt 1998.

Uhle-Wettler, Reinhard (Hrsg.): Wagnis Wahrheit. Historiker in Handschellen? Festschrift für David Irving. Kiel 1998.

Uhle-Wettler, Franz: Der Krieg. Gestern, Heute – Morgen? Hamburg/Berlin/Bonn 2001.

Ursachen und Folgen. Vom deutschen Zusammenbruch 1918 und 1945 bis zur staatlichen Neuordnung Deutschlands in der Gegenwart. Eine Urkunden und Dokumentensammlung zur Zeitgeschichte. Hrsg. und bearb. von Herbert Michaelis und Ernst Schraepler. Bd. XXII, Berlin o. J.

Vagts, Alfred: Unconditional Surrender – vor und nach 1943. In: Vierteljahrshefte für Zeitgeschichte, 7 (1959), S. 280-309.

Veale, F. J. P.: Der Barbarei entgegen. Wie der Rückfall in die Barbarei durch Kriegführung und Kriegsverbrecherprozesse unsere Zukunft bedroht. Hamburg 1954.

Verbrannt bis zur Unkenntlichkeit. Die Zerstörung Dresdens 1945 (= Begleitbuch zur Ausstellung im Stadtmuseum Dresden, Februar bis Juni 1995). Dresden 1994.

Verdross, Alfred/Simma, Bruno: Universelles Völkerrecht. Theorie und Praxis, 3., völlig neu bearbeitete Auflage. Berlin 1984.

Verrier, Anthony: Bomberoffensive gegen Deutschland 1939-1945. Frankfurt am Main 1970.

Victoria, Fransiscus de: Vorlesungen über die kürzlich entdeckten Inder und das Recht der Spanier zum Kriege gegen die Barbaren. Hrsg. von Walter Schätzel. Tübingen 1952.

Völkerrechtliche Verträge. 10., neubearbeitete Auflage. München 2004.

Volkmann, Hans-Erich (Hrsg.): Ende des Dritten Reiches – Ende des Zweiten Weltkriegs. Eine perspektivische Rückschau. München 1995.

Vrba, Rudolf: Die missachtete Warnung. Betrachtungen über den Auschwitz-Bericht von 1944. In: Vierteljahrshefte für Zeitgeschichte, 44 (1996) 1, S. 1-24.

Walker, J. Samuel: History, Collective Memory, and the Decision to Use the Bomb. In: Diplomatic History, 19 (1995) 2, S. 319-328.

Walzer, Michael: Gibt es den gerechten Krieg? Stuttgart 1982.

– Erklärte Kriege – Kriegserklärungen. Hamburg 2003.

– Was ist falsch am Terrorismus? In: Mittelweg 36, 13 (2004) 6, S. 73-86.

Warda, Günter u. a. (Hrsg.): Festschrift für Richard Lange zum 70. Geburtstag. Berlin/New York 1976.

Webster, Charles/Frankland, Noble: The Strategic Air Offensive Against Germany 1939-1945. Vol. I-IV. London 1961.

Wegner, Bernd (Hrsg.): Zwei Wege nach Moskau. Vom Hitler-Stalin-Pakt bis zum „Unternehmen Barbarossa". München 1991.

Wehler, Hans-Ulrich: Wer Wind sät, wird Sturm ernten. In: Kettenacker, Ein Volk von Opfern?, S. 140-144.

[Wehler, Hans-Ulrich]: „Vergleichen – nicht moralisieren". Hans-Ulrich Wehler über die Bombenkriegsdebatte. Das Gespräch führten Stephan Burgdorff und Christian Habbe. In: Burgdorff/Habbe, Als Feuer vom Himmel fiel, S. 42-46.

Weidauer, Walter: Inferno Dresden. Über Lügen und Legenden um die Aktion „Donnerschlag". Berlin 1966.

Weidenfeld, Werner/Korte, Karl-Rudolf (Hrsg.): Handwörterbuch zur deutschen Einheit, 2., durchgesehene Auflage. Bonn 1992.

Weinberg, Gerhard L.: Eine Welt in Waffen. Die globale Geschichte des Zweiten Weltkriegs. Hamburg 2002.

Weizsäcker, Carl Friedrich von: Wahrnehmung der Neuzeit. München 1985.

Wendt, Bernd Jürgen: Das nationalsozialistische Deutschland. Berlin 1999.

– Deutschlands Weg in den Zweiten Weltkrieg. In: Clemens Vollnhals (Hrsg.): Wehrmacht – Verbrechen – Widerstand. Vier Beiträge zum nationalsozialistischen Weltanschauungskrieg. Dresden 2003, S. 9-25.

Werth, Nicolas: Ein Staat gegen sein Volk. Gewalt, Unterdrückung und Terror in der Sowjetunion. In: Courtois, Das Schwarzbuch des Kommunismus, S. 45-295.

Wette, Wolfram: Der 22. Juni 1941 und die NS-Propaganda. In: Schafranek/Streibel, 22. Juni 1941, S. 75-85.

Widera, Thomas: Gefangene Erinnerung. Die politische Instrumentalisierung der Bombardierung Dresdens. In: Fritze/Widera, Alliierter Bombenkrieg, S. 109-134.

Wieczorek, Judith: Unrechtmäßige Kombattanten und humanitäres Völkerrecht. Berlin 2005.

Wiefelspütz, Dieter: Das Gewaltverbot und seine Durchbrechungen: Aktuelle Tendenzen im Völkerrecht. In: Zeitschrift für Politik, 53 (2006) 1, S. 143-171.

Wohlrapp, Harald: Krieg für Menschenrechte? In: Deutsche Zeitschrift für Philosophie, 48 (2000) 1, S. 107-132.

– Sind Menschenrechte aufrechenbar? Darstellung eines Grunddefekts der „Humanitären Intervention". In: Meggle, Humanitäre Interventionsethik, S. 181-200.

Wolf, Werner: Luftangriffe auf die deutsche Industrie 1942-1945. München 1985.

Wolkogonow, Dimitri: Stalin. Triumph und Tragödie. Düsseldorf 1996.

Zayas, Alfred M. de: Zeugnisse der Vertreibung. Krefeld 1983.

– Art. „Vertriebene". In: Weidenfeld/Korte, Handwörterbuch zur deutschen Einheit, S. 732-740.

– Die Nemesis von Potsdam. Die Anglo-Amerikaner und die Vertreibung der Deutschen, überarbeitete und erweiterte Neuauflage. München 2005.

– Die deutschen Vertriebenen. Keine Täter – sondern Opfer. Hintergründe – Tatsachen – Folgen. Graz 2006.

Zeidler, Manfred: Kriegsende im Osten. Die Rote Armee und die Besetzung Deutschlands östlich von Oder und Neiße 1944/45. München 1996.

– „Denn ich sah vor mir unser Heer, voll des großen Zornes". Der sowjetische Schriftsteller Ilja Ehrenburg und das Kriegsende vor fünfzig Jahren. In: *Frankfurter Allgemeine Zeitung* vom 24. März 1995, S. 16.

– Das Sondergericht Freiberg. Zu Justiz und Repression in Sachsen 1933-1940. Dresden 1998.

– Die Flak auf verlorenem Posten. Die technische Entwicklung der Luftabwehr im Zweiten Weltkrieg. In: Fritze/Widera, Alliierter Bombenkrieg, S. 57-82.

– Die Rote Armee auf dem Boden Deutschlands. In: Das Deutsche Reich und der Zweite Weltkrieg. Bd. 10 (im Druck).

Zusatzprotokoll zu den Genfer Abkommen vom 12. August 1949 über den Schutz der Opfer internationaler bewaffneter Konflikte (Protokoll I). In: Völkerrechtliche Verträge, S. 723-771.

Personenverzeichnis

Der Name Adolf Hitlers wurde nicht verzeichnet.

Abel, Elie   67, 122, 232, 301, 313
Albrecht, Karl I.   217, 305
Allen, Martin   164, 305
Alperovitz, Gar   260 f., 305
Anderson, Frederick   108 f.
Anscombe, Gertrude Elizabeth Margaret   260, 262, 305
Antonescu, Ion   227
Aquino, Thomas von   70, 325
Arendt, Hannah   132, 135, 305 f.
Aristoteles   145, 305
Asquith, Herbert   139
Attlee, Clement   74, 284, 286 f., 305
Auhagen, Otto   216, 305

Backes, Uwe   71, 305
Baldwin, Stanley   208, 305
Baschanow, Boris   229, 305
Bavendamm, Dirk   168, 220, 229, 230, 305
Beaverbrook, William Maxwell Aitken   140
Beck, Jozef   220
Bell, A. C.   210, 305
Bell, George   73, 251, 305
Benesch, Eduard   285
Benz, Wolfgang   141, 259, 286, 306
Bergander, Götz   66, 111, 113 ff., 246, 270 ff., 306
Bernstein, Barton J.   261, 306
Besier, Gerhard   170, 263, 295, 306
Besymenski, Lew   45, 306
Betz, Herman Dieter   201, 306
Bin Laden, Osama   73
Binder, Gerhart   150, 306
Bittner, Rüdiger   106, 275, 306
Blank, Ralf   247, 306
Blum, William   291, 306

Blumenwitz, Dieter   184, 192, 292, 306
Boberach, Heinz   88, 306
Böhler, Jochen   202, 306
Bölsche, Jochen   109, 306
Bond, Briand   140, 307
Bönitz, Wolfgang   64, 247 f., 271, 307
Bonwetsch, Bernd   224 f., 307
Boog, Horst   28, 38 ff., 42 ff., 47 ff., 56, 58, 63, 67, 69, 74, 85, 99, 101 f., 112, 115, 167, 211, 247, 251, 282, 307, 313, 315, 317, 319 ff., 323, 325
Boothby, Robert   139 f., 286, 307
Bormann, Martin   119, 187
Bothe, Michael   192, 307
Bottomley, Norman   263
Bouhler, Philipp   307, 314 f.
Bracher, Karl Dietrich   135, 154, 216, 307, 310, 322, 325
Brechtken, Magnus   134, 307
Breitman, Richard   135, 202 ff., 308, 317
Brittain, Vera   251
Browning, Christopher R.   202, 308
Brumlik, Micha   285, 287, 308
Bufton, Sidney   283
Burckhardt, Carl J.   132, 189, 200, 308
Burleigh, Michael   41, 88, 308
Bush, George sen.   262, 291
Bush, George W.   12, 185, 190, 297, 308, 320, 323
Butler, Richard A.   140
Byers, Michael   192, 308
Byrnes, James Francis   286

Cannadine, David   139 f., 308
Chamberlain, Neville   74 f., 138 f., 155, 160, 164, 220, 308

Charmley, John   128, 139 f., 153, 155, 160 f., 164 f., 207, 308
Chomsky, Noam   139, 224, 259, 301, 308
Churchill, Winston S.   8, 48 ff., 52, 64 ff., 76, 82, 88 f., 122 f., 126 ff., 135 f., 138 ff., 146, 148 ff., 177, 186, 196, 202 f., 206 f., 216 ff., 222, 229 ff., 250 ff., 258, 268, 271, 273, 281, 284 ff., 294, 299, 301, 305, 307 ff., 312 f., 316 ff., 321, 323
Ciano, Galeazzo Graf   163
Clausewitz, Carl von   153, 249, 309, 317, 321
Clemens, Björn   41, 309, 327
Coady, C. A. J. (Tony)   243, 309
Collier, Basil   43, 309
Collins, John   251
Colville, John   140, 155, 309
Connelly, Mark   76, 309
Conquest, Robert   216, 309
Corum, James S.   28, 309
Coulmas, Florian   258 ff., 290, 292, 294, 309
Courtois, Stephane   309, 327
Crowe, Eyre   150
Czempiel, Ernst-Otto   138, 309
Czesany, Maximilian   81, 251, 309

Dalton, Hugh   127
Darnstädt, Thomas   284, 309
Davies, Rhys   136, 310
Davis, Mike   52, 310
De Gaulle, Charles   49, 281, 283, 312
Deichmann, Paul   211
Deist, Wilhelm   211, 310, 318
Dimitroff, Georgi   224 f.
Dohrn, Verena   134, 310
Domarus, Max   310, 314 f.
Douhet, Giulio   22, 27, 211, 310
Drobisch, Klaus   216, 310
Dülffer, Jost   156, 198, 310

Eaker, Ira C.   53
Ebert, Friedrich   150
Eden, Anthony   162, 251
Effenberger, Wolfgang   100, 310
Ehrenburg, Ilja   278 f., 327
Eichholtz, Dietrich   300, 310, 316, 322
Eisenhower, Dwight D.   91 f., 99, 122, 262, 282
Elter, Andreas   170, 311
Engels, Friedrich   228, 237, 317 f.
Enzensberger, Hans Magnus   72, 311
Eschenburg, Theodor   295, 311
Evans, Richard J.   133f., 311

Faust, Fritz   49, 284, 311
Fellisch, Alfred   296, 311
Felmy, Hellmuth   211
Ferdowsi, Mir A.   311, 317
Fest, Joachim C.   187, 201, 311
Fischer, Alexander   177, 311
Fischer, Horst   30, 184, 192, 311
Fischer, Joseph   13, 311
Fischer, Thomas   183, 325
Fish, Freddy   60
Fleck, Dieter   311
Fleischhauer, Ingeborg   219, 311
Förster, Jürgen   198, 201, 225, 227, 311
Frankland, Noble   50, 52, 55 f., 89, 210, 326
Friedrich II. von Preußen   184, 311
Friedrich, Jörg   29, 52, 61 ff., 87 f., 103, 205, 211, 246 f., 250, 263, 281, 311
Fritze, Lothar   58, 106 f., 119, 142, 237, 243, 275, 306 f., 311 f., 316, 324, 327
Frowein, Jochen Abr.   192, 312
Fuller, J. F. C.   22, 312

Galbraith, John Kenneth   264, 312
Galtung, Johan   293, 312
Gardiner, A. G.   139, 312
Garrett, Stephen A.   73, 251, 259, 271, 312
Gellermann, Günther W.   162, 312

Gerstenmaier, Eugen 147, 312
Gilbert, Martin 139, 204, 254, 312
Giordano, Ralph 230, 300, 312, 317
Glover, Jonathan 247, 251, 262, 312
Goebbels, Joseph 39, 47, 88, 90 f., 123, 186, 215, 217, 280, 312, 319
Göring, Hermann 45, 211, 215, 272
Gorodetsky, Gabriel 191, 227, 312
Grant, Ulysses S. 167
Greiner, Bernd 205, 312
Gretzschel, Matthias 313
Grey, Edward 150
Groehler, Olaf 29, 38 f., 67, 75 f., 81, 96, 100 f., 108, 111 f., 208, 246 f., 250, 252, 254 f., 282, 313
Groscurth, Helmuth 44, 313 f.
Gross, Jan T. 222, 313
Grotius, Hugo 153, 180, 193, 313
Gruchmann, Lothar 91, 148, 313
Gundelach, Karl 209, 212, 313

Hailbronner, Kay 184, 313
Halder, Franz 44, 313
Halifax, Edward F. L. Wood 137, 140, 153, 160
Hamerow, Theodore S. 124, 146 f., 313
Hanke, Heinz Marcus 26, 31, 34 f., 37 f., 73, 75, 313
Harriman, W. Averell 67, 122, 232, 301, 313
Harris, Arthur T. 7, 50 f., 54, 56 f., 59 ff., 66, 74, 76 f., 82, 86 f., 91 ff., 97, 99, 101 f., 108, 113, 254, 263, 271, 273, 313, 319
Hartenstein, Michael A. 284 f., 313
Hass, Gerhart 221, 310, 313
Hastings, Max 74, 113, 212, 250, 313
Haushofer, Karl 164
Heeck, Stefan van 73, 313
Heimann, Bernhard 211, 313
Heintze, Hans-Joachim 192, 313
Henderson, Nevil 137
Herbert, Ulrich 126, 314

Herold, Marc 293
Herwarth, Hans von 201 f., 314
Hildebrand, Klaus 218 f., 257, 314
Hillgruber, Andreas 152, 197 f., 207, 218, 225, 314
Himmler, Heinrich 141, 193 f., 314
Hinrichs, Per 38, 314
Hinsch, Wilfried 25, 41, 314
Hirohito 264
Hirsch, Hans-Joachim 183, 314
Hoffmann, Bruce 71, 315
Hoffmann, Joachim 186, 191, 205, 222, 225 f., 278 f., 315
Hoffmann, Peter 146, 315
Holderegger, Adrian 243, 315
Honderich, Ted 72, 315
Hopkinson 251
Hösle, Vittorio 41, 125, 280, 315
Hubatsch, Walther 45, 315
Hussein, Saddam 185, 191 f., 297
Huston, John W. 171, 315

Ipsen, Knut 22, 69, 124, 311, 315
Irving, David 114, 315, 326
Ismay, Hastings Lionel 252

Jäckel, Eberhard 198, 315
Jahn, Egbert 229, 316
James, Robert Rhodes 139 f., 308, 316
Janssen, Dieter 25, 41, 314, 316 ff.
Jeschonnek, Hans 44, 91
Jodl, Alfred 188, 201, 211
Johe, Werner 94, 316
Johnson, Chalmers 291, 316
Jones, H. A. 29, 89, 316
Junker, Detlef 167 ff., 231 f., 316

Kaiser, Wolf 171, 259, 264, 316
Kalisch, Johannes 219, 316
Kant, Immanuel 23, 316
Karlsch, Rainer 231, 316
Keegan, John 28, 40, 99, 209, 284, 316

Keitel, Wilhelm   188
Kennedy, Joseph P.   220
Kern, Erich   137, 316
Kettenacker, Lothar   76 f., 126, 146 ff., 152, 158 ff., 161, f., 169, 231, 268, 300, 309, 316, 319 f., 324, 326
Keynes, John Maynard   139
Kimminich, Otto   41, 316
Kirow, Sergej Mironowitsch   227
Kleemeier, Ulrike   41, 317
Klemperer, Klemens von   146, 317
Knabe, Hubertus   280, 317
Knauss, Robert   211
Koenen, Gerd   216, 317
Kohn, Richard H.   215, 248, 317
Kondylis, Panajotis   228, 317
Kopelew, Lew   178, 229, 279 f., 317
Krause, Joachim   317, 320
Krockow, Christian Graf von   88, 129, 136, 141 f., 159, 163, 229 f., 317
Kurowski, Franz   64, 317

Lamb, Richard   155, 317
Lang, Cosmo   73
Laqueur, Walter   135, 141, 203, 205, 317
Lauterpacht, H.   69, 317
Leahy, William D.   262
LeMay, Curtis   259
Lenckner, Theodor   106, 317
Lenin, Wladimir Iljitsch   137, 217, 227 f., 237, 278, 317
Leonhard, Wolfgang   224, 317
Liddell Hart, Basil Henry   28, 68, 96, 139 f., 248, 251, 300, 307, 317
Liessmann, Konrad Paul   317, 320
Lindemann, Frederick   56
Lindemann, Gerhard   170, 263, 295, 306
Link, Werner   169, 317
Lippmann, Walter   164
Lloyd George, David   150, 160, 322
Loest, Erich   122, 318
Longerich, Peter   123, 223, 318

Löw, Konrad   100, 310
Ludendorff, Erich   22, 318
Lukacs, John   140, 148, 155, 207, 318

Magenheimer, Heinz   156 f., 164, 171 f., 192, 200 ff., 209, 220 f., 226, 318
Maiski, Iwan Michajlowitsch   149 f., 318
Mandel, Michael   70, 185, 293, 318
Mann, Thomas   66, 318
Mao Tse-tung   228, 318
Mark, Rudolf A.   216
Marshall, George   301
Martin, Allan William   305, 318, 329
Marx, Karl   228, 237, 317 f.
Maser, Werner   191, 318
McGovern, James   251
Meggle, Georg   71, 249, 306, 309, 312, 318, 321, 327
Melgunow, S. P.   216, 318
Mendelsohn, Erich   52
Menzies, Robert   140, 318
Merkel, Reinhard   16, 30, 106, 220, 318
Merker, Barbara   41, 318
Messerschmidt, Manfred   22, 69, 154, 211, 248, 310, 318
Michalka, Wolfgang   314, 316, 319
Middlebrook, Martin   85, 319
Molotow, Wjatscheslaw Michajlowitsch   152, 188 f. 219, 221, 225, 227, 286
Moltke, Helmuth James Graf von   147
Moltmann, Günter   123, 319
Mommsen, Hans   60, 88, 94, 119, 132 f., 135, 138, 141, 194, 319
Mommsen, Wolfgang J.   319
Morgenthau, Henry Jr.   205, 232, 312, 325
Müller, Klaus-Jürgen   148 f., 154, 306, 315 ff., 319, 321
Müller, Rolf-Dieter   38, 40, 50, 54, 61, 64, 213, 281, 299, 319
Münkler, Herfried   150, 153, 156, 175, 308, 319

Murray, Williamson   28, 319
Murswiek, Dietrich   184, 194, 319
Musial, Bogdan   186, 191, 228, 319
Mussolini, Benito   139
Mutschmann, Martin   115

Naimark, Norman M.   287, 319
Nawratil, Heinz   284 f., 319
Neillands, Robin   36, 49, 53 f., 56, 60 f., 86, 91 f., 99, 102 f., 111, 209, 251, 253, 259, 284, 319
Nicholson, Arthur   150
Niehaus, Werner   99, 319
Nikitin, M.   226
Nitti, Francesco   150
Nolte, Ernst   191, 193, 201, 209, 216, 218, 320
Noriega, Manuel   291

Ohlendorf, Otto   193
Oppenheimer, Robert   290
Overy, Richard H.   28, 42, 53, 59, 64, 88 f., 92, 212 f., 231, 263, 320
Ozuki, Yukio   29

Parks, W. Hays   25, 33, 62, 69, 75, 77, 117, 282, 320
Pauer-Studer, Herlinde   41, 320
Paxton, Robert O.   135, 320
Payne, Stanley   257, 320
Peirse, Richard   209
Pfoh, Bernhard   293, 320
Picker, Henry   187, 320
Pietrow-Ennker, Bianka   191, 320
Pillar, Paul R.   185, 320
Podhoretz, Norman   11, 291, 320
Pohl, Dieter   133, 206, 223, 320
Pommerin, Reiner   27, 38, 92, 112, 320
Portal, Charles   50 f., 56, 91, 251 f., 271
Post, Walter   30, 137, 150 f., 191, 199 f., 208, 220, 224 ff., 320
Preuß, Ulrich K.   127, 192, 236 f., 321

Primoratz, Igor   25, 71, 249, 321
Probert, Henry A.   89 ff., 96, 321

Queen Mum   64

Radnitzky, Gerard   301, 321
Raeder, Erich   211
Raico, Ralph   148, 262, 321
Rauch, Georg von   223, 321
Rauchensteiner, Manfred   123, 321
Rawls, John   249, 257, 262 f., 277, 321
Reams, Robert Borden   204
Reichel, Peter   260, 321
Reynaud, Paul   154
Ribbentrop, Joachim von   215, 220
Riklin, Alois   192, 321
Rohde, Horst   137, 321
Röling, Bert V. A.   264
Roosevelt, Franklin Delano   8, 25, 37, 122 f., 128, 136, 139, 167 ff., 174, 177, 186, 203 ff., 206, 216, 220, 222, 229 ff., 258, 284 f., 301, 305, 308, 313, 320 f., 323, 325
Rosenfeld, Günter   219, 322
Rothbard, Murray N.   260, 322
Rothfels, Hans   122, 322
Rousseau, Jean-Jacques   72, 322
Rowland, Peter   160, 322

Salisbury, Arthur James Gascoyne-Cecil   252
Schaffer, Ronald   53 f., 284, 322
Schaller, Christian   192, 322
Schdanow, Andrej Alexandrowitsch   227 f.
Scheil, Stefan   152, 154, 158, 161, 163 f., 186, 188 f., 191, 199, 225, 322
Schieder, Theodor   287, 322
Schildt, Axel   126, 314
Schlingensiepen, Ferdinand   251, 322
Schmidt, Helmut   107, 322
Schmidt, Rainer F.   152, 322
Schmücker, Reinold   41, 322

Schnatz, Helmut 115, 322
Schönfeld, Hans 147
Schönke, Adolf 106, 317, 322
Schreiber, Gerhard 137, 179, 322
Schröder, Horst 106, 317, 322
Schröter, Manfred 40, 63, 246 f., 322
Schukow, Georgij Konstantinowitsch 178
Schulenburg, Friedrich Graf von der 227
Schultze-Rhonhof, Gerd 64, 137, 150, 170 f., 207, 220 f., 323
Schulz, Heinz 111, 323
Schunke, Joachim 211, 313
Schwarz, Hans-Peter 128, 140, 155, 172, 174, 216, 323, 232
Schweitzer, Albert 286, 299, 323
Schwenck, Hans-Günter 117, 323
Schwinge, Erich 127 f., 323
Sebald, W. G. 270 f., 323
Seidel, Gerd 192, 323
Semirjaga, Michail I. 219, 323
Shaw, Martin 292, 323
Simma, Bruno 69, 73, 183, 192, 323, 326
Simon, Gerhard 216, 318
Sinclair, Archibald 43, 252
Singer, Peter 293, 323
Singleton, Justice 56
Slutsch, Sergej 151, 218 f., 221 f., 323
Smith, Malcolm 208, 212, 314, 323
Sontheimer, Michael 64, 323
Soutou, Georges-Henri 283, 323
Spaatz, Carl A. 100
Spaemann, Robert 242, 323
Spaight, James M. 28, 39, 43, 47, 75 ff., 323
Später, Jörg 161 f., 323
Speer, Albert 45, 90, 95, 101 f., 112, 324
Spetzler, Eberhard 22, 35, 47, 67 ff., 324
Stalin, Josef Wissarionowitsch 7 f., 45, 66 f., 146, 148, 152, 155, 157, 161, 163, 177 f., 186 f., 191, 193, 201 f., 205, 209, 215 ff., 236 f., 258 ff., 277 ff., 284 ff., 305, 307, 311 ff., 317 f., 324 ff.

Stauffenberg, Berthold von 147
Stauffenberg, Claus von 146, 315
Steinberg, Alfred 265, 324
Steinhoff, Uwe 41, 276, 324
Steinkamm, Armin A. 293, 324
Stokes, Richard 251 f., 324
Strang, William 161
Strauss, Wolfgang 191, 221, 324
Stresemann, Gustav 137
Sutor, Bernhard 41, 324
Suworow, Viktor 188, 191, 223, 226 f., 324

Talmon, Stefan 192, 324
Taylor, Alan J. P. 39, 43, 55, 65, 251, 324
Taylor, Frederick 51 ff., 64, 102, 108 f., 111 f., 114 f., 210 f., 246 f., 252, 270 f., 281, 324
Taylor, Telford 16, 30, 34, 148 f., 262, 324
Tedder, Arthur 99
Terraine, John 56, 208 f,. 211 f., 325
Thamer, Hans-Ulrich 325
Thies, Jochen 197, 325
Thomas von Aquin → Aquino, Thomas von
Tibbets, Paul 262, 325
Tomuschat, Christian 184, 325
Topitsch, Ernst 191, 225, 325
Toynbee, Arnold J. 165, 325
Trenchard, Hugh 28 f., 89, 139, 210 f.
Trenkle, Fritz 99, 325
Trevor-Roper, Hugh Redwald 151, 325
Tröndle, Herbert 183, 325
Trott zu Solz, Adam von 147
Truman, Harry S. 8, 224, 230, 258, 260 ff., 284, 301, 305, 321, 324 f.
Tschernjakowskij, I. D. 279
Tugendhat, Ernst 260, 325

Ueberschär, Gerd R. 191, 198 f., 307, 323, 325

Uhle-Wettler, Franz 41, 325 f.
Uspenskij, Jurij 278
Vagts, Alfred 122, 146, 167, 172 f., 326
Vansittart, Robert 161 f., 323
Veale, F. J. P. 28, 226, 326
Verdross, Alfred 69, 73, 183, 192, 326
Verrier, Anthony 86, 326
Victoria, Fransiscus de 25, 71, 121, 145, 245, 255, 326
Vrba, Rudolf 204, 326

Walker, J. Samuel 261 f., 326
Walzer, Michael 5, 41, 70 f., 157, 195, 241 f., 249 f., 263, 326
Warlimont, Walter 201
Webster, Charles 50, 52, 55 f., 89, 210, 326
Wehler, Hans-Ulrich 38, 101 f., 267 ff., 326
Weidauer, Walter 108, 326
Weinberg, Gerhard L. 38, 48, 136, 152 ff., 163, 178, 189, 222, 231, 327
Weirs 92

Weizsäcker, Carl Friedrich von 215 f., 257, 327
Welles, Sumner 203, 232
Wendt, Bernd Jürgen 135, 138, 327
Werth, Nicolas 216, 327
Wette, Wolfram 310, 318, 327
Wetzler, Alfred 204
Widera, Thomas 296, 306 f., 312, 316, 324, 327
Wiefelspütz, Dieter 192, 327
Wiegrefe, Klaus 284, 309
Wieland, Günther 216, 310
Wilson, Woodrow 170
Wise, Stephen S. 203
Wohlrapp, Harald 41, 106, 125, 291, 327
Wolf, Werner 65, 88, 94, 327
Wolkogonow, Dimitri 221, 327
Woods 140

Zayas, Alfred M. de 178, 229, 284 ff., 327
Zeidler, Manfred 14, 87, 99, 177, 278 ff., 327

Ortsverzeichnis

Afghanistan   150, 291, 293
Amerika → USA
Antwerpen   247
Ardennen   100, 245
Auschwitz   13, 129, 132 f., 135, 140 ff., 173, 194, 204 f., 280

Baku   226
baltische Staaten → Estland, Lettland, Litauen
Batum   226
Belgien   153, 188 f., 247
Belgrad   38
Berlin   37, 49, 54, 64, 67, 73, 87, 91, 112, 137, 149, 151 f., 160, 163, 181, 212, 220, 225 f., 246, 278, 280, 283
Bessarabien   221
Birmingham   40, 208
Böhmen   200
Bonn   248
Bremen   62
Bristol   208
Bulgarien   225 f.

Canterbury   49, 73, 251
Casablanca   86, 122 f., 146, 167, 177, 301
Charkow   222
Chemnitz   246
Chequers   49
China   168, 257
Coventry   38 ff., 49 f., 58, 81, 113

Dänemark   164
Danzig   137, 158, 200
DDR   40, 219, 280, 296
Den Haag   62, 69

Deutschland   11 ff., 15 ff., 19 f., 28, 30 f., 38, 40, 42, 44, 47 f,. 50 f., 53, 55 f., 59, 63, 67, 74 ff., 85 f., 90 ff., 94 ff., 98 ff., 108, 111, 113, 115, 118, 120, 122 f., 126 ff., 134 ff., 144, 146 ff., 150 ff., 156 f., 159, 161 ff., 167 ff., 172, 174, 178 ff., 181, 184, 186 ff., 191, 195 f., 199, 204, 207 ff., 211, 215, 218 ff., 224 ff., 235, 238, 242, 246 ff., 249 f., 252, 254 f., 257 f., 263, 277 ff., 286, 291, 300 f.
Dresden   14, 19, 35, 38, 51 ff., 63 f., 67, 93, 101 f., 108 f., 111 ff., 140, 210 f., 246 f., 249, 252, 267 f., 270, 272, 281
Düsseldorf   85, 307, 310, 314, 317, 322, 327

Elsaß-Lothringen   229
England → Großbritannien
Essen   62, 64, 85, 246
Estland   161, 209
Europa   38, 42, 47 ff., 53, 56, 58, 63, 67, 81, 85, 99, 102, 125 f., 133, 140, 150 f., 157, 167 f., 172, 177, 187 f., 204 f., 218, 226, 228, 230 f., 247, 249, 251, 257, 262, 282, 286 ff., 301

Ferner Osten   231, 257
Finnland   30, 161, 189, 221, 225 f., 228
Flensburg   200
Frankreich   64, 91, 134, 136, 150, 152, 158, 161, 164, 168, 189, 221, 228 f., 247, 263, 283

Griechenland   225
Großbritannien   16, 18, 27, 31, 37, 40 f., 43, 48, 50, 52, 64 f., 69, 73 f., 76, 90, 98,

101, 120, 128 f., 132, 136, 138 ff., 141, 146 f., 150 ff., 154, 157 f., 160, 162 ff., 168, 181, 189, 198 f., 204, 206 ff., 212, 218, 221, 224, 227, 230, 236, 246 f., 249, 251 f., 269, 272, 279, 282, 285, 287
Guernica   38, 40, 212

Hamburg   85, 87, 90 f., 252
Heilbronn   281
Hiroshima   21, 65, 257 ff., 290, 292, 294
Holland → Niederlande

Indien   150
Irak   185, 191 f., 291 ff., 297
Italien   19, 146, 198, 257, 282

Jalta   159, 229, 284 f.
Japan   13, 19, 53, 75, 146, 174, 228, 232, 257 ff., 282, 290 ff.
Jugoslawien   225, 293

Katyn   222
Kiel   61, 75
Koblenz   248
Köln   62, 64, 85, 248
Kontinentaleuropa   148
Kosovo   292 f.
Krefeld   85

Landsberg   198
Leipzig   112
Lemberg   223
Leningrad   227, 278
Lettland   161, 209
Litauen   161, 209
Liverpool   48, 208
London   38, 45, 48 f., 64, 74, 76, 112, 124, 126, 148 ff., 155 f., 164, 199, 203 f., 206 ff., 220, 247, 254
Lübeck   51, 61, 66, 85
Lüttich   247

Maastricht   247
Madagaskar   132, 134
Majdanek   204
Manchester   208
Mannheim   49
Mitteleuropa   148, 156, 199 f., 230
Moskau   67, 137, 150 f., 188, 199, 206, 227, 261, 301
München   154, 291
Münster   54

Nagasaki   11, 21, 65, 259 f., 262 ff., 290
New York   203
Niederlande   41, 153, 188 f.
Nordbukowina   209
Nordhausen   246
Nordwestindien   150
Norwegen   134, 164, 188
Nürnberg   15 f., 219 f.

Österreich   137, 199
Ostasien   257 f.
Osteuropa   20, 132, 148, 154, 220, 226, 285
Ostpolen → Polen
Ostpreußen   137, 279
Oxford   49, 65

Panama City   291
Paris   187, 220, 247
Pearl Harbor   168
Pforzheim   246
Ploiesti   86, 209
Polen   15, 30, 42, 125, 132, 134 ff., 151 f., 156, 158, 161, 164, 187, 198, 201 ff., 218 ff., 222, 225, 228 f., 284, 286 f., 301
Potsdam   229, 246, 259 f., 284 ff.,

Remagen   248
Remscheid   85
Rheinland   283

Rostock 51
Rotterdam 38 f., 282
Rouen 282
Ruhrgebiet 283
Rumänien 86, 134, 204, 225, 227
Russland (Rußland) 101, 141, 150 f., 157, 174, 186 f., 198, 200 f., 216 ff., 223 f., 230, 258, 286 → Sowjetunion

Schweinfurt 87
Sibirien 222
Skandinavien 225
Slowakei 163, 199, 228, 284
Smolensk 222
Sowjetrussland → Sowjetunion
Sowjetunion 64, 66, 74, 101, 120, 125, 132, 146, 148, 150, 152, 154, 157 f., 162, 168, 177 f., 186 ff., 190 f., 198 ff., 201, 209, 215 ff., 225 ff., 230, 259, 261, 285, 287, 291, 301 → Russland (Rußland)
Stalingrad 45, 123, 249
St. Petersburg 150
Südengland → Großbritannien
Südosteuropa 154, 156

Teheran 67, 146, 177, 284
Tokio 259, 261
Tschechei 143, 189, 200
Tschechoslowakei 163, 199, 284

UdSSR → Sowjetunion
Ukraine 134, 200, 216
Ungarn 134, 199, 225, 284
USA 11, 64, 74 f., 100, 139, 154, 167 ff., 171, 175, 181, 185 f., 192, 196, 206, 212, 231 ff., 257 f., 263, 290 f., 294

Versailles 151
Vinica 223

Warschau 38 ff., 137, 219
Würzburg 246
Washington 30, 124, 203 f., 206, 264, 291
Westeuropa 86, 102
Wuppertal 85

Yalta → Jalta

Zentraleuropa → Mitteleuropa

Sachregister

Absicht/absichtlich   18, 57 f., 69, 242 f., 253, 263
- a.e Tötung   25, 27, 34, 36, 44, 54, 58, 60, 63 f., 75, 81, 85, 97, 115, 195 f., 235, 242 f., 245, 247, 253, 265

Achsenmächte   20, 28, 122, 146, 167 f., 204, 215, 231, 257, 292

Alliierte/alliierte   12, 16, 65 f., 91, 119 ff., 123, 125 ff., 166, 172, 179, 193, 196, 202 ff., 215, 230, 235 f., 246, 253, 257, 280 ff., 285, 289, 300 ff.
- a. Kriegführung   13, 15, 58, 73, 77, 88, 99 f., 108, 115, 120 f., 125 f., 166, 178, 184, 194 f., 205 ff., 213, 237 f., 248, 251, 253 f., 277 ff., 295 f., 299 ff.

Angriff
- auf Polen   125, 138, 218
- auf die Sowjetunion   146, 186 ff., 190 f., 201 f., 222
- rechtswidriger   79, 145, 183, 249

Antibolschewismus   201

Anti-Hitler-Koalition   12, 126, 146, 178, 215, 233, 238, 257, 300

Antisemitismus   133

Anti-Terror-Krieg   11, 291

Appeasement-Politik   12, 143, 154 f., 162, 297

Ardennenoffensive   100, 245, 248

Atlantik-Charta   222, 301

Atombombe/Atomwaffe   11, 65, 179, 185, 299
- A.nabwurf   257 ff., 290

Attentat auf Hitler   124, 147

Außenpolitik
- amerikanische   167 ff., 231 ff., 257, 294 f.
- britische   207
- japanische   257
- sowjetische   223 ff., 227, 257

Barbarei   73, 88, 169, 236, 278

Befreiung   277 ff.

Begründungslast   12, 14, 129, 193 → Rechtfertigungslast

Beistandsverpflichtung gegenüber Polen   136 f.

Berufssoldat   21, 222, 275 f.

Besatzung   283, 290
- deutsche B.spolitik im Osten   152, 202, 207
- sowjetische   21, 152, 277 ff., 285

Beschwichtigungspolitik → Appeasement-Politik

„Big Week"   102

„Blitz"   208

Bolschewismus/bolschewistisch   148, 217 f., 162, 186 f., 198, 215 ff.
- b.er Totalitarismus   237
- revolutionäre Langzeitstrategie des   223 ff.
- Verbrechen des   216 f., 222 f., 229

Bombardierung/Bombardement   291
- B.s fernab der eigentlichen Frontlinie   26
- der Gleisanlagen nach Auschwitz   205
- Eroberungsb.   30
- flächendeckende   17, 282
- Luftb.s   26, 30 f.
- Präzisionsb.s   52 f., 93, 99, 245, 248, 271
- technisch bedingte Ungenauigkeit des B.s   18, 38, 50, 53, 99
- unterschiedlose   17 f., 26 f., 33 ff., 39 f., 43, 47, 52, 55, 67, 69 f., 74, 81 f., 95, 98, 114 f., 252, 260
- Zerstörungsb.   30

Bombenkrieg/Luftkrieg
- Eskalation des B.es 38, 67, 81, 247
- strategischer 22, 34, 36, 40, 47 f., 64, 66, 77, 96, 208 f., 212 f., 248, 283

Bomber Command/Bomberkommando 16, 42, 51 ff., 55, 57, 59 f., 67 f., 76, 92 f., 96, 99, 113 f., 209, 212, 246 ff., 252, 271, 281 f.

Bomberoffensive 67, 86, 208 f., 270 f.
Bombertechnologie 17, 26 ff.
Briand-Kellog-Pakt 30

„D-Day" 92
Deutsch-sowjetischer Vertrag 221

Einflusssphäre 132, 166, 227
Einsatzgruppen 141, 193, 202
Empire 139, 149 ff., 153 ff., 163, 167, 215
„Endlösung" 132, 141
Entschuldigung/-sgrund 106 f., 267 ff., 272 f.
Erforderlichkeit/erforderlich 19, 79, 84, 97, 103, 109, 121, 184, 253, 262, 271
Erster Weltkrieg 26 f., 29 f., 64, 73, 133, 138, 150 ff., 159, 169, 171, 175, 207, 210, 218, 228, 232, 236, 248, 277
Eskalation des Krieges 140, 156 f., 163, 225
Euthanasie 135

Fahrlässigkeit 273
Faschismus 139, 169, 257, 292
Feuersturm 58, 85, 113 f., 252
Flächenbombardement/Flächenangriff 13, 18 ff., 39, 47 ff., 54, 61 ff., 68, 70 f., 73 f., 83 ff., 92 ff., 96 ff., 106 ff., 111, 113, 117 ff. 123, 125, 157, 181, 195 f., 206, 209, 213, 215, 231, 233, 235 f. 238, 245 f., 249 ff., 264, 267, 269 ff. 273, 283, 289, 292
- Strategie der F.s 18, 51 f., 55 ff., 59 ff., 63, 74, 90, 99, 120, 215, 273
Flüchtlinge 59, 111 f. 114, 204, 206, 246, 286

Folgen(abschätzung) 130 f., 230, 302
Frankreichfeldzug 152 f.
Fremd-/Zwangsarbeiter 246, 250, 260, 278, 283
Frieden 79, 152, 277
- F.sangebot/F.svorschlag 48, 126, 151 ff., 160, 181, 221
- F.sfühler 146, 155, 158
- Kompromissf. 19, 123, 127 f., 141, 146, 158 ff., 165, 167, 173, 209, 229, 236, 262, 300
- Separatf. mit Stalin 202
- Verhandlungsf. → Kompromissf.
- Verständigungsf. → Kompromissf.
- F.svertrag 231

Gegenwärtigkeit/gegenwärtig 80, 83, 143, 145, 180, 183 f., 192 ff., 233, 235 f., 297
Gegenwartsorientierung 292
Genfer Abkommen 22
Genfer Abrüstungskonferenz 31
Geschichte, Lernen aus der 300
Gleichgewichtspolitik 232
Grundsatz der Nichtabwägungsfähigkeit menschlichen Lebens 106

Haager Juristenkommission 30
Haager Landkriegsordnung 22, 26, 69
Haager Luftkriegsregeln 26, 34 ff.
Häftling 246, 283
Handlungsregeln 143
Hitler-Stalin-Pakt 218 ff.
Holocaust 172, 203, 222, 290
Homosexuelle 134
Hungerblockade 210

Ideologie
- amerikanische 294 f.
- kommunistische 237, 295
- nationalsozialistische 237
Interessensphären 219, 225
Interventionismus 167 ff.
Intervention, humanitäre 12, 129, 180, 293

Invasion 91, 95, 101, 120, 208 f., 222, 257 f., 261, 263, 293
Isolationismus 167 ff., 215

Juden/Judentum 15, 132, 134 ff., 141, 202 ff.
- J.pogrome 134 f.
- Verfolgung und Vernichtung der 20, 72, 125, 129, 131 ff., 135, 173, 202 ff.

Kampf gegen Unrecht und Tyrannei 299
Kapitulation 19, 56, 86, 89, 92 ff., 96 f., 126, 247, 258 f., 264, 281, 283
- bedingungslose 19 f., 98, 103, 118–120, 122 f., 126 f., 129, 144, 146 f., 159, 167 f., 172 f., 177 ff., 181, 183, 191, 193 f., 196, 205 ff., 215, 231, 233, 235 f., 238, 241, 258 f., 262, 301
Kollateraltötung/Kollateralschaden 25, 33 ff., 70, 75, 81, 97, 106 f. 196, 213, 244
Kombattanten 21, 25, 28 f., 33 f. 42, 71 f., 212, 260, 275 f.
Kommunismus 149, 215, 223, 229, 257
Konzentrations-/Vernichtungslager 135, 141, 173, 203 ff., 216
Kreisauer Kreis 147
Krieg 228, 249, 269, 302
- Afghanistan-K. 291, 293
- Angriffsk. 15, 42, 178, 184, 188, 226, 285
- Befreiungsk. 201, 226, 293
- Beistandsk. 79
- Bombenk. → Bombenkrieg
- Dreißigjähriger 14
- dritter Weltk. 301
- Eroberungsk. 178, 202
- gerechter 12, 41 f., 72, 125, 166, 228, 255, 292
- Golfk. 291
- Gründe zum K.führen 117 ff., 125 f., 143 ff., 174, 184, 230 f., 262
- Irak-K. 185, 191, 291, 293, 297
- Kosovo-K. 293

- K.führung 14, 41 f., 201, 275 f., 277, 300 ff.
- K.srecht → Völkerrecht
- K.sverbrechen 15 f., 42, 133, 262, 267, 289, 295, 297, 301
- Lehre vom gerechten 17 f., 25, 41 f., 80, 121, 133, 144 f., 165 f., 179 f., 183 ff., 193, 245, 247, 255, 277, 289
- moderner 27 f., 74, 82 f., 107, 299
- Nothilfek. 292
- Präventivk. 12, 153, 186 ff., 226 f., 236
- Regeln der K.führung 13, 15, 37 f., 41 f., 62, 70, 74 f., 77, 79 f., 82 f., 104 ff., 113
- revolutionärer 228
- Stellungsk. 27
- „totaler K." 74, 111, 167, 207
- traditionelles Verständnis des 29, 56 f., 68
- Verteidigungsk. 79, 178, 185, 193, 228, 292
- Vernichtungsk. 201
- Versklavungsk. 201 f.
Kriegsgefangene 201, 246, 250, 263, 283
Kriegsverbrechertribunal 15

Legitimität/legitim 12 ff., 125, 138, 180, 292, 297
- der Ziele 123, 125 ff., 136 f., 144 f., 300 ff.
- l.e Verteidigung 79, 81, 84, 120 f., 125, 143 ff., 253
- moralische 15 f., 79 ff., 114, 197, 231, 242, 248 ff., 253, 264, 267, 275 f., 281, 285, 299 ff.
- rechtliche 15, 79 ff., 231, 253, 267, 285, 295 f.
Londoner Konferenz 30
Luftschlacht um England 48, 76, 120, 208, 236
Luftwaffe, deutsche 16, 28, 40, 43 f., 47 f., 91, 93, 95, 100, 102, 117, 208, 212, 254

Macht- und Interessenpolitik 13, 121, 138 ff., 149, 158 ff., 178, 206 ff., 223 ff., 263, 286 ff., 292, 295, 302
Massaker 56, 64, 114, 268, 281
Massentötungen/-hinrichtungen 202, 222 f., 278
Massenvernichtung(swaffen) 194, 260, 297
Maxime 143, 155, 196, 272
Menschenrecht(e) 244, 292
- M.sethik 15, 144, 289
- M.sverletzung 13, 15, 216
Militärdoktrin 17, 27 f., 51, 53, 67, 104, 206 ff., 248, 250 f.
Mittel 248
- geeignetes/adäquates 84, 97, 112, 115, 118, 144, 157, 245, 271
- mildestes 19, 97, 99, 103, 119, 121
Moral/moralisch 42, 74, 80 ff., 84, 181
- Demoralisierung 19, 61 ff. 75, 85, 88, 94, 211
- der (Zivil-)Bevölkerung 50, 55, 59, 69, 86 f., 90 ff., 209, 250
- m.e Akzeptabilität 12 f., 17, 19 f., 70, 82 ff., 96, 105, 129 f., 143 f., 155, 174, 184, 191 f., 196, 212, 235, 238, 241 f., 245, 247, 253 f., 262, 264, 269, 272, 281, 292, 302
- m.e Bewertung 13, 80, 85, 98, 121, 130, 143, 166, 178, 196, 260
- m.es Urteil 131, 267 ff., 297
- m.er Vorwurf 267 f., 271, 273
- M.normen 82 f., 105, 108, 121, 190, 194, 242 f., 269, 293
- M.vorstellungen 18, 25 ff., 60, 66 f., 74, 79 ff., 104 ff., 113, 119, 145 f., 189, 210, 237, 241 f., 250, 255, 287, 299, 302
„moral bombing" 19, 51, 86 f., 89, 92, 94, 96, 120, 195 f., 206, 209 f., 235, 263
- Doktrin/Strategie des 18 f., 55, 63, 69 f., 85, 87, 93, 97 f., 107, 211, 264
Mord 295 f.
Münchener Abkommen 143, 212

Nationale Sicherheitsstrategie 185 f., 297
Nationalkomitee „Freies Deutschland" 177
Nationalsozialismus/NS-System 11, 133 f., 136, 148, 173, 194 f., 215, 238, 249, 257, 300
- Hitlers Pläne/Ziele 131 f., 142, 153, 167, 189, 197 ff., 213, 225, 300
- Verantwortung des 120 f.
- Verbrechen des 15, 133 ff., 140, 156, 202 ff., 216, 229, 278, 287, 295
Nebenwirkung 18, 25, 33 f. 39, 43, 49, 55, 59, 70, 107, 116, 230, 252
Nichtkombattanten 17 f., 21, 25, 28, 33 ff., 42, 57, 70, 72, 104, 115, 250 f., 253, 255, 275
- Immunität der 17, 25, 29, 255
- Tötung von 25, 33, 70, 97, 112, 115, 250 ff., 260, 275
Notfall 236
- äußerster 20, 83, 94, 195, 197, 202 f., 207, 213, 215, 232 f., 235, 238, 241 ff., 249, 253, 257, 262
- Doktrin des äußersten N.s 20, 196, 231, 241
Nothilfe 15, 20, 80, 107, 120, 138, 144 f., 166, 191, 195, 202, 218, 238, 242, 282, 292, 301
- erweitertes N.recht 238
Notstandsrecht 105 f.
Notwehr 79, 107, 121, 144, 166, 183, 190, 244
Notwehrexzess 269
Notwendigkeit/notwendig
- militärische 15, 19 f., 25,97 f., 102, 111 f., 117, 119, 143, 145, 181, 184, 193, 195, 235, 238, 247 ff., 260 ff., 271, 273, 283, 287
NSDAP (Nationalsozialistische Deutsche Arbeiterpartei) 72, 88, 119
Nürnberger Prozess 16, 149, 156, 220 262

Objekt
- militärisches 17 f., 30 f., 33 ff., 37, 47, 62, 70 f., 74 f., 106 f., 211, 252, 260
- Doktrin vom militärischen 30

Oder-Neiße-Grenze/Linie 284 ff.
Opfer 134 ff., 210, 231, 291, 295, 302
- des Bombenkriegs 16 f., 50, 53, 85 ff., 119, 246 ff., 250, 259, 281, 290
- unter der Zivilbevölkerung 11, 13, 40, 43, 45, 54, 58, 113, 293

Opposition, deutsche 122, 126, 146
Ort, (un)verteidigter 26, 30 f., 35 f., 278
Ostfront 44, 101, 111, 193, 218

Pflicht 277, 280, 293
- Informationspf. 130
- kognitive 98
- moralische 157 f., 236, 264 f., 272 f.
- Sorgfaltspf. 75, 271, 273

Polenfeldzug 141, 180
Präzisionsangriffe 52 f., 93, 95, 271
Prinzip der Doppelwirkung 70
Prinzip der Gegenseitigkeit 37, 42, 75
Propaganda 39 f., 59, 61, 72, 76, 88, 123, 152, 169 f., 172, 227, 278 ff., 289, 296
- als Mittel der Kriegführung 289

Proportionalitätsgrundsatz/-kriterium →
  Verhältnismäßigkeit

Radikalisierung, kumulative 133
Rechtfertigung/-sgrund 20, 131, 138, 169, 179, 184, 186, 190 f., 193, 195 3 f., 291, 295, 301 f.
Rechtfertigungslast 126, 231, 236, 245, 265, 289, 294
„Reich des Bösen" 12
Reparationen 285
Repressalie 36, 73 f., 80, 254
Ressentiments, antideutsche 232
Rote Armee 112, 173, 187, 218, 227, 277 ff., 280

Royal Air Force (RAF) 16, 29, 47, 49, 52 f., 55 f., 58, 60, 68, 85, 91, 99, 102, 108, 111, 114, 119, 208 f., 211 ff., 250, 263, 281 ff.
Rücksichtnahme auf den Feind 79
Russlandfeldzug 201
Rüstungsindustrie/Rüstungsproduktion 94 ff., 100 ff., 111, 123, 186, 200, 212, 247 f., 254

Schuld 21, 72, 121, 133, 219, 253, 267 f., 273, 290, 292, 295 ff.
- S.ausschließungs-/S.minderungsgrund → Entschuldigungsgrund

Selbstermächtigung/-legitimierung 37, 294 f.
(Selbst-)Verteidigung 15, 20, 80, 105, 128, 144 f., 179, 181, 183 f., 188, 190 ff., 242, 276, 282
- erweitertes Recht auf 195 ff., 235, 241 ff.
- präventive 128 f., 183 ff., 188, 190 ff., 236, 238
- S.recht 190, 275 f.

Sicherheitsdilemma 272
Sterilisation 134
Strahlenkrankheit 259, 290

Tabu 296
Tauglichkeit/tauglich 19, 79, 84, 86 ff., 97, 271
Terror/Terrorakt/Terrorismus 22, 64 f., 71, 85, 93 f., 216, 245, 252 f.
- Bombent. 17, 71, 93, 99, 296
- „Großer T." 216
- T.angriff 18, 34 f., 38 ff., 45, 48, 53, 64, 69, 72 f., 94, 116, 210, 246
- T.bombardement/T.bombenkrieg 18, 28, 47, 65, 87, 94, 252, 261
- Terrorisierungskalkül 69
- T.herrschaft 229
- T.strategie 43

Tiefflieger 63

Übermaßverbot 117
Ultima ratio 79 f., 98, 184, 245
Umsiedlung/Umsiedler 132, 134, 284 ff., 300
Unparteilichkeit/unparteiisch 82 f., 299
Unrechtsbewusstsein 273
Unschuldige 20, 22, 25, 34, 42, 66, 71 ff., 80, 83, 104 ff., 107 ff. 113 f., 119, 216, 243, 249, 255, 272, 276, 283, 286
- Tötung U.r 13, 16, 41, 56 ff., 59 f., 70, 85, 105 ff., 108 f., 118 f., 195, 211, 237, 242 ff., 245 f., 247, 250, 253, 260, 265, 273, 293 f., 302
Urteilszurückhaltung 14, 105
US Army Air Force (USAAF) 16, 53, 87, 91, 116, 283

Verantwortung 264
- des Verteidigers 120 f., 133, 289
(Verbots-)Irrtum 273, 276
Vergeltung 65, 76, 80, 178, 192
- V.sangriff 43, 50, 208, 247
- V.swaffe 87, 112
Verhältnismäßigkeit(sgrundsatz)/ verhältnismäßig 19, 36, 70, 79, 84, 103, 113, 117 ff., 179, 235, 250 f., 271, 293
- V.sabschätzungen 117 ff., 173 f., 206, 235, 237 f., 247 ff., 294
Vernichtungslager → Konzentrations-/ Vernichtungslager
Versailler Vertrag 137, 150, 160, 187, 199, 219
Vertreibung 284 ff.
Völkerbund 75, 221
Völkerrecht/völkerrechtlich 13, 18, 25 ff., 33 ff., 254, 285
- Kriegsv. 17 f., 22, 25, 33, 37, 62, 69, 79, 82
- Völkergewohnheitsrecht 17, 73, 79
- Völkervertragsrecht 26, 35
Vorsatz 56 ff.
- bedingter 26, 57, 106, 260

- direkter 25, 27, 35, 56 ff., 63, 70, 85, 106 f., 195, 197, 197, 242 f., 253, 260

Wahrheit 296 f.
Wannsee-Konferenz 141
Weimarer Republik 137, 200
Wehrpflichtige 21, 275 f.
Weltanschauungsdiktatur/-staat 300
Widerstand 129
- deutscher 146 ff.
- militärischer 122

Zensur 290
Ziel/Endziel
- Kriegsz. 63, 98, 126 f., 131 f., 136, 138 ff., 144 ff., 148, 151, 154, 156, 158 ff., 167 ff., 177, 197 ff., 206, 213, 226, 260, 263, 281 ff., 292, 295, 301 f.
- militärisches/militärisch relevantes 25, 33, 38 f., 44, 48 ff., 52, 60 ff., 69 f., 74 f., 84, 107, 111, 113 f., 117, 120, 196, 210, 246, 250 ff., 254, 281 f., 293
- rechtmäßiges 35, 70, 183, 197
Zigeuner 134, 206
Zivilbevölkerung/Zivilisten/Zivilpersonen 11, 13, 16 ff., 19, 21, 25 ff., 29, 33 ff., 42 ff., 49 f., 53 ff., 60 ff., 64, 67 ff., 77, 79, 81, 85 f., 94, 99, 103 ff., 106 ff., 112 f., 115 ff., 120, 129, 173, 201, 210 ff., 235, 245, 247, 249 ff., 259 f., 273, 275, 281 ff., 284, 291 ff.
- Absicht, Z. zu töten 18, 57, 62 f., 86, 91, 97, 195
- Schonung der 21, 70 f., 81, 104 f., 281
- Schutz der 26, 35, 115
Zivilisation 47, 77, 128, 154, 169, 195 f. 215, 236 ff., 300
Zwangsarbeiter → Fremd-/Zwangs- arbeiter
Zweiter Weltkrieg 11 ff., 15 f. 19, 26, 28, 33f. 36, 65, 68, 73 f., 77, 80,83, 98, 118, 120 f., 125 f., 146, 164, 168, 171 f., 177,

207 f., 218 ff., 225, 230, 236, 249, 253, 258, 264, 286, 289, 291 f., 294 f., 300
- als Legitimationsressource   13

- Ergebnisse des   228 ff., 300 ff.
- Opfer des   12, 16 f., 120, 125 f., 128 f., 152, 160, 203 ff., 222, 277 ff., 285, 299